CONG DIANXING ANLI
KAN XINGZHENG JIGUAN
ZAI XINGZHENG SUSONGZHONG
BAISU FENGXIAN DE FANGFAN

从典型案例看行政机关在行政诉讼中败诉风险的防范

第二版

王红建 主编

法律出版社 LAW PRESS · CHINA
北京

图书在版编目(CIP)数据

从典型案例看行政机关在行政诉讼中败诉风险的防范/王红建主编. --2版. --北京：法律出版社，2024
ISBN 978-7-5197-8624-3

Ⅰ.①从… Ⅱ.①王… Ⅲ.①行政诉讼-案例-中国 Ⅳ.①D925.305

中国国家版本馆CIP数据核字(2023)第238860号

从典型案例看行政机关在行政诉讼中败诉风险的防范(第二版) **CONG DIANXING ANLI KAN XINGZHENG JIGUAN ZAI XINGZHENG SUSONG ZHONG BAISU FENGXIAN DE FANGFAN (DI-ER BAN)**	王红建 主编	责任编辑 许 睿 装帧设计 汪奇峰

出版发行 法律出版社
编辑统筹 司法实务出版分社
责任校对 朱轶佳
责任印制 胡晓雅
经　　销 新华书店
开本 710毫米×1000毫米 1/16
印张 22.75 **字数** 336千
版本 2024年3月第2版
印次 2024年3月第1次印刷
印刷 三河市龙大印装有限公司

地址:北京市丰台区莲花池西里7号(100073)
网址:www.lawpress.com.cn
投稿邮箱:info@lawpress.com.cn
举报盗版邮箱:jbwq@lawpress.com.cn
销售电话:010-83938349
客服电话:010-83938350
咨询电话:010-63939796

书号:ISBN 978-7-5197-8624-3 **定价**:88.00元
凡购买本社图书,如有印装错误,我社负责退换。电话:010-83938349

修订版分工

王红建　郑州大学法学院　第一、二、六、七章

赵　琼　郑州大学法学院　第一、七章

王紫业　河南开放大学　第二章

李继红　河南省高级人民法院　第三章

吕亚满　郑州大学法学院　第三章

王胜利　河南地依律师事务所　第四章

淮韶婕　焦作市城市管理局　第五章

刘小倩　山东众成清泰(淄博)律师事务所　第六章

前　言

长期以来,我国法学界习惯于对纷繁复杂的法律现象进行高度概括、归纳,试图总结出指导实践的抽象理论。我认为,这种形而上的研究固然必要,但却不能充分回应法律首先是一门技术的现实命题。翻开我们大学法学课本,不少门类几乎找不到一个案例。相当一部分法科毕业生以很优异的学习成绩毕业后,却不知道法律如何使用,厘不清案件的头绪,往往需要在律师事务所或者司法机关重新学习很长一段时间才能适应工作。实务部门的同志有时想学习一下相关的部门法,总感觉看完一本书后收获不大,很难找到直接服务于实践的理论和规则。

事实上,案例受到社会的关注度远高于法条,更高于抽象的理论。案例早已成为社会主体信赖法治的载体。同时,案例也是衡量和评价法治的重要标尺。通过案例研究,不但能让抽象的规则深入人心,也能让法治的精神在人们的心中畅通地传播。但遗憾的是,案例研究的系统化还远远不够。我们希望通过本书,让读者感觉到学习行政法是一件非常简单、轻松的事情。同时,我们也希望通过本书能让读者领会到法治政府的精髓和要义,在具体事例中感知依法行政的原则与规则。尤其是让行政执法机关的工作人员认识到执法中容易触碰的法律底线,防止在行政诉讼中出现败诉的尴尬局面。当然,也有助于提醒律师从哪些角度寻找行政行为存在的违法与瑕疵。

本书精选了大量的案例,通过理论与实践互动的方式解读行政法的基本原则、行政行为的主体、行政行为的证据和事实认定、行政行为的法律适用以及行政行为的程序等行政法中的重要命题。从写作方法上看,通过案例引出问题,通过理论分析、规范解释等方式重新回到案例,从案例视角对行政法的原则和规则进行抽丝剥茧,梳理出能够直接服务于实践的研究成果。

本书自出版以来,受到了理论界和实务界同仁的高度关注。但随着理论的推陈出新,实践样本的日渐丰富,很多内容需要进一步完善。为此,我们在保持原书风格的前提下,调整了部分章节标题、吸纳了前沿的研究成果、更新了典型性的行政法案例,增强了本书的可读性、科学性和实践性。

当然,这种研究方式既需要丰富的实践经验,也需要深厚的理论功底,更需要认真负责的研究态度。为此,我们专门组织了理论界和实务界的同志共同参与撰写本书,旨在为读者提供一本具有可读性的著作。但由于水平有限,难免会有不足之处,希望读者多多批评指正,以便我们日后改进。

目　　录

第一章　从典型案例看正当程序在执法中的适用

第一节　正当程序的基本理论

一、正当程序的概念

有的学者将正当程序称为“法律的正当过程”[1]。也有的学者将其内涵界定为“根据已有的规则或原则,以保护和落实以私人权利为目的的法律程序行为,包括告知和作出行政决定之前获得公平听证的权利”[2]。还有的学者将正当程序的概念表述为:“人们希望,在行政过程中,行政行为应当由中立无偏私的行政机关及其工作人员作出;人们希望,行政机关作出行政行为应当遵循适当的方式、步骤和期限;人们希望,行政机关作出行政决定前让当事人能够知晓自己的处境,并能够对问题发表意见;人们也希望,行政机关作出对自己不利的决定,能够说明理由。这些要求构成了行政程序的一般原则,并进而成为现代行政法的一个重要基石。这些原则有一个概括的总称,叫‘正当程序’。”[3]

通过以上概念我们大致可以得出行政执法中正当程序所应当包含的核心要素:执法主体中立、执法方式适当、告知权利、听取意见和说明理由等。执法主体中立是指行政机关及其工作人员在作出行政决定之时,应当站在中立的角度,不可偏向某一方,这是作出正当行政决定的前提条件。《行政处罚法》第64条第4项规定,听证由行政机关指定的非本案调查人员主持;当事人认为主持人与本案有直接利害关系的,有权申请回避。此条规定便是中立原则的具体体

---

[1] 王锡锌、傅静:《对正当法律程序需求、学说与革命的一种分析》,载《法商研究》2001年第3期。
[2] 杨金晶:《美国行政法上的正当程序》,载《公法研究》2017年第1期。
[3] 何海波:《行政诉讼法》,法律出版社2011年版,第307页。

现。此外,严格意义上的中立还要求行政机关工作人员一般情况下不能单独会见一方当事人。如果单独会见一方当事人必须做好笔录并让相关利害关系人知悉会见的具体情况。执法方式适当是指行政机关在执法的过程中应当选择合乎常理的手段,遵循一定的步骤、方式和期限。当法律法规中对某项执法程序没有具体规定之时,行政机关应当参照相关正当的执法程序规定,按照适当的方式、步骤在合理的期限内作出行政行为,将适当、合理作为自己行动的指南,把正当程序的基本要求作为行动的准则。告知、听取意见是指行政机关在作出行政决定之前应当告知相对人事实、理由及依据,并听取行政相对人的意见,这是保障实体决定合法有效的关键性因素。例如,《行政许可法》第36条规定,行政机关对行政许可申请进行审查时,发现行政许可事项直接关系他人重大利益的,应当告知该利害关系人。申请人、利害关系人有权进行陈述和申辩。行政机关应当听取申请人、利害关系人的意见。说明理由是指行政机关在作出实体行政决定的同时应当向行政相对人说明作出该项决定的理由,这是提高行政决定可接受性的重要措施。例如,《行政强制法》第18条第5项规定,当场告知当事人采取行政强制措施的理由、依据以及当事人依法享有的权利、救济途径。

二、正当程序的演进

正当程序原则起源于英国古老的自然正义原则,其基本含义包含两方面:一是自己不做自己案件的法官;二是当事人有陈述和被倾听的权利。[1] 自己不做自己案件的法官便是排除偏见的最早体现,如果允许自己可以对自己的案件进行裁判,那么由此得出的裁判结果很难得到别人的信服,之后该原则进一步发展为司法领域的回避制度。随着行政法治的不断完善与发展,人们不再仅仅注重实体结果的公正性,对于程序公正的要求也越来越高,司法领域中的回避制度渐渐被行政领域所采纳。当事人有陈述和被倾听的权利则是陈述、申辩制度的最早体现,任何人不能未经审判便受到处罚。这意味着法官在裁判案件之前必须听取当事人的意见,这是公正判决的必然要求。最开始该项制度也是在司法领域得以发展,之后随着司法概念的扩张,行政机关开始裁判案件,行政领域开始适用该制度并逐步扩展到无论其行政行为性质为何,在对行政相对人

〔1〕 参见徐亚文:《程序正义论》,山东人民出版社2004年版,第10页。

作出不利的决定之前，都需要听取行政相对人陈述申辩的制度。随着陈述、申辩制度化越来越完善，英美法系国家在此基础之上演化出近代正当程序核心内容的听证制度，将陈述、申辩形成类似司法审判的听证制度。13 世纪，英国开始在成文法中出现正当法律程序的表述，据学者探究，该表述最早可能出现在 1354 年爱德华三世第二十八号法令中。但是，多数学者研究认为，尽管英国早将正当程序原则纳入法条规定，但该原则长期处于默默无闻的状态，直到 17 世纪才重新发挥作用。[1]

最广为人知的应当属于美国宪法中关于正当法律程序的表达，“未经正当法律程序，不得剥夺任何人的生命、自由或财产”，也正是美国宪法中的规定使该项原则逐步走向世界，成为现代法治的核心。早期意义上的正当程序仅指正式正当程序，即类似司法程序的正当程序。1970 年的戈德博格诉凯利案被认为是正当程序革命的一个标志，美国联邦最高法院认定，虽然纽约市的法规给予了受益人不服终止决定时请求行政机关举行正式听证的权利，但是这并没有达到宪法中正当程序条款的要求，即必须举行“事前的正式听证”。[2] 更进一步的是，在 Mathews 案中法院拒绝了相对人申请正式听证的要求，因为法院认为正式听证的成本过高而特定的社会福利资源却是有限的。[3] 从此，正当程序有了正式正当程序和非正式正当程序的分类。非正式正当程序不再强调审判式的听证，只要求给予最低程度的听证，如举行会谈、听取意见等。

三、正当程序在法律中的体现

正当程序在法律中的体现大致有以下两种情形：第一，条文中未出现正当程序字样，但是执法过程中的各项具体制度体现正当程序原则的精神；第二，条文中直接载明正当程序字样。需要说明的是，正当程序作为最低限度的程序要求，无论在法律中有无体现，行政机关在作出对行政相对人不利的决定时必须说明理由，听取意见。

在第一种情形中，体现告知和说明理由制度的条文主要有：《行政许可法》

---

〔1〕 参见刘东亮：《什么是正当法律程序》，载《中国法学》2010 年第 4 期。

〔2〕 参见王锡锌、傅静：《对正当法律程序需求、学说与革命的一种分析》，载《法商研究》2001 年第 3 期。

〔3〕 参见杨金晶：《美国行政法上的正当程序》，载《公法研究》2017 年第 1 期。

第36条规定,行政机关对行政许可申请进行审查时,发现行政许可事项直接关系他人重大利益的,应当告知该利害关系人。第38条第2款规定,行政机关依法作出不予行政许可的书面决定的,应当说明理由。第46条规定,行政机关认为需要听证的其他涉及公共利益的重大行政许可事项,行政机关应当向社会公告,并举行听证。《行政处罚法》第44条规定,行政机关在作出行政处罚决定之前,应当告知当事人拟作出的行政处罚内容及事实、理由、依据,并告知当事人依法享有的陈述、申辩、要求听证等权利。《行政强制法》第18条第5项规定,当场告知当事人采取行政强制措施的理由、依据以及当事人依法享有的权利、救济途径。第25条第2款规定,延长查封、扣押的决定应当及时书面告知当事人,并说明理由。第32条第2款规定,延长冻结的决定应当及时书面告知当事人,并说明理由。

体现听取陈述申辩制度的条文主要有:《行政许可法》第36条规定,申请人、利害关系人有权进行陈述和申辩。《行政处罚法》第7条第1款规定,公民、法人或者其他组织对行政机关所给予的行政处罚,享有陈述权、申辩权。第45条第1款规定,当事人有权进行陈述和申辩。行政机关必须充分听取当事人的意见,对当事人提出的事实、理由和证据,应当进行复核;当事人提出的事实、理由或者证据成立的,行政机关应当采纳。《行政强制法》第8条第1款规定,公民、法人或者其他组织对行政机关实施行政强制,享有陈述权、申辩权。第36条规定,当事人收到催告书后有权进行陈述和申辩。行政机关应当充分听取当事人的意见,对当事人提出的事实、理由和证据,应当进行记录、复核。当事人提出的事实、理由或者证据成立的,行政机关应当采纳。

体现禁止偏私制度的条文主要有:《行政许可法》第48条第3项规定,行政机关应当指定审查该行政许可申请的工作人员以外的人员为听证主持人,申请人、利害关系人认为主持人与该行政许可事项有直接利害关系的,有权申请回避。《行政处罚法》第43条第1款规定,执法人员与案件有直接利害关系或者有其他关系可能影响公正执法的,应当回避。

体现听证制度的条文主要有:《行政许可法》第46条规定,法律、法规、规章规定实施行政许可应当听证的事项,或者行政机关认为需要听证的其他涉及公共利益的重大行政许可事项,行政机关应当向社会公告,并举行听证。《行政处罚法》第63条规定,行政机关拟作出较大数额罚款,没收较大数额违法所得、没收较大价值非法财物,降低资质等级、吊销许可证件,责令停产停业、责令关闭、限制从业，其他较重的行政处罚和法律、法规、规章规定的其他情形时，应当告知当事人有要求听证的权利，当事人要求听证的，行政机关应当组织听证。

尽管上述条文中没有出现正当程序的字样，但是将正当程序原则中的事先告知、听取陈述申辩、说明理由以及听证制度等具体内容纳入立法之中，使之成为法定程序的一部分，是正当程序原则在法律中的表现形式之一。

在第二种情形中，直接出现正当程序字样的条文主要有以下规定。

《国有土地上房屋征收与补偿条例》第 3 条规定，房屋征收与补偿应当遵循决策民主、程序正当、结果公开的原则。《最高人民法院关于办理申请人民法院强制执行国有土地上房屋征收补偿决定案件若干问题的规定》第 6 条第 5 项规定，对于存在严重违反法定程序或者正当程序的情形的征收补偿决定，人民法院应当裁定不准予执行。《普通高等学校学生管理规定》第 54 条规定，学校给予学生处分，应当坚持教育与惩戒相结合，与学生违法、违纪行为的性质和过错的严重程度相适应。学校对学生的处分，应当做到证据充分、依据明确、定性准确、程序正当、处分适当。《中共中央关于全面推进依法治国若干重大问题的决定》规定，把公众参与、专家论证、风险评估、合法性审查、集体讨论决定确定为重大行政决策法定程序，确保决策制度科学、程序正当、过程公开、责任明确。建立行政机关内部重大决策合法性审查机制，未经合法性审查或经审查不合法的，不得提交讨论。《全面推进依法行政实施纲要》第 5 条第 3 款规定，依法行政的基本要求——程序正当。行政机关实施行政管理，除涉及国家秘密和依法受到保护的商业秘密、个人隐私的外，应当公开，注意听取公民、法人和其他组织的意见；要严格遵循法定程序，依法保障行政管理相对人、利害关系人的知情权、参与权和救济权。行政机关工作人员履行职责，与行政管理相对人存在利害关系时，应当回避。《国务院工作规则》：十、坚持依法行政。坚决维护宪法和法律权威，加强法治政府建设，不断提高政府立法质量，严格规范公正文明执法，强化执法监督，把政府工作全面纳入法治轨道，依法行使权力、履行职责、承担责任。《最高人民法院关于在征收拆迁案件中进一步严格规范司法行为积极推进"裁执分离"的通知》第 2 条规定，在非诉执行案件审查环节，要严格遵循司法解释相关规定审查行政机关提出的申请，凡存在对群众补偿安置不到位、程序违法或违反程序正当性、未进行社会稳定风险评估等情形的，一律依法裁定不予受理或不准予执行。

以上法律文件中直接出现正当程序的相关字样，是正当程序在我国影响范围不断扩大的表现之一,同时表明以往重视实体结果而忽视对当事人程序性权利保障的观念正在发生转变。尽管在法律层面尚未直接出现正当程序字样,但是作为基本原则的正当程序已然成为行政机关在执法过程中的必然遵循,其影响也势必进一步扩大,在未来相关法律立改废释的过程中也必然出现更多正当程序的规定。需要强调的是,在司法裁判中,法院直接用正当程序原则判断行政行为合法性的判决越来越多,这也必将对行政执法行为践行正当程序理念产生深刻的影响。

第二节　正当程序的适用范围

关于正当程序原则的适用范围,我国法律并没有进行明确规定。将正当程序原则纳入宪法的美国也没有在成文法中对其适用范围予以规定,但是其通过法院作出的一系列关于正当程序的判决,使正当程序的适用范围渐渐明朗起来。这与美国属于判例法国家不无相关,尽管我国并不是判例法国家,但是法院的判决在我国同样发挥着不可忽视的作用,因此,通过分析我国法院若干关于正当程序的司法判决,也可以大致得出正当程序原则在我国行政执法领域的适用范围。

正当程序适用的条件是:第一,当法律法规对行政机关的执法程序未进行规定时,填补该法律缺漏需要正当程序原则作为行政机关执法的程序指引。第二,当法律法规中对行政机关执法程序规定过于笼统时,行政机关享有较大的程序自由裁量权,而正当程序原则可以作为判断行政机关程序自由裁量权行使是否适当的重要标准。第三,当法律法规中关于程序的规定存在疑问,导致行政机关与行政相对人对行政执法程序的内涵理解不一时,需要以正当程序作指引,从而作出合理、合法解释。第四,当法律法规中关于程序的规定不足以保护相对人合法权益时,正当程序可以作为法规备案审查部门判断法定程序是否适当的标准。第五,法律法规明确规定应当遵守正当程序的,行政机关应当依据正当程序作出行政决定。

一、行政撤销行为应当遵守正当程序

行政行为撤销是指行政机关对于违法但是没有达到无效程度的行政行为

作出的，以消灭该行为法律效力的一种行政行为。[1] 一般认为，撤销行政行为属于具体行政行为的一种，对于行政机关而言，撤销行政行为是行政机关行使行政管理职权的一种手段，与其他行政行为并无二致；对行政相对人而言，撤销行政行为是一种可能对其产生不利影响的行政行为。因为未被撤销的行政行为已然发生效力，行政相对人可能基于对行政行为的信赖而作出一系列的安排部署，行政机关贸然撤销势必损害行政相对人的合法权益。尽管目前法律法规中并无撤销行政行为应遵循的程序规定，但基于正当程序考量应当赋予当事人程序性权利。需要指出的是，撤销负担性行政行为原则上不受正当程序的约束，因撤销该类行为不仅不会对行政相对人产生不利影响，反而会消除对行政相对人的不利影响。

（一）撤销行政许可应遵循正当程序

《行政许可法》第 69 条规定了撤销行政许可的法定情形，明确了撤销行政许可后的法律后果。遗憾的是，《行政许可法》条文中并没有规定行政机关在撤销行政许可时所应当遵从的法定程序和行政相对人所享有的程序性权利。撤销行政许可是对行政相对人权利的重大不利影响。对行政相对人权利而言必须要有一定的程序保障。没有法定程序规定，并不意味着不需要任何程序约束，程序合法的底线在于正当程序原则的要求。因此，在行政机关撤销行政许可的过程中，应当履行告知、听取陈述申辩和提供事后救济等程序性义务。

在中国石化销售有限公司江苏盐城石油分公司（以下简称中石化盐城分公司）诉江苏省射阳县国土资源局撤销行政许可案[2]中，2013 年原告中石化盐城分公司射阳解放路加油站经有关部门审核同意实施油气回收改造工程，在改造过程中，原告将加油站原罩棚拆除。2013 年 9 月 28 日，原告未经城乡规划主管部门批准，擅自重建罩棚。2014 年 1 月 17 日，射阳县住房和城乡建设局对原告作出射建罚字〔2013〕第 473 号行政处罚决定书，认定其重建违反了《城乡规划法》（2007）第 40 条的规定，对其作出限 15 日内自行改正，并按工程造价 6%

---

〔1〕 参见韩宁：《行政撤销决定之再撤销研究——基于行政活动合法性与稳定性的平衡》，载《时代法学》2014 年第 5 期。

〔2〕 中国石化销售有限公司江苏盐城石油分公司诉江苏省射阳县国土资源局撤销行政许可案，载《最高人民法院公报》2021 年第 11 期。

的标准处罚款8560元的行政处罚。2016年11月12日,原告向射阳县住房和城乡建设局提出书面请示,请求对其罩棚实施改建,并于2016年12月29日提交射阳县建筑工程规划许可证申请书。2017年6月2日,射阳县住房和城乡建设局向原告发放了射建临证字第0007240号射阳县城市临时建设许可证,对罩棚维修改建的规格及范围作了明确规定,原告迅即筹备准备维修改建。2017年6月9日,射阳县住房和城乡建设局对原告作出射住建撤字〔2017〕第1号撤销行政许可决定书,在决定书中,射阳县住房和城乡建设局以原告申请加油站罩棚维修改建时隐瞒真实情况为由,根据《行政许可法》(2003)第70条第4项的规定,决定撤销行政许可的同时一并撤销射建临证字第0007240号临时规划许可证,并要求原告交回该证。原告不服,遂提起行政诉讼。

该案中,射阳县住房和城乡建设局在对原告作出〔2017〕第1号撤销行政许可决定书时,对原告已积极着手筹备建设的罩棚维修改建工程造成非常不利影响,其作出该行政行为时应当遵循公开、公平、公正的原则,应当听取行政相对人即该案原告就其在申请改建加油站罩棚维修改建时是否隐瞒真实情况进行的陈述和申辩,即应受正当程序的控制。射阳县住房和城乡建设局仅根据第三人法定代表人姜某标的举报,结合调查的情况作出该行政行为,在向原告颁发临时规划许可证7日后即予以撤销,并未听取原告的陈述和申辩,故该案被诉行政行为即射住建撤字〔2017〕第1号撤销行政许可决定书违背公开、公平、公正的正当程序原则,不具有合法性,依法应予撤销。

(二)撤销工伤认定应遵守正当程序

《工伤保险条例》第5条第2款规定,县级以上地方各级人民政府社会保险行政部门负责本行政区域内的工伤保险工作。因此,社会保险行政部门享有对工伤认定的法定职责,但是《工伤保险条例》及其他相关法律法规中并没有明确工伤认定的具体程序。地方性法规《贵州省工伤保险条例》仅在第11条的受理程序之后直接转到了第12条的决定程序,而决定应当依据何种程序作出,当事人是否有参与权等条例并未提及。对于工伤认定程序规定尚如此草率,撤销工伤认定程序更是只字未提。尽管如此,是否撤销工伤认定的程序就没有任何程序性的要求?正当程序原则在此给出了答案,正当程序要求行政机关在撤销工伤认定之前应当履行告知、听取当事人及利害关系人的陈述申辩、在作出认定决定时说明理由,以此来保障行政相对人的合法权益。

在陈某国诉重庆市綦江区人力资源和社会保障局劳动和社会保障行政撤销案[1]中，陈某国在单位工房里自己做刀把时不慎受伤，之后安洋煤矿向綦江区人力资源和社会保障局提出工伤认定申请。綦江区人力资源和社会保障局认定陈某国属于工伤。綦江区人力资源和社会保障局之后经重新调查发现其受伤与工作无关，决定撤销其工伤认定。陈某国不服，向法院起诉。法院认为，《工伤保险条例》第5条第2款规定，“县级以上地方各级人民政府社会保险行政部门负责本行政区域内的工伤保险工作”。据此，綦江区人力资源和社会保障局具有对本行政区域内职工受伤是否属于工伤进行认定的职权，同样具有自行撤销其已作出的工伤认定决定的职权。但是，行政机关行使撤销权并非无限度和随意的，而是应当受到一定的限制，即不得违反相关法律法规的规定，且应当基于法定的事由而启动，并遵循法定程序和正当程序的要求。

该案中，安洋煤矿以陈某国在工作中受到事故伤害为由，主动向綦江区人力资源和社会保障局申请工伤认定，并提供了相应的证据。綦江区人力资源和社会保障局通过调查核实后，认定陈某国受伤性质为工伤，并出具了63号工伤决定书。该决定书明确告知了复议、诉讼的权利和期限，且依法送达了安洋煤矿和陈某国，已发生行政效力，对行政机关和行政相对人均具有约束力。当事人如对该决定不服，应当按照法律法规规定的程序寻求救济。《工伤保险条例》第55条第2项规定，申请工伤认定的职工或者其近亲属、该职工所在单位对工伤认定决定不服的，可以依法申请行政复议或者提起行政诉讼。安洋煤矿收到63号工伤决定书后，并未依法申请行政复议或者提起行政诉讼，而是在该决定的复议和起诉期限均已届满之后，又向綦江区人力资源和社会保障局申请撤销该决定，明显不符合上述行政法规的规定。綦江区人力资源和社会保障局对安洋煤矿的撤销申请予以受理，没有法律依据。綦江区人力资源和社会保障局在拟作出不利于陈某国的决定前，未告知陈某国拟作出的撤销决定的事实、理由、法律依据，亦未告知陈某国陈述、申辩及举证的权利，在其两次对陈某国进行调查时，均告知是“了解陈某国受伤一事”，未听取陈某国对撤销63号工伤决定的陈述、申辩，不符合正当程序的要求。

---

〔1〕 陈某国诉重庆市綦江区人力资源和社会保障局劳动和社会保障行政撤销案，重庆市第五中级人民法院(2014)渝五中法行终字第00054号行政判决书。

(三)撤销商品房买卖合同备案登记应遵守正当程序

根据《城市房地产管理法》第 45 条第 2 款规定,商品房预售人应当按照国家有关规定将预售合同报县级以上人民政府房产管理部门和土地管理部门登记备案。关于商品房预售合同登记备案撤销行为的性质尽管没有相关的法律规定,但撤销登记备案行为从行为主体、职权要素和内容等方面看,均具有行政行为的特征,并对当事人具有一定的影响。根据正当程序的要求在作出对当事人不利的行政行为之前应当履行告知和听取陈述申辩程序。如果行政机关在撤销商品房预售合同登记备案的过程中严重违反正当程序的要求,影响到当事人的合法权益时,人民法院应当撤销该行为。但是如果仅仅是程序上存在瑕疵,不足以对当事人产生实际影响时,人民法院并不会作出撤销判决。

在靳某东诉宁波市北仑区房地产管理处城乡建设行政管理案〔1〕中,原告靳某东在未支付首付款的情况下,第三人九通公司为其开具了首付款虚假发票,并到被告北仑区房地产管理处办理了该商品房买卖合同登记备案手续,后被告北仑区房地产管理处依照第三人的申请撤销了原告靳某东的商品房合同登记备案。原告不服,向法院起诉。法院经审理认为:商品房买卖合同登记备案事实上具有限制商品房再次交易、保障商品房买受人权益的功能,撤销登记备案系不利于商品房买受人的处分,根据正当程序原则,该行为作出前应当告知商品房买受人相关的事实,听取其陈述申辩。

该案中,被诉撤销商品房买卖合同登记备案作出前,没有告知原告相关的事实及陈述申辩的权利,违背了正当程序原则。被诉撤销商品房买卖合同备案登记作出前,已有相关刑事判决确认涉案商品房买卖合同虚假的事实,当事人已对相关事实有所知晓,故该撤销行为的作出虽有悖于正当程序原则的要求,但未损害原告的实体权益。因此,该案法院对被诉撤销商品房买卖合同登记备案存在的程序问题作为瑕疵指正,并无不当。

(四)取消中标资格的处理决定应遵守正当程序

《招标投标法实施条例》第 4 条规定,国务院发展改革部门指导和协调全国

---

〔1〕 靳某东诉宁波市北仑区房地产管理处城乡建设行政管理案,浙江省宁波市中级人民法院(2017)浙 02 行终 114 号行政判决书。

招标投标工作,对国家重大建设项目的工程招标投标活动实施监督检查。国务院工业和信息化、住房城乡建设、交通运输、铁道、水利、商务等部门,按照规定的职责分工对有关招标投标活动实施监督。县级以上地方人民政府发展改革部门指导和协调本行政区域的招标投标工作。县级以上地方人民政府有关部门按照规定的职责分工,对招标投标活动实施监督,依法查处招标投标活动中的违法行为。县级以上地方人民政府对其所属部门有关招标投标活动的监督职责分工另有规定的,从其规定。财政部门依法对实行招标投标的政府采购工程建设项目的政府采购政策执行情况实施监督。监察机关依法对与招标投标活动有关的监察对象实施监察。招投标行政监管部门在调查过程中认定相关单位存在弄虚作假,骗取中标违法行为的,认为应当取消其中标候选人资格的处理决定,属于对中标单位作出的不利处分,该决定的作出应当符合正当程序原则的要求,即应保障中标单位的知情权及陈述申辩权。

在湖北拓步园林绿化工程有限公司诉秭归县公共资源交易监督管理局资源行政管理案[1]中,被告以收到举报材料为由到来凤县进行调查,认为湖北金江建设工程有限公司与湖北拓步园林绿化工程有限公司组成联合体,在参与某县2016年度岩溶地区石漠化投标中,存在提供虚假业绩的弄虚作假行为,决定取消其中标资格。原告不服,向法院起诉。法院认为,其一,被告在作出处理决定书时没有说明案件的来源系举报受理或者投诉处理,在进行诉讼时,被告虽然提出该案来源为举报受理,但未提交证据证实,致使原告和第三人无法确认程序适用问题,法院也无法按照举报受理或者投诉处理的程序进行程序性合法审查;其二,被告在作出处理决定书前,没有经过立案审批、没有对原告和第三人进行调查取证、没有征求原告和第三人是否申请回避、没有发出行政处理事先告知书、没有听取原告和第三人的陈述和申辩等程序,存在没有保障原告和第三人参与执法程序的问题;其三,被告在作出处理决定书时也没有查明是原告还是第三人提供虚假业绩的具体弄虚作假事实及其相关证据,致使原告和第三人不能知晓弄虚作假的具体相关事实,并对具体的相关事实进行针对性陈述与申辩,维护其合法权益。显然,被告存在对原告和第三人享有的知情权、陈述和申辩权、回避权等程序参与权的漠视,有悖正当程序法律原则,对当事人合法

[1] 湖北拓步园林绿化工程有限公司诉秭归县公共资源交易监督管理局资源行政管理案,湖北省秭归县人民法院(2017)鄂0527行初9号行政判决书。

权利有可能造成损害。因此,被告作出行政处理决定的行政行为违反了正当程序。

(五)行政纠错行为应当遵守正当程序

行政自我纠错是指行政机关对于自身的违法行为予以纠正,使其回归合法形态的制度。基于行政机关的违法行为所产生的法律效果,行政自我纠错行为在一定程度上会影响行政相对人或者其他利害关系人的权利义务关系,因此,行政自我纠错行为应当遵循正当程序原则。因为纠正违法行政行为所产生的法律效果,不可避免地会影响到社会中不确定主体的利益,所以,公开以便社会相关主体广泛参与是保障行政自我纠错程序正当的重要方面。只有相对人和利害关系人参与其中才能最大限度地减少违法行政行为的出现。

在王某斌、石某英等诉新昌县公安局沙溪派出所行政登记案〔1〕中,2003年7月,三原告申请将户口迁出新昌儒岙镇里桥村,迁入新昌新林乡某村,被告同意迁入。当月三原告领取户口迁移证。2004年1月16日,三原告的户口以投靠亲属名义迁入新昌新林乡某村石某和户。2013年1月14日,三原告与石某和分户,并在新昌新林乡某村中某号单独立户,户主为王某斌。2013年4月,被告以纠错为由将三原告的户口从新昌新林乡某村中某号迁往儒岙镇里桥村。三原告不服,遂起诉。法院认为:因原行政行为违法、违规或损害公共利益,行政机关可以自我纠错。但基于行政行为的确定力,行政纠错行为理应依法行政,并遵循更为严格的程序和规则。随着社会民主和依法行政进程的进一步推进,行政程序中正当程序理念得以进一步深化。正当程序原则基本含义是指行政机关作出行政行为,可能影响公民、法人、其他组织合法权益时,特别是作出对行政相对人不利行政行为的,应当在作出行政行为前向当事人和利害关系人告知事实、说明理由,并听取其陈述申辩。户口迁移登记影响公民政治、经济权利及人身、财产等合法权益,故被告沙溪派出所在决定纠错前,理应向三原告告知事实、说明理由,并听取其陈述申辩,然后依法作出相应处理,但被告未经告知程序,径行作出纠错行为,且事后又未依法送达,有违正当程序原则。

---

〔1〕 王某斌、石某英等诉新昌县公安局沙溪派出所行政登记案,浙江省绍兴市柯桥区人民法院(2016)浙0603行初82号行政判决书。

（六）基于执法监督撤销下级行政决定应遵守正当程序

一般来说，行政机关基于上下级层级关系而实施的监督行为，因不影响行政相对人的权利义务，而不属于行政复议和行政诉讼的受案范围。相应地，现有的行政法律法规对这类行为没有进行过多的程序约束，多交由行政机关自行安排。但是，当行政机关内部监督行为的“权力影响”蔓延至行政机关以外，且对行政相对人权利义务产生实际影响时，对行政权力的监督就不能坐视不管。无论是行政复议还是行政诉讼程序，对此类行为进行实体审查的同时，亦需要进行程序审查。特别是当撤销下级行政决定对行政相对人产生不利影响时，这种审查应该尤为严格。

在王某诉泌阳县人民政府行政监察案〔1〕中，王某与孔某辉结婚后因感情不合协议离婚，泌阳县民政局核发了离婚证，之后泌阳县人民政府作出行政执法监督决定书，撤销泌阳县民政局颁发给王某、孔某辉的离婚证。王某不服提起本案诉讼，请求撤销该监督决定书。法院认为：（1）被诉监督决定撤销了王某与案外人孔某辉持有的字号为 L4117262011××××××的离婚证书，注销了字号为 L4117262012××××××的离婚登记行为，其法律效果是撤销了泌阳县民政局给孔某辉与王某办理的离婚登记，该监督决定书也已向孔某辉、王某送达，被上诉人辩称其为内部监督行为，不对外产生法律效力，该理由不能成立；（2）被诉监督决定撤销孔某辉与王某的离婚登记，将导致其婚姻状态的变化，对其人身权利造成重大影响，而泌阳县人民政府作出该行政行为前未通知孔某辉、王某，也未听取其任何意见，违反正当程序原则，存在严重的程序违法，被诉监督决定应予撤销。

二、行政确认行为应当遵守正当程序

行政确认是指行政主体对相关法律事实予以认定并加以宣告的行政行为。行政确认行为与当事人的权利义务关系密切，因此，行政机关在作出确认行为之时必然需要遵守正当程序原则，保障相对人的程序性权利。行政机关在进行确认行为之时应当坚持回避制度，即确认工作应当由与将要确认事实无关的行政机关工作人员承担，避免偏私影响确认结果的公正性。在确认的调查过程

---

〔1〕　王某诉泌阳县人民政府行政监察案，河南省高级人民法院（2016）豫行终 1452 号行政判决书。

中,行政机关应当坚持听取当事人及利害关系人的意见,保障其充分参与其中,以程序正义促进实体正义。在最后确认决定作出之时还应当坚持说明理由制度,以提高行政确认决定的可接受性,减少当事人的对立情绪。

(一)征收中的征迁确权登记应遵守正当程序

《土地管理法》第14条规定,土地所有权和使用权争议,由当事人协商解决;协商不成的,由人民政府处理。单位之间的争议,由县级以上人民政府处理;个人之间、个人与单位之间的争议,由乡级人民政府或者县级以上人民政府处理。当事人对有关人民政府的处理决定不服的,可以自接到处理决定通知之日起30日内,向人民法院起诉。在土地所有权和使用权争议解决前,任何一方不得改变土地利用现状。因此,政府负有对土地权属争议进行解决的相关职责,土地确权登记行为影响当事人对土地享有的所有权和使用权,属于对当事人产生实际影响的行政行为。这就要求行政机关在开展土地确权登记的过程中应当严格贯彻正当程序,做到中立不偏私、听取利害关系人的意见,在最终作出确权登记行为之前向当事人及利害关系人说明确权的事实、理由和依据。违反正当程序的土地确权行为,人民法院将依法撤销。

在裘某花诉绍兴市国土资源局土地行政确认纠纷案[1]中,绍兴市国土资源局对王某友地号为204、52的土地作出确认意见,后绍兴市国土资源局调查发现52号地已于1989年申报在王某兴的土地使用权登记档案中,绍兴市国土资源局便对王某友土地作出变更登记,裘某花认为绍兴市国土资源局将其丈夫王某友所有的房屋认定为其儿子王某兴的,应属确权登记错误,故向法院起诉。法院认为:绍兴市国土资源局作出的编号为10-1(更)袍江工业区房屋征迁房地产确权登记表的基础事实是认定地号为52的宗地(用地面积59.37平方米)已于1989年申报在王某兴的土地使用权登记档案中,1990年8月王某兴申请建房用地时,同意将59.37平方米的老房拆除。该行为与被上诉人原先作出的编号为10的袍江工业区房屋征迁房地产确权登记表相比,对裘某花的权益产生明显不利影响,绍兴市国土资源局在作出对上诉人不利的行政行为前,并没有听取上诉人的陈述、申辩,违反了行政正当程序的原则。法院最终判决撤销

---

〔1〕 裘某花诉绍兴市国土资源局土地行政确认纠纷案,浙江省绍兴市中级人民法院(2007)绍中行终字第18号行政判决书。

绍兴市国土资源局于2004年1月15日作出的编号为10－1(更)的袍江工业区房屋征迁房地产确权登记表的行政行为。

在该案中,绍兴市国土资源局对王某友与王某兴的房屋确认行为属于行政确认行为,该行为的作出将对房屋相关人的权利义务产生实际影响。因此,绍兴市国土资源局在作出该确认行为之前应当听取相关利害关系人的陈述申辩,按照正当程序原则的要求行使职权。

(二)行政机关对房屋合法性认定应当遵守正当程序

作为中国第一个地方性行政程序规定的《湖南省行政程序规定》明确了行政执法的若干程序,为行政机关执法程序提供了指引。根据《湖南省行政程序规定》第73条"行政机关在作出行政执法决定之前,应当告知当事人、利害关系人享有陈述意见、申辩的权利,并听取其陈述和申辩。对于当事人、利害关系人的陈述和申辩,行政机关应予以记录并归入案卷。对当事人、利害关系人提出的事实、理由和证据,行政机关应当进行审查,并采纳其合理的意见;不予采纳的,应当说明理由"的规定,相关部门在认定房屋是否为非法建筑的过程中应当事先告知相对人、听取当事人及利害关系人的陈述申辩并进行调查核实、在作出决定时应当说明理由。

在佘某波诉长沙市望城区国土资源局行政确认纠纷案〔1〕中,望城区国土资源局认为佘某波的建筑没有办理相关手续,属于未批先建,非法占地,后望城区综合执法局对佘某波作出限期拆除决定书,佘某波不服,向法院起诉。法院认为,根据《湖南省实施〈中华人民共和国土地管理法〉办法》(2012修正)(已失效)第3条的规定,被告望城区国土资源局作为本区土地管理和监督工作的主管部门,具有对原告户房屋的合法性进行认定的职权。该案中,望城区国土资源局认为佘某波户未在望城区国土资源局办理相关用地手续,属于未批先建,非法占地,该认定行为是被告望城区国土资源局依职权作出的对原告产生不利影响的行政行为,属于行政确认行为。根据正当程序原则,行政机关作出影响行政相对人权益的行政行为前,应当向行政相对人说明拟作出行政行为的根据、理由,听取相对人的陈述、申辩。

---

〔1〕 佘某波诉长沙市望城区国土资源局行政确认纠纷案,湖南省长沙市望城区人民法院(2016)湘0112行初50号行政判决书。

该案中,被告望城区国土资源局作出复函前,未告知原告拟作出行政行为的根据、理由,也未告知其陈述申辩权利,违反了正当程序原则。根据《湖南省行政程序规定》(2008)第54条的规定,行政确认属于行政执法的范畴。根据《湖南省行政程序规定》(2008)第73条的规定,行政机关在作出行政执法决定之前,应当告知当事人、利害关系人享有陈述意见、申辩的权利,并听取其陈述和申辩。被告望城区国土资源局作出被诉复函的决定,违反了《湖南省行政程序规定》(2008)第73条的规定。

(三)工伤认定中的专家会诊应遵守正当程序

工伤认定是劳动者获得工伤补偿的逻辑前提,对其程序必然要求公正、合理。然而,当前工伤认定程序的制度设计以效率为上,牺牲了程序公正,将听取当事人意见排除在工伤认定程序之外。[1] 不仅在工伤认定程序中应当听取当事人意见,在涉及当事人重大利益或影响较大的工伤认定中还应当举行听证程序。参照其他相关程序设计出一套公正合理的工伤认定程序,应当尽可能吸收以下制度:工伤认定人员中立、事前告知相对人、听取利害关系人意见、制作笔录并允许当事人查阅等。其中专家会诊是否属于工伤认定程序中的一环,尽管法律并未明确,但其是行政机关认定工伤事实的重要参考,对相对人的权利义务有较大的影响,应当将其认定为行政程序的一部分,以规范其操作流程。

在陈某林诉珠海市斗门区人力资源和社会保障局劳动和社会保障行政管理案[2]中,斗门区人力资源和社会保障局受理陈某林的工伤申请后,为调查认定陈某林是否为工伤,斗门区人力资源和社会保障局组织了专家会诊,之后作出了认定书。陈某林不服认定书,向法院起诉。法院认为,专家会诊虽不是法律明确规定的工伤认定程序,但基于查明认定事实的需要,由行政机关组织专家进行专家会诊的,此时的专家会诊应属于工伤认定程序的一部分,法院应对行政机关进行的专家会诊程序进行司法审查。对于如何组织专家进行专家会诊没有法定程序,但不表明专家会诊不需要行政程序,在没有法律法规明确规

---

[1] 参见郑晓珊:《工伤认定的程序理性——以相对人参与权为视角》,载《甘肃政法学院学报》2013年第3期。

[2] 陈某林诉珠海市斗门区人力资源和社会保障局劳动和社会保障行政管理案,广东省珠海市中级人民法院(2017)粤04行终40号行政判决书。

定的程序的情形下，斗门区人力资源和社会保障局应当遵循“正当程序”。程序“正当性”价值的作用空间直接体现在法律对处理某一事项的程序未作规定时发挥作用，这种价值直接体现在程序的中立、保障行政相对人的知情权、参与权等。该案的专家会诊结论明显对陈某林的合法权益有明显影响，为此，根据正当程序原则的前述核心要求，斗门区人力资源和社会保障局在组织专家会诊程序上存在以下问题：专家选任过程不透明、未告知专家身份、专业特长及回避权等。斗门区人力资源和社会保障局在诉讼程序中对专家会诊程序的正当性未提交证据予以证明，虽一审庭审中，斗门区人力资源和社会保障局当庭陈述了三位专家的身份和职务，并且对为何没有提交相关证据作了相应的解释，但此不足以认定斗门区人力资源和社会保障局的专家会诊程序完全遵循了“正当程序”。

该案中，法院明确指出尽管法律未明确规定专家会诊属于工伤认定的法定程序，但是行政机关依靠专家会诊查明事实的，应当将其认定为行政程序中的一部分。因专家会诊结果对工伤认定结果影响甚大，对当事人产生明显影响，应当规范其会诊程序。当法律法规中未规定专家会诊按照何种程序进行时，法院参照正当程序的要求，认为专家会诊过程中的专家选任、告知、利害关系人回避等应当予以注意。因此，行政机关应当参照该案判决，制定出一套符合正当程序的专家会诊程序。

三、行政命令行为应当遵守正当程序

行政命令是指行政机关在行政管理活动中要求行政相对人为或不为一定行为的意思表示。就行政命令的特征而言，行政命令是一种单方行为，行政命令的作出和执行无须获得行政相对人的同意，行政相对人面对行政命令仅有服从的义务；行政命令具有强制力，行政相对人违反行政命令赋予的义务必须承受相应的不利法律后果。作为行政执法活动中最为常见的一种具体行政行为，行政命令在文本上多表述为“责令性”规定，为行政相对人设定一系列的作为或不作为义务。行政命令不同于行政处罚、行政强制等类型化的具体行政行为，“责令性”规定多散见于不同行政管理领域的行政法律规范之中。因此，对行政命令的作出职权、依据和程序没有系统的规范。但作为对行政相对人施以义务的行政行为，行政命令的作出必须满足正当程序的基本要求，以确保行政命令不被滥用。

(一)责令改正行为应当符合正当程序的要求

一般认为责令改正属于行政命令的一种,但是法律关于行政命令的作出程序并没有进行规定。《行政处罚法》第28条第1款规定,“行政机关实施行政处罚时,应当责令当事人改正或者限期改正违法行为”。这表明责令改正行为是一种与行政处罚密切相关的行政行为,且会影响到当事人的权利义务。既然责令改正行为与行政处罚如影随形,那么行政机关在作出责令改正行为时应当参照行政处罚程序,以符合正当程序的要求。

在四川乐山川本电器制造有限公司(以下简称川本电器公司)诉五通桥区原环境保护局环保行政命令案[1]中,五通桥区原环境保护局依法对川本电器公司职工焚烧油漆事件进行调查处理,并作出责令改正违法行为决定书,要求川本电器公司停止违法行为,川本电器公司不服向法院起诉。法院审理后认为,责令改正的决定系行政命令,该行为会对行政管理相对人权利义务产生不利影响,而现行法律并没有针对行政命令作出程序的相关规定。《行政处罚法》(2017修正)第23条规定,“行政机关实施行政处罚时,应当责令当事人改正或者限期改正违法行为”。表明责令改正和行政处罚属于联系紧密的行政行为,且均会对行政管理相对人权利义务产生不利影响,因此行政机关作出责令改正违法行为的决定前,应当经过与行政处罚程序类似的正当程序,即《行政处罚法》(2017修正)第32条第1款规定的“当事人有权进行陈述和申辩。行政机关必须充分听取当事人的意见,对当事人提出的事实、理由和证据,应当进行复核;当事人提出的事实、理由或者证据成立的,行政机关应当采纳”。并且,《全面推进依法行政实施纲要》也明确要求,行政机关依法行政应当遵循正当程序原则,即第20条规定:“行政机关作出对行政管理相对人、利害关系人不利的行政决定之前,应当告知行政管理相对人、利害关系人,并给予其陈述和申辩的机会……”随着法治政府建设的稳步推进,正当程序原则已经成为国家依法行政的基本要求。本案中,五通桥区原环境保护局作出责令改正决定的内容为“停止采用焚烧的方式处理浸漆托盘上残留油漆的行为”,对行政管理相对人川本电器公司的权利义务产生不利影响,但五通桥区原环境保护局并未事先给予川

---

〔1〕　四川乐山川本电器制造有限公司诉五通桥区环境保护局环保行政命令案,四川省乐山市中级人民法院(2017)川11行终173号行政判决书。

本电器公司陈述和申辩权利，违反了正当程序的要求，属程序违法。

（二）对在建违法建筑停止供电服务的通知应遵守正当程序

在金某根诉湖州市南浔区综合行政执法局行政命令案[1]中，南浔区综合行政执法局在调查中发现南浔华纳家私厂用地内涉嫌违法建设，要求湖州供电公司参与联合执法，于1日内停止对该违法建筑供电服务。被告不服，向法院起诉。法院认为，涉案通知虽系行政机关对第三人作出的，并未对原告直接设定权利义务，但其要求停止供电的结果会对行政相对人的权利义务产生实际影响，应属于可诉的行政行为。而本案原告即该通知执行后权利义务产生实际影响的行政相对人，因该案中被告南浔区综合行政执法局发出案涉通知时所附的违法建筑用电户停电清单中，要求停止供电的用电户户名明确为原告金某根，案涉通知与原告发生了利害关系，故原告对上述行为不服并提起行政诉讼，符合《行政诉讼法》第49条规定的起诉条件。关于案涉通知是否合法，是否应予撤销的问题。从法律效果看，也就是从对当事人权利义务的影响来看，案涉通知书是行政主体要求相关人做一定行为的意思表示，应为行政命令。虽然法律法规对行政命令没有作出程序规定，但行政机关在作出行政命令时，仍得遵循行政法的正当程序原则，即至少得让行政相对人享有陈述与申辩的权利，然而被告南浔区综合行政执法局在作出停止供电服务的命令前，未告知实际权利义务受影响的原告，即利益相对人享有陈述与申辩的权利，违反行政正当程序原则，故被告南浔区综合行政执法局作出的已建违法建筑停止办理手续和提供服务通知书程序违法，应予撤销。

该案法官认为行政机关作出停电通知书的行为属于行政命令的一种，且停电结果将影响原告的权利，故行政机关在作出该行为时应当按照正当程序的要求，履行告知、听取陈述申辩、说明理由等内容。随着公民权利意识的觉醒，人们不再简单地考虑结果是否公正，更多地开始关注其程序性权利是否得到了保障，因为程序属于看得见的正义，人们更能直观地感受到其是否得到了公正的对待，这就要求行政机关严格按照正当程序原则执法。

---

〔1〕金某根诉湖州市南浔区综合行政执法局行政命令案，浙江省安吉县人民法院(2017)浙0523行初96号行政判决书。

(三)整改通知应遵守正当程序

无疑行政处罚的作出需要遵守正当程序原则,这是因为《行政处罚法》在立法的过程中已经贯彻了正当程序的精神,如处罚程序中的告知、说明理由、听取陈述申辩、听证制度等。但是,如果行政行为的作出程序法条中并未明确规定,那么是否意味着行政机关无须遵守正当程序?答案显然是否定的。一般认为,凡是损害当事人权益行政行为的作出均需要符合正当程序的要求,无论法条中是否予以明确。立法不可能对所有事项都事无巨细地予以规定,当立法无法兼顾时,法律原则就应当成为补充法律空白的重要内容。整改通知属于影响当事人实体权益的行政行为,但是关于整改通知的作出程序并无具体规定,此时行政机关就应当将正当程序作为执法的程序准则。

在梅州嘉应新天地有限公司诉梅州市住房和城乡建设局城乡建设行政管理案[1]中,梅州市不动产登记局向原告核发新建商品房权属登记通知书,确认壹江南小区架空层车位产权人为原告,但被告之后又作出整改通知书,认为该车位存在产权争议,要求作出整改。原告不服整改通知向法院起诉,法院经审理认为:正当程序原则是行政法的基本原则之一,要求行政机关在作出影响行政相对人权益的行政行为时,必须遵循正当法律程序,包括事前告知相对人,向相对人说明行政行为的根据和理由,听取相对人的陈述、申辩,事后为相对人提供相应的救助途径等。正当程序原则的要义在于,作出任何使他人遭受不利影响的行政权力的决定前,应当听取当事人的意见。正当程序原则是裁决争端的基本原则及最低公正标准。作为最基本的公正程序原则,只要成文法没有排除或另有特殊情形,行政机关都要遵守。即使法律中没有明确的程序规定,行政机关也不能认为自己不受程序限制,甚至连最基本的正当法律程序原则都可以不遵守。所以对于正当程序原则的适用,行政机关没有自由裁量权。只是在法律未对正当程序原则设定具体的程序性规定时,行政机关可以就履行正当程序的具体方式作出选择。本案中,被告梅州市住房和城乡建设局作为对商品房销售管理具有法定职权的行政机关,在作出影响原告权益的整改通知书时,亦应当遵守正当程序原则。即便相关法律法规未对作出整改通知书的具体程序作

---

〔1〕 梅州嘉应新天地有限公司诉梅州市住房和城乡建设局城乡建设行政管理案,广东省兴宁市人民法院(2017)粤1481行初157号行政判决书。

出规定,被告也应自觉采取适当的方式来践行上述原则,以保证其作出整改通知书的公正性。因此被告认为其作出涉案整改通知书不是行政处罚,无须遵循正当程序的主张不能成立,法院依法不予支持。

(四)限期拆除违法建筑决定书应遵守正当程序

关于拆除违法建筑的性质,一直存在争议。有观点认为限期拆除违法建筑决定属于行政命令,有观点认为限期拆除违法建筑决定属于行政强制,也有观点认为限期拆除违法建筑决定属于行政处罚。无论对其性质作何界定,该决定的作出都应遵循正当程序。

在赵某新诉徐州市铜山区人民政府、徐州市铜山区大彭镇人民政府行政强制案[1]中,赵某新的房屋因涉及征收,徐州市铜山区规划局认为该建筑未经规划行政部门批准,大彭镇政府以铜山区规划局的通知为依据认定赵某新的建筑为违法建筑并责令其限期拆除。赵某新不服,向法院起诉。法院认为:《城乡规划法》虽未对限期拆除的程序作出具体规定,但参照《江苏省行政程序规定》(已失效)第53条第1款"行政机关在作出行政执法决定前,应当告知当事人、利害关系人享有陈述、申辩的权利,并听取其陈述和申辩"的规定,大彭镇政府作出被诉限期拆除违法建筑决定书之前虽向被上诉人赵某新送达自行拆除违法建筑通知书,但并未告知其享有陈述、申辩的权利等,违反上述程序规定。因此,大彭镇政府所作涉案限期拆除违法建筑决定书认定事实的法律依据不足,违反正当程序,依法应予撤销,因涉案房屋已被拆除,被诉行政行为不具有可撤销的内容,依据《行政诉讼法》(2014修正)第74条第2款第1项的规定,依法应确认违法。

《行政诉讼法》(2014修正)(已被修改)第74条规定,行政行为有下列情形之一的,人民法院判决确认违法,但不撤销行政行为:(1)行政行为依法应当撤销,但撤销会给国家利益、社会公共利益造成重大损害的;(2)行政行为程序轻微违法,但对原告权利不产生实际影响的。行政行为有下列情形之一,不需要撤销或者判决履行的,人民法院判决确认违法:(1)行政行为违法,但不具有可撤销内容的;(2)被告改变原违法行政行为,原告仍要求确认原行政行为违法

[1] 赵某新诉徐州市铜山区人民政府、徐州市铜山区大彭镇人民政府行政强制案,江苏省徐州市中级人民法院(2016)苏03行终268号行政判决书。

的;(3)被告不履行或者拖延履行法定职责,判决履行没有意义的。该案中,镇政府作出的决定书违反正当程序的要求,本应予以撤销,但是决定已经执行,房屋被拆除,此时不再具有可撤销的内容,故法院最终作出确认违法的判决。

四、行政批准行为应当遵守正当程序

行政批准行为是指仅单一行政主体无法完成,需要另一方或上级行政机关予以批准方能发生法律效力的行政行为,一般来说,送达当事人的文书中需要载明批准的机关和批准事实。[1] 在现实中,大量的需要经过"批准"的行为,既可能在行政机关之间相互存在,也可能存在于行政机关与行政相对人之间。前者可以称为内部批准行为而后者则可以称为外部批准行为,一般来说,内部批准行为不对当事人生效,不影响相对人的权利义务关系,因此,关于内部批准行为的程序并无严格要求。而外部批准行为则会对相对人的权利义务关系产生影响,尽管目前法律没有对其作出程序进行规定,但是批准行为的作出也应当符合正当程序的要求。

(一)批准收回土地的行为应遵循正当程序

在东新园业主委员会诉杭州市人民政府行政批准案[2]中,因东新单元九号支路道路工程项目需占用东新园住宅区——新湖苑城镇住宅用地,新湖苑业主不服杭州市政府批准收回其相应的国有土地使用权的行为,向法院起诉。法院经审理认为:行政行为的程序,法律有明文规定的适用法律规定;法律没有明文规定的,适用正当程序原则,这是法律的应有之义。本案因东新单元九号支路(重工路——七号支路)道路工程建设需要,上诉人杭州市政府于2015年10月29日对杭州市国土资源局报送的《建设用地项目呈报材料"一书一方案"》[杭国土(下)字〔2015〕012号]作出批准同意收回相应的国有土地使用权的行为。对于收回国有土地使用权的批准行为,除《土地管理法》(2004修正)第58条第1款对收回土地的用途及批准主体作出规定外,对批准收回土地应具备的程序要件,法律、行政法规及规范性文件均未作出相应规定。本案中,被诉行为

---

〔1〕 参见朱应平:《行政机关批准行为的法律性质研究》,载《政府法制研究》2017年第4期。

〔2〕 东新园业主委员会诉杭州市人民政府行政批准案,浙江省高级人民法院(2017)浙行终365号行政判决书。

批准收回的土地包括东新园小区新湖苑业主持有相应国有土地使用证的1879平方米土地，因此，被诉批准行为直接涉及该部分业主的重大利益，但上诉人杭州市政府事先未告知东新园小区业主，也未听取小区业主意见，直接批准收回涉案国有土地使用权，明显违反了正当程序要求。

该案中，杭州市政府批准收回土地的行为无疑将影响业主的重大权益，法院认为政府应当履行事先告知、听取意见程序，除此之外，笔者认为还应当赋予业主申请听证的程序。尽管法律未规定批准收回土地应当进行听证，但是该行为对业主权利影响较大，从正当程序原则出发应当推定当事人享有该项权利。涉及影响范围较大的事项，听证前应当公告，公开举行，以便公众监督。

（二）政府审查城市控规调整方案应遵守正当程序

在谭某云、谭某东等诉中山市人民政府等城乡建设行政管理案〔1〕中，中山市政府向谭某东、谭某云颁发了国有土地使用权证，二人同时拥有该土地上的工业厂房，后二人因安全原因打算重建，中山市规划局作出不予行政许可通知书，二人申请复议，中山市政府根据其批复同意的《南朗镇中心城区控制性详细规划》，谭某云、谭某东享有土地使用权的涉案土地地块用地性质规划为二类居住用地，由此维持了中山市规划局的上述不予行政许可通知书。谭某云、谭某东二人不服，请求撤销《南朗镇中心城区控制性详细规划》。法院认为：审查本案中山市政府批复《南朗镇中心城区控制性详细规划》编制、调整方案实施行为的合法性问题，在于审查中山市政府的批复行为是否遵循了行政行为所要遵循的最基本公正程序原则，即正当程序原则的问题。虽然关于中山市政府如何审查批复控规的编制、调整方案在法律中没有明确的程序规定，但是并不意味着可以由此认为批复行为不受程序限制。

本案中，法院认为应当从正当程序原则的要义，即作出任何使他人遭受不利影响的行政行为所要遵循的程序规定，来确定中山市政府作出涉案批复所要遵循的行政程序。谭某云、谭某东所持有的中府国用（2008）第易250×××号国有土地使用权证，是由中山市政府在《南朗镇中心城区控制性详细规划》编制之前颁发给二人共有的土地使用权行政许可，许可谭某云、谭某东按照工业用

〔1〕 谭某云、谭某东等诉中山市人民政府等城乡建设行政管理案，广东省中山市中级人民法院（2017）粤20行初34号行政判决书。

地用途使用该土地至2048年。故中山市政府在审查《南朗镇中心城区控制性详细规划》时应当知道批复该控规的实施将使谭某云、谭某东尚在土地使用期内的土地规划用途发生改变,实质改变了土地使用权证行政许可的内容,影响了该土地使用权行政许可的实施。《行政许可法》(2003)第8条第1款规定,"公民、法人或者其他组织依法取得的行政许可受法律保护,行政机关不得擅自改变已经生效的行政许可"。

故法院认为,中山市政府审查《南朗镇中心城区控制性详细规划》时,除要审查南朗镇政府编制控规是否按照《城市规划编制办法》的程序进行外,基于正当程序原则的法律要求,中山市政府的审查行为还应当受《行政许可法》拘束,对于受影响的已生效的行政许可,应在直接告知利害关系人将对其造成不利影响,听取其陈述、申辩意见,并对该影响制定救济方案的基础上批复实施《南朗镇中心城区控制性详细规划》。由此,中山市政府虽然在审查《南朗镇中心城区控制性详细规划》初次编制的过程中,审查了南朗镇政府是否将编制、方案通过公示、征询意见等方式充分听取规划涉及的单位及公众的意见,是否将调整方案公示向社会公开等按照《城市规划编制办法》第16条、第17条规定的编制程序要求进行,但是没有对谭某云、谭某东进行专门性的告知,以听取其意见保障其权利。最终法院判决确认中山市政府2010年8月4日批复实施《南朗镇中心城区控制性详细规划》的行为违法。

(三)审批住宅专项维修基金应遵守正当程序

在武汉市锦湖花园小区业主大会业主委员会(以下简称锦湖花园业委会)诉武汉市江岸区住房保障和房屋管理局行政撤销、行政批准案[1]中,2011年10月21日,被告江岸区住房保障和房屋管理局根据第三人江北社区提交的武汉市住宅专项维修资金使用申请表,作出"符合维修资金使用条件,完工后一次性结算"的审批意见。2011年12月20日,被告江岸区住房保障和房屋管理局根据原告锦湖花园业委会、第三人江北社区提交的武汉市住宅专项维修资金使用结算表,作出"经审核符合维修资金使用条件,拟同意报市住宅专项维修资金中心"的审批意见。

[1] 武汉市锦湖花园小区业主大会业主委员会诉武汉市江岸区住房保障和房屋管理局行政撤销、行政批准案,湖北省武汉市中级人民法院(2015)鄂武汉中行终字第00383号行政判决书。

法院审理认为:住宅专项维修资金是房屋的"养老钱",关系全体业主的切身利益,住宅专项维修资金的使用虽是由作为所有权人的全体业主决定,但被告江岸区住房保障和房屋管理局作为住宅专项维修资金的监督管理部门应当按照正当程序原则审慎审查住宅专项维修资金的使用申请。本案中,锦湖花园小区的维修工程约定的费用为710,052.46元,数额较大,在没有第三方监管机构进行审价、施工单位提供的报价清单与结算清单完全一致的情况下,被告江岸区住房保障和房屋管理局仅凭申请人提交的未经过全体业主表决的《关于监管维修基金合理使用的报告》及工程大修合同作出同意使用维修资金的审批决定,且经司法鉴定,该工程可确定部分的工程造价为185,514.52元,无法确定部分工程造价为360,902.29元,远远低于合同约定的费用,其作出的审批决定违反了正当程序原则。

五、行政注销行为应当遵守正当程序

行政注销指的是行政机关在行政管理的过程中将已经消灭的事实予以标注的行为,该行为涉及行政管理领域的方方面面。[1] 一般认为,行政注销行为符合具体行政行为的要素特征,能够对行政相对人的权利义务产生影响。尽管学者对于注销行为属于行政确认、行政监督或者行政处罚存在不同的观点,但是对于其属于具体行政行为中的一种则没有争议。虽然现行法律关于行政注销行为的相关程序规定中,没有听取陈述申辩的要求,但是行政机关在实施该行为时仍应当遵守正当程序原则,听取当事人的陈述申辩。

(一)注销土地证应遵守正当程序

在王某旗诉郸城县人民政府土地行政管理案[2]中,郸城县人民政府为王某旗颁发了集体土地建设用地使用证,王某志得知后以该证包含其承包地为由申请复议、诉讼。随后郸城县人民政府决定注销王某旗的土地使用证,王某旗不服向法院起诉。法院认为:根据正当程序原则,行政机关在作出不利于行政相对人的行政行为前,应当向行政相对人说明拟作出行政行为的根据、理由,听

---

〔1〕 参见欧阳庆芳:《行政注销的法律属性辨析》,载《兰州学刊》2013年第8期。

〔2〕 王某旗诉郸城县人民政府土地行政管理案,河南省周口市中级人民法院(2015)周行终字第66号行政判决书。

取行政相对人陈述、申辩。随着社会民主进程的推进,行政程序中正当程序理念得以进一步深化。本案被诉土地处理决定注销了王某旗的集体建设用地使用证,对当事人的权益造成较大影响,应当贯彻正当程序原则,在作出注销决定前应该听取王某旗陈述、申辩,而本案中郸城县人民政府未给予王某旗本人陈述、申辩的机会,就径行作出决定,属于程序违法,依法应予以撤销。郸城县人民政府称电话通知了王某旗的父亲王某,已经履行了正当程序,该说法不能成立,因为拟注销土地证的持有人是王某旗,王某旗本人并没有出具书面的委托书委托其父亲出面处理纠纷,王某的意思表示不能代表王某旗的意思表示;况且郸城县人民政府是电话通知而不是以正式的书面通知,该通知听证的形式也不符合法律规定。

该案法院认为,尽管法律法规未规定注销土地证的程序,但是行政机关依然应当按照正当程序要求作出行为。虽然政府通知了相对人听证,但是该通知方式并不合法。显然法院将其他法律中规定的听证程序类推适用到了注销土地证程序中,以填补法律漏洞。该做法可以为行政机关所借鉴,当法律法规中未规定行政执法程序时类推适用最相近的行政执法程序规定,并以正当程序原则为补充。

(二)注销最高准驾车型驾驶资格的决定应遵守正当程序

在赵某保诉宿迁市公安局交通警察支队行政决定案[1]中,赵某保原持有准驾车型为 A2D 的驾驶证,2014 年因发生交通事故造成他人死亡并负有同等责任,2014 年 4 月 8 日,公安交通管理综合应用平台系统自动注销了赵某保持有的 A2D 准驾车型驾驶资格,将其准驾车型降级为 B1B2D。赵某保不服,向法院起诉。法院认为:虽然法律法规对有权部门基于《机动车驾驶证申领和使用规定》(2012 修订)(已失效)所作出注销最高准驾车型驾驶资格决定的性质未予明确规定,在程序上也未作具体规制,但注销最高准驾车型驾驶资格是减损上诉人赵某保权益的行政行为,对上诉人赵某保的权利义务产生较大影响,故被上诉人宿迁市公安局交通警察支队注销最高准驾车型驾驶资格的行政行为应符合行政程序正当性要求,履行告知上诉人赵某保注销事由和法律依据,听

---

[1] 赵某保诉宿迁市公安局交通警察支队行政决定案,江苏省高级人民法院(2015)苏行终字第 00635 号行政判决书。

取其陈述、申辩，作出注销决定并予以送达等程序。该案中，上诉人赵某保在被上诉人宿迁市公安局交通警察支队留有详细的家庭住址信息，并非下落不明人员，被上诉人宿迁市公安局交通警察支队仅通过网络公告方式告知其相关事项，客观上剥夺了上诉人赵某保陈述申辩的权利，不符合行政行为的正当程序要求，属程序违法。

当法律法规未规定送达程序时，并非行政机关任意选择一种方式送达即可。《行政处罚法》第61条第1款规定，行政处罚决定书应当在宣告后当场交付当事人；当事人不在场的，行政机关应当在7日内依照《中华人民共和国民事诉讼法》的有关规定，将行政处罚决定书送达当事人。而《民事诉讼法》规定的送达方式主要有以下几种方式：直接送达、留置送达、邮寄送达、公告送达。《民事诉讼法》第95条第1款规定，受送达人下落不明，或者用本节规定的其他方式无法送达的，公告送达。这意味着公告送达有适用条件，即当事人下落不明或其他方式无法送达。本案中，赵某保并非下落不明人员，也并非其他方式无法送达，故行政机关直接采取公告送达方式送达违法。

（三）注销行政许可应当遵循正当程序

在射阳县红旗文工团与射阳县文化广电新闻出版局程序不正当注销文化行政许可案〔1〕中，被告射阳县文化广电新闻出版局于2009年8月19日向原告射阳县红旗文工团发放了营业性演出许可证（射民演01号），该许可证上未注明有效期限。2009年8月28日，文化部公布新的《营业性演出管理条例实施细则》（2009），并于2009年10月1日起施行。该细则第41条第1款规定，文艺表演团体和演出经纪机构的营业性演出许可证包括1份正本和2份副本，有效期为2年。2013年5月13日，被告在未告知原告、未听取原告陈述、申辩的情况下，依据《行政许可法》（2003）第70条的规定，以原告的营业性演出许可证已到期为由，作出射文广新注告字〔2013〕1号行政许可注销公告，对原告的射民演01号营业性演出许可证予以注销。该公告在《射阳日报》和被告网站上刊登，但被告并未送达给原告，后原告在江苏省文化厅得知该注销行为，认为该行为不合法，诉至法院，要求判如所请。

---

〔1〕 射阳县红旗文工团诉射阳县文化广电新闻出版局程序不正当注销文化行政许可纠纷案，载《最高人民法院公报》2018年第8期。

法院审理认为,射阳县文化广电新闻出版局于2013年5月13日作出射文广新注告字〔2013〕1号行政许可注销公告,对射阳县红旗文工团依法取得的射民演01号营业性演出许可证予以注销之前未告知被上诉人依法享有陈述、申辩权,之后又未向原告送达该注销决定,程序严重违法。

《行政许可法》对行政机关作出行政许可的程序予以较为周严的规定,但是对于行政机关依据《行政许可法》注销、撤销、撤回行政相对人已获得行政许可的程序没有进行规范。同时,相较于作出行政许可,注销、撤销、撤回已有的行政许可对行政相对人的权利影响更为重大。如若对行政机关的上述行为不加以程序上的限制和约束,那么行政相对人的权利保障就无从谈起。因此,该案中法院正是基于正当程序原则,认为行政机关在注销行政许可的过程中,应当给予行政相对人充分的程序保障,尊重行政相对人陈述、申辩、受送达等程序权利。

六、拒绝类行政行为应当遵循正当程序

行政拒绝行为是指相对人请求行政主体为一定行为,行政主体对相对人的申请予以拒绝的意思表示。[1] 在现代社会中一些特定行政管理领域,行政相对人意图从事某些活动或获得某些利益,必须要得到行政机关的批准或同意方能实现。其中较为典型的有行政许可、行政确认、行政给付或要求行政机关履行法定职责等。从形式上看,行政机关作出拒绝意思表示的方式有口头、书面等明示方式或是不予答复等默示方式。但无论形式如何,行政机关对行政相对人申请事项的拒绝都是对行政相对人权利的不利影响,限制了行政相对人按照自己意愿实施某种行为或获得某些利益的自由。因此,行政机关作出拒绝类行为时必须受到正常程序原则的限制。

(一)拒绝行政给付的应当遵守正当程序

行政给付是指行政主体根据行政相对人的申请,经审查合格向其发放补贴和补助的行为。根据概念可以看出行政给付属于一种授益性的行政行为,当行政机关决定不予发放或者因故停止发放之前应当告知相对人,并给予其陈述申

---

〔1〕 参见王克稳:《论行政拒绝行为及其司法审查——以郑广顺申请规划认定案为例》,中国法学会行政法学研究会2009年年会论文。

辩的机会,在重大的行政给付程序中还应当告知当事人有申请听证的权利,以满足正当程序的要求。当然,金额较小的行政给付也应当赋予其适用简易程序的可能性,这样既可以提高行政效率又可以节约行政资源,但是,简易程序的设置也必然要求贯彻正当程序的理念,告知等内容不可缺少。

在张某芳诉平度市财政局、平度市凤台街道办事处大窑村民委员会行政救助、不履行法定职责案〔1〕中,原告一直在自己的土地上从事农业生产,其土地性质也一直为农业集体土地,原告认为被告无理由不向其发放农资补贴行为违法,故向法院起诉。依据最高人民法院《行政审判办案指南(一)》第24条正当程序原则的运用问题,行政机关作出对利害关系人产生不利影响的行政决定前,未给予该利害关系人陈述、申辩机会的,不符合正当程序原则。由此可能损害利害关系人合法权益的,法院可以认定被诉行政行为违反法定程序。在被告停发原告农资补贴前没有给原告陈述、申辩的机会,也没有告知原告,所以原告认为被告的行为违反正当程序原则,应属违法。法院认为,根据山东省核定小麦种植面积的程序规定,种粮农民首先要自报告小麦种植折实面积,种粮农民对自报告的折实小麦面积负责,对未报告的,不纳入核定范围。自2011年开始,被告平度市财政局在核定汇总上报中未发现有张某强的小麦种植面积,故未给张某强发放粮食直接补贴和农资综合补贴,被告平度市财政局的行政行为不属于不作为,其行政行为并无不当。

(二)不予行政许可的应遵循正当程序

在龚某诉鄂州市道路运输管理处行政许可案〔2〕中,2013年7月2日,龚某向鄂州市道路运输管理处寄出书面申请,要求将鄂城至新湾的客车班线经营权许可到其名下,并同时寄送驾驶证、道路客运安全卡、从业资格证等申请材料。鄂州市道路运输管理处认为龚某不具备从事道路客运经营的条件,提供的材料也不符合规定,在收到申请材料的当天作出不予交通行政许可决定书。龚某对该不予许可决定不服,向鄂城区人民法院提起行政诉讼,请求撤销该决定。

---

〔1〕张某芳诉平度市财政局、平度市凤台街道办事处大窑村民委员会行政救助、不履行法定职责案,山东省平度市人民法院(2014)平行初字第327号行政判决书。

〔2〕龚某诉鄂州市道路运输管理处行政许可案,湖北省鄂州市中级人民法院(2014)鄂鄂州中行终字第00002号行政判决书。

鄂城区人民法院一审认为,龚某不具备取得该项行政许可应当具备的车辆条件,且未提供明确的线路和站点方案,遂判决维持不予许可决定。龚某不服一审判决,向鄂州市中级人民法院提起上诉。鄂州市中级人民法院审理认为,鄂州市道路运输管理处收到龚某的书面申请及材料后,应依照行政法规、规章进行审查。对于材料不齐全或者不符合法定形式的,应当依据《行政许可法》的规定,告知申请人需要补正的相关材料。本案中,鄂州市道路运输管理处未尽到告知义务、未保障申请人补正申请材料的权利,在未全面审查申请人取得行政许可条件是否具备、申请材料是否齐全的情况下,即认定申请人的申请不符合规定,其作出的不予许可决定事实不清、程序违法。另外,鄂州市道路运输管理处未能保存申请人龚某提交的申请材料,无法认定不予行政许可行为的合法性,属于主要证据不足。故二审法院判决:撤销一审判决;撤销鄂州市道路运输管理处作出的不予交通行政许可决定书;责令鄂州市道路运输管理处重新作出具体行政行为。

《行政许可法》单章规定行政许可的实施程序,规范行政许可申请、受理、审查和决定的主体权限、时间时限、所需材料、流程步骤等程序事项。这些程序事项的明确是避免行政权力滥用、保障行政相对人和利害关系人权利的关键路径。实践中,一些行政机关和行政执法人员不重视行政法律规范中的程序规定,认为只要作出或不作出行政许可的实体决定正确,决定的作出程序无关紧要。该案中,法院判决行政机关败诉的主要原因之一即行政机关在行政许可实施过程中未尽到告知义务、未保障申请人补正申请材料的权利,程序违法。因此,该案裁判所反映的裁判观点和说理方向应该引起行政机关对程序性规定的重视。

七、行政协议的签订履行应当遵循正当程序

行政协议是指以双方合意的方式产生、变更、消灭行政法上的权利义务关系的行为。在公法领域中加入契约的精神,使行政主体与行政相对人均能够在行政管理过程中贯彻自己的意思,在双方自愿的基础上完成行政管理目标。尽管行政协议中含有民事合同的成分,但是通说认为行政协议仍属于行政行为中的一种,行政协议的缔结、履行以及解除均需要恪守正当程序原则。尽管认为行政协议中行政机关享有行政优益权,可以以公共利益为由单方变更或者解除协议,但是,在兼顾公共利益的同时也要求对协议相对人的合法权益予以保障,

因此，行政机关行使该项权力时并非不受限制。在作出解除协议等对相对人不利的行为前，行政机关应当履行事先告知程序以便相对人对其权利状态有所预期，保障当事人的知情权；履行说明理由制度以便相对人更好地理解与接受；履行听取相对人意见制度让行政协议中的合意得以落实。

（一）解除国有土地使用权成交确认书应遵循正当程序

在诸暨恒博房地产开发有限公司诉诸暨市国土资源局资源行政管理案〔1〕中，2014 年原被告双方签订成交确认书及国有建设用地使用权出让合同，约定出让位于环城南路与诸安快速路的土地，用途为商业、住宅用地。后因涉案土地未处置完整，原告未按期支付出让金。2016 年被告以原告未支付出让金为由解除双方签订的成交确认书，原告不服，向法院起诉。法院认为，本案的争议焦点是被告作出解除国有建设用地使用权成交确认书的决定是否合法。《闲置土地处置办法》（国土资源部令第 53 号）第 21 条规定，“市、县国土资源主管部门供应土地应当符合下列要求，防止因政府、政府有关部门的行为造成土地闲置：（一）土地权利清晰；（二）安置补偿落实到位；（三）没有法律经济纠纷；（四）地块位置、使用性质、容积率等规划条件明确；（五）具备动工开发所必需的其他基本条件”。国土资源部《关于加大闲置土地处置力度的通知》（国土资电发〔2007〕36 号）第 2 条规定，“实行建设用地使用权‘净地’出让，出让前，应处理好土地的产权、补偿安置等经济法律关系，完成必要的通水、通电、通路、土地平整等前期开发，防止土地闲置浪费”。故被告供应的土地应当符合上述规定，被告虽然主张，在拍卖出让须知中明示以按土地现状出让，但该须知同时明确征地红线内涉及地上建筑物、构筑物、电力通信线及地下管线等拆除工作由暨阳街道办事处牵头负责处置。故被告在拍卖须知中的约定现状出让，不能免除其“净地”出让的法定义务。在原告主张涉案土地不符合“净地”出让的情况下，政府部门也曾与原告作出多次协商，对付款期限也作出过变更约定。故在现有证据不足以证明涉案土地已经符合“净地”要求的情况下，被告单方面作出解除国有建设用地使用权成交确认书的决定与法、与理均不符。此外，鉴于该成交确认书的解除，直接影响当事人财产权益，被告在作出该决定之前，并未按照正

〔1〕诸暨恒博房地产开发有限公司诉诸暨市国土资源局资源行政管理案，浙江省绍兴市中级人民法院（2017）浙 06 行终 184 号行政判决书。

当程序的要求,履行告知、听取意见等程序,一审法院认定该行为违反法定程序,并无不当。

(二)取消土地竞得资格应遵循正当程序

土地行政主管部门通过拍卖出让国有建设用地使用权以及与竞得人签署成交确认书的行为,系土地行政主管部门为了贯彻国家和有关土地管理的法规政策行使土地管理职权,按照市场方式配置土地资源而签订行政合同的行为。尽管行政机关取消相对人土地竞得资格属于行政协议行为,不属于行政处罚,但并非意味着行政机关无须遵守正当程序。

在朱某华诉苏州市国土资源局行政行为案[1]中,苏州市国土资源局挂牌出让土地,朱某华竞争取得该土地,之后双方签署成交确认书。此后双方因对挂牌公告中的内容理解不一发生争议,未能签订合同。2013 年苏州市国土资源局向朱某华作出取消土地竞得者资格的通知,朱某华不服向法院起诉。法院认为:根据朱某华与苏州市国土资源局签署的成交确认书,约定如朱某华违反该成交确认书所确定的义务,苏州市国土资源局可根据该确认书的相关约定,具有取消朱某华竞得资格,没收履约保证金的权利。但是,苏州市国土资源局行使该权利应当符合正当程序要求。所谓正当程序,即行政机关在作出涉及相对人重大权益的行政行为时应事先通知相对人,向相对人说明行为的根据、理由,听取相对人的陈述、申辩,事后为相对人提供救济途径等。在行政合同纠纷中,从充分保障合同相对人合法权益的角度出发,作为行政合同一方当事人的行政机关,如无法定特别情形,在单方行使合同变更权或解除权之前,应当书面告知合同相对人并具体说明其行使变更权或解除权的事实根据、法律依据和行使自由裁量权所依据的理由及拟作出的行政行为结果;行政主体还应当告知合同相对人享有陈述、申辩的权利,并听取合同相对人的陈述、申辩。本案中,苏州市国土资源局在作出取消土地竞得者资格的通知之前,并未向朱某华告知其享有陈述、申辩的权利;且苏州市国土资源局在于 2013 年 11 月 6 日向朱某华作出的取消土地竞得者资格的通知中,将 2013 年 10 月 17 日告知的拟作出的行政行为结果中的“没收履约保证金”径行变更为“所交保证金不予退还”,而该重要变更事项未事先向朱某华告知,亦未就此告知朱某华享有陈述、申辩的权利。因

---

〔1〕 朱某华诉苏州市国土资源局行政行为案,江苏省高级人民法院(2016)苏行再 2 号行政判决书。

此,苏州市国土资源局在程序存在严重欠缺的情况下,向朱某华作出明显会对其重大利益产生严重不利影响的取消土地竞得者资格的通知,有悖正当程序原则,属于程序严重违法。

(三)行政机关签订行政协议应遵循正当程序

在凤冈县某工贸有限责任公司(以下简称某工贸公司)诉贵州省凤冈县人民政府请求撤销补偿安置协议案[1]中,2001年3月7日,某工贸公司取得案涉土地国有土地使用证,修建厂房从事水泥电线杆的生产,后因经营不善停产。2006年10月,某工贸公司与周某某订立协议书,约定某工贸公司将电杆厂空地租给周某某使用,租金按月计退补。同时约定某工贸公司需用厂房时,应提前一旬告知周某某。2013年12月,某工贸公司与周某某再次订立协议书,约定租赁范围及租金。2014年9月,因某工贸公司土地上房屋涉及征收,贵州省凤冈县人民政府与周某某订立《凤冈县城市棚户区改造项目房屋征收与补偿安置协议书》(以下简称《安置协议》),并将相应补偿款支付给周某某。某工贸公司认为《安置协议》中的房屋及构筑物等属其所有,贵州省凤冈县人民政府与周某某订立《安置协议》并支付补偿款的行为侵犯了其财产权,遂提起诉讼,请求撤销《安置协议》。

贵州省高级人民法院二审认为,周某某及某工贸公司对案涉房屋及构筑物等的归属各执一词,在案涉房屋及构筑物等的权属存在异议,且无合法有效证据证明属周某某所有的情况下,贵州省凤冈县人民政府直接与周某某订立《安置协议》缺乏事实根据。此外,依据程序正当原则,贵州省凤冈县人民政府在明知周某某系承租人,某工贸公司系出租人的情况下,其订立《安置协议》前应当就案涉房屋及构筑物等的归属充分听取周某某及某工贸公司的意见,必要时可引导租赁双方就案涉房屋及构筑物等的权属进行明确后再予补偿安置。贵州省凤冈县人民政府在未通知某工贸公司参与并听取其意见的情况下,直接与周某某订立《安置协议》,亦违反正当程序。

该案的核心是司法实践中所形成的规范行政协议签订程序的裁判观点,该案例以最高人民法院行政协议诉讼典型案例的形式向社会公布,其示范意义不

---

[1] 参见《最高人民法院行政协议诉讼典型案例(第二批)》,载《人民法院报》2022年4月21日,第2版。

言而喻。以往,由于缺乏必要的制度供给,行政协议的签订程序处于无序状态,不同的行政管理领域和不同的地区对行政协议的签订程序要求各不相同。一般认为,行政协议的签订是协议当事人对自身权利的处分,无须当事人以外的其他主体参与。但是,于行政协议的目的而言,行政协议是行政机关实现行政管理目标的手段之一,协议的签订必定会带来国家利益和社会公共利益的增减,因此通过必要的程序设计,引入其他相关权利主体参与协议的签订过程,有助于实现协议签订的公平正义。

(四)行政机关解除行政协议应遵循正当程序

在时某强诉郑州市二七区人民政府履行行政协议案[1]中,时某强的父亲时某盈(已去世)持有郑州市原郊区人民政府颁布的宅基地使用证,记载宅基地位于刘胡垌公社刘胡垌大队时砦村第四生产队,面积为贰分柒厘肆毫。2013 年 10 月 30 日,指挥部与时某盈之妻王某荣签订了拆迁安置补偿协议(编号:LHD - 04 - 078),对王某荣进行了安置补偿。协议签订后,双方履行该协议,指挥部支付了自 2013 年 10 月 31 日起至 2015 年 4 月 30 日止的过渡费。之后指挥部拒绝履行协议,停止发放过渡费。2016 年 4 月 29 日,指挥部分别以"安置人口有误""你母亲王某荣不具备单独安置资格"为由,向时某强发出通知,要求其到原拆迁工作组办理相关手续。时某强未去办理相关手续。

河南省高级人民法院审理认为,行政优益权的行使需要遵循正当程序原则。二七区政府签订协议时,应当尽到合理审慎的注意义务。协议签订后,当继续履行协议会影响公共利益或者行政管理目标实现时,可以行使行政优益权,单方对协议作出变更、解除等行政决定,但应当在保障合同相对人的陈述、申辩等基本权利的基础上,通过正当、合法的程序作出。本案中,二七区政府仅向王某荣发出通知,即拒绝履行安置补偿协议约定的义务,该行为缺乏法律依据,不能视为该协议已被变更或解除。

应当承认,行政协议作为行政机关行使行政职权的形式之一,赋予行政机关一定的优益权,允许行政机关单方变更、解除行政协议是必要的。但是,行政协议是协议各方当事人的合意结果,协议的签订履行饱含各方当事人的信赖利

---

[1] 时某强诉郑州市二七区人民政府履行行政协议案,河南省高级人民法院(2018)豫行终 2871 号行政判决书。

益,行政机关单方变更、解除行政协议,必定会损害协议相对人的信赖利益,甚至会侵害协议相对人已作出的履约投入。因此,明确一定的程序限制,要求行政机关在单方变更、解除协议时,听取相对人的陈述申辩,甚至给予其提前告知,以便于其有序调整协议变更、解除后的生产生活安排,是正当程序原则在协议变更、解除过程中的基本要求。

第三节　违反正当程序的表现形式

一、未表明身份违反正当程序

表明身份是行政机关现场执法活动的第一步,是整个执法活动的合法性起点。《行政处罚法》第 52 条、第 55 条等规定,都明确了行政机关在进行调查、检查和作出处罚决定的过程中,应当向相对人出示执法证件,表明执法身份。《行政强制法》第 18 条也规定了行政机关实施行政强制措施时应当出示执法身份证件。其他一些行政执法领域的相关法律规范也都有对执法活动中执法人员表明身份的具体要求。行政法律规范如此重视表明身份的作用,主要有以下方面的考虑:一是行政执法人员通过出示执法证件、佩戴执法标识等表明执法身份的行为,可以使行政相对人准确地认识到执法活动的性质,使行政相对人基于对公权力的信任而配合执法活动的开展。二是通过表明身份,行政相对人可明确执法活动的行为主体,在执法活动对行政相对人权利产生不当损害时,便于行政相对人选择和启动权利救济程序。

在尤某诉济阳县公安局交通警察大队行政强制案[1]中,2017 年 3 月 9 日,被告济阳县公安局交通警察大队在执法过程中,发现原告尤某驾驶的重型半挂牵引车、重型厢式半挂车涉嫌超限超载 100%,遂将原告驾驶的涉案车辆带至济阳县交通检测站。2017 年 3 月 13 日,经称重,原告驾驶的涉案车辆超限超载比例为 222.41%,当日,原告尤某前往济阳县公安局交通警察大队接受行政处罚,被告济阳县公安局交通警察大队向其作出了鲁公交决字 2017 第 370125 - 2200461240 号公安交通管理行政处罚决定书,认定原告尤某于 2017 年 3 月 9 日 11 时 25 分,在省道 248 线 109 公里处实施驾驶货车载物超过核定载质量 100%

[1] 尤某诉济阳县公安局交通警察大队行政强制案,山东省济南市中级人民法院(2017)鲁 01 行终 825 号行政判决书。

违法行为,决定给予原告尤某罚款2000元,驾驶证记6分的处罚。

济南市中级人民法院审理认为,2017年3月13日,尤某到济阳县公安局交通警察大队接受处理。济阳县公安局交通警察大队对交通违法行为的处理实行窗口式服务方式,从尤某提交的证据来看,对济阳县公安局交通警察大队进行调查询问、处罚告知及作出处罚决定的虽是窗口的工作人员,但该工作人员未向上诉人表明其身份,也未着警服、未佩戴警号,无法确认该工作人员是否具有执法资格,并且上述行为均由该工作人员一人完成,故济阳县公安局交通警察大队的执法程序违法。

二、未履行通知(告知)程序违反正当程序

(一)市场监督管理机关抽检中未通知当事人到场,违背正当程序

参与是保障程序正当的重要方面,这就要求行政机关在执法时应当通知行政相对人参与到执法过程中。相对人的切身参与既可以提高其对于行政执法结果的认同度,也便于行政机关调查了解事实真相。当然,相对人参与的前提是行政机关应当事前通知相对人,如果听取相对人的陈述申辩还应当提前3天左右通知,以便相对人能够充分准备;如果仅仅是进行调查取证工作则无时间要求。在此,行政机关应当注意此时的相对人并不仅限于行政机关的调查对象即当事人,对于与调查有关的利害关系人(第三人),如果之后的行政决定将影响其权利义务,那么也应当事前通知其到场参与调查。未事前通知利害关系人参与,直接作出处罚决定的,法院可以判决行政机关的执法过程违反正当程序。

在山东壮壮嘉吉肥业有限公司诉新泰市工商行政管理局行政处罚案[1]中,2011年陈某亭、王某华向被告投诉,称其向安某华购买的“壮壮”牌复混肥存在质量问题,请求被告查处。被告在未通知原告和安某华到场,只有“当事人王某华”在场的情况下,对“壮壮”牌的18袋“复混肥料”进行抽样取证,检验结论为不合格。经查被告在作出处罚决定的行政程序中,没有告知原告据以作出处罚的事实、理由和依据,亦没有听取原告的陈述、申辩意见。法院认为:一审被告在组织抽检时,一审第三人安某华未到场,一审被告和上诉人陈某亭、王某华虽主张多次电话通知安某华,但均无有效证据证实,且一审第三人安某华予

〔1〕 山东壮壮嘉吉肥业有限公司诉新泰市工商行政管理局行政处罚案,山东省泰安市中级人民法院(2015)泰行终字第12号行政判决书。

以否认。抽检结果对一审第三人安某华是否将受处罚有重大影响，一审被告未以合理的形式提前告知其具体的时间、地点、参加人员以及享有的权利和义务等事项，违反了正当程序原则，故一审被告的抽检程序违法。

行政机关应当对通知原告的事项进行举证，无法提供证据的应当承担相应的不利后果。该案中，行政机关主张以电话方式通知原告，但未能提供证据予以证明，故法院未认定行政机关履行了通知义务。在此提醒行政机关注意，应当以正式的书面通知形式履行通知程序，并让当事人签收。当遇到紧急情况无法书面通知时，电话通知应当保留通话记录，并让相对人在事后签字确认，以免出现诉讼过程中的举证困难。

（二）未通知与复议决定有利害关系的当事人参与复议违背正当程序

《行政复议法》第16条第1款规定，同申请行政复议的具体行政行为有利害关系的其他公民、法人或者其他组织，可以作为第三人参加行政复议。第22条规定，行政复议原则上采取书面审查的办法，但是申请人提出要求或者行政复议机关负责法制工作的机构认为有必要时，可以向有关组织和人员调查情况，听取申请人、被申请人和第三人的意见。尽管《行政复议法》第16条第1款规定，利害关系人"可以"作为第三人参加行政复议，但是，根据程序正当原则，复议机关应当听取利害关系人的意见。未将利害关系人列为行政复议第三人听取其意见的，违反正当程序原则。

在薛某更、薛某滚诉内乡县人民政府房产行政争议案〔1〕中，薛某滚、薛某更系兄弟关系，二人为案涉房屋产权发生纠纷，2012年内乡县王店镇人民政府向薛某滚补发了村镇建筑许可证，薛某更向王店镇人民政府反映，要求撤销该证，王店镇人民政府于2013年决定撤销许可证。法院认为，内乡县人民政府在复议程序中明知薛某更与原行政行为存在利害关系，却不给予其提供证据的机会并听取其意见，违反正当程序，该行政复议行为明显不当，依照《行政诉讼法》(2014修正)第70条第6项的规定，应予撤销。任何可能受到不利影响的人都有发表意见和提供证据的权利，这一正当程序是对行政行为的基本要求，已经成为法治社会中公民的一项基本权利，对此《全面推进依法行政实施纲要》等文

---

〔1〕 薛某更、薛某滚诉内乡县人民政府房产行政争议案，河南省高级人民法院(2015)豫法行终字第00245号行政判决书。

件已有明确规定,内乡县人民政府认为适用正当程序缺乏法律规定的上诉理由不能成立。

(三)未告知权利违背正当程序

在黄某富、何某琼、何某诉四川省成都市金堂县工商行政管理局行政处罚案〔1〕中,2003年12月20日,四川省金堂县图书馆与原告何某琼之夫黄某富联办多媒体电子阅览室。经双方协商,由黄某富出资金和场地,每年向金堂县图书馆缴纳管理费2400元。2004年4月2日,黄某富以其子何某的名义开通了ADSL84992722(期限到2005年6月30日),在金堂县赵镇桔园路一门面房挂牌开业。4月中旬,金堂县文化体育广播电视和新闻出版局市场科以整顿网吧为由要求其停办。经金堂县图书馆与黄某富协商,金堂县图书馆于5月中旬退还黄某富2400元管理费,摘除了"金堂县图书馆多媒体电子阅览室"的牌子。2005年6月2日,金堂县工商行政管理局会同金堂县文化体育广播电视和新闻出版局、金堂县公安局对原告的金堂县赵镇桔园路门面房进行检查时发现,金堂实验中学初一学生叶某、杨某、郑某和数名成年人在上网游戏。原告未能出示网络文化经营许可证和营业执照。金堂县工商行政管理局按照《互联网上网服务营业场所管理条例》(2002)第27条的规定,以成工商金堂扣字(2005)第02747号扣留财物通知书决定扣留原告的32台电脑主机。何某琼对该扣押行为及扣押电脑主机数量有异议,遂诉至法院,认为实际扣押了其33台电脑主机,并请求撤销该扣留财物通知书。2005年10月8日金堂县人民法院作出(2005)金堂行初字第13号行政判决书,维持了成工商金堂扣字(2005)第02747号扣留财物通知书,但同时确认金堂县工商行政管理局扣押了何某琼33台电脑主机。同年10月12日,金堂县工商行政管理局以原告的行为违反了《互联网上网服务营业场所管理条例》(2002)第7条、第27条的规定作出了成工商金堂处字(2005)第02026号行政处罚决定书,决定"没收在何某琼商业楼扣留的从事违法经营活动的电脑主机32台"。

法院审理认为,为了保证行政相对人充分行使陈述权和申辩权,保障行政处罚决定的合法性和合理性,对没收较大数额财产的行政处罚,也应当根据《行

〔1〕 黄某富、何某琼、何某诉四川省成都市金堂县工商行政管理局行政处罚案,最高人民法院指导案例6号(2012)。

政处罚法》(1996)第42条的规定适用听证程序。关于没收较大数额的财产标准,应比照《四川省行政处罚听证程序暂行规定》(已失效)第3条第1款"本规定所称较大数额的罚款,是指对非经营活动中的违法行为处以1000元以上,对经营活动中的违法行为处以20000元以上罚款"中对罚款数额的规定。因此,金堂县工商行政管理局没收黄某富等三人32台电脑主机的行政处罚决定,应属没收较大数额的财产,对黄某富等三人的利益产生重大影响的行为,金堂县工商行政管理局在作出行政处罚前应当告知被处罚人有要求听证的权利。本案中,金堂县工商行政管理局在作出处罚决定前只按照行政处罚一般程序告知黄某富等三人有陈述、申辩的权利,而没有告知其享有听证权利,违反了法定程序,依法应予撤销。

三、未说明理由违反正当程序

《政府信息公开条例》(2007)第21条规定,对申请公开的政府信息,行政机关根据下列情况分别作出答复:(1)属于公开范围的,应当告知申请人获取该政府信息的方式和途径;(2)属于不予公开范围的,应当告知申请人并说明理由;(3)依法不属于本行政机关公开或者该政府信息不存在的,应当告知申请人,对能够确定该政府信息的公开机关的,应当告知申请人该行政机关的名称、联系方式;(4)申请内容不明确的,应当告知申请人作出更改、补充。无法公开的信息政府有权拒绝公开,但是应当说明拒绝公开的理由,只拒绝公开,却不阐明拒绝的理由,违反正当程序。

在刘某国诉北京市规划和国土资源管理委员会信息公开案[1]中,2016年刘某国向原北京市国土资源局东城分局提出政府信息公开申请。原北京市国土资源局东城分局于当日收到该申请并出具登记回执,该登记回执中记载,原北京市国土资源局东城分局将于2016年4月18日前作出书面答复。2016年4月19日,原北京市国土资源局东城分局作出政府信息延长答复期告知书,将答复期延长至2016年5月10日前。2016年4月22日,北京市国土资源局东城分局作出第21号告知,并送达刘某国。法院认为:行政机关应当依法开展政府信息公开工作,保障社会公众对政府工作的知情权。拒绝公开政府信息,应当

[1] 刘某国诉北京市规划和国土资源管理委员会信息公开案,北京市东城区人民法院(2016)京0101行初535号行政判决书。

有充分依据,并履行相应的告知和说明理由义务。本案中,原告申请公开的事项为涉案房屋权属登记信息,包括原始登记凭证和房屋权属登记机关对房屋权利的记载信息。被告受理该申请后,以原告不属于房屋权利人为由,对于原告申请的事项不予公开,其未作出合理说明,亦未提供充分的证据及法律依据证明该主张成立,不符合《政府信息公开条例》(2007)的规定。同时,按照正当程序原则,如政府信息公开义务机关需延长答复期,应当在登记回执确定的法定答复期届满前作出,并送达申请人。本案中,被告受理原告的政府信息公开申请后,未在登记回执中载明的2016年4月18日前作出答复,于同年4月19日作出延长答复期告知书并送达原告,违反正当程序原则。

四、未正确听取陈述申辩违反正当程序

(一)事后补充听取意见违反正当程序

程序的内涵一致就是要求行政机关按照一定的步骤执法,该步骤存在先后的顺序,一般为:表明执法身份、调查收集证据、告知、听取陈述申辩、听证、作出决定、送达。当然根据案件的复杂程度不同,具体步骤的繁简程度要求也不相同,简易程序可以适当简化上述步骤。但是,该步骤的先后顺序不可违反,行政机关在作出决定之后补充听取意见的违反正当程序原则。

在定安城东建筑装修工程公司(以下简称城东公司)与海南省定安县人民政府、第三人中国农业银行定安支行收回国有土地使用权及撤销土地证案[1]中,定安县原建设委员会与城东公司签订《工程承包合同》。后因定安县建设委员会拖欠城东公司工程款80.472万元,定安县人民政府以10亩土地作为补偿。之后定安县人民政府以城东公司申请土地登记发证未填写土地用途、定安县国土资源局在审核过程中亦未在地籍调查登记表、土地登记审批表等有关文书上载明土地用途导致错误登记发证为由,告知城东公司拟撤销第6号国土证。城东公司不服该决定,诉至法院。法院认为:关于被诉112号通知中收回土地使用权决定的合法性问题。根据《土地管理法》(2004修正)第58条第1款规定,定安县人民政府有偿收回涉案土地使用权,具有法定职权。但定安县人民政府在作出被诉112号通知之前,未听取当事人的陈述和申辩意见,事后通知城东

---

〔1〕 定安城东建筑装修工程公司诉海南省定安县人民政府、中国农业银行定安支行收回国有土地使用权及撤销土地证案,最高人民法院(2012)行提字第26号行政判决书。

公司和中国农业银行定安支行举行听证，违反"先听取意见后作决定"的基本程序原则。《全面推进依法行政实施纲要》明确要求，行政机关实施行政管理要"程序正当"，除涉及国家秘密和依法受到保护的商业秘密、个人隐私的外，应当公开，注意听取公民、法人和其他组织的意见；要严格遵循法定程序，依法保障行政管理相对人、利害关系人的知情权、参与权和救济权。定安县人民政府作出112号通知前，未听取当事人意见，违反正当程序原则，本应依法撤销，但考虑到定安县人民政府办公楼已经建成并投入使用，撤销112号通知中有偿收回涉案土地使用权决定已无实际意义，且可能会损害公共利益。依据最高人民法院《关于执行〈中华人民共和国行政诉讼法〉若干问题的解释》(已失效)第58条的规定，法院最终依法判决确认该行政行为违法。

(二)调查中的约谈、询问不能满足正当程序的要求

正当程序的意义就在于补充成文法中关于行政程序规定的疏漏，其中，听取当事人陈述申辩是正当程序的重要内容，即任何人在可能受到行政机关的不利决定之前，其意见均应当被倾听而不论是否有法律规定。此时的听取陈述申辩应当是正式的，行政机关在调查事实真相的过程中对相对人的约谈、询问并不能代替此程序。因为调查过程中对当事人的约谈、询问与听取当事人陈述申辩的目的是不同的，前者的目的是使行政机关认定事实真相，而后者的目的是保障当事人为自己辩解的权利。同时，听取当事人陈述申辩需要行政机关事先将调查所获得的证据事实提前告知当事人，以便当事人能够充分行使陈述申辩权，而调查过程中的约谈、询问显然无法达到此要求。

在于某茹诉北京大学撤销博士学位案[1]中，于某茹在校期间发表的《1775年法国大众新闻业的"投石党运动"》一文被认定为抄袭，后北京大学学位评定委员会召开第118次会议，全票通过决定撤销于某茹博士学位。于某茹不服，向法院提起行政诉讼。法院认为，正当程序原则保障的是相对人的程序参与权，通过相对人的陈述与申辩，使行政机关能够更加全面把握案件事实、准确适用法律，防止偏听偏信，确保程序与结果的公正。而相对人只有在充分了解案件事实、法律规定以及可能面临的不利后果的情形下，才能够有针对性地进行

---

〔1〕 于某茹诉北京大学撤销博士学位案，北京市第一中级人民法院(2017)京01行终277号行政判决书。

陈述与申辩，发表有价值的意见，从而保证其真正地参与执法程序，而不是流于形式。譬如，《行政处罚法》在设定处罚听证程序时就明确规定，举行听证时，调查人员提出当事人违法的事实、证据和行政处罚建议，当事人进行申辩和质证。本案中，北京大学在作出撤销决定前，仅由调查小组对于某茹进行过一次约谈，约谈的内容也仅涉及《1775 年法国大众新闻业的"投石党运动"》一文是否涉嫌抄袭的问题。至于该问题是否足以导致于某茹的学位被撤销，北京大学并没有进行相应的提示，于某茹在未意识到其学位可能因此被撤销这一风险的情形下，也难以进行充分的陈述与申辩。因此，北京大学在作出撤销决定前由调查小组进行的约谈，不足以认定其已经履行正当程序。

（三）断电批复未听取当事人意见违反正当程序

在嵊州市天章丝绸织造整理厂诉嵊州市人民政府行政行为案〔1〕中，原告与嵊州市经济开发区上杨村村民委员会、经济合作社签订《土地租赁合同》，租赁嵊州市经济开发区上杨村庙山 9.302 亩土地作为办厂场地使用。2013 年 6 月 13 日，嵊州市规划局称其建筑未经规划审批。后嵊州市人民政府批复同意对嵊州市天章丝绸织造整理厂实施断电措施，嵊州市原供电局以此为据，对原告作出停电处理。原告对此不服，诉至法院。法院认为：被告作出的涉案批复违反正当程序的要求。正当程序的核心在于作出使他人遭到不利影响的行政决定前，应当听取当事人的意见，以保障行政管理相对人的知情权、参与权。对一个经营中的企业断电，将直接影响到该企业的正常运作，被告作出同意断电批复之前，仅凭嵊州市经济开发区管理委员会单方请示，未听取原告的陈述、申辩，径直作出同意批示，违反了正当程序的要求。

五、未回避或者单方接触违反正当程序

回避制度的立法精神，起源于一条著名的西方法谚——"任何人不得做自己案件的法官"，这是正当程序原则中非常重要的内容。回避制度肇始于司法程序，要求法官在案件审判过程中保持中立地位，与审判结果有利害关系的人，不得参与案件的审判过程。在行政执法领域，回避和禁止单方接触也成为行政

---

〔1〕 嵊州市天章丝绸织造整理厂诉嵊州市人民政府行政行为案，浙江省绍兴市中级人民法院（2013）浙绍行初字第 15 号行政判决书。

程序的一项基本规范。《行政处罚法》、《行政许可法》和《行政强制法》等行政法律规范对行政执法人员的回避条件和回避程序都有规定。

在蔡某苟诉启东市公安局、启东市人民政府行政处罚及行政复议案[1]中，曹某兵与蔡某苟系同村组村民，两户房屋并不相邻。2019 年 8 月 21 日 20 时左右，曹某兵在蔡某苟房屋西侧通道上单方嘲讽、辱骂蔡某苟及蔡某苟家人，蔡某苟在屋内未予回应。后曹某兵又至蔡某苟房前，在蔡某苟出来并回骂后，曹某兵用脚踢蔡某苟，被蔡某苟推开后，曹某兵又打了蔡某苟一记耳光。2019 年 9 月 19 日，启东市公安局作出启公（茅）行罚决字〔2019〕1707 号行政处罚决定书，认定 2019 年 8 月 21 日，曹某兵对蔡某苟实施殴打，其行为侵犯了他人的人身权利，决定给予曹某兵罚款 500 元的处罚。同日，启东市公安局对蔡某苟作出启公（茅）不罚决字〔2019〕181 号不予处罚决定书，认为蔡某苟在被曹某兵脚踢的情况下将曹某兵推开不属于殴打行为，蔡某苟殴打他人的违法事实不能成立，决定对蔡某苟不予行政处罚。另查明，陈某系启东市公安局茅家港边防派出所所长，陈某的外公与曹某兵爷爷系亲兄弟。曹某兵殴打他人案的调查取证等工作主要由茅家港边防派出所承办，陈某参与了案件的最终定案报送等工作。

法院审理认为，启东市公安局相关工作人员应予回避而未回避，构成行政行为程序违法。回避制度是保障案件公平公正处理、实现公平正义的程序性制度。严格执行回避制度，是案件客观公正审理的需要，也是保障执法行为公平公正、提升执法行为的公信力，避免当事人合理怀疑的必然要求。根据《治安管理处罚法》第 81 条第 1 款第 3 项的规定，人民警察在办理治安违法案件过程中，与案件当事人有其他关系，可能影响案件公正处理的，应当回避。本案中，曹某兵与案件承办单位茅家港边防派出所所长陈某之间虽非近亲属关系，但双方之间亲属关系较近，为最大限度保证案件的客观公正处理，所长陈某应予回避。为避免当事人对执法活动公平公正的合理怀疑，陈某领导的其他工作人员亦应回避为宜。公安机关工作人员应予回避而未回避的，构成行政行为程序违法。

---

〔1〕 蔡某苟诉启东市公安局、启东市人民政府行政处罚、行政复议案，江苏省南通市中级人民法院(2020)苏 06 行终 690 号行政判决书。

第四节 违反正当程序的法律后果

一、违反正当程序的行政机关将承担更多举证责任

行政诉讼证明责任是指在法院和当事人之间、原被告之间对于提供证据的一种分配规则,证明责任的分配需要参考当事人的举证能力、证据获得的难易程度等实际情况综合考量。[1]《行政诉讼法》第38条第2款规定,在行政赔偿、补偿的案件中,原告应当对行政行为造成的损害提供证据。因被告的原因导致原告无法举证的,由被告承担举证责任。在一般情况下,行政赔偿、补偿的案件应当由原告承担举证责任,证明其所遭受的损害,但是如果因被告行政机关导致原告无法提供证据,此时,举证责任会发生转移,即由被告承担损害情况的举证责任。

当被告无法提供证据时应当承担不利的后果。最高人民法院《关于适用〈中华人民共和国行政诉讼法〉的解释》第47条第3款规定,当事人的损失因客观原因无法鉴定的,人民法院应当结合当事人的主张和在案证据,遵循法官职业道德,运用逻辑推理和生活经验、生活常识等,酌情确定赔偿数额。这是证明责任的题中应有之义,但是,如果行政机关违反正当程序实施行政行为,导致行政相对人无法提供证据证明其所遭受的损失,法院会在确定最终赔偿数额时考虑相对人无法举证的原因以及行政机关违反正当程序的事实,最终作出对行政相对人相对有利的数额认定。不得不说,这样的认定规则带有对行政机关违反正当程序的惩罚性质,这也是督促行政机关在执法过程中严守正当程序的一种方式。

在许某云诉婺城区政府行政强制及行政赔偿案[2]中,2014年婺城区政府发布《关于二七区块旧城改造房屋征收范围的公告》,并公布了房屋征收范围图,明确对二七区块范围实施改造。2014年9月26日,案涉房屋由婺城区政府组织拆除。许某云位于金华市婺城区五一路迎宾巷8号、9号的房屋被纳入本

---

[1] 参见李大勇:《行政诉讼证明责任分配:从被告举证到多元主体分担》,载《证据科学》2018年第3期。

[2] 许某云诉婺城区政府行政强制、行政赔偿案,最高人民法院(2017)最高法行再101号行政判决书。

次房屋征收范围,后涉案房屋被强拆。法院认为,《国家赔偿法》第15条第1款规定,人民法院审理行政赔偿案件,赔偿请求人和赔偿义务机关对自己提出的主张,应当提供证据。最高人民法院《关于执行〈中华人民共和国行政诉讼法〉若干问题的解释》(已失效)第27条第3项进一步规定,在一并提起的行政赔偿诉讼中,原告应当就因受被诉行为侵害而造成损失的事实承担举证责任。《最高人民法院关于行政诉讼证据若干问题的规定》(以下简称《行政诉讼证据规定》)第5条也规定,在行政赔偿诉讼中,原告应当对被诉具体行政行为造成损害的事实提供证据。因此,许某云就其房屋内物品损失事实、损害大小、损害金额承担举证责任,否则将承担不利后果。同时,《行政诉讼法》第38条第2款规定,在行政赔偿、补偿案件中,原告应当对行政行为造成的损害提供证据。因被告的原因导致原告无法举证的,由被告承担举证责任。因此,因行政机关违反正当程序,不依法公证或者依法制作证据清单,给原告履行举证责任造成困难的,且被告也无法举证证明实际损失金额的,人民法院可在原告就损失金额所提供证据能够初步证明其主张的情况下,依法作出不利于行政机关的损失金额认定。许某云向一审法院提供的相关照片与清单,可以判断案涉房屋内有鸟笼等物品,与其实际经营花鸟生意的情形相符;在许某云已经初步证明存在损失的情况下,其合情合理的赔偿请求应当得到支持。婺城区政府可以根据市场行情,结合许某云经营的实际情况以及所提供的现场照片、物品损失清单等,按照有利于许某云的原则酌情确定赔偿数额,对房屋内财产损失依法赔偿。

在李某诉贵阳市城市管理局城乡建设行政管理、房屋拆迁管理(拆迁)行政赔偿案[1]中,2012年8月20日,李某、邓某1、邓某2与葛某鱼、刘某签订了土地流转承包协议,取得了位于花溪区竹林村五组石厂坡处536平方米土地,并建造住宅。2012年11月初,被告贵阳市城市管理局下属贵阳市城市管理综合执法支队小河大队在例行巡查时,发现位于贵阳市小河竹林村四组有12栋自建房,涉嫌违法建房,原告房屋位列其中。2013年7月25日,贵阳经济技术开发区分局依法组织相关工作人员对以上12户的违章建筑进行强制拆除。后原告向法院起诉,在2017年10月24日庭审中,原告李某自述其房屋面积是340平方米,邓某1自述其房屋面积是1072平方米,二人房屋不是同一处。法院认

[1] 李某诉贵阳市城市管理局城乡建设行政管理、房屋拆迁管理(拆迁)行政赔偿案,贵州省贵阳市中级人民法院(2018)黔01行赔终26号行政判决书。

为:现因被告贵阳市城市管理局在拆除案涉房屋的过程中,违反正当程序原则,并未对房屋进行证据保全,致房屋灭失,无法进行重新测量,其应承担由此带来举证不利的后果,被告主张房屋面积为李某与邓某1户共计420平方米,但从被告提供的李某的卷宗中并无李某和邓某1签字的现场勘验笔录,现原告李某主张其被拆除房屋面积为340平方米,被告未提交合法有效证据予以反驳,对此主张予以认可。对于被拆除房屋的具体损失金额,原、被告双方均不予认可对方的主张,对此,充分考虑原告建房材料的再利用价值,保障原告享有对其建筑材料的合理自行处理时间的情况下,被告应承担违法强制拆除行为造成原告的直接损失部分。

二、违反正当程序的决定当事人可以拒绝执行

行政行为具有强制执行力,当相对人拒不执行时,行政机关可以自己执行或申请法院强制执行。此时,相对人只有服从的义务,没有抵抗的权利。但是对于无效行政行为,相对人则享有抵抗权,抵抗权指的是相对人对于行政机关基于公权力而作出的行政决定所设置的义务的抵制和不服的行为。[1] 行政行为的公定力理论认为行政行为均应当推定为合法有效,但是行政行为的公定力是行政行为效力的一个方面,而无效行政行为不具有效力,当然也就不具有公定力。因此,行政相对人对于无效行政行为享有抵抗权,有权拒绝行政机关所作出的无效决定。

在山西省安业集团有限公司(以下简称安业公司)诉山西省太原市人民政府行政命令案[2]中,太原市政府为实施解放南路长治路改造道路建设,以通告方式告知各有关单位和住户,太原市政府决定收回解放南路长治路道路建设所涉及87个单位776.85亩的国有土地使用权。涉及的单位和住户自通告发布之日起15日内带有关土地手续到太原市国土资源局办理土地使用权注销手续;逾期不交回的,将予以注销。通告载明所涉安业公司两幅土地,安业公司对通告不服并向法院提起诉讼。法院认为:本案中,因实施道路建设改造工程的需要,太原市政府与相关职能部门可以依法收回国有土地使用权,但应当遵循

[1] 参见王锡锌:《行政行为无效理论与相对人抵抗权问题探讨》,载《法学》2001年第10期。

[2] 山西省安业集团有限公司诉山西省太原市人民政府行政命令案,最高人民法院(2016)最高法行再80号行政判决书。

法定的程序和步骤并应依法及时解决补偿问题。在本案中，太原市政府收回安业公司拥有使用权的749.5平方米土地时，既未听取安业公司的陈述申辩，也未对涉案土地的四至范围作出认定，尤其是至案件审理期间尚未对安业公司进行任何补偿，不符合《土地管理法》(2004修正)第58条，《物权法》(已失效)第42条第3款，《城市房地产管理法》(2009修正)第6条以及《国有土地上房屋征收与补偿条例》第8条、第13条、第27条等规定的精神，依法应予以撤销。但考虑到相关道路建设改造工程确属公共利益需要，因此根据《行政诉讼法》(2014修正)第74条第1款第1项规定，对太原市政府以通告形式收回安业公司749.5平方米国有土地使用权的行政行为应确认违法。今后如因道路建设改造实际使用安业公司相应土地，安业公司有权主张以实际使用土地时的土地市场价值为基准进行补偿；安业公司也有权要求先补偿后搬迁，在未依法解决补偿问题前，安业公司有权拒绝交出土地。

《土地管理法》第58条规定收回国有土地使用权的，对土地使用权人应当给予适当补偿，即有征收必有补偿，这是对公民合法财产保护的必然要求，同时，补偿与征收之间也有先后顺序。《国有土地上房屋征收与补偿条例》第27条第1款规定，实施房屋征收应当先补偿、后搬迁。这要求行政机关先进行补偿，未经补偿便要求行政机关交出房屋所有权的决定违反正当程序，属于无效的行政决定，被征收人有权拒绝交出房屋。

当然，仅严重违反正当程序的行政决定才允许相对人拒绝执行。如同法院在对轻微违反法定程序的行政行为作出确认违法判决而不会撤销行政决定一样。如果允许相对人拒绝执行，那么行政效率将无法得到保障，行政机关也难以保障行政管理工作的正常进行。因此，应当将相对人可以拒绝执行行政决定限制在行政机关严重违反正当程序，且损害当事人合法权益的情形。

三、违反正当程序的行政强制决定法院拒绝执行

《行政处罚法》第61条第1款规定，行政处罚决定书应当在宣告后当场交付当事人；当事人不在场的，行政机关应当在7日内依照《中华人民共和国民事诉讼法》的有关规定，将行政处罚决定书送达当事人。行政处罚决定书只有经过合法方式送达相对人之后才发生法律效力，这是保障当事人知情权的重要内容。最高人民法院《关于在征收拆迁案件中进一步严格规范司法行为积极推进“裁执分离”的通知》中明确，在非诉执行案件审查环节，要严格遵循司法解释相

关规定审查行政机关提出的申请,凡存在对群众补偿安置不到位、程序违法或违反程序正当性、未进行社会稳定风险评估等情形的,一律依法裁定不予受理或不准予执行。未经合法送达的行政处罚决定违反正当程序,人民法院拒绝强制执行。

在辽中县城乡管理行政执法局与沈阳岩旭房地产开发有限公司不予强制执行案[1]中,申请执行人辽中县城乡管理行政执法局向法院申请执行行政执法处罚决定书,但是该处罚决定与被执行人沈阳岩旭房地产开发有限公司收到的行政执法处罚决定书的主要事实及处罚金额不一致,同一案号两个内容不属于同一行政处罚。法院认为,复议申请人与被申请人提交法院的系同一编号但内容相异的处罚决定,申请执行人向法院提供的行政处罚决定书没有实际送达被处罚人,未发生法律效力,该处罚决定与正当程序原则相悖。最终裁定本案不准予强制执行。

四、违反正当程序的行政行为应当被撤销

《行政诉讼法》第70条第3项规定,违反法定程序的,人民法院判决撤销或者部分撤销,并可以判决被告重新作出行政行为。尽管《行政诉讼法》中此处使用的是"法定程序"一词,但是,基于体系解释的立场应当认为正当程序原则包含其中,即认为正当程序原则属于法定程序中的一部分,以此来填补实定法中对于程序性规定缺失的问题。同时可以解决多数法院在适用正当程序作为判决理由时,难以找到适当法条作为判决依据的难题。因此,违反正当程序原则的行政行为应当被撤销。

在陆某佐诉上海市原闸北区房屋土地管理局房屋拆迁行政裁决纠纷案[2]中,2003年10月30日,第三人圣和圣公司取得拆许字(2003)第18号房屋拆迁许可证,对上海市海宁路691弄所在地块实施拆迁。原告陆某佐系上海市海宁路691弄22号一层的产权人。经上海房地产估价师事务所有限公司评估,单价为每平方米人民币3510元。因就拆迁补偿安置问题无法达成协议,圣和圣

[1] 辽中县城乡管理行政执法局与沈阳岩旭房地产开发有限公司不予强制执行案,辽宁省沈阳市中级人民法院(2017)辽01行审复11号行政判决书。

[2] 陆某佐诉上海市原闸北区房屋土地管理局房屋拆迁行政裁决纠纷案,载《最高人民法院公报》2007年第8期。

公司向被告原闸北区房屋土地管理局提出房屋拆迁裁决申请，原告不服裁决结果向法院起诉。法院认为，房屋拆迁过程中，被拆迁人、房屋承租人对于被拆房屋评估报告有异议的，有权申请复估。因此，基于正当程序原则，为保护被拆迁人、房屋承租人对被拆房屋评估报告依法申请复估的权利，拆迁人应将被拆房屋评估报告及时送达被拆迁人、房屋承租人。房屋拆迁行政裁决机关在裁决过程中，也应当对被拆房屋评估报告是否送达被拆迁人、房屋承租人的问题予以查明，并确保在裁决作出之前将评估报告送达被拆迁人、房屋承租人。房屋拆迁行政裁决机关未查明该问题即作出房屋拆迁行政裁决，且不能举证证明被拆房屋评估报告已经送达被拆迁人、房屋承租人的，所作房屋拆迁行政裁决属认定事实不清、主要证据不足，且违反法定程序。被拆迁人、房屋承租人诉至人民法院请求撤销该裁决的，人民法院应予支持。

五、违反正当程序的行政行为被确认违法

在苏州领秀针织研发有限公司诉苏州市姑苏区市场监督管理局市场监督行政处罚案〔1〕中，法院审理认为，从苏州市姑苏区市场监督管理局提交的证据来看，其于2018年5月2日作出解除行政强制措施决定书，解除了对涉案15件针织上衣的扣押，但并未提交证据证明其将该决定书向苏州领秀针织研发有限公司进行了送达，也未将扣押物品返还苏州领秀针织研发有限公司，违反了原《工商行政管理机关行政处罚程序规定》第40条的规定。但因苏州市姑苏区市场监督管理局最终在行政处罚决定书中决定没收上述扣押物品，故其未送达解除行政强制措施决定书及未返还扣押物品的行为没有对苏州领秀针织研发有限公司的权益产生实质影响，应当确认违法。

确认违法是我国行政诉讼中的一种判决形式。作为一种否定行政行为合法性但保留行政行为法律效力的判决形式，确认违法判决是司法利益衡量的结果。针对那些经法院审查被认定违法，本应予以撤销的行政行为，考虑到撤销后所引发的更大利益冲突，采用确认违法判决这样一种权益裁量处理方式。《行政诉讼法》第74条第1款第2项规定，对于行政行为程序轻微违法，但对原告权利不产生实际影响的，人民法院判决确认违法，但不撤销行政行为。这里

〔1〕苏州领秀针织研发有限公司诉苏州市姑苏区市场监督管理局市场监督行政处罚案，江苏省苏州市中级人民法院（2020）苏05行终434号行政判决书。

的程序轻微违法,要区别《行政诉讼法》第70条第3项适用撤销判决中的"违反法定程序",主要包括处理期限轻微违法,通知、送达等程序轻微违法和其他程序轻微违法的情形。这里的对原告权利不产生实际影响,要看行政机关重新作出行政行为能否给原告带来更大利益,一旦不能,且徒增行政成本,则可以作出确认违法判决。

第五节　行政机关在执法过程中应当遵循正当程序原则

一、正当程序是行政执法中最低限度的程序要求

所谓"最低限度",是指即使在没有法律法规规定的情况下,行政机关也必须遵循的程序,这是公平正义在行政程序中的最基本要求。正当程序原则要求行政执法活动所必备的程序,一定是一个行为能够称为行政行为所要求的最基本且不可或缺的过程。无论是否有法律规范的明确要求,缺乏这些必备的过程,一个行政行为的合法性和经过"残缺不全"程序所导出结果的正当性,都是为社会公众和司法审查所不能接受的。

二、正当程序核心要素有执法主体中立、执法方式适当、告知、听取意见和说明理由

与正当程序的核心要素对应,行政机关执法活动中违反正当程序原则的表现形式主要有,未表明身份、未履行通知(告知)程序、未说明理由、未正确听取陈述申辩、未回避或者单方接触等。这警示行政机关无论法定程序中是否要求其履行告知、说明理由、听取意见等过程,只要最终的行政决定对相对人不利,便要求行政机关按照正当程序原则要求作出行为。

三、正当程序适用范围广泛

法院的裁判文书为我们描绘了正当程序在行政执法活动中的适用范围。行政撤销行为中的撤销行政许可、撤销工伤认定、撤销商品房买卖合同备案登记等;行政确认行为中的征收拆迁确权登记、房屋合法性认定、工伤认定专家会诊;行政命令行为中的责令改正、已建违法建筑停止服务通知、整改意见等;行政批准行为中的批准收回土地等;行政注销行为中的注销土地证、注销最高准驾车型驾驶资格等;拒绝类行政行为中的拒绝行政给付、不予行政许可;行政协议

行为中的解除国有土地使用权成交确认书、取消土地竞得资格等均需要遵循正当程序原则。当然以上列举并非意味着行政处罚、行政许可、行政强制等典型行政行为不需要遵循正当程序原则，因为《行政处罚法》《行政许可法》《行政强制法》在立法过程中已经最大限度地吸收了正当程序原则，正当程序原则以法定形式约束这些行政行为。当然，限于篇幅，本章并未将所有类型的案例予以呈现，但是，从上文的案例中我们可以出这样的结论，即凡是减损行政相对人权利或者增加其义务的行政执法活动均需要遵守正当程序原则。

四、违反正当程序行政机关应当承担诸多不利后果

违反正当程序的法律后果主要有：违反正当程序的行政机关将承担更多的举证责任；当事人可以拒绝执行违反正当程序的决定；法院拒绝执行行政机关违反正当程序的行政强制执行申请；违反正当程序的行政行为法院应当判决撤销或者确认违法。这警示行政机关要严格遵守正当程序原则作出行政行为，避免不利法律后果的发生。

第二章　从典型案例看比例原则在执法中的适用

第一节　比例原则的基本理论

人民性是习近平法治思想最鲜明的品格。[1] 努力让人民群众在每一部法律规范、每一项执法决定和每一宗司法案件中都感受到公平正义是建设中国特色社会主义法治体系的必然选择。党的二十大报告指出："深化行政执法体制改革，全面推进严格规范公正文明执法，加大关系群众切身利益的重点领域执法力度，完善行政执法程序，健全行政裁量基准。"[2] 行政执法活动不是生存在由法律文本搭建的真空世界，其面对和处理的是鲜活的个体，特别是在地域辽阔、人口众多的中国，高度机械地适用法律带来的结果是个案正义的缺失。为此，引入比例原则作为行政执法活动的"润滑剂"，是实现严格规范公正文明执法要求的理论指引和现实选择。

比例原则发轫于德国警察法，该原则对公民自由和权利的关注保护一经问世即得到了各国宪法和行政法学学者的广泛关注和深入研究，比例原则的"全球化"趋势已使比例原则成为多个国家宪法和行政法中的一项基本原则。如同民法中的诚实信用原则、刑法中的疑罪从无原则，比例原则在行政法中是拘束行政裁量权，确保行政行为合理的基础性原则，该原则贯穿于行政立法、行政执法和行政司法审查活动的全过程。

在行政立法领域，比例原则督促行政立法机关在制定相关法律法规、规章

---

〔1〕 参见《人民性是习近平法治思想最鲜明的品格》，载求是网，http://www.qstheory.cn/laigao/ycjx/2022-12/28/c_1129237801.htm。

〔2〕 习近平：《高举中国特色社会主义伟大旗帜　为全面建设社会主义现代化国家而团结奋斗——在中国共产党第二十次全国代表大会上的报告》，人民出版社2022年版，第41页。

及其他规范性文件时，选择既能确保行政目标的实现，又对公民、法人和其他组织权益侵害最小的最优立法方案。在行政执法领域，比例原则限制行政主体对负担性行政行为的使用，确保行政执法活动对执法对象的权益侵害最小。在行政司法审查活动中，比例原则是司法机关判断行政行为是否合理适当的重要标准和审查路径，司法审查通过对比例原则的适用，对于行政机关滥用裁量权行为或显失公正的不当行为予以严格监督，以更好地保障行政相对人的合法权益。[1]

一、比例原则的含义

比例原则的基本含义是行政机关实施行政行为应兼顾行政目标的实现和适当性手段的选择、保障公共利益和相对人权益的均衡，如为实现行政目标可能对相对人权益造成某种不利影响，应将这种不利影响限制在尽可能小的范围和限度内，保持二者处于适当的比例。[2] 比例原则作为行政执法活动必须遵循的一项基本原则，包含三个次级原则。

一是适当性原则，行政主体所采取的手段和追求的目的应当是相适应的，这里强调的是手段和目的的一致性，要求行政机关所采取的措施必须能够实现行政目的或至少有助于行政目的实现。如果实现目的所采用的手段和目的本身相冲突，则构成滥用职权。适当性原则是从“行为目的”方面来规范行政行为。

二是必要性原则，如为实现一个行政目的，存在多种可选择的路径、手段、措施，那么行政主体在实施行政行为时，就应当选择对相对人权利影响最小的手段。必要性原则是从“法律后果”上来规范行政权力与其所采取措施间的比例关系。

三是均衡性原则，要求行政主体实行行政行为时，面对多种可以选择的处置时，应就方法与目的的关系权衡更有利者而为之。均衡性原则是从“价值取向”上来规范行政权力与其所采取措施间的比例关系。

---

〔1〕 参见湛中乐：《行政法上的比例原则及其司法运用——汇丰实业发展有限公司诉哈尔滨市规划局案的法律分析》，载《行政法学研究》2003年第1期。

〔2〕 参见姜明安主编：《行政法与行政诉讼法》（第6版），北京大学出版社、高等教育出版社2015年版，第73页。

二、比例原则在行政执法中的作用

一方面,立法机关制定的法律具有概括性、抽象性的特点,不可能针对每一种现实问题都给出具体而唯一的结果指向,只能够留待行政机关去权衡、决择,并作出最终决定。[1] 另一方面,社会管理领域的不断拓展,行政行为所涉及的范围和内容日渐扩大,法律规范无法对所有行政行为的幅度和方式选择作出事无巨细的规定。行政机关在日常行政管理中,面对大量新情况,法律赋予行政机关根据具体情况自行判断而作出处理决定的权力,以此确保行政机关能够面对具体行政管理问题作出灵活反应,保证行政行为的效率。“人权和秩序尽管在基本关系和整体上是相互联系、相互统一的,但在一定时间、一定场合也会发生局部相互冲突的情形。”[2] 比例原则的存在意义就在于为行政机关划定裁量权的范围和边界,实现对行政机关裁量权的限制,确保行政行为的合法性和合理性。具体表现为以下几点。

(一)明确行政执法目的

行政执法的目的在于维护社会秩序,保护公共利益。以行政处罚为例,法律为行政机关设定行政处罚的权力所欲追求的是通过对公民、法人或者其他组织破坏行政管理秩序的行为给予行政处罚,纠正违法行为,消除或弥补此行为产生的不法状态或者违法后果,恢复正常行政管理秩序。为确保所有的行政执法活动以维护社会秩序和公共利益为出发点和落脚点,行政法确立了比例原则,并在比例原则的统领下设定各种行政执法的手段以便在具体行政执法活动中不偏离行政执法的目的。

(二)规范行政执法手段

为保证行政执法目的的实现,法律法规赋予行政机关多种行政执法手段,如警告、罚款、拘留等行政处罚措施,冻结、扣押、查封等行政强制措施,同时给予行政机关在选取行政手段时充分的裁量权以保证行政执法的效率。但是如何在多种可选择的执法手段中选择最合理的手段?比例原则为行政执法手段

---

[1] 参见周佑勇:《行政法原论》(第3版),北京大学出版社2018年版,第69页。
[2] 姜明安:《行政执法的功能与作用》,载《湖南社会科学》2004年第1期。

的选择提供了标准和依据。比例原则要求行政手段、行政目的和行政后果间形成合理恰当的联系，以目的—手段—后果的多元制约和平衡来确保行政执法手段的正当合理。

（三）平衡执法代价

滥用裁量权，同事不同罚，处罚畸重畸轻、显失公平公正，是我国当前行政执法领域反映强烈的突出问题。行政执法活动是对社会关系的调节处理，一项执法活动的开展必然引起社会利益、行政相对人利益和其他利害关系人利益的对立和冲突，行政执法的过程实际就是公益与私益博弈平衡的过程。比例原则的价值就在于防止行政执法活动中利益配置的异化，在充分保障公共利益的前提下，以最小的执法代价获得最大的执法效益，预防和化解社会矛盾，维护社会和谐稳定。

三、比例原则在行政法律规范中的体现

比例原则作为我国行政法的基本原则之一，虽然尚无法律规范明文表述“比例原则”字样，但是行政执法活动所适用的大量法律规范中都体现着比例原则的要求和精神。

（一）在《行政处罚法》中的体现

《行政处罚法》第 5 条第 2 款规定，“设定和实施行政处罚必须以事实为依据，与违法行为的事实、性质、情节以及社会危害程度相当”。行政处罚是对公民个人权利的终局性剥夺，但行政处罚的目的并不是追求对公民权利的限制，而是通过对公民实施制裁以实现恢复正常社会秩序、维护公共利益。行政机关进行行政处罚时，要做到过罚相当，处罚与违法行为相适应，做到处罚的种类、幅度与违法行为的事实、情节及社会危害程度相一致，而不能偏轻偏重，更不能畸轻畸重。该法条对行政处罚施以限制的目的在于在实现行政目的的情况下，尽可能减少对公民权利的不利影响。

《行政处罚法》第 33 条第 1 款规定，“违法行为轻微并及时改正，没有造成危害后果的，不予行政处罚。初次违法且危害后果轻微并及时改正的，可以不予行政处罚”。“首违不罚”是《行政处罚法》2021 年修订过程中的一大亮点。以《行政处罚法》条文的形式规定“首违不罚”制度，明确了行政执法活动的价

值并非“为罚而罚”,在对轻微违法行为进行较为温和的批评教育亦能达到执法效果时,柔性执法手段应当得到更为广泛的适用。

(二)在《行政强制法》中的体现

《行政强制法》第5条规定,“行政强制的设定和实施,应当适当。采用非强制手段可以达到行政管理目的的,不得设定和实施行政强制”。第16条第2款规定,“违法行为情节显著轻微或者没有明显社会危害的,可以不采取行政强制措施”。第23条第1款规定,“查封、扣押限于涉案的场所、设施或者财物,不得查封、扣押与违法行为无关的场所、设施或者财物;不得查封、扣押公民个人及其所扶养家属的生活必需品”。第43条规定,“行政机关不得在夜间或者法定节假日实施行政强制执行。但是,情况紧急的除外。行政机关不得对居民生活采取停止供水、供电、供热、供燃气等方式迫使当事人履行相关行政决定”。

上述法条强调了行政强制措施要以达到行政管理目的为限度,同时当行政机关在非强制措施与强制措施,以及多种强制措施之间进行利益权衡和选择判断时,要选择一种最适当的手段。在非强制措施与强制措施之间,行政强制作为行政执法最为严厉的手段之一,应当作为不得已而采取的最后手段。在多种强制措施之间,行政机关应当选择对当事人利益损害最小的手段。[1] 这体现了比例原则中必要性原则的要求。行政强制措施是对公民人身自由和财产权利的暂时性限制,行政机关实施行政强制措施,必然会对公民个人的人身权利、财产权利产生不利影响,减损其权利的正当行使。行政机关实施行政强制措施时要在能够实现相应行政管理目的的前提下,尽可能减少对公民权利的消极影响。

《行政强制法》第7条规定,“行政机关及其工作人员不得利用行政强制权为单位或者个人谋取利益”。该法条体现了比例原则中适当性原则的要求。《行政强制法》明确了行政机关实施强制措施的目的是制止违法行为、防止证据损毁、避免危害发生、控制危险扩大。按照适当性原则的要求,行政主体在实施行政强制措施时要做到公正、平等、没有偏差,即行政主体在实施行政强制时要合乎法律宗旨,基于正当动机,考虑相关因素,对行政相对人公正对待,一视同仁,不能厚此薄彼,反复无常。

---

〔1〕 参见周佑勇:《行政法原论》(第3版),北京大学出版社2018年版,第300页。

（三）在其他法律法规中的体现

《治安管理处罚法》第5条规定，“治安管理处罚必须以事实为依据，与违反治安管理行为的性质、情节以及社会危害程度相当。实施治安管理处罚，应当公开、公正，尊重和保障人权，保护公民的人格尊严。办理治安案件应当坚持教育与处罚相结合的原则”。

《人民警察使用警械和武器条例》第4条规定，“人民警察使用警械和武器，应当以制止违法犯罪行为，尽量减少人员伤亡、财产损失为原则”。

《社会抚养费征收管理办法》虽已废止，但其第3条第2款也曾规定，“社会抚养费的征收标准，分别以当地城镇居民人均可支配收入和农村居民年人均纯收入为计征的参考基本标准，结合当事人的实际收入水平和不符合法律、法规生育子女的情节，确定征收数额。社会抚养费的具体征收标准由省、自治区、直辖市规定”。

上述法条体现了比例原则中必要性原则的要求。行政机关所实施的治安管理行为、使用警械武器行为、征收社会抚养费行为等均是对公民个人权利限制、剥夺的负担性行政行为，按照比例原则中必要性原则的要求，这类行为应以实现行政管理目标为必要，尽可能减少对公民个人权利的不利影响。

四、违反比例原则的法律后果

“法律对行政的约束可能像所说的那样严格，也可能松动。”[1]行政机关的裁量权失去了法律的约束就会脱离法治的轨道，成为权力肆意任性的借口，自然也就失去其存在的合法性和正当性基础。在我国现行的法律框架内，行政机关和司法机关通过行政复议和行政诉讼对行政行为的合法性、合理性进行审查，进而实现对行政机关裁量权的事后控制。行政行为违反比例原则的形式和程度不同，往往会导致不同的法律后果，主要有撤销、确认违法和变更等。

（一）行政行为被撤销

《行政诉讼法》第70条第5项、第6项规定，对滥用职权的、明显不当的行

---

〔1〕［德］哈特穆特·毛雷尔：《行政法学总论》，高家伟译，法律出版社2000年版，第124页。

政行为,法院判决撤销或者部分撤销,并可以判决被告重新作出行政行为。在牡丹江市安顺敬老院诉牡丹江市民政局行政许可案〔1〕中,安顺敬老院位于城市拆迁改造范围内,因房屋征收补偿协议尚未履行,敬老院仍处营业状态且有140多位老人在敬老院生活。牡丹江市民政局在检查中以敬老院无经营场所产权证明和租赁合同为由,作出撤销该养老机构设立许可证的处罚决定。牡丹江市中级人民法院审理认为,行政机关作出行政行为不但要有合法性,还要有合理性。敬老院虽不能提供自有产权证明,但房屋现实存在,且敬老院仍处经营状态,房屋所有人为敬老院法定代表人,不存在房屋权属争议。目前敬老院的房屋未被拆除,仍具有经营的条件,且养老院内尚有老人百余名,撤销许可后的安置也是重大问题。民政局在作出行政行为时应充分考虑敬老院的实际情况,作到合理行政。因此牡丹江市民政局作出的行政许可撤销决定书明显不当,理应予以撤销。

(二)行政行为被确认违法

《行政诉讼法》第74条第1款第1项规定,行政行为依法应当撤销,但撤销会给国家利益、社会公共利益造成重大损害的,人民法院判决确认违法,但不撤销行政行为。在徐某寿等诉武夷山市人民政府征收决定纠纷案〔2〕中,徐某寿等人所有的商品房位于工业路棚户区改造项目房屋征收范围,该范围内其他被拆迁房屋属于棚户性质,武夷山市人民政府作出的《补偿方案》将徐某寿等人所有的商品房与周围其他非商品房不加区别而适用同样的补偿标准。原审法院认为适用同样补偿标准明显不当。确认《补偿方案》中对徐某寿等人房屋的补偿违法,由武夷山市人民政府采取相应补救措施给予公平补偿。福建省高级人民法院在二审中维持了该判决。

(三)行政行为被变更

《行政诉讼法》第77条第1款规定,对于行政处罚明显不当的行政行为,人

---

〔1〕 牡丹江市安顺敬老院诉牡丹江市民政局行政许可案,黑龙江省牡丹江市中级人民法院(2018)黑10行终40号行政判决书。

〔2〕 徐某寿等诉武夷山市人民政府征收决定案,福建省高级人民法院(2016)闽行终字第323号行政判决书。

民法院可以判决变更。在焦某丽诉商水县公安局治安行政处罚案[1]中，焦某丽因其房屋被拆迁未得到补偿，伙同他人阻拦施工单位施工长达3小时，致使施工无法进行。商水县公安局对焦某丽处以行政拘留15日的处罚。周口市中级人民法院审理认为，焦某丽以补偿不到位为由，对施工单位予以阻拦，扰乱了该公司的正常生产经营秩序，已经构成违法，并且阻拦施工时间达3小时，可以认定为情节较重，但是商水县公安局对焦某丽作出行政拘留15日的处罚明显超出了该款规定的处罚幅度，处罚结果明显不当。周口市中级人民法院判决变更“行政拘留十五日”为“行政拘留七日”。

五、比例原则在行政执法中适用的困境

（一）比例原则标准过于模糊抽象

比例原则在我国行政执法中的适用研究尚处于初级阶段。于一线执法机关而言，行政执法人员在适用比例原则处理个案时，比例原则为其提供的是一种理念指引或是一种思维路径，没有形成能够直接适用的指南式标准。促使比例原则在个案中落地生根的，更多的是来自行政执法人员内心对法治观念的信仰和坚守。在行政执法活动中，行政机关若缺少明确的执行标准和评判尺度，那么适用比例原则对行政执法人员来说就显得操作困难、难以准确把握，最终导致行政机关裁量边界模糊，引发公权力的滥用，加剧行政机关和行政相对人的对立冲突，破坏社会秩序的稳定。

（二）行政执法人员对比例原则重视不够

良好的法律规范需要高素质的执法队伍来执行。从当前的行政执法现状来看，行政执法人员对比例原则的认识不够，观念不强，理解尚不深刻。在行政处罚领域，行政执法机关越罚越重、越罚越好、一罚到底的粗放式管理理念尚且存在，上级机关下达“罚款指标”等落后的考核机制还有待改进。在行政强制领域，能扣则扣、能冻则冻等肆意限制公民个人权利的行政强制措施还频现报头。在行政许可领域，行政机关搪塞拖沓、不作为、乱作为现象屡禁不止。当前，法治政府建设已进入攻坚阶段，行政执法人员在开展行政活动时仅仅停留在遵守

---

[1] 焦某丽诉商水县公安局治安行政处罚案，河南省周口市中级人民法院（2016）豫16行终219号行政判决书。

法律规定,保证不出错的层面,只是依法行政的底线,而在实现良法善治的道路上,行政机关仍有很远的道路要走。

(三)行政执法机制体制建设不甚合理

一方面,受行政机关人员编制的限制,相当一部分行政执法活动没有实现调查人员、决策人员相分离,进而形成有效的执法监督体制。行政执法人员在事实认定、法律适用、作出决定等环节中,往往是一套人马、一个标准、一个判断自始至终,行政执法人员对案件的主观认识在案件审理过程中所占比重过大。另一方面,我国行政裁量权基准制度刚刚建立,仍有一些行政执法领域没有建立较为完善的裁量基准,在此期间,行政机关和行政执法人员的裁量空间过大,致使最终的裁量结果缺乏公正性、统一性。

(四)对行政行为合理性的司法审查标准有待明确

将行政裁量权控制在适当的范围内,保证行政机关享有必要的裁量权而又不致权力的滥用,是实现行政法治必须面对的课题,而这其中行政诉讼发挥着重要的作用。比例原则是司法机关审查行政行为是否合理的标准,若法院适用合理性原则而创设的司法审查强度过于严格,则行政效能必将受到严苛的制约,这会压制了行政裁量权所固有的能动性,破坏了裁量权存在的必要根基。同时,司法权也可能因过深地进入行政领域而产生以"司法主观"代替"行政主观"的嫌疑。困于比例原则要求的主观化,司法审查的标准和程度有待于进一步限定,力求避免出现司法机关的主观臆断与行政机关的主观臆断糅杂的困局。

第二节　行政执法活动应当遵循适当性原则

适当性原则又称妥当性、目的性原则,要求行政机关采取的手段或措施有助于行政目的的实现,行政行为和行政目的之间形成合理的联系。简单来说就是实施行政行为的出发点和落脚点只能是法律规定的目的,不能在行政管理过程中考虑无关因素。手段与目的间的合理性判断绝不是由行政机关的主观意思所决定的,而是要结合做出行政行为时的社会环境,充分考虑行政管理活动中的个案情况,进行客观性分析。在行政管理活动中,行政机关因为种种原因往往会忽略手段与目的间正当联系的要求，仅仅追求形式上的手段合法而产生了一系列的法律风险。

一、行政行为目的违法

只有目的正当，才能产生正当的行为；如果作为起点的目的不正当，由此目的而产生的行为也就自然不正当。[1] 公权力行使的目的不正当，即使对公民权利施加最轻微的限制也是为法治所绝不允许的；只有公权力行为目的正当，才有限制公民权利正当性基础。因此，对行政执法活动的目的进行正当性审查，是实质法治的必然要求。

（一）肆意扩大防尘围挡设置范围迫使搬迁

在马某棣等诉徐州市鼓楼区住房和城乡建设局行政强制案[2]中，因旧城改造需要，鼓楼区住房和城乡建设局对包含马某棣等人所有的临街营业用房在内的房屋进行征收。征收过程中，鼓楼区住房和城乡建设局委托相关单位在征收区域范围内设置围挡，围挡范围不仅包括已签订补偿安置协议的被征收人交付拆除的房屋，也包括涉案补偿安置问题尚未解决、尚不具备拆除条件的房屋。诉讼中，鼓楼住房和城乡建设局称，根据《江苏省城市市容和环境卫生管理条例》（2013 修正）的规定，施工现场应当设置围挡，故在施工现场设置围挡于法有据。

江苏省高级人民法院审理认为，按照相关法律法规规定，施工区域应当设置围挡，其目的是防止扬尘和污水污染施工现场周围的环境。鼓楼区住房和城乡建设局实施该行政行为，决定围挡的范围时，应当建立在正当考虑的基础之上，不得考虑不相关的因素，根据房屋拆除的范围合理确定围挡的范围。鼓楼区住房和城乡建设局在涉案房屋不具备拆除条件的情况下，扩大围挡范围，围挡马某棣等 26 人的临街营业用房，该行政措施虽然控制了扬尘污染，提高了环境质量，但客观上构成《国有土地上房屋征收与补偿条例》所禁止的采取中断道路通行的非法方式迫使被征收人搬迁。最终法院判决鼓楼区住房和城乡建设

〔1〕 参见刘权：《目的正当性与比例原则的重构》，载《中国法学》2014 年第 4 期。

〔2〕 马某棣等诉徐州市鼓楼区住房和城乡建设局行政强制案，江苏省高级人民法院（2017）苏行终 637 号行政判决书。

局败诉,要求其拆除围挡,停止干扰马某棣等合法使用相关房产的行为。江苏省高级人民法院维持了原审法院确认徐州市鼓楼区住房和城乡建设局设置涉案围墙的行政行为违法的判决。

法律文本为行政行为的合法性提供了依据,但法治所追求的是实质正义而非停留在法律条文中的形式正义。由于缺乏法律条文的明示,正当目的往往会被行政机关所忽视枉顾,而适当性原则所强调的目的正当性恰恰又将实质法治对正当目的的追求推到了行政机关的案头。该案中,《江苏省城市市容和环境卫生管理条例》(2013 修正)要求施工现场设置围挡的目的是防止扬尘和污水污染。鼓楼区住房和城乡建设局在决定围挡范围时,为迫使被征收人搬离房屋而滥用行政裁量权,肆意扩大围挡的设置范围,严重影响临街经营用房中的正常的生产经营活动,追求和实现与设置围挡防治污染无关的目的,这与适当性原则所要求的手段与目的的合理联系是相违背的。

(二)对违法建筑作出拆除处罚决定代替征收

在于某禄诉莒县住房和城乡建设局城建行政强制案[1]中,于某禄自 1997 年在一处拥有土地使用权的非耕地土地上建设平房及院落用于居住和电气焊经营。2014 年,莒县住房和城乡建设局对于某禄未办理建设工程规划许可证而进行房屋建设的行为给予限期自行拆除所建违法建设的处罚。

日照市中级人民法院在审理中认为,行政处罚的目的是惩戒与预防行政违法行为,行政机关应当正当行使法律法规赋予的行政处罚权。在涉案房屋建成长达 17 年的期限内,被上诉人未作出任何处罚措施,却在涉案房屋纳入规划拆迁范围后,作出涉案处罚决定,显然不能排除其执法目的不当的合理性怀疑。同时,对于征收补偿过程中的违法建筑,亦应当按照法律规定作出恰当的处理,而不能不分具体情况一律采取无偿拆除的方式处理。日照市中级人民法院判决撤销了莒县住房和城乡建设局作出的处罚决定。

随着《国有土地上房屋征收与补偿条例》的出台,行政机关基于公共利益而实施的房屋征收拆迁行为受到了日益严苛的约束和限制,这凸显了以《宪法》为引领的对个人合法财产权利的严密制度保护。城镇化进程的迅猛推进必将伴

---

〔1〕 于某禄诉莒县住房和城乡建设局城建行政强制案,山东省日照市中级人民法院(2015)日行终字第 17 号行政判决书。

随大量房屋征收拆迁活动,征收拆迁工作的效率和私人财产权利的保护存在高度紧张关系。在这种情况下,一些政府困于各种项目时间节点的压力,规避房屋征收拆迁活动的实体约束和程序限制,通过各种披着合法外衣的违法违规征收拆迁行为来推动征收拆迁活动的进展。该案中,《城乡规划法》(2015 修正)赋予县级以上地方人民政府城乡规划主管部门针对未取得建设工程规划许可证进行建设的行为以行政处罚的权力。行政机关实施行政处罚的目的在于加强城乡规划管理,协调城乡空间布局,改善人居环境,促进城乡经济社会全面协调可持续发展。于某禄所建房屋已存续 17 年,在划入拆迁范围后,行政机关才作出限期自行拆除的处罚决定,不能排除行政机关以行政处罚为手段来实现无偿拆除相对人拆迁范围内建筑物的怀疑。

行政目的是行政行为的指向,“为什么”是行政机关实施行政行为所需要回答的原点问题。近年来,一些行政机关为实现与法定目的无关的行政意图而滥用行政裁量权的事件并不少见。今天,行政复议审查和行政诉讼审查日趋严密,行政相对人的权利保护意识也不仅停留在对具体法律条文的理解研究上,行政机关枉顾行政行为与法定目的间合理联系的要求,通过形式上合法的手段“另辟蹊径”以实现不正当目的,于行政机关解决复杂行政管理难题而言无疑是饮鸩止渴。

二、行政行为手段违法

行政行为手段就是指行政机关为实现行政目的所采用的行政措施,包括行政处罚、行政强制、行政许可等行政行为。我国法治建设的重点应当在于严格限制与规范公权力的行使,从而保障公民的自由与权利。[1] 无论是日常的行政执法活动还是行政机关广泛开展的行政执法方式创新,必须在法律规范的授权内严格进行,行政机关不能为实现行政管理目的而不择手段,落入“好心办坏事”的法律困境内。

(一)违法运用刑事强制措施干预民事经济纠纷

在黄梅县振华建材物资总公司(以下简称振华公司)不服黄石市公安局扣

---

〔1〕 参见刘畅:《论行政执法方式创新的法治路径——以钓鱼执法方式为视角》,载《理论与现代化》2011 年第 4 期。

押财产及侵犯企业财产权行政上诉案[1]中,黄石市公安局以侦查经济犯罪案件为由扣押了振华公司所有的钢材一批,此批钢材并不属于涉案赃物。在此期间,黄石市公安局迫使振华公司向特定第三人出卖该批钢材,并截留该批钢材出卖所得价款。

最高人民法院审理认为,黄石市公安局明知所扣钢材既非赃物,亦非可用以证明所称嫌疑人有罪或无罪的证据,而是振华公司的合法财产,与其所办案件无关,却继续扣押,拒不返还,并一手操纵振华公司与特定第三人签订经济合同。由此给振华公司造成的经济损失,应当由黄石市公安局依法承担赔偿责任。

《刑事诉讼法》赋予侦察机关实施强制措施权力的目的在于通过适当限制公民个人权利以保障刑事诉讼活动的顺利进行。《刑事诉讼法》第 141 条规定,"……与案件无关的财物、文件,不得查封、扣押"。民事纠纷中,为保证诉讼活动的顺利进行、确保实现债权人利益诉求,《民事诉讼法》为诉讼当事人提供了财产保全等诸多权利救济途径。该案中,黄石市公安局针对振华公司与案件无关的合法财产实施扣押的行为实际是公安机关利用刑事侦查权来干预民事纠纷实现其他利益,无论这些利益是否合法、是否正当,公安机关已构成对权力的滥用。法无授权不可为,法律规范没有为行政机关介入民事经济纠纷留出行为空间。本案中公安机关违反《刑事诉讼法》规定滥用强制措施的手段有违必要性原则。

(二)对拆迁房屋断水断电影响居民生产生活

在李某良诉温县人民政府房屋征收案[2]中,温县人民政府对李某良所有房屋作出征收决定,李某良提起诉讼后,温县人民政府撤销了该征收决定,沁阳市人民法院也作出了确认违法的判决。其后相关人员继续做李某良工作,但未作出征收决定。随后,温县人民政府组织人员采取措施造成李某良房屋断水、断电。

---

〔1〕 黄梅县振华建材物资总公司不服黄石市公安局扣押财产及侵犯企业财产权行政上诉案,载《最高人民法院公报》1996 年第 1 期。

〔2〕 李某良诉温县人民政府房屋征收案,河南省焦作市中级人民法院(2016)豫 08 行初 107 号行政判决书。

焦作市中级人民法院审理认为，温县人民政府组织人员采取措施造成李某良房屋断水、断电，该行为影响了李某良对房屋的使用，温县人民政府的行为明显无事实和法律依据，应当确认该行为违法，并作出了确认该行为违法的判决。

在征地拆迁活动中实施断水、断电等影响公民生产生活的手段严重侵害了公民的合法权利，规范行政机关的征收拆迁行为是法治政府建设的重要组成部分，也是回应群众诉求、化解社会矛盾的重要举措。《行政强制法》第 43 条第 2 款规定，“行政机关不得对居民生活采取停止供水、供电、供热、供燃气等方式迫使当事人履行相关行政决定”。《国有土地上房屋征收与补偿条例》第 27 条第 3 款规定，“任何单位和个人不得采取暴力、威胁或者违反规定中断供水、供热、供气、供电和道路通行等非法方式迫使被征收人搬迁。禁止建设单位参与搬迁活动”。该案中，温县人民政府对待征收房屋断水断电的行为是被上述法律法规明令禁止的违法行为，是对行政相对人权利的严重侵害，通过此种非法手段以实现征地拆迁的目的有违必要性原则对行政手段合法性的明确要求。

（三）违规使用警械对行政相对人变相肉刑

2015 年陕西省高级人民法院公布 8 起行政强制措施违法典型案例，在刘某虎诉陕西省凤翔县公安局强制传唤造成人身损害案〔1〕中，刘某虎与他人发生厮打，凤翔县公安局石家营派出所出警处置，传唤刘某虎到派出所接受询问，被刘某虎拒绝，两名干警拉其手腕时发现原告身上有菜刀，遂给其戴上手铐，刘某虎反抗并挣开手铐，两名干警又给原告戴上第二副手铐并将其带到石家营派出所，先将原告铐在该所楼梯上，后铐在该所第三间厦房门前的青槐树上，次日刘某虎到医院治疗，诊断为左臂丛神经损伤，全身所处软组织损伤。

陕西省凤翔县人民法院审理认为，派出所工作人员依职权处置原告的行为违法。派出所工作人员在将原告强制传唤到派出所后，当原告随身所带刀具已被收缴，其人身危险性已解除的情况下，仍将其铐在楼梯及树上，导致原告受伤致残，其致害原告的职务行为应确认违法。对于被告工作人员在行使职权时侵犯原告人身权的，受害人有取得赔偿的权利。

公民的人身权利和人格尊严不受非法侵害，即使是行政处罚案件中的违法

---

〔1〕 参见《陕西高院公布八起行政强制措施违法典型案例》，载中国法院网 2015 年 12 月 22 日，https://www.chinacourt.org/article/detail/2015/12/id/1773180.shtml。

行为人,行政机关在对其采取强制措施时都应严守必要限度,超出限度即为违法。该案中,《人民警察使用警械和武器条例》对公安机关执行任务过程中对违法犯罪嫌疑人使用约束性警械作出明确的规定。刘某虎携带的刀具已经被收缴,本人也已被传唤到派出所,其人身危险性显著降低,不会继续造成侵害结果,此时继续使用约束性警械违反了《人民警察使用警械和武器条例》。另外,将刘某虎长时间用手铐约束在楼梯及树木上,实际上是对刘某虎的变相肉刑,这是法律法规所明确禁止的行为。

必要性原则所要求的手段合法性,事实上是从比例原则的角度对合法行政的另一个角度的解读。行政机关无论出于何种行政目的的考量,也无论行政行为所追求的目是否正当,其所实施的行政行为都应当严格符合法律法规的要求,法无授权不可为。行政机关在实施行政管理活动中,应当严格按照法律法规赋予其的手段措施来实现行政管理目的,任何超出法律法规规定的权限实施的活动必然违背手段合法性的要求,也一定是违法的行政行为,这将会为行政机关带来一系列不利的法律后果。

三、行政行为与实现法定目的无合理联系

必要性原则要求行政行为与行政目的之间存在合理联系,也就是说行政机关所实施的行政行为按照预定的发展路径最终能够实现法定目的。在加拿大,最高法院在1986年的欧克斯案中确立了四个阶层的欧克斯(Oakes)标准,其中之一为合理关联性原则,对权利限制的手段与所追求的目的间有合理的关联,且手段不能是专断的、不公平的或基于非理性考虑的。[1] 在我国,主要体现为行政机关实施行政行为不得考虑无关因素,且所欲实施的行政行为对实现行政目的是充分必要的。

(一)车辆所有人已证明车辆合法来源后仍扣押涉案车辆

在刘某务诉山西省太原市公安局交通警察支队晋源一大队道路交通管理行政强制案[2]中,山西省太原市公安局交通警察支队晋源一大队以未经年审

---

[1] 参见刘权:《目的正当性与比例原则的重构》,载《中国法学》2014年第4期。

[2] 刘某务诉山西省太原市公安局交通警察支队晋源一大队道路交通管理行政强制案,载《最高人民法院公报》2017年第2期。

为由将刘某务所有的车辆扣留，在案件调查中又发现无法查验该车的发动机号码和车架号码，遂以涉嫌套牌为由继续扣留，并口头要求刘某务提供其他合法有效手续。刘某务虽多次托人交涉并提供更换发动机缸体、更换发动机缸体造成不显示发动机号码、车架用钢板铆钉加固致使车架号码被遮盖等证明材料，但山西省太原市公安局交通警察支队晋源一大队一直以其不能提供车辆合法来历证明为由扣留。

最高人民法院审理认为，在刘某务提交车辆相关材料后，山西省太原市公安局交通警察支队晋源一大队既不返还，又不积极调查核实，反复要求刘某务提供客观上已无法提供的其他合法来历证明，长期扣留涉案车辆不予处理，构成滥用职权。判决确认山西省太原市公安局交通警察支队晋源一大队扣留涉案车辆违法，判令山西省太原市公安局交通警察支队晋源一大队在判决生效后30日内将涉案车辆返还刘某务。

为维护道路交通秩序，预防和减少交通事故，保护人身、财产安全，公安机关交通管理部门有权依法扣留违法车辆。但对违法车辆的扣留应以实现行政目的为限，尽可能选择对相对人合法权益损害最小的方式。该案中，刘某务作为车辆所有人已经穷尽了证明所有车辆合法来源的手段方法，事实上也达到了证明车辆合法来源，排除套牌的合理怀疑。在此情况下，山西省太原市公安局交通警察支队晋源一大队继续实施扣押车辆的行政强制措施，已经失去了查明案件事实，保障行政管理活动有序进行的意义，是对行政相对人权利不正当的损害和限制。

（二）拆除违法建筑后毁损建筑材料

在郭某军诉北京市朝阳区人民政府行政复议案[1]中，郭某军在未取得任何相关建设规划许可手续的情况下，在其公租房东侧墙根处搭建彩钢房，并在其公租房西侧两户已经腾退、正在拆除的房屋上进行彩钢封顶恢复。十八里店乡政府对郭某军的违法建设进行了强制拆除。

最高人民法院审理认为，建设本身违法并不意味着建筑材料亦随之变成非法财物。建筑材料属于当事人的合法财产。行政机关在对违法建设实施强制

---

〔1〕 郭某军诉北京市朝阳区人民政府行政复议案，最高人民法院（2017）最高法行申3854号行政裁定书。

拆除的过程中,若违反法定程序及采取的手段、方式不适中、不正当,导致建筑材料受到明显不合理、过度毁损的,应当根据建筑材料的合理价值、违法强制拆除行为造成的合理损失等因素承担相应的赔偿责任。

公民的社会生活是一个人各种行为的集合,这些行为之间存在大量的交集和重合,一个行为的违法性并不减损其他行为的合法性,但是各个行为间的界限并不是泾渭分明清晰明确的,因而行政机关在对公民违法行为处置的过程中要做好严格的区分。该案中,行政机关的强制拆除行为已经实现了惩戒违法行为,恢复建设规划现状的目的。行政机关而后对建筑材料的过度毁损,已再无助于行政管理目的的实现,毁损建筑材料的行为与行政机关的执法目的,不具有必然的关联。

(三)对被盗抢车辆设置新机动车号牌申领限制

在肖某诉广州市交通委员会不履行法定职责案[1]中,原告肖某所有的号牌为粤A×××××的银灰色五菱之光小面包车被盗,公安机关为其开具被盗抢(抢劫)车辆证明和情况说明。肖某的车辆被盗窃后,仅能取得增量指标申请资格及申请编码,并须凭该编码通过摇号或竞价取得增量指标。而不能直接取得中小客车指标并办理新车注册登记。肖某多次以信访方式向广州市交通委员会要求取得中小客车指标,但均被拒绝。故肖某向法院提出本案诉讼,要求广州市交通委员会受理其补领广州机动车号牌并申请一并对《广州市中小客车总量调控管理办法》(2013)第12条的规定进行合法性审查。

广州铁路运输中级法院审理认为,一般情况下,被盗抢车辆无法在广州市正常行驶及使用。被盗抢车辆属原存量机动车,车辆被盗抢后无法找回(即便最后车辆被找回,失主也只能在新车或被追回车辆中择一拥有车牌或放弃已取得的指标),车主如购买新车并直接取得指标办理注册登记,不会增加本市汽车保有总量,不会对《广州市中小客车总量调控管理办法》(2013)第1条、第2条所设立的政策目标的实现形成妨碍。该第12条针对被盗抢车辆所设置的限制措施无助于其所追求的行政目的的实现,违反行政比例原则,对被盗抢车辆车主的合法权利造成不当限制。

---

〔1〕 肖某诉广州市交通委员会不履行法定职责案,广州铁路运输中级法院(2017)粤71行终2203号行政判决书。

行政行为应当有助于行政目的实现，当行政机关的行政行为无利于行政目的达成甚至背离行政目的的实现方向时，行政机关在该行为中的成本投入和对相对人权利限制就不具有正当性。《广州市中小客车总量调控管理办法》（2013年）立法目的是缓解交通拥堵、落实公交优先和节能减排政策、改善城市大至环境，本市行政区范围内中小客车施行总量调控和指标管理。根据该办法规定，对于因主观原因需要更换、更新车辆的车主尚且允许车主直接申请更新指标予以更换，对于盗抢车辆车主而言，该办法对其施加号牌申请限制，不但无益于立法目的的实现，同时对车主行使原车辆号牌财产权利产生不利影响。

必要性原则所要求的手段与目的间的合理联系，实际上为实施行政行为划定了特定的路径，即通过该行政行为必然能实现预期的行政目的。负担性行政行为意味着对公民个人权利的限制和行政成本的大量投入，行政行为不能实现预期目的就是行政机关滥用职权对公民权利的不当侵害和对行政资源的无故浪费。手段和目的的合理联系对行政机关实施行政行为提出了更高的要求，行政机关不但要保证手段的合法性和目的的合法性，更要以最直接有效的手段来实现预期的行政目的。

第三节　行政执法活动应当遵循必要性原则

必要性原则也称最小损害原则，要求行政机关实施行政行为，必须在多种方案、多种手段中选择对行政相对人权益损害最小的方案、手段。具体来说，必要性原则要求有二：一是存在多个能够实现法律目的的行为方式，否则必要性原则将没有适用的前提和余地；二是在能够实现法律目的的诸多方式中，选择对公民权利侵害最小的一种。古语所说“杀鸡焉用宰牛刀”体现的就是必要性原则的要求。

必要性原则是从法律后果上来规范行政权力与其所采取的措施之间的比例关系的。一方面，行政执法并不以惩戒公民或限制公民个人权利为最终目的，其所追求的社会公共利益与保护公民个人权利在内涵上是一致的，这就要求行政机关在追求实现社会公共利益的同时尽可能避免对公民个人权利的侵夺损害。另一方面，行政管理追求行政效益，行政机关的行政成本与行政活动所产生的社会收益相比要尽可能小，要求行政执法人员要从客观实际出发，判断所追求的目的和所采取的手段间的相当比例，保证所要采取的手段在多种可供选择的手段中是损害最小的。

一、实现行政目的是选择行政手段的前提

必要性原则要求对多种行政手段选择适用,其前提是这些行政手段能够充分实现法定的行政目的。若多个行政执法手段与法定的行政目的无关或者不足以实现目的,则必要性原则就没有适用的空间。

(一)因发生医疗事故对实施诊疗措施的医疗小组而非医院作出停业整顿的处罚决定

在路某诉安徽省卫生和计划生育委员会行政处罚、原国家卫生和计划生育委员会行政复议案[1]中,路某之父路某长在安徽省立医院接受治疗时死亡,该事件被安徽省卫生和计划生育委员会认定为一级甲等医疗事故,安徽省卫生和计划生育委员会作出了对安徽省立医院冠心病介入诊疗科第三治疗组停业整顿1个月的行政处罚。路某认为,安徽省立医院是造成医疗事故的医疗机构,而安徽省卫生和计划生育委员会处罚医疗小组违反法律规定应当予以撤销。

北京市第二中级人民法院审理认为,第三治疗组并非《医疗机构管理条例》(2016修订)第2条规定的"医疗机构"范畴,所以安徽省卫生和计划生育委员会的被诉001号处罚决定的处罚方式实际上对《医疗事故处理条例》第55条第1款规定的处罚对象作了扩大理解。该种处罚方式敢于直面法律发展的滞后性对行政处罚裁量权的限制与挑战,体现了行政处罚的比例原则。对于规模较大的综合性医院发生的医疗事故,情节严重,需要作出停业整顿或者吊销执业许可证处罚的,如果将医院作为行政处罚的相对人,势必对数百万计的患者就医产生不利影响,亦严重影响非医疗事故责任医护人员的合法权益。

该案中,安徽省卫生和计划生育委员会对医疗事故的处理有多种可供选择的手段可以达到行政目的,即通过对违反医疗行政管理法律法规主体予以行政处罚以维护医疗卫生秩序。处罚安徽省立医院或是处罚该医院第三医疗小组均能实现这样的行政目的。安徽省卫生和计划生育委员会综合考虑了安徽省立医院的诊疗覆盖范围、门急诊量以及承担的教学科研培训任务,选择对治疗

---

[1] 路某诉安徽省卫生和计划生育委员会行政处罚、原国家卫生和计划生育委员会行政复议案,北京市第二中级人民法院(2018)京02行终630号行政判决书。

小组进行停业整顿而不是对医院整体进行停业整顿避免了行政处罚措施对医院就诊患者的权益和社会公共利益的损害，符合行政处罚的必要性原则，应当予以肯定。

（二）对民间纠纷引发的轻微违法行为作出行政拘留的处罚决定

在李某南诉被告乐清市公安局等治安行政处罚案[1]中，乐清市大荆镇油岙村村民委员会拖欠李某南工程款14.2万元，其多次前去索讨无果。讨要过程中，李某南与该村村干部发生争执，李某南踹了村会议室大门一脚，导致大门门锁侧边固定铁翼螺丝松动，不能正常关闭。该村村干部报警后，乐清市公安局大荆派出所认定李某南故意损坏公私财物，影响村委会正常办公，决定对其行政拘留5日。

乐清市人民法院审理认为，在行政处罚案件中，应当遵守过罚相当原则。本案系因第三人未能及时偿付原告工程款而引发，原告脚踹第三人会议室大门一下，导致门锁固定翼螺丝松动，这一损害后果轻微。作为被侵害人的第三人庭审表示，村委会大门的锁原本不牢固，其在案发后曾去派出所要求教育一下原告即可，被告对原告予以拘留处罚过重。综上，从纠纷发生的原因、实际损害后果以及第三人事后表态等方面分析，本案应属于《治安管理处罚法》第19条第1项规定的违反治安管理情节特别轻微的情形，依法应减轻或者不予处罚。被告以原告的行为系故意损毁公私财物，仅适用《治安管理处罚法》第49条的规定，对其处以行政拘留5日的决定，明显存在过罚失当，属适用法律错误，应予以撤销。

"踹门一脚拘留五日"是行政处罚失当的典型表现。对于由民间纠纷所引发的轻微治安违法行为，对违法人员处理的目的在于解决纠纷双方的矛盾，修复受损的社会关系。行政处罚只是手段不是目的。在该案中，行为人的违法行为由双方经济纠纷所诱发，且行为人的行为并未造成严重财产损失，同时该违法行为也得到受害人的谅解，此种情形中，公安机关在行使裁量权的过程中，仍采用最为严厉的以限制人身自由为内容的行政拘留处罚措施，明显违背了过罚相当的原则。

---

[1] 李某南诉乐清市公安局等治安行政处罚案，浙江省乐清市人民法院(2014)温乐行初字第53号行政判决书。

(三)切割处断的处罚方式符合行政处罚的目的

在李某志诉北京市公安局公安交通管理局朝阳交通支队呼家楼大队等公安交通管理行政处罚及行政复议案[1]中,2019 年 7 月 12 日,朝阳交通支队东外大队交通协管员发现一小型客车停放在某处非停车场、非停车泊位道路上,违反了停车管理的规定,对该行为进行拍照记录,并在该车粘贴北京市交通协管员道路停车记录告知单。同月 17 日,朝阳交通支队东外大队交通协管员在上述地点发现该车仍违反停车规定停放,遂再次拍照并在车辆上粘贴告知单。同月 30 日,本案原告李某志前往朝阳交通支队呼家楼大队执法站窗口接受非现场处罚,交警就上述两起违法停车行为向李某志作出处罚决定书并送达本人。李某志不服该处罚决定向朝阳区政府申请行政复议,朝阳区政府维持了朝阳交通支队呼家楼大队作出的处罚决定书。而后本案原告将涉案处罚决定和复议决定诉至法院。

北京市第三中级人民法院审理认为,依照一般理解,由于出现一定时间的中断、一定距离的中断、收到改正的通知或查处而中断、新的违法故意而中断等情形,可以将违法行为从自然意义的一个行为处断为法律评价上的多个行为。朝阳交通支队呼家楼大队于 7 月 12 日以粘贴告知单的方式处理违法停车行为后,于 7 月 17 日方再次处罚,期间已给予了李某志充足的纠正违法行为的机会,其所作的切割处断的次数并未超出合理限度,亦不构成对违法行为人合法权益的侵害。

实践中,对于存续时间较长的同一违法行为如何实施行政处罚存在争议,其中较为典型的有违章停车、超速驾驶、违反车辆限行限号等。有观点认为对此类行为给予多次处罚有违《行政处罚法》确立的“一事不再罚原则”,但是如果对此类行为不加以时间或空间上的限制,行为人可能会权衡违法成本从而提前预期并施以成本较低的违法行为,即以一次违法处罚的成本换取长时间违法行为所带来的收益,这样的后果则是难以实现督促行为人及时纠正违法的目标,甚至会逆向鼓励一次性的长时间、长距离违法,增加了行政管理成本。为此,可采用切割处断的行政处罚方式处理上述问题,此种处罚方式符合行政处

---

[1] 李某志诉北京市公安局公安交通管理局朝阳交通支队呼家楼大队等公安交通管理行政处罚及行政复议案,北京市第三中级人民法院(2020)京 03 行终 393 号行政判决书。

罚的目的，未突破比例原则限制，未超出合理限度，是相对比较合理且便于实行的方案，能较好地实现比例原则、法的安定性、信赖保护、追求实质公平正义的统一。

二、在可选择手段中选择损害最小的手段

在行政实践中，行政处罚、行政强制等行为是负担性行政行为。例如，行政强制权被认为是“行政法中，对公民与法人等施予最具有物理性质强制、压迫性的一种法律关系”[1]。社会中，最具侵犯性、对公民自由和权利的最大威胁往往来自不受限制的公权力。比例原则所要求的损害最小，主要是对行政相对人个人权利的损害最小，这里包括行政相对人的财产权、健康权、人身自由等。行政机关在多种行政手段中进行选择时，应当在实现行政目的的前提下，通过价值判断和利益考量，选取对行政相对人个人权利损害最小的手段，尽可能减少对公民权利的限制。

（一）对可补办许可手续的违法建筑作出拆除处罚决定

在于某禄诉莒县住房和城乡建设局行政强制案[2]中，于某禄在集体土地上未获得建设工程规划许可证即建设房屋用于居住经营，住房和城乡建设局作出要求于某禄限期自行拆除该违法建设的处罚决定。

日照市中级人民法院审理认为，于某禄所建设的房屋并未严重影响到城市规划，按照行政法上的比例原则，被上诉人应选择责令限期改正的处罚措施为宜，直接拆除涉案房屋不必要地增加了上诉人的损失，给上诉人权益造成过度损害。故被上诉人直接作出限期拆除的处罚决定显然违反了比例原则，行政行为明显不当。判决撤销莒县住房和城乡建设局作出的处罚决定。

该案中，对于于某禄未取得建设工程规划许可证即建设房屋的违法建设行为，依据《城市规划法》（已失效）第40条的规定，可由行政机关作出限期拆除、没收违法建筑物或责令限期改正并处罚款等多种处罚决定。《城市规划法》的立法目的是确定城市的规模和发展方向，实现城市的经济和社会发展目标，合

---

〔1〕 陈新民：《中国行政法学原理》，中国政法大学出版社2002年版，第187页。

〔2〕 于某禄诉莒县住房和城乡建设局行政强制案，山东省日照市中级人民法院（2015）日行终字第17号行政判决书。

理地制定城市规划和进行城市建设。于某禄的违法建设行为仅在于未办理建设规划许可证,其自用房屋并未严重影响城市规划。安居方能乐业,公民用以居住生活的房屋是其社会生活的起点和中心,行政行为对其房屋的拆除实际摧毁了公民社会生活的物质根基。法律所确定的限期拆除和限期改正的处罚措施,虽均能实现《城市规划法》的立法目的,但是限期拆除的决定对行政相对人的个人权利损害较大,违背了行政行为对相对人权利损害最小的要求。

(二)为救治车内被困伤者对车辆进行破拆致车辆起火毁损

在陈某诉庄河市公安局不予行政赔偿案[1]中,陈某丈夫韩某驾驶车辆发生交通事故,韩某被夹驾驶室生死不明,需立即救治。庄河市公安局警察在采取撬杠等方法均不能打开驾驶室车门的情况下,最后采取气焊割门的方法,将韩某从车中救出送往医院。韩某送至医院后死亡。现场警察虽然在气焊切割车门时采取了安全防范措施,但仍造成了轿车失火,因火势较大,事先准备的消防器材无法将火扑灭,扩大了轿车的损失。后陈某将庄河市公安局诉至法院请求赔偿。大连市中级人民法院审理认为,相对于人的生命而言,破损车门或者造成轿车毁损对他人利益的损害明显较小,交通警察在紧急情况下采取气焊割门的方法强行打开车门救出韩某的行为,具有充分的合理性。而且在气焊割门之前,交通警察已经尽可能地采取了相应的防范措施,因此,施救行为符合比例原则。判决驳回陈某的诉讼请求。

生命健康权是最基本、最重要的人权,是法律保护的最高权益。在各国宪法确立的价值秩序中,相较于其他权益,尤其是财产性权益,人的生命健康权具有明显较高的位阶,理应得到充分保障,否则一切其他权利都是空中楼阁。该案中,交通警察并非一开始就采取气焊割门这种风险较大的处置方式,而是先采取撬杠等各种风险较小的处置方式,在其他方式不能有效解救被困群众、确保其生命健康安全的情况下,不得已才采取气焊割门这种可能会对被救人员财产权利造成更大损失的方式。也就是说,当时情况下,在可以达成执法目的的方式中,气焊割门实际上是相对损害较小的方式。因此,现场警察所实施的气

---

[1] 陈某诉庄河市公安局不予行政赔偿案,辽宁省大连市中级人民法院行政判决书(2002)大行终字第98号行政判决书。

焊割门的方法符合必要性原则的要求。

（三）道路上追缉违法营运车辆发生交通事故致第三人受伤

在赵某龙诉沈阳市公安局交通警察支队浑南大队、浑南区执法分局行政行为违法案[1]中，赵某龙驾车行驶途中遇沈阳市公安局交通警察支队浑南大队、浑南区执法分局工作人员驾驶执法车辆追缉案外人驾驶的出租车。浑南区执法分局的工作人员在道路上逆向行驶超过出租车，并停在出租车前面堵截出租车，导致出租车与赵某龙驾驶车辆相撞，造成赵某龙车辆损坏、车上人员受伤。

沈阳市大东区人民法院审理认为，沈阳市公安局交通警察支队浑南大队、浑南区执法分局追缉、堵截出租车的行为不仅违反了公安部制定的《交通警察道路执勤执法工作规范》，也违反了行政执法中应当遵循的比例原则，相对于查处出租车的违法行为这一执法目的而言，二被告工作人员所采取的追缉、堵截的执法手段显然不符合比例原则中的必要性和均衡性要求，不适当的执法方式导致原告车辆损坏，车内人员受伤。

城市管理呼唤文明规范，城管执法活动应当是城市有序运行的推动力，而不应该成为社会秩序的破坏力。该案中，沈阳市公安局交通警察支队浑南大队及浑南区执法分局在查处违法营运出租车的行政管理活动中，可以实施包括追缉堵截、设置交通设施、利用交通信号灯控制等在内的执法措施。对此，公安部在2008年修订出台了《交通警察道路执勤执法工作规范》，明确规定了各种执法措施的适用条件。对于出租车违法营运的行为，在道路上直接实施追缉堵截的行为严重破坏了交通秩序，严重威胁到其他驾驶人员的生命财产安全，同时此种情形亦不符合《交通警察道路执勤执法工作规范》中的相关规定。为实现行政管理目的，在多种可选择的行政管理手段中，沈阳市公安局交通警察支队浑南大队和浑南区执法分局并没有选择损害最小的手段，进而造成第三人的财产损失和人身伤害，有违必要性原则的要求。

三、行政裁量基准制度实践

裁量基准是指行政机关根据授权法的意旨，对法定授权范围内的裁量权予

---

〔1〕 赵某龙诉沈阳市公安局交通警察支队浑南大队、浑南区执法分局行政行为违法案，辽宁省沈阳市大东区人民法院(2015)大东行初字第00064号行政判决书。

以情节的细化和效果的格化,事先以规则的形式设定的一种具体化的判断选择标准。其目的在于,通过对裁量权的正当行使,形成一种法定的自我约束。[1]

2015 年中共中央、国务院印发《法治政府建设实施纲要(2015—2020 年)》指出,要建立健全行政裁量权基准制度,细化、量化行政裁量标准,规范裁量范围、种类、幅度。“行政机关为避免不当情况出现,基本上会经由行政内部制定具有行政规则性质之裁量基准来作为所属公务员与下级机构为裁量权行使的标准。”[2]行政裁量基准制度为行政执法人员的裁量权设定了更为细化、可操作性和实用性更强的标准,对于限制行政裁量的恣意,保证行政执法活动的平等与公正,发挥着积极的作用。在当前的行政执法实践中,市场监督管理、食药安全执法和环境保护等重点领域已经普遍建立了行政裁量基准制度,在裁量基准划定之后,行政执法人员行使裁量权实现了有据可依,减少了执法人员考虑不相关的因素而滥用权力的可能。建立贯彻行政裁量权基准制度,既是对行政执法人员裁量权的限制,同时为行政执法人员作出裁量决定提供了法定依据,从另一角度来看对行政裁量制度的遵照执行直接降低了行政机关因违背必要性原则而产生的法律风险。

(一)对考试作弊研究生作出开除学籍处分

在甘某不服暨南大学开除学籍决定案[3]中,甘某是暨南大学华文学院语言学及应用语言学专业 2004 级硕士研究生,其在参加现代汉语语法专题科目课程考试时所提交的考试论文抄袭他人学术文章。对此,暨南大学给予甘某开除学籍处分。

最高人民法院审理过程中认为,高等学校对学生的处分应遵守《普通高等学校学生管理规定》(2005)(已失效)第 55 条规定,做到程序正当、证据充足、依据明确、定性准确、处分恰当。特别是在对违纪学生作出开除学籍等直接影响其受教育权的处分时,应当坚持处分与教育相结合原则,做到育人为本、罚当其责,并使违纪学生得到公平对待。

---

〔1〕 参见周佑勇:《行政法原论》(第 3 版),北京大学出版社 2018 年版,第 73 页。

〔2〕 陈慈阳:《行政裁量及不确定法律概念——以两者概念内容之差异与区分必要性问题为研究对象》,载行政法学会主编:《行政法争议问题研究》(上),台北,五南图书出版股份有限公司 2000 年版。

〔3〕 甘某不服暨南大学开除学籍决定案,载《最高人民法院公报》2012 年第 7 期。

规范的机械和个案的特殊间一直存在一定的紧张关系。经验证明，缓解这一紧张关系的方法之一是赋予行政机关在行政管理活动中一定的裁量空间。但是在实务中，行政机关有时并不善于采用这个方法来实现法的要旨，致使个案正义时常落空。[1] 该案中，高校学生管理工作的目的是维护正常的教学秩序、培养德智体美劳全面发展的社会主义建设者和接班人。2017 年修订的《普通高等学校学生管理规定》对学生的违纪行为设定了警告、严重警告、记过、留校察看、开除学籍等处分手段。高校在学生管理工作中，可以根据学生的个人情况裁量适用处分措施以达到教育学生的目的。甘某的考试作弊行为，应当受到纪律处分。高校在作出处理决定时，应当充分考虑采用何种措施既能实现维护秩序教育学生的目的，又能最小限度地减轻对受处分学生权利的伤害，以实现二者的平衡。该案中，由于缺乏教育行政领域必要的裁量基准，高校在选择处分手段时没有做到"过罚相当"，进而损害了当事学生的合法权利。

（二）对轻微侵害第三人商标权行为作出顶格罚款决定

在苏州鼎盛食品有限公司（以下简称鼎盛公司）诉江苏省苏州市工商行政管理局工商行政处罚案[2]中，苏州市工商行政管理局接到举报查明鼎盛公司在当年生产销售的一款月饼使用"乐活 LOHAS"商标，认定鼎盛公司的行为属于侵犯注册商标专用权的行为，对其作出责令停止侵权行为并罚款人民币 50 万元的行政处罚决定。鼎盛公司对此不服。

2011 年江苏省高级人民法院审理认为，工商行政机关对商标侵权行为作出行政处罚时，在责令立即停止侵权行为的同时，可以对是否并处罚款作出选择。因此，工商行政机关在行使该自由裁量权时，应当根据《行政处罚法》（2009 修正）第 4 条第 2 款确立的"过罚相当原则"，综合考虑处罚相对人的主观过错程度、违法行为的情节、性质、后果及危害程度等因素，决定是否对相对人并处罚款。

在行政执法活动中，法律规范往往在采用何种行政处罚的措施和幅度中赋予行政机关一定的裁量空间。以《食品安全法》为例，该法第 122 条规定："违反

---

〔1〕 参见章剑生：《现代行政法总论》，法律出版社 2014 年版，第 108 页。

〔2〕 苏州鼎盛食品有限公司诉江苏省苏州工商行政管理局工商行政处罚案，江苏省高级人民法院（2011）苏知行终字第 0004 号行政判决书。

本法规定……并处五万元以上十万元以下罚款;货值金额一万元以上的,并处货值金额十倍以上二十倍以下罚款……”这其中“五万元以上十万元以下”以及“货值金额十倍以上二十倍以下”实际上留给了行政机关在决定罚款数额时以较大的裁量空间。为此,为确保裁量结果的公正统一,行政机关应当拥有“第二次立法”的权力即制定裁量基准,以细化行政裁量空间。上述一案中,对于鼎盛公司的违法行为,行政机关责令其停止侵权行为即足以达到保护注册商标专用权以及保障消费者和相关公众利益的行政执法目的。但是,由于缺乏必要的裁量标准为依据,苏州市工商行政管理局没有全面考量鼎盛公司在实施违法行为时的主观过错程度、侵权性质、行为情节、实际损害等因素,直接对其处以50万元的罚款与该违法行为所产生的社会危害程度之间明显不适当。

(三)对网约车辆从事客运活动作出罚款处罚

在陈某诉济南市城市公共客运管理服务中心客运管理行政处罚案[1]中,陈某在未取得出租汽车客运资格证,其驾驶的车辆未取得车辆运营证的情况下,通过网络召车软件与乘客取得联系,由乘客支付车费。陈某驾驶车辆送乘客到预定目的地的路途中被济南市城市公共客运管理服务中心执法人员查获,并对其作出责令停止违法行为,处2万元罚款并没收非法所得的行政处罚。

济南市中级人民法院审理认为,网约车作为客运服务的新业态和共享经济的产物,有助于缓解客运服务的供需矛盾,满足公众多样化出行需求,符合社会发展趋势和创新需求,对其应当保持适度宽容。当一种新生事物在满足社会需求、促进创新创业方面起到积极推动作用时,对其所带来的社会危害的评判不仅要遵从现行法律法规的规定,亦应充分考虑是否符合社会公众感受。陈某通过网络约车软件进行道路运输经营的行为,社会危害性较小,符合一般社会认知。行政机关在依据现行法律法规对其进行处罚时,应当尽可能将对当事人的不利影响控制在最小范围和限度内,以达到实现行政管理目标和保护新生事物之间的平衡。

本案中,网约车对社会的创新发展有推动促进作用。但是,由于法律的滞后性,与这一新生事物相适应的法律还不甚完善。通过网约车软件进行道路运

---

〔1〕 陈某诉济南市城市公共客运管理服务中心客运管理行政处罚案,载《最高人民法院公报》2018年第2期。

输经营的行为与一般的违法营运行为存在显著的差别,其社会危险性相对较小。行政机关在实施行政行为,维护道路交通运输秩序的过程中,应当兼顾网约车对社会发展的促进作用和行为人违法行为的社会危害性,用对行政相对人损害最小的管理手段来实现对道路交通运输秩序的维护。

通过以上案例可以发现,现代司法正在行政裁量领域开展越来越深入的司法审查。在我国,《行政诉讼法》已将行政裁量过程和结果纳入司法审查范围。在审查中,行政行为是否遵守必要性原则的要求,在实现行政目的的同时尽可能控制对行政相对人的损害成为司法审查的重点。一方面,由于个案的特殊性和审查标准的主观性,司法审查实际上对行政行为的必要性提出了更高的要求,行政机关如果没有确实充分的证据来证明自己实施行政行为的必要性,往往会导致败诉的风险。另一方面,随着行政立法活动的逐步完善,一些部门规章、规范性文件正逐步为行政裁量权的适用划定精细的标准。在这种情况下,行政执法人员肆意裁量的行为就超出了行政执法合理的范畴,而将直接产生行政行为违法的一系列法律后果。

第四节 行政执法活动应当遵循均衡性原则

行政行为的实施不可避免地会引起双方,甚至是多方利益的博弈,因此必须在价值层面对各方利益进行考量和权衡。均衡性原则就是要求行政行为所带来的实际利益与行政相对人所受损害之间进行利益权衡。行政机关履行职责时,面对多种可以选择的处置时,需根据具体个案,权衡方法与目的的关系,选择更有利者而为之。

一、公共利益与个人权利的平衡

公共利益一直是政治学、法学与经济学理论基础的重要组成。但这些学科研究对公共利益的范围却没有形成统一的认识。我国《行政诉讼法》中也对公共利益有明确的表述。有学者认为,公共利益涉及的是不特定多数社会成员的利益。[1] 在社会实践中,行政机关为实现公共利益难免会对公民个人权利作出限制,但这样的限制是有限度要求的,个人权利不应当也不可能为实现公共利

〔1〕 参见王泽鉴:《民法总则》(增订新版),台北,新学林出版股份有限公司2014年版。

益作出毫无底线的妥协和退让。适用公共利益原则的妥当性需要借助利益衡量才能获得。这要求行政机关在利益衡量时,需要对利益状态作详细调查,需要把各种利益充分地展示出来,对各种利益的强弱大小进行充分地比对,作出谨慎取舍,从而获得最为合理的结论。[1]

(一)为推动生态保护工程不撤销违法的国有土地使用权出让行为

在刘某洪诉云南省昆明市西山区人民政府收回国有土地使用权案[2]中,刘某洪享有土地使用权的一处国有土地,被西山区政府收回土地使用权并经云南省昆明市国土资源局挂牌交易,以城市住宅用地出让给绿地集团(昆明)置业有限公司。刘某洪诉请撤销该收回国有土地使用权的行为。

最高人民法院审理认为,涉案土地位于云南省昆明市西山区草海片区保护治理和开发建设项目征地拆迁范围内,目前草海片区的征地拆迁及相关建设工作已经实施。对于草海片区保护治理和开发建设,有关行政机关已经投入了大量的人力、物力、资金,本案收回国有土地使用权的行政行为作为草海片区保护治理和开发建设工程项目的一部分,如予以撤销,会影响到整个草海片区保护治理和开发建设工程项目的推进和实施,造成社会资源浪费,损害公共利益。

公共利益与个人权利的天平始终摆放在行政决策者面前。该案中,西山区政府违法收回刘某洪所有的国有土地使用权,该行为按照法律规定可以予以撤销。但是,该片土地处于环境保护治理片区之内,若撤销收回国有土地使用权的行为将致使整个片区的治理工作停滞,有损公共利益。在个人利益和公共利益的平衡过程中,对个人利益的保护措施除撤销已作出的行政行为外,还可以通过补偿或赔偿的渠道得到实现,这不失为平衡公共利益与个人权利、实现个人利益诉求的合理方式。

---

〔1〕 参见梁上上:《公共利益与利益衡量》,载《政法论坛》2016 年第 6 期。

〔2〕 刘某洪诉云南省昆明市西山区人民政府收回国有土地使用权案,最高人民法院(2017)最高法行申 8518 号行政裁定书。

(二)为维护公序良俗对创设子女姓氏的姓名不予登记

在"北雁云依"诉济南市公安局历下区分局燕山派出所公安行政登记案[1]中,吕某峰、张某峥夫妇生育一女婴取名为"北雁云依",并办理了出生证明和计划生育服务手册新生儿落户备查登记。在为该女婴办理户口登记时,燕山派出所不予登记。理由是孩子姓氏必须随父姓或母姓,即姓"吕"或姓"张"。

济南市历下区人民法院审理认为,从社会管理和发展的角度,子女承袭父母姓氏有利于提高社会管理效率,便于管理机关和其他社会成员对姓氏使用人的主要社会关系进行初步判断。中国人民对姓氏传承的重视和尊崇承载着丰富的文化传统、伦理观念、人文情怀,符合主流价值观念,是中华民族向心力、凝聚力的载体和镜像。如果任由公民仅凭个人意愿喜好,随意选取姓氏甚至自创姓氏,则会造成对文化传统和伦理观念的冲击,既违背社会善良风俗和一般道德要求,也不利于维护社会秩序和实现社会的良性管控。判决驳回原告要求确认被告燕山派出所拒绝以"北雁云依"为姓名办理户口登记行为违法的诉讼请求。

姓氏是中华传统优秀文化的传承载体,是中华民族的精神依归和寄托。该案中,子女承袭父母姓氏的背后是对社会善良风俗的尊重和社会道德秩序的坚守。父母可以凭借个人喜好愿望为子女命名,但随意创设子女姓氏则于公共利益无益,"北雁云依"源于吕某峰仅凭个人喜好愿望创设姓氏而确定的名字,具有明显的随意性,会造成对文化传统和伦理观念的冲击,不利于维护社会管理秩序。行政机关和司法机关在本案的审查过程中实际上就是运用比例原则中均衡性原则的要求来实现父母决定子女姓名自主权与公序良俗间的平衡,通过对公民个人权利的适当限制来保护姓氏背后所蕴含的公共利益。

(三)为保障重大基础设施建设对违法建设行为作出罚款而非恢复原状的处罚

在郑某庆诉哈尔滨市国土资源局土地管理行政处罚案[2]中,郑某庆对某

---

[1] 参见最高人民法院指导案例 89 号,载最高人民法院网 2017 年 11 月 24 日,https://www.court.gov.cn/shenpan/xiangqing74112.html。

[2] 郑某庆诉哈尔滨市国土资源局土地管理行政处罚案,黑龙江省高级人民法院(2017)黑行申 241 号行政裁定书。

地块享有承包经营权,该地块处哈尔滨铁路局哈尔滨车辆段迁建指挥部的施工范围内。郑某庆向哈尔滨市国土资源局举报迁建指挥部在其耕地违法施工。哈尔滨市国土资源局经调查认定,迁建指挥部未依法履行建设用地审批手续,对其作出罚款的处罚决定。郑某庆不服哈尔滨市国土资源局作出的处罚决定,要求其作出责令停工、限期拆除并罚款的行政处罚决定。

黑龙江省高级人民法院审理认为,迁建指挥部施工建设的哈尔滨车辆段迁建工程,是铁路建设的重点工程,符合公共利益的需要。行政机关在进行处罚时,应当考虑上述特定情况,首先选择相对成本最小的执法手段,在达到处罚目的的同时,尽量避免对社会公共利益及行政相对人权益造成过大的侵害,从而使行政执法的成本与执法收益相一致,否则行政裁量不符合比例原则。故哈尔滨市国土资源局作出的处罚适当。

重大基础设施建设项目耗费巨额公共资源且对经济社会发展发挥重要带动作用,其本身很好地体现了公共利益的属性特征。该案中,郑某庆的个人权利因哈尔滨车辆段迁建指挥部违法用地的行为而受到侵害,行政机关应对迁建指挥部的违法行为作出处理,若将其已建设的工程全部拆除恢复土地原状,固然能够保护郑某庆对该片土地的承包经营权。但是,迁建指挥部已进行的建设工作是铁路建设重点工程的一部分,拆除建筑物将对整个铁路工程造成巨大的金钱成本、时间成本损失。在此种情况下,对迁建指挥部处以罚款,同时通过民事协商手段来救济迁建指挥部对郑某庆承包经营权的损害,更能实现公共利益与个人权利的平衡。

(四)为保障市政燃气工程顺利建设对程序违法的招标活动作出确认违法判决

在益民公司诉河南省周口市人民政府等行政行为违法案〔1〕中,亿星公司、益民公司共同参加周口市发展计划委员会组织的周口市天然气城市管网项目法人招标活动,招标结束后,周口市发展计划委员会发布《周口市天然气城市管网项目法人招标方案》,向亿星公司下发中标通知书,周口市人民政府下发《关于河南亿星实业集团有限公司独家经营周口市规划区域内城市管网燃气工程的通知》,随后亿星公司办理相关项目用地手续,购置了输气管道等管网设施,

〔1〕 益民公司诉河南省周口市人民政府等行政行为违法案,载《最高人民法院公报》2005年第8期。

与中国石油天然气股份有限公司西气东输管道分公司(以下简称中石油公司)签订用气协议,并开始动工开展管网项目建设。益民公司认为,周口市原发展计划委员会、周口市人民政府作出的中标结果违反了法律规定,并侵犯了其依法享有的管道燃气经营权。

最高人民法院审理认为,周口市原发展计划委员会、周口市人民政府作出中标结果适用法律错误、违反法定程序,但若撤销该具体行政行为将使公共利益受到损害。如果在重新招标环节中,亿星公司不能中标,其与中石油公司签订的“照付不议”合同亦将随之作废,周口市利用天然气必须由新的中标人重新与中石油公司谈判,而谈判能否成功是不确定的,在此情况下,周口市市民及企业不仅无法及时使用天然气,甚至可能失去“西气东输”工程在周口市接口的机会,从而对周口市的经济发展和社会生活造成不利影响。最高人民法院判决责令周口市人民政府、周口市发展计划委员会采取相应补救措施,对益民公司的合法投入予以合理弥补。

该案体现了司法机关在处理行政行为违法时平衡公共利益和个人权利的标准。周口市原发展计划委员会、周口市人民政府违反法律规定作出的招标结果应当予以撤销重做。但是,司法机关在审查过程中,考虑到重做该行政行为对全市经济建设和社会生活造成的不利影响,引导行政相对人通过民事救济的途径来维护自身的合法利益,实际上就是对公共利益和个人权利的平衡。这样的裁判理念,在《行政诉讼法》中得到了体现,该法第 74 条规定:“行政行为有下列情形之一的,人民法院判决确认违法,但不撤销行政行为:(一)行政行为依法应当撤销,但撤销会给国家利益、社会公共利益造成重大损害的……”

(五)超出补偿方案的补偿协议并不必然因损害公共利益而无效

在田某华、田某旺等诉江苏省姜堰经济开发区管理委员会拆迁行政协议案[1]中,2018 年 12 月 10 日,田某华、田某旺与鑫源公司、泰州市嘉德房屋征收服务中心签订《房屋搬迁补偿安置协议》,约定“其他照顾安置:不照顾两子与父母长期分居,田某旺小户型壹套”。本案被告姜堰经济开发区管理委员会确认上述条款原为“照顾两子与父母长期分居,田某旺小户型壹套”,但在公示过程

---

〔1〕 田某华、田某旺等诉江苏省姜堰经济开发区管理委员会拆迁行政协议案,江苏省泰州市中级人民法院(2020)苏 12 行终 285 号行政判决书。

中因其他村民提出异议,经复核发现协议内容不符合前述补偿安置方案和专题会议纪要的规定,遂在补偿安置协议第2条第6项内容前添加"不",形成"不照顾两子与父母长期分居,田某旺小户型壹套"的表述。田某华、田某旺诉求法院按照《房屋搬迁补偿安置协议》判令姜堰经济开发区管理委员会向其履行补偿义务。但是,姜堰经济开发区管理委员会主张该补偿协议不符合补偿安置方案及专题会议纪要应为无效。

泰州市海陵区人民法院一审认为,原补偿安置协议即使存在与姜堰经济开发区管理委员会现有补充安置方案或专题会议纪要不相符的情况,也是协议双方基于各自对涉案地块搬迁政策的理解协商一致的结果,姜堰经济开发区管理委员会在协议签订和田某华、田某旺交房拆除后,再以不符合补偿安置方案及专题会议纪要为由主张协议无效,不仅违反诚实守信原则,也不利于社会稳定。江苏省泰州市中级人民法院二审除肯定一审裁判观点外,另指出行政机关在行政协议签订履行中行使行政优益权的,必须对行使行政优益权的缘由作出释明,且必须符合比例原则,将由此带来的副作用降到最低,并应当对相对人由此造成的损失依法或者依约给予相应补偿,而不应径行对协议内容进行修改,并以此为由拒绝履行协议约定。

行政协议是行政机关履行行政管理职责的手段,相较于传统意义上的行政行为,行政协议兼具"行政性"和"协议性"双重特征。其"行政性"特征的表现形式之一是行政机关在协议履行过程中享有行政优益权,在未经相对人同意的情况下,可单方变更、解除或终止协议的履行。行政机关所享有的上述优益权在理论和实践中饱受争议,行政优益权的存在在一定程度上破坏了协议的稳定性和协议各方当事人合意的实现,因此需要对行政机关行使优益权予以一定的约束。该案的裁判为规范行政优益权的行使提供了全新的路径,即以比例原则评判优益权行使过程中所实现的公共利益和所损害相对人的个人利益间孰重孰轻,以此判断行政机关行政优益权行使是否恰当,这为限制行政机关行政优益权的行使提供了全新的理论供给和制度方案。

公共利益属于不确定法律概念,这是行政机关实施行政行为的起点和目的。行政行为的实施过程难免会出现公共利益与个人权利的冲突,或是实现公共利益减损个人权利,或是保护个人权利而牺牲公共利益。公共利益是利益平衡的根基,个人权利在与公共利益的平衡中往往处于弱势地位。但是,公共利益不是舞台上任人打扮的小丑,更不是行政机关侵害个人权利的"遮羞布",对公共利益的界定需要行政执法人员在具体个案中依据比例原则从严掌握，对可能减损的个人权利与可能增长的公共利益加以权衡，通过权衡，最大限度地避免“因小失大”的发生。

二、利害关系人间权利的平衡

利害关系人是与行政行为存在法律上利害关系的人，“法律上利害关系”是指实际存在的和必然产生的利害关系，利害关系人包括受到具体行政行为直接影响的人，而不包括受到间接影响的人。[1] 利害关系人既包括行政行为指向的对象——行政相对人，也包括权利义务关系受该行政行为实际影响的其他利害关系人，即行政第三人，这里的第三人是指与已作出的行政行为有间接利害关系的、受行政权间接作用或约束的、在行政法律关系中潜在的或暗示的自然人（公民）、法人或者其他组织。[2] 利害关系人的权利应当得到行政机关的平等保障，但是由于行政机关在程序设计和理念认识上的不足，行政行为往往忽略了除行政相对人以外的其他利害关系人的利益诉求，在实施行政行为过程中易激化社会矛盾，影响行政行为的社会效果。

（一）老旧住宅加装电梯与其他业主房屋采光权、通风权的平衡

在李某诉佛山市国土资源和城乡规划局建设工程规划行政许可案[3]中，第三人王某芳等向佛山市国土资源和城乡规划局申请既有住宅加装电梯建设工程规划许可和施工许可，佛山市国土资源和城乡规划局同意办理建设工程规划许可手续并核发了建设工程规划许可证。李某等业主认为加装电梯将对其住宅的采光、通风造成实际影响，不服该许可。

2016年，佛山市中级人民法院审理认为，电梯设计方案符合相关规范性文件的具体要求，且申请加装的电梯是三座西梯，适合加装电梯的最佳位置正是设计方案的选址位置，该位置正对整栋建筑的楼梯间，对李某等业主所居住的房屋影响最小。本案没有证据表明案涉建设工程规划许可行为存在滥用职权

---

〔1〕 参见李喜莲：《民事诉讼法上的“利害关系人”之界定》，载《法律科学（西北政法学院学报）》2012年第1期。

〔2〕 参见周佑勇、何渊：《论行政第三人》，载《湘潭工学院学报（社会科学版）》2001年第2期。

〔3〕 李某诉佛山市国土资源和城乡规划局建设工程规划行政许可案，广东省佛山市中级人民法院（2016）粤06行终422号行政判决书。

或者明显不当的情形。

城镇化进程的发展引领着城市老旧小区的升级改造,受困于城市住宅高度集中的特点,小区中每一位业主对住宅的改造都会产生牵一发而动全身的效果。该案中,佛山市原国土资源和城乡规划局所实施的建设工程规划许可行为涉及行政相对人和其他利害关系人相邻关系的冲突。行政相对人在为个人房屋加装电梯的过程中,应当对其他业主的通行、采光、通风等所产生的不利影响降至最小。佛山市国土资源和城乡规划局作为作出行政许可的行政机关在双方利益平衡中发挥着重要的作用,即对电梯设计方案的审慎审查,确保设计方案合理,以实现两者间利益的平衡。

(二)政府信息公开中公民知情权与第三人隐私权的平衡

在齐某喜诉松江区政府信息公开案[1]中,齐某喜向松江区政府提出申请,要求获取一政府信息,松江区政府提供给齐某喜的信息中,保留了当事人姓氏,隐去其名字,隐去其住所及违法建筑的具体地址,其余内容不变。齐某喜不服该告知行为,相继提出行政复议和行政诉讼。

最高人民法院审理认为,在公开相关信息可能侵害第三方合法权益时,行政机关应根据比例原则,作出适当处理,以取得与同样受法律保护的其他权利之间的平衡。具体到本案中,公开涉案信息中隐去的内容,可能会给相关权利人造成潜在的损害,并且隐去部分信息,未侵害齐某喜获取政府信息的权利,亦与行政机关依法行政不存在关联性。所以,松江区政府把涉案信息作出区分,将涉案违法建筑地址等与相关个人存在紧密联系的部分作为个人隐私隐去,公开涉案信息其余部分,并不违反法律规定。最高人民法院裁定驳回齐某喜的再审申请。

政府信息是宝贵的社会公共资源,获取政府信息是实现公民监督权和知情权的重要途径。其中一部分政府信息是行政机关在履行职责过程中对公民个人信息的收集保存,对这一政府信息的公开必然会对公民隐私权产生损害。该案例说明,在政府信息公开申请的审查过程中,行政机关应当充分发挥均衡性原则的作用,实现保护个人隐私权与保障公民的知情权、监督权二者间的利益平衡。

---

[1]　齐某喜诉松江区政府信息公开案,最高人民法院(2017)最高法行申309号行政裁定书。

（三）政府采购中参与人公平竞争权的平衡

在广东省教育厅、广联达软件股份有限公司（以下简称广联达公司）与深圳市斯维尔科技股份有限公司（以下简称斯维尔公司）侵犯公平竞争权行政纠纷案[1]中，广东省教育厅举办某省内选拔赛时明确要求在“工程造价基本技能”赛项中独家使用广联达公司的相关软件。广东省教育厅称选用广联达公司免费提供的比赛用软件是为了与国赛保持一致。

广东省高级人民法院审理认为，广东省教育厅指定使用广联达公司相关软件行为会导致参赛院校师生在使用习惯方面产生依赖，并且提升广联达公司产品的知名度，从而导致广联达公司软件在市场占有份额的上升，同时导致了斯维尔公司等同类竞争者的产品在市场占有份额方面的下降，进而损害市场公平竞争秩序，产生了排除、限制竞争的效果。因此，广东省教育厅指定使用广联达公司相关软件属于滥用行政权力，排除、限制竞争的行为。

公平竞争是市场经济的引擎，法治则是公平竞争的后盾。公平竞争权是市场主体参与市场活动享有的一项基本权利。但是在现实生活中，市场经营主体面前依然横亘着阻碍公平竞争的“硬关卡”“软掣肘”“旧观念”。行政机关的限制和排除竞争的行为就是其中一“拦路虎”。行政机关滥用职权限制和排除竞争的行为是为《反垄断法》所禁止的行为，该行为一方面是对健康市场秩序的破坏，另一方面是对利害关系人公平竞争权的侵害。从均衡性原则的角度来看，行政机关在履行职责时，特别是在开展招投标、实施特许经营等活动中应当充分保障行政相对人公平竞争权，通过公平公正的程序和制度实现对行政相对人权利的平等保护。

（四）社区居民文体活动自由与其他居民生活安宁的平衡

在周某诉某公安分局拖延履行法定职责案[2]中，周某居住在长沙市某社区，部分社区居民经常在晚上 8 点左右在其楼下的人行道上跳广场舞，音响器

---

〔1〕 广东省教育厅、广联达软件股份有限公司与深圳市斯维尔科技股份有限公司侵犯公平竞争权行政纠纷案，广东省高级人民法院（2015）粤高法行终字第 228 号行政判决书。

〔2〕 参见《最高人民法院公布 10 起弘扬社会主义核心价值观典型案例》，载最高人民法院网 2016 年 3 月 10 日，http://www.court.gov.cn/zixun/xiangqing17612.html。

材音量过大,严重影响其安静生活。周某报警要求某公安分局依法进行处理。某公安分局接警后,多次到现场劝说跳舞居民将音响音量调小,或者更换跳舞场地,但一直未有明显效果。此后,原告向人民法院起诉,要求某公安分局依法处理。

法院审理认为,某公安分局对于原告报警所称的部分居民在原告楼下跳广场舞并使用音响器材这一行为是否存在违法事项,是否需要进行行政处罚等实质问题并未依法予以认定,遂判决某公安分局依法对周某的报案作出处理。判决生效后,该公安分局又数次对跳舞的人们进行劝解、教育,并加强与当地社区的合作,引导广场舞队转移至距离原处百米之外的空地上。原告所住的社区也在政府部门的积极协调和支持下,与长沙某汽车站达成一致,将在车站附近建设一块专门用于广场舞等娱乐活动的健身场所,既避免噪声扰民,又给跳舞健身爱好者提供了自由活动的场所。

所有的权利都有边界,所有的自由都有前提。进行正常的娱乐健身活动是居民的权利,享受安静的生活环境、免除噪声污染同样是其他居民应当享有的权利。良好的环境,是政府提供给公众的公共产品之一。广场舞该在什么地方跳、什么时间跳,跳的过程中要遵守什么规则……一系列问题都需要更为明晰的规范,而规范明确后,就需要更有力的执行落实。随着城市人口数量的激增,城市居民生活空间的重叠交叉范围日益扩大,如何保证居民能够在有限的空间内实现各自多样的生活需求考验着城市管理者的智慧和能力。该案中,公安机关对产生噪声的跳舞群众没有通过行政处罚手段粗暴制止,而是通过多部门的协调配合,高效利用城市闲余空间为群众提供相对独立的活动场地,实际上就是对城市居民相互冲突权利的充分平衡。这一做法也得到了司法审查的认可。

(五)房屋建设与相邻房屋采光权、通风权的平衡

在叶某祥诉湖南省株洲市规划局、株洲市石峰区人民政府不履行拆除违法建筑法定职责案[1]中,本案第三人沈某湘在未经批准的情况下新建和扩建房屋,严重影响了原告叶某祥所有房屋的通行和采光。叶某祥向株洲市规划局举报该情况,该局对沈某湘的行为作出限期自行拆除的处罚决定,如限期不自行拆除将由石峰区人民政府组织实施强制拆除。但株洲市规划局、株洲市石峰区

---

〔1〕 参见《人民法院征收拆迁十大案例》,载《人民法院报》2014年8月30日,第3~4版。

人民政府未能完全履行拆除违法建筑法定职责。

株洲市荷塘区人民法院审理认为,石峰区人民政府应按照株洲市规划局的授权积极履行法定职责,组织实施强制拆除违法建设。虽然被告株洲市石峰区人民政府在履行职责中对沈某湘违法建设开展了协调工作,但未积极采取措施,其拆除违法建设工作未到位,属于不完全履行拆除违法建筑的法定职责。判决被告株洲市石峰区人民政府在 3 个月内履行拆除沈某湘违法建设法定职责的行政行为。

由于长期以来城市建设规划的“欠账”,在城市发展过程中,违法建设数量庞大,甚至在局部地区有蔓延态势,《城乡规划法》虽然赋予了相关行政机关对违法建设强制拆除的权力,但是由于这一过程执法成本大、社会稳定风险高,实际落实情况不甚理想。违法建设侵犯相邻建筑所有权人合法权益难以救济成为一种普遍现象和薄弱环节。该案中,司法机关以违法建设相邻权人提起的行政不作为诉讼为载体,督促行政机关切实充分地履行拆除违建、保障民生的法定职责,实现行政权力对公民权利的平等保护。

平等对待原则是作为宪法原则的平等原则在行政法中的具体化。该原则要求,行政机关在行政执法活动中应当确保个人权利受到无差别的保护,这是平等原则的必然要求。但是,行政管理的过程不可避免地会带来个人权利间的矛盾和冲突。事关个人切身利益,行政机关对个人权利处理稍有不均,就会引发巨大的社会矛盾。必要性原则的要求就是要保障行政机关在面对个人权利冲突时,确保行政机关不肆意、不任性,通过行政自我约束,以最小的权利损失带来最大的权利获益,这既是比例原则对行政行为的要求,也是对行政执法人员管理智慧的考验。

第三章　从典型案例看信赖保护原则在执法中的适用

第一节　信赖保护原则的基本理论

一、信赖保护原则的含义

关于信赖保护原则的具体含义，我国理论界众说纷纭。有学者认为信赖保护原则是指行政机关为确保行政管理活动的明确性、稳定性和连贯性，从而保护公民、法人或者其他组织对行政机关及其管理活动信赖的原则。[1] 也有学者认为，信赖保护原则是指人民因相信即存的法律秩序，而安排其生活或处置其财产，因此，不能因嗣后法规的制定或修正，而使其遭受不能预见的损害，用以保障人民既得权，并维护法律尊严。[2] 还有学者指出，所谓信赖保护原则，是指当行政相对人对授益性行政行为形成值得保护的信赖时，行政主体不得随意撤销或废止该行为，否则必须合理补偿行政相对人信赖该行为有效存续而获得的利益。[3] 以上观点虽然表述方式不同，但是可以大致看出目前我国对于信赖保护原则的定义主要从三个方面切入：第一种说法是从信赖保护原则的理论基础出发，第二种说法是从信赖保护原则的保护客体出发，第三种说法是从信赖保护的保护方式出发。不论侧重点如何，信赖保护原则的含义都包含了政府的行政行为以及公民、法人或其他组织对该行政行为产生的信赖这两个方面，蕴含了政府的行政行为应当对民众的合理信赖进行保护的内涵。

综上，我们也可以将信赖保护原则的定义为：在行政机关依法行政过程中，

---

〔1〕 参见马怀德主编：《行政法与行政诉讼法》，中国法制出版社2000年版，第52页。

〔2〕 参见城仲模主编：《行政法裁判百选》，台北，月旦出版社股份有限公司1996年版，第196页。

〔3〕 参见周佑勇：《行政法基本原则研究》，武汉大学出版社2005年版，第233页。

在行政主体作出具有一定授益性和可预见性的行为之后，公民、法人或者其他组织对此产生了正当合理的信赖，行政主体在变更相应的法律状态时应对这种信赖加以保护，否则就应当承担相应的法律责任。

讨论信赖保护原则总是绕不开诚信原则，诚实信用原则作为民法的帝王规则，是调整私法关系的一个重要规则，但是目前诚实信用原则不再只在民法领域适用，该原则的适用范围越来越广。对于信赖保护原则与诚信原则之间的关系，很多学者对此进行过讨论。有些学者认为信赖保护原则是诚信原则在行政法中的具体体现，而有的学者则试图找出两个原则之间的区别。不可否认信赖保护原则的提出与发展和诚信原则有较大的关系，但是信赖保护原则的适用有更加具体的要求，诚信原则则较为抽象。作为一项私法原则的诚信原则要求双方都要做到诚信，而信赖保护原则显而易见的是仅对政府一方的要求。政府诚信有借用私法的明显轨迹，与公法结合之后，在具体构造上却发生了翻天覆地的变化，实现了由伦理规范向法律规范的转化，初步形成了二元结构：一是将“恪守信用”适用于行政协议、行政承诺、行政允诺，要求政府履约践诺。二是有关行政行为撤销、撤回、变更的限制要求，涵摄了信赖保护。[1]

二、信赖保护原则的历史及发展

信赖保护原则与我国其他法律原则不同的是，它是一项源自德国的原则。信赖保护原则产生于德国并不是偶然，而有其历史必然性。德国作为大陆法系行政法的代表国家之一，是法治国概念的滥觞。但是法治国初期严格的法律至上是僵化的，在后期逐渐得到修正。“二战”时期，纳粹把僵化的政治法律体制推向了巅峰，这使“二战”后的德国开始反思法律至上带来的问题，也开始反思给政府权力过大造成的后果，这无疑就催生了信赖保护原则的发展。对于信赖保护原则在世界范围内被广泛接受，主要历史背景有以下几个方面。

第一，行政机关裁量权的运用。随着现代社会的发展，政府从原有的“守夜人”的角色逐渐转变，这就要求政府在社会生活的各个方面发挥作用。严格的法定主义逐渐不再适合社会需要，法律也开始给予政府一定的裁量权，并对专业领域事项中政府的决定给予尊重。给予政府行政裁量无疑提高了政府的行

〔1〕参见余凌云：《诚信政府理论的本土化构建——诚实信用、信赖保护与合法预期的引入和发展》，载《清华法学》2022年第4期。

政效率,但是,行政机关自由裁量权广泛应用的同时,因缺乏相应的规制手段而造成行政权力的滥用,突出表现为行政机关朝令夕改,行政执法稳定性与权威性受损。

第二,实质法治的回归。实质法治与形式法治是一个相对的概念,[1]实质法治更强调个案的公正,强调运用法律理念使个案中的正义得以实现。“二战”后,人们对制定法产生了疑问,自然法学理念得以回归,保障基本人权,维护人的价值等传统自然法理念逐渐得到确认。这也就要求政府在行使行政权时,不仅要注意形式法治也要注意实质法治。

第三,福利国家的兴起,行政给付的发展。步入现代社会,随着经济危机、人口老龄化、失业等问题的出现,政府为了保护人民的权利,社会福利应运而生,与此相伴而生的就是行政给付。行政给付虽然有政府的裁量,但是自然要受比例原则、信赖保护原则等原则的限制。

无独有偶,信赖保护原则在德国盛行之时,英国却早有一项接近却不相同的原则即合理期待原则在悄然发展。该原则强调政府在作出合法行为时,要考虑民众的合理期待,该原则在判例中逐渐明确合理期待的范围和标准。英国的合理期待可以产生于个别承诺,也可以产生于长期获得的利益,但是国际条约并不产生合理期待。合理期待的基础必须是明确清晰且不违法的。如前所述,英国的合理期待原则与德国的信赖保护原则有一些区别。[2]

信赖保护原则在我国也处于蓬勃发展之中,我国台湾地区、香港特别行政区、澳门特别行政区都有适用信赖保护原则的案例。[3] 目前在中国裁判文书网上检索关键词“信赖保护”,可以直观地感受到,随着我国法治建设的发展,信赖保护原则正在越来越多地运用到从原告资格的认定到赔偿款项的确定等行政诉讼的方方面面,信赖保护原则无疑已经成为中国行政诉讼中非常重要的原则之一。目前我国正在实行的《宪法》可以作为信赖保护原则的宪法基础,因为在法律变动过程中要保护公民的宪法权利,包括财产权和自由权,这就需要信赖保护原则的适用。我国信赖保护原则发展的历程,也是我国不断法治化的

---

〔1〕 参见何海波:《实质法治:寻求行政判决的合法性》(第2版),法律出版社2020年版,第9~17页。

〔2〕 参见[英]威廉·韦德、[英]克里斯托弗·福赛:《行政法》,骆梅英等译,中国人民大学出版社2018年版,第101页。

〔3〕 参见王贵松:《行政信赖保护论》,山东人民出版社2007年版,第51页。

进程。

在前述德国信赖保护原则发展的历史中，提到依法行政原则和信赖保护原则在个案平衡中有矛盾之处，但是形式法治本身也给信赖保护原则提供了基础。中华人民共和国成立初期，法制尚不完善，信赖保护原则也没有生存的土壤，宪法所保护的权利的价值并未得到应有的重视。由于法律的空白，行政机关的裁量权逐渐扩大，没有形式法治的保障，个案的实质法治就无从谈起。改革开放后，我国法治建设也逐渐走向轨道，新制定的《行政许可法》《行政强制法》等一系列法律逐渐填补了我国法律的空白，依法行政也逐渐走向正轨。依法行政原则成为行政机关应当遵守的重要原则。在我国法律不断完善的过程中，很多法律在制定时也赋予了行政机关一定的自由裁量权。我国现行法律中有很多涉及行政机关自由裁量权的内容。例如，《行政强制法》第 42 条规定，"实施行政强制执行，行政机关可以在不损害公共利益和他人合法权益的情况下，与当事人达成执行协议。执行协议可以约定分阶段履行；当事人采取补救措施的，可以减免加处的罚款或者滞纳金。执行协议应当履行。当事人不履行执行协议的，行政机关应当恢复强制执行"；《治安管理处罚法》第 9 条规定："对于因民间纠纷引起的打架斗殴或者损毁他人财物等违反治安管理行为，情节较轻的，公安机关可以调解处理。经公安机关调解、当事人达成协议的，不予处罚。经调解未达成协议或者达成协议后不履行的，公安机关应当依照本法的规定对违反治安管理行为人给予处罚，并告知当事人可以就民事争议依法向人民法院提起民事诉讼。"还有包括《行政复议法》等一系列法律都规定了行政机关对于个案的裁量权，这时为了平衡个案公平，信赖保护原则就尤为重要。

三、信赖保护原则在法律上的体现

在我国，信赖保护原则正式写入法律晚于该原则的实际应用。2003 年制定的《行政许可法》（已被修改）事实上第一次将信赖保护原则写入法条之中。2003 年《行政许可法》第 8 条规定，"公民、法人或者其他组织依法取得的行政许可受法律保护，行政机关不得擅自改变已经生效的行政许可。行政许可所依据的法律、法规、规章修改或者废止，或者准予行政许可所依据的客观情况发生重大变化的，为了公共利益的需要，行政机关可以依法变更或者撤回已经生效的行政许可。由此给公民、法人或者其他组织造成财产损失的，行政机关应当依法给予补偿"。该条款就是对于信赖保护原则在法律上的一次确认，较大程度地推动了信赖保护原则的发展。目前对于信赖保护原则的立法主要集中于行政许可、行政不作为等方面。2004 年国务院颁布的《全面推进依法行政实施纲要》第 5 条明确了关于依法行政与诚实守信的要求,即"行政机关公布的信息应当全面、准确、真实。非因法定事由并经法定程序,行政机关不得撤销、变更已经生效的行政决定;因国家利益、公共利益或者其他法定事由需要撤回或者变更行政决定的,应当依照法定权限和程序进行,并对行政管理相对人因此而受到的财产损失依法予以补偿"。这使信赖保护原则以国务院文件这种内部自我约束的方式应用到行政管理的领域。

信赖保护原则上升为法律规定后,相应的司法实践有了一个良好的发展,近年来达到了井喷式的程度。查阅近年来法院公布的典型案例,时常能找到信赖保护原则被法院运用在审判实践中的案例。在最高人民法院公布的指导案例 39 号何某强诉华中科技大学履行法定职责纠纷案〔1〕中,法院运用信赖保护原则确认了华中科技大学为本案适格被告。该案原告何某强是华中科技大学武昌分校的学生,因为华中科技大学规定毕业生必须通过英语四级考试,而何某强在四级没过的情况下申请毕业证书,学校在收到申请后并未给予何某强毕业证。该案二审法院认为:何某强虽然不是华中科技大学本校的大学生,但作为与华中科技大学有委托授予学士学位关系的华中科技大学武昌分校的大学生,基于华中科技大学与华中科技大学武昌分校开办者武汉军威企业集团有限公司之间合作办学协议的实际约定、华中科技大学实际接受华中科技大学武昌分校委托审查授予该校应届本科毕业生学士学位的历史事实和现实操作情况,以及基于信赖利益保护原则,何某强以华中科技大学在收到申请之日起 60 日内未授予其工学学士学位,向人民法院提起行政诉讼,符合最高人民法院《关于执行〈中华人民共和国行政诉讼法〉若干问题的解释》(已失效)第 39 条第 1 款的规定,因此,华中科技大学是本案适格的被告。因此,对于华中科技大学提出其不应当是本行政诉讼案件适格被告的诉辩理由不予采纳。最高人民法院通过公报案例适用信赖保护原则无疑更加促进了信赖保护原则的发展,在可以预见的未来,信赖保护原则将会被更多地运用到判决之中。

---

〔1〕 何某强诉华中科技大学拒绝授予学位案,湖北省武汉市中级人民法院(2009)武行终字第 61 号行政判决书。

四、信赖保护原则与依法行政原则

信赖保护原则与依法行政原则都是行政法领域重要的原则，但是在很多个案衡量的过程中，经常会出现信赖保护原则与依法行政原则发生冲突的情况，正确处理好两原则的关系非常重要。在姚某贵诉沙洋县人力资源和社会保障局社会保障行政处理案[1]中就很好地体现了为了维护法的安定性，信赖保护原则在一定情况下高于依法行政原则。该案原告 2002 年由外地迁入成为该地某村村民，但未在该村承包土地。沙洋县政府通过的被征地农民养老保险工作实施方案的适用范围仅限于沙洋镇和滨江新区。但原告姚某贵到居委会领取农民参保申请书，并填写该表，按要求提交了身份证和户口簿。农建社区、沙洋镇人民政府审核同意后，将其参保资料呈报至被告沙洋县人力资源和社会保障局审批。该审批通过后，原告按要求缴纳了相应的参保费用，办完了参保手续。后来原告达到退休年龄并办理了退休手续，开始领取养老保险金。2016 年因有人反映农建社区被征地农民养老保险中存在违规现象，沙洋镇人民政府组建专班，对该问题开展调查，建议被告对已办理退休手续的 139 人暂停发放养老保险。次日，被告对农建社区被举报被征地农民养老保险存在违规现象进行了立案，并停发了包括原告在内相关人员的养老保险金，但被告一直未对原告是否存在违规参保问题进行调查。被告沙洋县人力资源和社会保障局于 2017 年对原告姚某贵作出行政处理决定书，以原告不是被征地农民，冒用被征地农民身份办理了城镇灵活就业人员养老保险及补缴养老保险费手续为由，认为原告的行为构成了骗取社会保险待遇的行为，责令姚某贵退还领取的保险金，取消其享受的企业职工养老保险退休待遇。

该案的审判体现了法院对信赖利益的保护，原告参加被征地农民养老保险是基于对政府的信任而购买的，参保时客观真实地提交了相关材料并缴纳了个人应承担的保费，被告现又以其不具备参保资格为由取消其养老保险待遇，违背了信赖保护原则。在一审中，法院认为信赖保护原则是指当行政相对人对行政主体所作出的授益性行政行为形成值得保护的信赖时，行政主体不得随意变

---

[1] 姚某贵与沙洋县人力资源和社会保障局社会保障行政处理案，一审：湖北省荆门市掇刀区人民法院（2017）鄂 0804 行初 67 号行政判决书，二审：湖北省荆门市中级人民法院（2017）鄂 08 行终 39 号行政判决书。

更、撤销或废止该行为。在此情况下,信赖保护原则高于依法行政原则,依法行政原则受到一定程度弱化。它强调政府必须诚信。信赖保护原则保护行政相对人的合理信赖利益,只要行政相对人没有可归责于自己的事由,便推定行政相对人的信赖利益受到法律保护。该案中,原告是否具备被征地农民身份,掌握被征地农民参保政策精神和审核权力的社区和镇政府工作人员应该是最清楚的,其一一签字同意原告参保,即意味着其一致认为原告是符合被征地农民参保条件的。原告掌握被征地农民参保政策精神的能力难以超过这些具体经办被征地农民参保事宜的工作人员,其基于对政府的信赖,相信代表政府的这些工作人员的行为是合法的,才按要求交纳保费参保。如果社区或者镇政府审核确定原告不具有被征地农民身份,不同意其参保,其不可能交纳保费参保。原告并未以欺诈、胁迫或者贿赂等不正当方法使审核机关作出同意其参保的意见,其亦并不明知自己不是被征地农民,被告并未提交证据证明原告明知自己不符合参保条件而故意创造条件参保,故原告整个参保行为善意且无过失,原告基于信赖政府而参保,其行为合法合理,应当予以信赖保护,其由此获得的利益不应被取消。最终法院支持了原告的诉讼请求。

事实上,依法行政原则让步于信赖保护原则并不是个例,而是法院普遍的选择。对于这个问题,我们还可见于梁某梅与横县住房和城乡规划建设局城乡建设行政管理、房屋拆迁管理案〔1〕。原告梁某梅 1994 年与前夫以前夫的名义,向当时由横县规划建设局开办的横县房地产开发公司在开发区购买宅地一块,随后以其女儿的名义办理了准建证。2001 年梁某梅离婚,同时将该宅地的使用权判决归梁某梅所有。原告梁某梅于 2003 年向被告申请建设,被告随后向原告核发了建设工程规划许可证。之后,因周边住户以横县房地产开发公司将道路用地违法开发为由,向横县人民政府反映。横县人民政府办公室开会后,横县规划建设局依此会议纪要决定撤销了原告梁某梅的建设工程规划许可证。原告梁某梅对此不服,向当时的南宁市规划管理局提出复议申请,南宁市原规划管理局作出了维持原决定的复议决定。2015 年,原告梁某梅在未经许可的情况下,在该宅地上建成了三层钢筋混凝土结构的楼房。被告横县住房和城乡规划建设局在取证讨论过后对原告梁某梅作出了拆除违法建设的行政处罚。

---

〔1〕 梁某梅与横县住房和城乡规划建设局行政处罚案,广西壮族自治区宾阳县人民法院(2016)桂 0126 行初 16 号行政判决书。

原告梁某梅对此不服提起行政诉讼。

该案件也属于依法行政与信赖保护原则相冲突的情况。依法行政和信赖保护原则同为当代行政法的基本原则,依法行政原则要求政府的一切行政行为应依法而为,受法的约束;而信赖保护原则则指基于行政行为的公定力,行政行为一经作出,相对人便依赖其合法有效而予以尊重,法律应充分认可并保护相对人基于这种依赖所产生的利益,禁止政府以任何借口任意变更既有的行政决定,哪怕是有错必纠也应予以必要的限制。该案中,横县房地产开发公司原为横县规划建设局开办的公司,原告人与其他住户一样,都是出于对该公司的信赖而向该公司购取了宅地,其他住户同为在取得被告所颁发的建设工程规划许可证后而得以将房屋建设,而只是在原告建设时却要具备土地部门颁发的用地手续,这种同事不同处理的情况,追究其原因就是政府迫于其他住户的信访压力而为之,也就产生了政府办公室办公会议所作的决定。而政府将这种信访压力转嫁于损害原告合法权益的行为,应视为一种不负责任的行为,同时是对依法行政原则和信赖保护原则的损害,是对政府形象的损害。这种政府既当运动员,又为裁判员的做法,其实并不符合现代行政管理。我国法院在审查行政机关行政行为时要从多方面审查行政行为是否合法,包括从行政机关是否享有作出被诉行政行为的职权、被诉行政行为认定的事实依据的证据是否充分、被诉行政行为的程序是否合法、被诉行政行为适用法律法规是否正确和被诉行政行为的目的这几方面进行审查。该案中,被告横县住房和城乡规划建设局虽有对强拆行为作出强拆决定的法定职权,但没有像尊重其他住户一样尊重原告梁某梅。同样是基于向横县房地产开发公司所购宅地的事实,在没有作出任何安置的情况下,以原告违法建设为由而作出强拆决定,该拆除决定认定事实依据的证据不足,依法应不予支持。最终,法院判决被告作出的拆除决定违法。

从上述两个案件可以看出,我国法院在面对信赖保护原则与依法行政原则相冲突的情况时,优先选择保护信赖利益,主要是当事人之所以会出现违反行政法律法规规章的行为,是因为政府机关先前的行政行为对行政相对人的行为进行了认可,如姚某贵案中原告申请养老保险是经过多个政府部门批准的,且并没有明确法律规定该项审查不属于实质性审查,因此原告的信赖利益值得法律保护;梁某梅案也是如此,原告取得了建筑工程规划许可证,但是政府因为信访压力作出区别对待,原告的信赖利益应当得到保护。政府先前的认可构成信赖保护的基础,这时维护法的安定性比维护正义性更为重要,因此依法行政原则需要进行退让,信赖保护原则在个案衡量中地位得到提升。同时我们要看到,政府的退让不只有维持现状,还要进行一定的补偿,政府要评估行政相对人的违法情况,在尊重信赖保护原则的基础上进行处理。

随着行政协议与行政允诺等柔性行政手段的大量应用,司法实践中关于依法行政与信赖保护原则的关系讨论也逐渐深入。在株洲市超宇实业有限责任公司诉湖南省株洲市人民政府及湖南省人民政府房屋征收补偿决定及行政复议案[1]中,最高人民法院认为在审理行政协议案件时,要促进法治政府和政务诚信建设,认真审查协议不能履行的原因和违约责任,切实维护行政相对人的合法权益。对政府没有合理理由违反承诺甚至违约毁约的,要坚决依法支持行政相对人的合理诉求,这就是信赖利益保护原则的价值所在。但是,行政机关作出的行政允诺、行政协议等行为必须建立在依法行政的前提下,即行政机关作出的允诺或达成的协议必须在其具有裁量权的处置范围内,且不违反法律的强制性规定,不会损害国家利益、社会公共利益。在国有土地上房屋征收过程中,征收补偿的款项均来源于公共财政,对征收补偿款不进行合理控制必然会对社会公共利益造成不利影响。行政机关在组织实施征收与补偿工作时,必须遵守《国有土地上房屋征收与补偿条例》等法律法规的规定,符合征收决定及房屋征收补偿安置方案的要求,对被征收人给予公平补偿。行政机关违反《国有土地上房屋征收与补偿条例》等法律法规,超出征收决定的范围或者房屋征收补偿安置方案确定的补偿标准,作出的相关承诺、签订的补偿协议或者作出的补偿决定,人民法院应当作出否定的评价,不予支持。不能将信赖利益保护原则置于依法行政之前,无原则地以牺牲社会公共利益来强调政府对所作承诺的遵守。确因国家利益、公共利益或者其他法定事由改变政府承诺的,行政机关可以依法补偿财产损失。当信赖保护原则的热度逐渐褪去,司法开始不再盲目推崇信赖保护原则而开始关注信赖保护与依法行政的界限。从该案可以看出,最高人民法院首先认可了信赖保护原则对保护当事人权益的重要性,同时纠正了信赖保护优先于依法行政的误解,确立了信赖保护不得无条件置于依法行政之前的原则。当遵循信赖保护原则有损公共利益时,应当坚持依法行政,矫正

---

〔1〕 株洲市超宇实业有限责任公司与湖南省株洲市人民政府、湖南省株洲市人民政府、湖南省株洲市荷塘区人民政府房屋征收补偿决定及行政复议案,最高人民法院(2019)最高法行再4号行政判决书。

错误的行政行为或行政法律关系。与此同时，基于维护公共利益而致使当事人信赖利益受损的，应由行政机关给予补偿。

第二节　信赖保护原则的构成要件

确定何种信赖利益值得保护是研究信赖保护原则非常重要的问题。只有知道信赖利益的构成要件是什么，在具体运用的过程中才能更为得当。通常认为，适用信赖保护原则需要具备以下三个要件。

一、有效成立的行政行为

关于有效成立的行政行为，可以从两个方面进行分析：第一，信赖的对象是否适格，即何种行政机关作出的行为可以被信赖。第二，判断信赖的客体是否有效，即行政机关作出的何种行政行为值得信赖。行政机关是信赖对象不用过多赘述，这里需要详细分析一下信赖的客体，他是指行政主体对外部作出的行为，是承诺或规则等一切具有授益性和可预见性的活动。关于抽象的信赖，如自觉遵守的法律秩序。信赖客体的一般特征主要有：(1)具有公定力，也就是指该行为作出后，人们有理由相信在有权机关撤销前，都是合法有效的，并要求国家机关、社会组织和个人进行遵守。(2)授益性，这里的授益性代表了该行为至少不能是对原权利的减损，但是不只限于增加权利。如果在行政行为作出后，旧的行政行为比新的行政行为对权利的损害更大，信赖保护就不可能适用了。(3)具有明确的可预见性，人们认识到行政行为的持续，因此有合理预期，并且按照该预期安排处置自己的行为，这种可预见性是信赖客体所必备的。总结以上的特点，以下类型的行为均可以成为构成信赖保护原则的有效的行政行为。

(一)行政不作为

行政不作为是行政处理的一种。行政处理即行政主体就具体事项依法作出的对外发生法律效果的单方行政行为。在行政作为中，授益性行政行为是最典型的信赖保护客体，一旦作出后不得随意变更，撤销或废止。而行政不作为有时也可以作为信赖的客体，如行政机关作出行政处罚决定但是一直不予执行，在一定时间后，应当可以作为相对人信赖的客体。郑州市中原区豫星调味品厂(以下简称豫星调味品厂)诉郑州市人民政府行政处理决定案[1]即因行政不作为产生信赖保护的典型案例。本案中原告在登记时出现错误,政府当时并没有作出任何表示并发给了原告土地使用证,因此原告产生了信赖保护利益。1995 年豫星调味品厂以该厂系村办企业名义向主管部门提交违章用地的检查及补办征地手续的申请。郑州市土地管理局同意补办并下达批复,该厂在其后所提交的相关申请表中经济性质栏填写了"个体"。1996 年,郑州市政府给该厂颁发国有土地使用证,载明土地性质为划拨。后该厂于 2005 年以征地补偿安置费名义给闫垌村汇款 33 万余元被拒。2006 年,郑州市政府针对闫垌村三组的撤证申请作出注销上述国有土地使用证的决定,理由是该厂与闫垌村三组采取欺骗手段,未如实登记。该厂进而向河南省政府申请复议未果,遂提起本案诉讼,请求法院撤销 4 号决定。涉案土地现已被用于房地产开发。

该案法院一审认为,豫星调味品厂当时不属于可补办用地手续的范围,郑州市政府作出被诉注销决定符合《河南省实施〈土地管理法〉办法》相关规定,遂判决维持 4 号决定。豫星调味品厂上诉后,河南省高级人民法院在二审及其后的两次再审中,均以基本相同的理由分别作出驳回上诉、维持原判和维持二审判决、维持初次再审判决的处理结果。最高人民法院提审后认为,豫星调味品厂在工商机关登记的经济性质为个体工商户,从当时有关文件看,该厂不属于"农村集体经济组织兴办的经济实体",客观上不具备补办违法占地用地手续的资格。但是,被诉 4 号决定将错误登记和颁证完全归因于该厂和闫垌村三组采取"欺骗手段",而当时有关申请表中曾将经济性质填写为"个体"。虽然存在表述前后不一,但尚不构成对真实经济性质的刻意隐瞒,故 4 号决定认定采取欺骗手段的证据并不充分,而对于行政机关审查不严问题隐而不提,事实认定有误。同时,4 号决定剥夺了豫星调味品厂继续使用涉案土地的权利,对其重大财产权益产生不利影响,郑州市政府既未事前告知该厂,亦未给予其陈述和申辩的机会,所做的针对法定代表人的调查笔录既未告知调查目的,也未告知可能因涉嫌欺骗未如实登记、行政机关拟注销涉案土地使用证等情况,不足以使该厂在 4 号决定作出前进行充分的、有针对性的陈述和申辩,程序明显不当。此外,4 号决定未充分考量涉案土地在政府收取出让金之后用于房地产开发等

[1] 郑州市中原区豫星调味品厂诉郑州市人民政府行政处理决定案,最高人民法院行政审判十大典型案例(第一批)(2017)。

因素,一注了之,客观上不利于豫星调味品厂主张信赖利益保护(如需查清是否存在发证到注销期间合理投入),遂于2016年判决撤销一审、二审及两次再审判决,确认郑州市政府作出的被诉4号决定违法。本案的审判处于国家要求加强对各类非公有制经济市场主体的产权保护的背景下,在监督行政机关依法行政方面意义重大。本案中,郑州市政府针对其10年前的错误颁证行为,仅以申请人采取"欺骗手段"为由一注了之,没有考虑当事人曾在申请表中据实填写"个体"而行政机关未尽到审慎审查义务,亦未核实当事人多年来对行政机关的信赖利益、房地产开发因素以及注销程序的规范性、正当性,从而被最高人民法院指出事实认定有误,程序明显不当。最高人民法院同时指出,对于信赖利益及如何弥补问题,可由郑州市政府在判后组织调查并作相应处理。

(二)行政协议

在佘某明诉赤壁市国土资源局土地行政登记案[1]中,虽然合同被确认无效,但行政机关仍然需要履行相应的义务以保护当事人的信赖利益。本案原告于1999年与赤壁市赤马港办事处营里村签订营里商厦楼联营开发合同,因该土地为划拨土地,原告按照约定应补缴土地出让金,补办土地出让手续。原告遂与赤壁市赤马港办事处营里村签订土地使用权转让合同,并于2003年向被告申请国有土地使用权转让,被告依法为原告办理转让手续。因原告资金紧张,无法以货币形式支付土地使用权出让金及规费,原、被告经协商后签订《协议书》约定:"原告将两套商住楼住宅给被告抵交该宗地的土地使用权规费;被告为原告办理营里综合楼的土地使用权转让手续,并按原告提供的资料及时办理该楼的土地登记发证有关事宜,被告不得另行收取原告的规费。"2003年赤壁市人民政府为原告颁发了国有土地使用权证,该证载明的土地使用权终止日期为2018年9月24日。原告的商品房售出后,其为买受人办理的土地使用权年限为15年。2007年,原告的商品房买受人起诉原告,要求其办理50年的土地使用权证,该案经赤壁市人民法院判决,判令原告为售出的22户买受人办理50年的土地使用权证。为此,原告多次找被告协商,要求被告重新为原告办理50年年限的土地使用权证,但被告认为原告抵交土地出让金的

---

[1] 佘某明诉赤壁市国土资源局土地行政登记案,湖北省赤壁市人民法院(2016)鄂1281行初4号行政判决书。

两套商品房已经拍卖后所得 8 万元价款上缴财政,只能按照赤壁市标准地价及应缴纳的土地出让金金额为其办理 15 年年限的土地使用权证。故此,原告提起诉讼。

该案的审判法院虽然判决行政合同无效,但是运用信赖保护原则要求被告给原告办理土地使用证,在一定程度上保护了行政相对人的利益。法院在裁判文书中认为依照《土地管理法》(2004 修正)第 55 条第 1 款的规定,“以出让等有偿使用方式取得国有土地使用权的建设单位,按照国务院规定的标准和办法,缴纳土地使用权出让金等土地有偿使用费和其他费用后,方可使用土地”。本案中,被告与原告协商,以两套商住楼抵缴其应缴纳的土地使用权出让金等土地有偿使用费用。该两套商住楼未经物价部门评估其价值,亦未经过相关职能部门公开拍卖取得价款,被告的行为违反法律规定,且其与原告签订的协议书中既未约定两套商住楼抵缴土地出让金的价款,亦未约定被告为原告办理国用土地使用权证的使用年限。被告作为国有土地管理部门,应当与原告签订有效的国有土地使用权转让合同,该协议违反《土地管理法》的相关规定,应确认为无效协议。但被告作为土地行政管理部门,应熟知法律规定,而原告对被告在实现行政管理过程中依法行政产生合理信赖,依照信赖保护原则,被告应当依照法律规定为原告办理国有土地使用证。

(三)行政指导

行政指导是指行政主体为了实现一定的行政管理目的,凭借其占有的大量信息等优势,在其管辖事物的范围内,对特定的公民,法人和其他组织采取行政指导。这种非强制性手段以取得相对人的同意或协助为前提,不但有利于促进相对人自身利益的实现,也有利于公共利益的实现。在姚某贵诉沙洋县人力资源和社会保障局案中,政府建议被征地的农民购买养老保险就属于一种行政指导。虽然信任政府的农民不符合法定资格,但是法院仍然保护其信赖利益。在该案件中原告提出,其参加被征地农民养老保险是基于对政府的信任而购买的,参保时客观真实地提交了相关材料并缴纳了个人应承担的保费,被告现又以其不具备参保资格取消其养老保险待遇,违背了信赖保护原则。在审判中,法院认为,所谓信赖保护原则是指当行政相对人对行政主体所作出的授益性行政行为形成值得保护的信赖时,行政主体不得随意变更、撤销或废止该行为。在此情况下,信赖保护原则高于法律优先原则,法律优先原则受到一定程度弱化，它强调政府必须诚信。信赖保护原则保护行政相对人的合理信赖利益，只要行政相对人没有可归责于自己的事由，便推定行政相对人的信赖利益受到法律保护。本案中，原告是否具备被征地农民身份，掌握被征地农民参保政策精神和审核权力的社区和镇政府工作人员应该是最清楚的，其一一签字同意原告参保，即意味着其一致认为原告是符合被征地农民参保条件的。原告掌握被征地农民参保政策精神的程度难以超过这些具体经办被征地农民参保事宜的工作人员，其基于对政府的信赖，相信代表政府的这些工作人员的行为是合法的，才按要求交纳保费参保。如果社区或者镇政府审核确定原告不具有被征地农民身份，不同意其参保，其不可能交纳保费参保。原告并未以欺诈、胁迫或者贿赂等不正当方法使审核机关作出同意其参保的意见，其亦并不明知自己不是被征地农民，被告并未提交证据证明原告明知自己不符合参保条件而故意创造条件参保，故原告整个参保行为善意且无过失，原告基于信赖政府而参保，其行为合法合理，应当予以信赖保护，其由此获得的利益不应被取消。

二、相对人对行政行为产生了信赖

相对人对行政行为产生了信赖就是指行政相对人因为信赖行政机关而对未来生活做出一定的安排。没有这种信赖的表现，那么信赖保护就不具有自己的特性。所以在政府执法过程中，要注意相对人是否具有信赖的表现，具体就是相对人是否基于信赖的基础对自己的生活做了一定的安排。前述的许多案件都分析了信赖的表现，我们可以认为事实上做出具体行为的则可以作为信赖的表现，而没有具体行为则不可以作为信赖的表现。例如，主张对政府社保惯例产生信赖，就要依据惯例缴纳社保；主张对政府的不作为产生信赖，就要作出实际的行为如建设房屋等。我国《行政许可法》并未规定受益人的信赖表现。尤其在学界普遍认为体现信赖保护原则的第 8 条与第 69 条中，并无任何规范内容涉及信赖表现。也就是说，无论受益人是否形成信赖表现，《行政许可法》都应对其提供同等程序的法律保护。就此而言，《行政许可法》对于行政受益人提供的法律保护，均可归属于依法行政原则的一般适用。受益人所获得的利益可以基于一般意义上的依法行政原则得到保护，无须另行求助于信赖保护原则。只有在信赖基础发生偏离、一般意义上的依法行政原则无法保护受益人的信赖利益时,才需要考虑适用信赖保护原则的问题。[1] 依法行政与信赖保护对于达成保护当事人合法权益的目的在一定范围内存在竞合适用的情形。从依法行政的角度考量,不管当事人是否对行政许可形成了信赖表现,行政机关改变行政许可都应当依法维护当事人的合法权益。正因如此,信赖表现作为信赖保护原则构成要件之一长期没有得到应有的重视。然而,在依法行政原则辐射范围以外,信赖保护原则的适用仍然须以信赖表现为构成要件,因为信赖表现是产生信赖利益的客观基础,也是适用信赖保护原则维护当事人合法权益的必要性保障。

三、相对人主观无过错

法谚有云,任何人不能因为违法的行为获利,相对人主观无过错这个构成要件就是一个重要表现。目前我国实务界、学界都对这个构成要件的细分有一个共识,即包括以下三个方面。

(一)以欺诈、胁迫或贿赂的方式获取的利益不受信赖保护

通过刘某利诉沛县人民政府案[2],我们可以进一步理解正当信赖的问题。法院在判决中认为信赖保护原则是指行政行为的相对人基于对公权力的信任而做出一定的行为,基于此种行为产生的正当利益应当予以保护。信赖利益值得保护的判断标准之一是行政相对人无过错,强调行政相对人对于违法行政行为没有过错。《行政许可法》(2003)第69条第2款规定,“被许可人以欺骗、贿赂等不正当手段取得行政许可的,应当予以撤销”。该条第4款规定,“……依照本条第二款的规定撤销行政许可的,被许可人基于行政许可取得的利益不受保护”。《江苏省土地管理条例》(2004修正)第50条规定,“采取非法手段骗取土地登记,获取土地权属证书的,由县级以上地方人民政府注销土地登记,吊销土地权属证书,并由县级以上地方人民政府土地行政主管部门处以一千元以上三千元以下的罚款”。上述法条表述的意思是行政相对人以欺诈、胁迫或贿赂

---

〔1〕 参见刘飞:《行政法中信赖保护原则的适用要件——以授益行为的撤销与废止为基点的考察》,载《比较法研究》2022年第4期。

〔2〕 刘某利诉沛县人民政府土地行政登记纠纷案,江苏省丰县人民法院(2013)丰行初字第0021号行政判决书。

等不正当手段取得行政许可的,不适用信赖保护原则。行政管理相对人对重要事项进行不符合实际情况的申报也是一种欺骗的手段。原告取得土地使用权时不是农村村民,而作为农村村民申报宅基地审批时故意隐瞒自己不是孟桥村村民这一重要事实,有明显的欺骗故意,原告所主张的信赖利益不受法律的保护。

(二)对重要事项提供不正确资料或不完全陈述使行政机关依据该资料或陈述做出行政行为的

通过项某与武汉大学教育行政管理案[1]可以更好地理解这种情况。项某是华中师范大学第一附属中学教师,其因符合武汉大学招收博士学位研究生报考条件,而报考了武汉大学普通博士研究生。武汉大学的招生简章对三个不同培养类别的各自性质与要求均予载明,普通培养与委托、定向培养有明显区别。普通培养类博士研究生要脱离原单位,为非在职全日制,其档案、工资等关系均应全部转入在读学校,享受相应的奖学金和生活费,毕业后重新择业。招生简章同时强调"录取类别即为考生报考时的报考类别,请考生在报考时慎重选择"。项某在报考时选择了普通培养类攻读博士研究生,理应知道一旦录取后所要面临的上述变化,影响最大的就是脱离原单位转调档案及工资关系进武汉大学。而本案的事实是从 2011 年到 2014 年,项某始终未将档案调入武汉大学,亦未完成学校要求的每学期的注册事宜,也就没有获得相应的奖学金,也未及时缴纳当年的学费和其他费用。虽然武汉大学于 2014 年 4 月误收了项某补缴的所有学费,但该行为并不表明项某因此就取得了 2011 级攻读马克思哲学专业普通培养类博士研究生的入学资格和学籍。

项某既想保留原单位的工作和工资关系,又想攻读普通培养类博士研究生。如同鱼和熊掌的关系,如果想要兼得,应当符合相应的法律法规规章的规定,还要遵守教育部门和学校制定的相应规定,否则就有违诚信原则和教育公平,更会对今后博士研究生的招生带来不良影响。

项某认为基于对武汉大学的电子学籍注册行为的信赖所产生的利益应当予以保护,但是项某在近三年的时间里,始终没有完成普通培养类博士研究生政审程序和转档手续,不具备普通培养类博士研究生的录取条件,导致其电子

---

〔1〕 项某与武汉大学教育行政管理案,湖北省高级人民法院(2017)鄂行再 27 号行政判决书。

学籍注册信息被清除,项某本人也无法完成学业,对此,项某应承担全部责任,不具备正当利益的基础和前提。同时武汉大学相信项某"及时调入人事档案"的反复承诺,从而导致项某电子学籍注册信息的错误,对此,项某亦应当承担主要责任。信赖保护原则是指行政相对人基于对行政行为的信赖而做出的行为所产生的正当利益应当予以保护,行政机关不得擅自撤销、变更已生效的行政行为,确需撤销或者变更的,对无过错的行政相对人应给予合理的赔偿或补偿。由此可见,正当利益是信赖保护原则的基础和前提。因此,项某主张信赖利益保护,没有事实根据和法律依据。

(三)明知该行政行为违法或因重大过失而不知的

相对人已经知道行政行为的违法性,而企图从中获取利益,主观上并没有任何善意可言。同时要看到本条强调的是明知和重大过失,一般的过失并不能构成此类情形。这主要是因为相对人始终处于一个相对弱势的地位,有一般的怀疑轻易也不敢质疑政府的权威,因此不能苛责相对人。

第三节　信赖利益如何保护

随着现代行政量的扩大,质的复杂化,国民生活对行政的依存性也在增强,国民信赖行政所表明的内容,法律对此有必要进行保护。事实上,信赖利益如何保护是与民众生活息息相关的内容,也是政府机构在确定是否尊重信赖利益后首先需要处理的内容。一般来说信赖保护方式有两种:一是存续保护,即因行政行为而产生的行政法律关系主体之间的法律关系,不论其是否合法,一律稳定行政相对人所信赖的法律状态,维持行政行为,或者恢复行政行为的法律后果;二是财产保护,即衡量公共利益后,撤销、废止或者改变原来作出的行政行为,而对行政相对人因信赖行政行为而遭受的损失予以财产上的保护,给相对人适当的经济补偿,即信赖补偿。具体采取哪一种保护方式,应当衡量公共利益而定。

一、维持原状

维持原状是存续保护的主要表现形式,是行政主体基于信赖保护的目的不得撤销废止其作出的授益性行政行为。选择存续保护时,首先要衡量信赖利益与否定原行政行为的公共利益之间的关系，在前者明显大于后者时，就应该选择保护信赖利益。现实中很多案例在保护信赖利益时，就采取了维持原状的保护方式，如在江门市新会区古井双益磨具有限公司（以下简称双益公司）与新会区原农林局林业行政处罚行政纠纷案[1]中，法院最终的判决对如何保护信赖利益就很有现实意义。这个案例也被作为广东省高级人民法院发布的加强产权司法保护十大典型案例之一，展示了土地使用权案件中信赖保护原则的适用方式。2003年江门市国土资源局经区政府批准，将涉案土地协议出让给双益公司作工业厂房用地，并签订了国有土地使用权出让合同。同年，江门市政府向双益公司发放国有土地使用权证。后双益公司在涉案土地上兴建厂房生产经营。2016年，新会区原农林局认为双益公司未办理征占用林地手续即修建厂房，并利用水泥把地表硬底化，破坏了原有种植条件，随后作出林业行政处罚决定书，对双益公司罚款57万元并责令限期恢复林地原状或补办征占用林地手续。双益公司不服，提起行政诉讼。

在本案的审理过程中，法院认为，涉案土地是双益公司通过协议出让形式合法取得的，双益公司在涉案土地上建设厂房的行为具有正当性，由此产生的合法权益应受保护。因此，新会区原农林局认为双益公司擅自改变土地用途，并进行处罚的事实和法律依据不足，且有违信赖利益保护原则，最终判令撤销涉案林业行政处罚决定书。本案的撤销判决就是维持原状的一个重要表现形式，最大限度地维护了原告的利益。林业主管部门应严格按照法律规定的程序履行职责，且应充分考虑信赖利益的保护。国有土地使用权人通过合法渠道取得建设用地，并按规划要求进行开发利用，其权利应受到法律保护。本案的处理，一方面对不当的行政行为进行了有效的司法监督，促进行政机关严格依法行政；另一方面体现了法院对合法产权的有力保护，为企业经营发展营造良好的法治环境。同时我们要注意到，维持原状只是保护信赖利益的方式之一，采取这种保护方式时，要注意综合考虑公共利益、行为存续时间等相关因素。

二、财产保护

财产保护可以分为补偿和赔偿，行政补偿不同于行政赔偿。行政赔偿是因

---

[1] 江门市新会区古井双益磨具有限公司与江门市新会区原农林局行政赔偿案，广东省江门市江海区人民法院(2016)粤0704行赔初10号行政判决书。

为违法行政行为给公民、法人或者其他组织的合法权益造成损失所给予的赔偿。补偿即因行政机关的合法行政行为给公民、法人或者其他组织的合法权益造成损失所给予的补偿。

(一)行政补偿

关于行政补偿,前文列举的苏某华案就是运用行政补偿维护当事人信赖利益的典型代表。在该案中,苏某华的养猪场是合法的,但是由于其所在地被划为禁养区,如果让苏某华继续在该地养猪必然会导致后续环境问题,最终法院在支持政府划定禁养区的同时,提出了应该对苏某华进行行政补偿。综合多个案例可以得出,行政机关撤回或者变更行政行为,给予补偿的前提条件主要有两个:一是对公民、法人或者其他组织的财产造成了损失。这种损失是客观存在的,确定的,而不是想象的、或然的。这种损失只包括财产损失,不包括精神损失。二是财产损失与撤回或者变更行政许可有直接的、必然的联系,存在因果关系。

关于补偿的原则,有合理补偿、适当补偿、充分补偿以及相应补偿等。例如,我国《外商投资法》第5条规定,对外国投资者的投资实行征收时,给予相应的补偿。本法规定的是依法补偿,即依照有关单行法律法规的规定予以补偿。又如,《矿产资源法》第36条规定,国务院和国务院有关主管部门批准开办的矿山企业矿区范围内已有的集体矿山企业,应当关闭或者到指定的其他地点开采,由矿山建设单位给予合理的补偿,并妥善安置群众生活;也可以按照该矿山企业的统筹安排,实行联合经营。

关于行政补偿的范围和标准问题,我国《行政许可法》第8条第2款规定的是依法补偿。由于我国尚无统一的行政补偿法,故行政补偿的标准应当为单行法律、法规的具体规定。目前我国只有个别法律法规对于行政补偿有具体规定,如《土地管理法》等,而许多情况下是无具体规定的,这样就有必要对行政补偿的范围作一个划定。一种观点认为,目前我们可以参照《国家赔偿法》的规定,信赖利益的范围包括直接财产损失和为防止损失扩大所支出的费用,而对申请人在知道行政许可被依法变更或撤回后扩大的损失不予补偿。另一种观点认为,信赖利益的范围包括直接损失以及行政许可期限届满前预期利益损失。目前来看,第一种观点较为符合我国目前法律法规的规定,第二种观点更为符合信赖利益保护原则的精髓。

（二）行政赔偿

我国已经有统一的《国家赔偿法》，对具体的赔偿原则、赔偿标准和范围都作了详细规定。在刘某诉开县国土资源和房屋管理局行政赔偿案[1]中就体现了在行政机关出现过错时，当事人可以提起行政赔偿之诉维护自己的权利。2011年，第三人万某宇初始登记取得房屋产权，随后第三人通过申请房屋转移登记、变更登记的方式，最终由其父取得房地产权。2014年，第三人万某宇以初始登记取得的房产证丢失为由，向被告提出遗失补发申请，被告随后补发房地产权证。后来，万某宇向刘某借款45万元，刘某为防止第三人万某宇不能还款，双方当天签订《房屋买卖合同》，并在被告处将位于万某宇名下的房产（补办）过户给刘某名下，刘某取得房屋的产权。2015年，被告以第三人隐瞒事实真相骗取补办房屋产权证导致第三人与原告的房屋过户登记错误为由作出撤销决定书，撤销原告刘某、第三人万某宇之间的房屋转移登记，要求原告交回房产证。于是原告向被告申请国家赔偿，被告不予赔偿。原告认为被告的行为侵犯自己的合法权益，故提起诉讼，请求被告立即赔偿原告的损失及利息。最终法院判决被告赔偿原告的一部分损失。在本案中不管第三人的行为如何，都不影响被告因为其错误的行为对原告造成的损失，因此应该承担赔偿责任。从本案可以看出，提出行政赔偿的条件是需要行政机关存在违法的行政行为，相对人受到损害，且违法的行政行为与相对人受到的损害之间有因果关系。

我国法律规定的维持原状和财产保护这两种保护方式，如果原有法律状态对相对人有利，不予以改变并不损害公共利益，原则上应当采取维持原状；倘若原有法律状态对相对人有利，但对公共利益不利，且公共利益大于相对人利益，则原有行政行为就不得不予以撤销或废止，对被许可人予以财产保护方式即信赖补偿或赔偿。《行政许可法》第69条第2款和第3款所规定的应当予以撤销、不予撤销比较好理解，但该条第1款所规定的可以撤销的含义包含可以撤销和可以不撤销两层意思。至于哪种情况下可以撤销，哪种情况下可以不撤销，就要结合利益衡量原则，即衡量撤销行政许可行为所保护的公共利益是否大于相对人的信赖利益，来决定最终是否撤销行政许可行为。

---

[1] 刘某与开县国土资源和房屋管理局行政赔偿案，重庆市第二中级人民法院（2016）渝02行赔终7号行政判决书。

第四节　信赖保护原则在执法中的体现

一、民政工作应遵守信赖保护原则

民政工作是我国行政主体一项非常重要的工作,具体由各地民政局负责,包括社会福利、救灾救济等工作。在民政工作中理应遵守信赖保护原则。例如,在社会保障领域,政府往往会根据社会发展的需要调整社会保障发放的条件,但是应当根据信赖保护原则实行旧人旧办法,新人新办法;如果当地政府与企业就社会保障的发放有实行已久的管理政策,也应当依据信赖保护原则尊重原有的惯例。

(一)养老保险的发放应适用缴费时的规定

在高某海与南京市原劳动和社会保障局劳动和社会保障行政给付案[1]中,原告高某海于2004年以自由职业者身份参加养老保险,并于2007年9月达到法定退休年龄,累计缴费年限为3年4个月。2007年8月10日新规章即《江苏省企业职工基本养老保险规定》(省政府令第36号)(已失效)出台,并于2007年9月1日正式施行,旧规章同时废止。新规章规定的对达到法定退休年龄、不符合按月享受养老金人员的养老保险待遇与旧规章相比发生了明显变化。2007年10月9日,高某海向南京市原劳动和社会保障局申请办理终止基本养老保险关系、一次性领取基本养老保险待遇手续,但南京市原劳动和社会保障局未予办理,理由为:江苏省劳动和社会保障厅(已撤销)于2006年8月17日下发的规定表示,对符合旧规章规定一次性领取基本养老保险待遇、终止基本养老保险关系的人员,各地应暂停办理,待相关政策明确后,再按新规定执行。为此,高某海曾向法院起诉要求南京市原劳动和社会保障局履行法定职责,法院经审理认为南京市原劳动和社会保障局暂停办理的理由不充分,故依法判决南京市原劳动和社会保障局在60日内履行法定职责。南京市原劳动和社会保障局在该判决生效后,依照新规章的规定,于2008年2月15日为高某海办理了终止基本养老保险手续,一次性支付其个人账户储存额4317.81元。高

---

[1] 高某海与南京市原劳动和社会保障局劳动和社会保障行政给付案,江苏省南京市中级人民法院(2008)宁行终字第163号行政判决书。

某海认为,自己系根据旧规章的规定参加养老保险,理应适用旧规章计发养老保险待遇,其每月足额缴纳费用、累计缴费 8645 元,南京市原劳动和社会保障局却错误适用新规章仅一次性支付 4317.81 元并终止养老保险关系,明显违背国家建立养老保险制度的目的,遂诉至法院。

法院在审理过程中认为:信赖利益保护原则作为一项行政法基本原则,是行政主体实施行政行为所应遵循的法律准则。在本案中,当事人的信赖利益是基于省政府规章的规定形成的。2004 年 6 月,高某海根据当时有效的规章参加养老保险,缴纳相关费用,并且相信到退休时可以享受该规章规定的待遇,直至 2007 年 9 月 1 日新规章实施前,高某海的信赖利益内容为:只要其按月足额缴纳相关费用,退休时劳动行政部门将按照缴费每满 1 年发给相当于 2 个月的当地上一年职工月平均工资的养老金,并将发给个人账户中的全部储存额。在 2007 年 9 月 1 日新规章实施后,高某海的信赖利益内容才基于新规章的规定发生相应的变化。因此,南京市原劳动和社会保障局在计发养老保险待遇时对高某海的信赖利益应当予以保护,其完全适用新规章计发被上诉人高某海的养老保险待遇,属于适用法律不当。最终判决原告胜诉。

(二)保险缴纳的惯例合法有效

在孟某英与平遥县医疗保险管理服务中心劳动和社会保障行政纠纷案[1]中,原告孟某英于 2014 年 12 月在平遥峰岩煤焦集团二亩沟煤业有限公司工作,工种为采煤工。2015 年 1 月 21 日,孟某英在单位因工受伤,同年 6 月 24 日被晋中市人力资源和社会保障局认定为工伤,2015 年 8 月 12 日被晋中市劳动能力鉴定委员会鉴定为 9 级伤残。2017 年 8 月 15 日,原告向被告邮寄送达要求支付工伤保险待遇申请书,被告以用人单位 2016 年补缴 2015 年度的工伤保险经费为由,拒绝支付相关待遇。原告不服,于 2017 年 1 月 16 日向法院提起诉讼,要求被告履行法定职责。

该案在审理过程中体现了信赖保护原则对于民众信赖利益的保护。在该案件二审中,二审法院提出:本案中结合用工企业 2014 年前缴费情况良好,2014 年企业与经办机构签订《缓交社会保险费协议书》是为应对山西省当时经

---

[1] 孟某英与平遥县医疗保险管理服务中心劳动和社会保障行政纠纷案,山西省晋中市中级人民法院(2018)晋 07 行终 121 号行政判决书。

济下行压力,补缴2014年度工伤保险费时,双方也未严格执行协议。2015年企业虽未按时缴费,上诉人也没有向人民法院提供通知企业补缴欠费和按照规定加收滞纳金的法定的有关欠缴应承担义务证据,上诉人2016年对2015年企业工伤保险费的收取,可以视为上诉人认可变通收费方式,该方式已经让企业和职工产生合理信赖。同时上诉人在收取费用时不考虑企业缴费方式是否符合《工伤保险条例》的规定,而在核定支付工伤保险待遇时又考虑企业的缴费方式是否符合《工伤保险条例》的规定,其审查标准有损行政机关的公信力,违背信赖利益保护原则。故本案中被上诉人自述在用人单位不支付工伤保险待遇的情况下向平遥县医疗保险管理服务中心提出支付申请,平遥县医疗保险管理服务中心作为平遥县社会保险经办机构理应依法核定并支付。

二、环境保护管理应遵守信赖保护原则

政府的一项重要职能就是对森林、矿产等自然资源进行开发许可和保护,这种监管也关系到行政相对人的用益物权等切身利益。随着我国经济社会的飞速发展,环境问题日益凸显,政府的环境保护工作越来越重要,复杂的现实情况也对政府的工作提出了更多的新要求。国家政策往往会影响一个地区对于环境保护的重视情况。由于政策具有很强的变动性,环境保护工作在进行中也需要时时进行调整,改变原有的法律关系,给相对人的权利义务造成影响,在这个时候,相对人的利益就需要信赖保护原则进行保护。

(一)整改期间处罚违反信赖保护原则

信赖保护原则在我国《行政许可法》中有明文规定,但是信赖保护原则作为行政法的一项重要基本原则并不是仅适用于行政许可领域。在合肥恒业家具有限公司与肥东县原环境保护局行政处罚案[1]中,法院在行政处罚领域就适用了信赖保护原则对原告的利益进行了保护。该案中原告因扩建喷漆房项目,向被告重新报批项目环境影响报告表,被告审查后作出批复。随后,被告对原告完工的上述项目进行环评验收,并获通过。2016年9月3日被告执法人员对原告进行例行检查发现,原告工人正在生产作业,被告根据有关规定

〔1〕 合肥恒业家具有限公司与肥东县原环境保护局行政处罚案,安徽省肥东县人民法院(2017)皖0122行初19号行政判决书。

向原告下发污染物整治通知，该通知限定原告完成环境整治任务的最后期限是2016年11月30日，同时告知原告逾期未完成治理任务的，将依法给予行政处罚。被告在此期限之前的2016年10月12日，对原告作出行政处罚，原告不服提起诉讼。

在审理过程中，法院认为，被告虽然认为本次行政处罚与被告污染物整治通知无关，但是即便原告在生产工艺的环保设施上存在不符合规定的情形，由于被告通知的效力涉及原告全厂范围，且有最后整治完毕的时间限制及逾期未完成治理将给予行政处罚的告知，作为行政管理关系中被管理方的原告，基于对被告行政管理权威的信赖，完全有理由认为该厂的环保整治最后期限是2016年11月30日。原告基于行政信赖原则，有理由认为自己在整治期限完毕前，不应受到环境保护方面的行政处罚。被告在作出本案的行政处罚前，理应审慎对待其自身此前对原告下发的通知的既往拘束力，应当注意对原告行政信赖利益保护原则的适用。但被告没有遵循公正及信赖保护原则，在原告环保整治期限尚未届满时，径行作出处罚，明显不当。最终法院判决撤销了被告的行政处罚决定。

该案中法院强调了原告的信赖利益应当受到保护，从这个案例可以看出信赖利益并不只适用于行政许可领域。作为行政法的基本原则，信赖保护制度从各个方面保护相对人的利益。本案之所以适用信赖保护原则，主要是满足该原则适用的要件。第一，从信赖基础来说，本案中被告下发了整改通知并确定了整改期限，该通知合法有效，原告作为行政相对人在接受通知后，可以认为该通知代表政府对其违法行为的处理，并对其产生信赖。第二，从信赖的表现来看，接到通知后，原告据此开始作出整改，可以认为原告是依据通知进行调整，安排后续的整改工作，并且通知中注明了时间，那么原告就理所当然地认为该时间是整改的最后期限。第三，原告明显并无任何欺骗行为。综上，该案中原告是具有信赖保护利益的，这个案件的处理结果可以看出在判断一个案件是否属于适用信赖保护原则时，在注意法条明确的同时也要看其主要构成要件是否满足，如果符合构成要件就需要考虑保护信赖利益。同时该案当中有另外一个需要探讨的内容，即一般学者认为，信赖保护原则的信赖基础是授益性行政行为，只有授予相对人一定的利益才能产生信赖基础，但是本案的信赖基础是一项行政处罚通知，并不是一般意义下的授益性行政行为，然而处理通知中有关于处理最后期限的问题，这个最后期限实际上是给予原告期限内不再作出处罚的利益,所以在对一项行为是否属于授益性行为进行判断时,也要从多方面考虑。该案还体现了信赖保护原则目前在我国法律领域的一项重要的作用,即补充制定法。诚然信赖保护原则写入了《宪法》和《行政许可法》,但是我国多数法律还是没有涉及,正确运用该原则补充制定法,如该案作为一个行政处罚案件适用信赖保护原则,有利于更好地保护行政相对人的利益。

(二)禁养区划定要尊重土地使用人的权益

保护区是受国家法律保护的各种自然区域的总称,在保护区内会适用更为严格的环境保护政策。政府对保护区进行管理时,既要严格执行保护区规定,也要注意保护区内群众的信赖利益。在苏某华与博罗县人民政府通告行政纠纷案[1]中,苏某华与广东省博罗县农业科技示范场于2006年签订了《承包土地合同书》,在涉案土地上经营养殖场,养殖猪苗,并先后领取了税务登记证、排放污染物许可证和个体工商户营业执照。2012年3月22日,博罗县人民政府发布禁养区通告,将苏某华养殖场所在的农业科技示范场划入禁养区,要求此前禁养区内已有的畜禽养殖场(点)于当年6月30日前自行搬迁或清理,违者将依据有关法律法规进行处理,直至关闭。此后,博罗县原环境保护局、原畜牧局均以通告为由不予通过养殖场的排污许可证、动物防疫合格证的年审;博罗县国土资源局以养殖场未按规定申请办理用地手续,未取得博罗县人民政府批准同意擅自兴建畜禽养殖房为由,要求养殖场自行关闭并拆除畜禽养殖房,恢复土地原状;博罗县住房和城乡建设局对养殖场发出了行政处罚告知书,以养殖场的建筑未取得建设工程规划许可证为由,拟给予限期拆除的处罚。苏某华对博罗县人民政府作出的上述通告不服,提起行政诉讼,请求法院判决撤销该通告。本案在二审中,广东省高级人民法院虽然驳回了苏某华请求判决撤销通告的请求,但是并没有否认原告的信赖利益。针对原告的诉讼请求,法院在判决书的最后提到根据信赖保护原则,认为苏某华可依照最高人民法院《关于审理行政许可案件若干问题的规定》第14条的规定,另行提出有关行政补偿的申请。

人民法院在维护行政机关环境保护监管行为的同时,也应注重公共利益与

---

[1] 苏某华与博罗县人民政府通告行政纠纷案,广东省高级人民法院(2013)粤高法行终字第699号行政判决书。

个人合法权益的平衡,在环境行政管理活动中遵循信赖保护原则。虽然县级以上人民政府有权根据环境保护的需要,划定畜禽禁养区,严禁在畜禽禁养区内从事畜禽养殖业,也可要求已有的畜禽养殖场(点)自行搬迁或清理,即变更或撤回养殖户的生产经营许可。但与此同时,也应当考虑到在此之前合法经营的畜禽养殖户的利益保护问题,应根据《行政许可法》第 8 条所体现的信赖保护原则精神,对行政许可因环境公共利益需要被变更或撤回而遭受损失的合法养殖户依法给予补偿。在环境行政管理活动中,政府及环保部门需注重公共利益与私人利益的平衡,不能只考虑环境保护的需要,忽视合法经营者的信赖利益。尤其要防止为了逃避补偿责任,有意找各种理由将合法的生产经营活动认定为“违法”的现象。

禁养区划定纠纷中的信赖保护一般需以当事人已经办理行政许可为前提,即当事人基于行政许可而对其合法经营的合理预期,应当予以保护。但是实践中还存在当事人虽未办理行政许可但长期从事养殖经营且并未因其许可手续缺失而遭受处罚的情形,这时也应对当事人长期经营的客观事实进行考量,进一步判断是否存在适用信赖保护的必要性。如江门市蓬江区鸿业畜牧有限公司与江门市蓬江区人民政府环境保护行政管理案〔1〕中,虽然上诉人经营的生猪养殖场并未取得全部的行政许可手续,但是法院考虑到在涉案区域被划入畜禽禁养区之前,上诉人已经实际开展生产经营活动多年,被上诉人在涉案区域被划入畜禽禁养区之前,也并未因上诉人经营的生猪养殖场未取得全部的法律许可手续而采取过关闭上诉人养猪场的措施,因此对上诉人的实际经营活动,应给予一定程度上的信赖利益保护。在《江门市蓬江区黑臭水体农业污染源专项整治工作方案》(蓬江府办〔2016〕36 号)中,规定对于畜禽禁养区内没有完善相关审批手续,但在 2016 年 10 月 30 日前通过自行拆除验收的畜禽养殖场可给予一定奖励,实际上是对类似上诉人的养殖经营企业给予一定的经济补偿,这样的做法有利于保护养殖经营企业的信赖利益,应当予以肯定,上诉人可以按照蓬江府办〔2016〕36 号文中的“奖励标准”,向被上诉人提出经济补偿要求。

〔1〕 江门市蓬江区鸿业畜牧有限公司与江门市蓬江区人民政府环境保护行政管理案,广东省高级人民法院(2018)粤行终 1167 号行政判决书。

三、城乡规划工作应遵守信赖保护原则

城乡规划具有重要的公共政策属性,各级政府需要结合理论与实践,因地制宜统筹安排城市规划和农村交通居住消防绿化,生产生活环境建设,发展空间布局,合理节约利用自然资源,保护生态和自然环境。城乡规划对未来一段时间的城市建设有着重要的指引作用,这也决定了在面对现实不断发展的情况时,已经确定的规划要根据实际情况发生变化。城乡规划的变动往往会改变区域内土地的性质,随之而来的拆迁等问题会切实影响行政相对人的权利。即使不面临拆迁,土地性质的改变也会让相对人在利用土地时出现种种不便,。因此,为了保护行政相对人,在城乡规划变动过程中需要适用信赖保护原则实现个人利益与公共利益的动态平衡。

(一)在房屋拆迁中撤销建设规划许可证违反信赖保护原则

拆迁是一个复杂的问题,往往会涉及土地、规划、环保、文物保护等多个方面的内容。在房屋拆迁的过程中,政府为了加快拆迁的进度,有时会朝着有利于自己的方向处理一些处于“灰色地带”的房屋,信赖保护原则与依法行政原则的冲突比较明显。在张某才与海林市规划局撤销行政许可案[1]中,原告张某才于 2006 年在自己经营房屋南侧以扩大歌厅为由自建楼房后,向被告海林市规划局提出办理商业用房建设工程规划许可申请,并提交了身份证、营业执照等相关材料。被告海林市规划局受理后经现场勘查、测绘、审查后向原告张某才颁发了私人建筑建设工程规划许可证。原告随后办理了房屋产权登记证,用途为商业服务。2010 年房地产开发商对海林市海林镇开发房地产,原告经营房屋区域属于拆迁范围,在拆迁过程中,开发商与原告张某才就拆迁补偿问题未达成协议。中共海林市纪律检查委员会、海林市原监察局根据有人反映原告在被告海林市规划局处办理建筑许可证时有违规现象,并就此进行调查后认定,原告在办理用途为商业服务的建筑规划许可证时向被告海林市规划局提供的材料属虚假凭证,建议被告海林市规划局撤销对原告张某才颁发的建筑工程许可证。被告海林市规划局认为张某才在申请办理规划许可证时存在提供伪造

[1] 张某才与海林市规划局撤销行政许可案,黑龙江省牡丹江市中级人民法院(2016)黑 10 行终 78 号行政判决书。

的税收完税证和消防合格证明等证明的情况，随后作出撤销行政许可决定，撤销被告海林市规划局为原告颁发的规划许可证。原告随即提出诉讼。

法院在审理过程中认为根据我国《行政许可法》(2003)第8条和第69条的立法精神，在行政许可领域中，信赖保护原则在一定程度上要优位于法律优先的原则。根据行政机关在管理活动中贯彻信赖保护原则的要求，对于因行政机关有违法因素可以撤销的行政许可，从保护行政相对人利益的角度出发，原则上应当不予撤销，只有在特殊情形下，行政机关经过科学的权衡后，才可以撤销违法的行政许可。本案中，海林市的相关部门在时隔多年后仅凭工作人员的回忆而得出的调查报告，不符合证据应当具有客观性、合法性、关联性的原则要求。海林市规划局以此为依据认定张某才在申请行政许可时存在弄虚造假的情形，进而作出撤销规划许可的决定系事实不清，证据不足。另根据国务院有关政策的精神，行政机关在涉及拆迁工作中应当坚持实事求是的原则，妥善处理好历史遗留问题。而不应在时隔多年后，在张某才将房屋经营使用多年的情况下径行将规划许可予以撤销，这明显违反了信赖保护原则，侵害了行政相对人的合法权益实属不当。最终二审法院维持一审法院判决的撤销被告海林市规划局作出的撤销行政许可决定书的决定。

首先，该案是有信赖基础的，该案的信赖基础就是海林市规划局于2006年为原告颁发的私人建筑建设工程规划许可证和海林市原房产局为原告颁发的房产证。根据我国《行政许可法》以及相关法律规定，以上两个证书的颁发都是需要经过实质性审核的，这意味着原告在获得许可证以及房产证后，其房屋是合法的，受到法律保护，不得强制拆除。其次，原告依据信赖做出了相应的行为，在本案中原告在取得规划许可证后办理了房产证，在此过程中，原告对涉案房屋的建设、装修、装饰等投入皆基于涉案房屋合法这一前提而进行，并实际享有该房屋的所有权与使用权。最后，原告的信赖是正当的，虽然被告认为原告的许可证存在违法情况，但是现有证据无法证明原告在获得许可时存在欺诈作伪等行为，并且政府有关部门对原告的行为进行了确认，不能要求原告比政府工作人员更加了解相关政策的规定，如果有认定错误也是有关政府机关的错误。

(二)变更规划应当考虑公众的信赖利益

根据《城乡规划法》第43条规定，建设单位应当根据规划条件进行建设，确需变更规划的,须依法向规划部门提出申请,经规划部门审批同意并公示后方可变更规划。立法从程序与实体两方面对规划变更进行了严格的管控,一方面是为了加强对建设主体的监管,另一方面也考虑到城乡规划对社会公众影响的广泛性与深刻性,必须审慎监管规划的变更。在霍邱县文峰置业有限公司(以下简称文峰公司)诉霍邱县自然资源和规划局、霍邱县人民政府行政规划及行政复议案[1]中,文峰公司于2014年通过招拍挂取得霍邱县公园路的五个地块的土地使用权,并设计将地块一至地块四的部分配套用房放置到地块五中,并于同年5月获得霍邱县城乡建设规划局的批准。2015年10月22日,经法院判决将其中地块一至地块四的土地出让合同解除。2016年3月4日,文峰公司向霍邱县住房和城乡建设局申请对汇峰国际城七栋在建工程部分户型进行调整,该申请中明确:结合安徽省住房和城乡建设厅等12个部门《关于促进房地产市场平稳健康发展的意见》(建房〔2015〕105号)和霍邱县住建房〔2015〕225号《关于促进房地产市场平衡健康发展的意见》(已失效)文件精神"对于在建商品房住房项目,在不改变用地性质和容积率的前提下,经批准允许房地产企业适当调整套型结构,对不适应市场需求的住房户型做出调整"的要求,文峰公司申请调整在建的6#、7#、9#、10#—13#共七栋楼住宅楼部分户型。2016年6月23日—7月1日,霍邱县城乡建设规划局向文峰公司批复明确:原则同意相关楼的调整方案,调整后公建配套及其他用房建筑面积为3574.43平方米,并将该调整内容予以公示。文峰公司于2018年4月26日申请要求将原5#地块为1#—4#地块配置的1582.97平方米的公建配套调整为商业用房,霍邱县城乡建设规划局答复不予调整,因此成讼。

法院认定,根据信赖保护的一般原理,行政机关作出行政规划之后,公众会根据规划的内容来安排自己的行动,如果规划的变更或废止使得公众根据原有规划本来可以获得的利益无法获得,那么规划的变更或废止就构成了对公众的信赖利益的侵犯。文峰公司并未提交相关证据证明涉案规划调整申请属于确需修改的情形,且霍邱县城乡建设规划局于2016年6月23日批复和公示中已经明确告知了调整后公建配套及其他用房建筑面积为3574.43平方米。规划的制定不仅影响文峰公司的利益,更是涉及小区业主对该行政规划的信赖利

[1] 霍邱县文峰置业有限公司与霍邱县自然资源和规划局、霍邱县人民政府行政规划及行政复议案,安徽省六安市中级人民法院(2021)皖15行终22号行政判决书。

益。为了维护规划的稳定性与公众基于规划而产生的信赖利益,法院判决驳回文峰公司调整规划的诉讼请求。

该案中,文峰公司主张调整规划的主要理由是地块一至地块四的出让合同已经解除,却仍然要求其保留1—4#地块配置的配套设施用房不合常理,故而其主张应当在后续建设中将原定1—4#地块配置的1582.97平方米公建配套调整为商业用房。由文峰公司承担建设未受让土地的配套用房确实存在一定的不合理,但这种不合理是否必须通过变更规划的方式才能解决,是本案的审查焦点。从《城乡规划法》的规定来看,规划的变更或调整应当以“确需变更”为前提。加上规划的公共性,规划变更应同时保证不得损害公众利益。鉴于文峰公司与霍邱县国土资源局已经就解除土地出让合同进行民事诉讼,文峰公司因未受让1—4#地块而引发的配套用房建设成本也可以通过民事诉讼予以解决,变更规划并非唯一的解决途径。同时应考虑2016年霍邱县城乡建设规划局已经将调整后公建配套及其他用房建筑面积为3574.43平方米的内容进行了公示,再变更规划无疑有损规划的稳定性与权威性。

四、市场监督管理应遵守信赖保护原则

(一)新旧法冲突应当遵守信赖保护原则

信赖保护原则不仅仅是针对行政主体的个别行政行为,法律法规在变动时也需要信赖保护原则维持法的安定性。法律作为稳定性最高、可预见性最高的制度形式,理应在法律变动对人造成影响时进行信赖利益的保护,在市场监督管理领域的一个重要体现就是我国《商标法》修改后出现的案件。商标(trade mark)是一个专门的法律术语。品牌或品牌的一部分在政府有关部门依法注册后,称为“商标”。商标受法律的保护,注册者有专用权。中国有“注册商标”与“未注册商标”的区别。注册商标是在政府有关部门注册后受法律保护的商标,未注册商标则不受商标法律的保护。我国《商标法》经过4次修正,还有商标实施条例等规范来逐渐完善我国商标体系,在这个过程中为了保护人们的利益就需要信赖保护原则。青岛博奥商贸有限公司(以下简称博奥商贸公司)等与原国家工商行政管理总局商标评审委员会商标权纠纷上诉案[1]发生在《商标法

---

〔1〕 陈文煊:《信赖保护原则在商标确权行政案件中的适用》,载《人民司法·案例》2010年第4期。

实施细则》(已失效)颁布后,在这个案件审判过程中,法院就运用了信赖保护原则保护原告的利益。该案件的具体案情为1999年原告博奥商贸公司在第10类奶瓶、振动按摩器、避孕用具等10项商品上经核准注册了“博奥”商标(复审商标)。2002年,第三人博奥生物公司以连续3年停止使用为由向商标局请求撤销复审商标。应商标局的要求,博奥商贸公司提交了自己3年内在奶瓶这一项商品上使用复审商标的证据。商标局作出了维持复审商标在所有注册商品上继续有效的决定。博奥生物公司不服该决定,向原商标评审委员会提出复审申请,认可博奥商贸公司在奶瓶一项商品上使用复审商标的事实,但认为该公司并无在其他商品上使用复审商标的证据,请求原商标评审委员会撤销复审商标在除奶瓶以外的其他商品上的注册。应原商标评审委员会的要求,博奥商贸公司补交了复审商标在振动按摩器等6项商品上的使用证据,但对于避孕用具等3项商品未提交使用证据。原商标评审委员会作出决定认为:《商标法》(2001修正)之所以规定注册商标连续3年停止使用且无正当理由的,由商标局撤销该注册商标,目的在于鼓励商标权人对商标的使用,充分发挥商标的作用,同时防止商标资源的闲置浪费。商标的使用必须是基于具体的商品或服务。无论是《商标法实施细则》(1995修正)(已失效)第29条第1款,还是《商标法实施条例》(2002)第41条的规定,均符合上述立法本意及原则。由于2001年修改前的《商标法》及《商标法实施细则》对于因连续3年不使用而撤销的规定中并无部分撤销的规定,在实践中,商标局对于复审商标提供了在一项商品上使用证据的情况,均视为复审商标在其他商品上也进行了使用,该做法并不符合《商标法》的立法本意。据此,原商标评审委员会依据《商标法实施条例》第41条的规定,对复审商标在奶瓶等7项商品上的注册予以维持,对避孕用具等3项商品上的注册予以撤销。

在该案庭审过程中,原商标评审委员会明确了在《商标法实施条例》施行前,商标局在审查实践中,对于能够证明复审商标在一种核定使用商品上使用的,维持该商标在全部核定使用商品上的注册。一审法院认为在《商标法实施条例》施行之前,商标局在实践中对于商标注册人在一项核定使用商品上使用了复审商标的,均视为复审商标在其他商品上也进行了使用。也就是说,对于注册商标仅在部分核定使用商品上进行了使用的,行政机关在2002年9月15日之前的执法中实行的是维持该商标在全部核定使用商品上注册的标准。行政机关的这一执法标准是商标注册人可以预见的法律后果,已经使商标注册人形成了合理的预期和信赖。由于原告提供的证据可以证明其于上述期间在奶瓶上使用了复审商标，根据当时有效的法律规定及行政执法标准，应当在所有核定使用商品上维持复审商标的注册。综上，一审法院判决撤销涉案决定。

一审宣判后，双方均提出上诉，二审法院认为在《商标法实施条例》施行之前，无论是 2001 年 12 月 1 日之前或者之后施行的《商标法》还是《商标法实施细则》，均无对于在多种商品上注册的商标，连续 3 年在部分商品上停止使用的，可以撤销该部分商品上的商标注册的明文规定。在《商标法实施条例》施行之前，商标局在处理连续 3 年停止使用而撤销注册商标的案件中均采取“仅在部分商品上使用注册商标即可在全部核定使用商品上维持该商标有效”的做法，且当时对于决定维持商标有效的案件，商标局作出的决定即告终局。在《商标法实施条例》施行之前，为保证商标权的继续有效以及商标注册人将来经营多样化的可能性，商标局对商标注册人在部分商品上使用注册商标即维持其全部有效的做法有一定的合理正当理由。而《商标法实施条例》第 41 条关于“部分使用、部分维持”的规定具有避免商标资源浪费、维护公平竞争、督促商标注册人真实使用自己商标的作用，也体现了对商标注册人的权利与公众利益的平衡，更符合《商标法》的立法本意。但是，在该条规定施行前，商标注册人无法预知其内容并据此调整其因信赖商标局的一贯做法而为维持自己注册商标有效采取的行为，因此，无论从《立法法》(2000)的规定还是从保护当事人信赖利益的角度出发，只要博奥商贸公司在 1999 年 7 月 22 日至 2002 年 7 月 21 日在其中一种核定使用商品上使用了复审商标，就应当维持复审商标在全部核定使用商品上有效。据此，二审法院作出判决：驳回上诉，维持原判。

由于该案件发生的时间处于新旧《商标法》交替期间，且审判时对于该案件涉及的问题在新出台的详细规定中有了明确的规定，但是新法并没有明确注明是否溯及既往，因此该案件并不能适用新法，那么对于该案中涉及的问题，其实并没有法律的明确规定。法院在裁判的过程中运用了信赖保护原则，对于法律没有明确规定的内容，商标局存在原有固定做法的情况下，商标申请人不可能预见到法律的修改，而是产生对商标局原有做法的信赖，并且最终法院肯定了这种信赖。在这次裁判中也体现了目前我国法院对于信赖保护原则保护的范围不仅只针对授益性行政行为，因为本案中对于商标使用界定的问题就并非一种授益性质的行为，而且本案只是商标局对具体法条的解释，也不属于行政行为。由本案可见，信赖保护利益并不是单纯地存在于授益性行政行为之间，而是广泛地存在于政府和民众之间。

(二)专利自主权过程中不产生信赖保护

知识产权类案件中与信赖保护原则有关的第一类是关于专利权的案件。专利权是知识产权的一种类型,是发明创造人或其权利受让人对特定的发明创造在一定期限内依法享有的独占实施权。由于专利权的申请需要政府的专利部门进行一定的审核,围绕专利权产生的行政诉讼出现在人们的视野中。精工爱普生株式会社(以下简称精工爱普生)与中华人民共和国国家知识产权局原专利复审委员会、郑某俐、佛山凯德利办公用品有限公司、深圳市易彩实业发展有限公司发明专利权无效行政纠纷案[1]就是一个典型的诉讼,在判决书中法院就针对原告精工爱普生提出的信赖保护要求进行了讨论。本案基本案情为精工爱普生不服专利复审委员会第11291号无效宣告请求审查决定(以下简称第11291号决定),在法定期限内向北京市第一中级人民法院起诉称,第11291号决定在审查程序和认定事实上存在严重错误,请求人民法院依法予以撤销。

本案关于信赖保护的探讨主要集中于:本案专利申请人是否可基于其修改在专利授权过程中得到审查员认可而享有信赖利益保护。根据1992年修正的《专利法》第33条的规定,申请人有权对发明专利申请文件进行修改,只要其修改不得超出原说明书和权利要求书记载的范围即可。同时1992年公布的《专利法实施细则》(已失效)对修改的时机和方式作了规定。根据上述规定,是否对专利申请文件进行修改原则上是申请人的一项权利,只是该项权利的行使方式和范围受到《专利法》(1992修正)及其实施细则的限制。在主动修改的情况下,只要遵守《专利法》(1992修正)及其实施细则的相关规定,是否修改专利申请文件以及如何修改很大程度上由申请人自主决定。即使在被动修改的情况下,申请人对于如何修改仍有自主决定的权利。国家知识产权局依法行使对专利申请进行审查的职权,但并不负有也不可能负有保证专利授权正确无误的责任。申请人对其修改行为所造成的一切后果应自负其责。本案中,精工爱普生

---

〔1〕 精工爱普生株式会社与中华人民共和国国家知识产权局专利复审委员会、郑某俐、佛山凯德利办公用品有限公司、深圳市易彩实业发展有限公司发明专利权无效行政纠纷案,最高人民法院(2010)知行字第53-1号行政裁定书。

针对记忆装置的修改属于主动修改，并非应审查员的要求进行的被动修改，当然应该对其修改行为的后果自行负责。精工爱普生关于其修改行为在实审程序中已经得到审查员认可，其基于信赖该审查结论而产生的信赖利益在后续无效程序中应得到保障的主张没有法律依据，故法院不予支持。由本段法院认为可以看出在专利权案件中，法院明确了在专利权授权过程中关于申请人自主权的部分，属于申请人自由权范围内的内容，即使有政府工作人员介入，也不会产生信赖保护利益。

五、不动产登记管理应遵守信赖保护原则

不动产登记制度是我国《民法典》"物权"编上一项非常重要的制度，主要是指经申请人申请，由不动产登记机构将申请人的房地产权利和其他应当记载的事项在房地产登记簿予以记载的行为，是将房地产权利现状、权利变动情况以及其他相关事项记载在房地产登记簿上予以公示的行为，是一种不动产物权的公示方式。不动产登记会直接影响行政相对人的权利，政府在处理不动产登记工作时更要注重保护行政相对人的信赖利益，维护行政行为的稳定性。无论不动产登记实际上是否合法有效，一经作出都应当被推定为合法有效；即使登记内容真的有错误亦不可随意否定，非经撤销或宣告无效，仍应被任何人尊重、服从，登记内容也应视为真实的、合法的及可信赖的。从本质上讲，不动产登记的公定力是确定力从内部关系向外部关系的延伸，为保护社会公众的信赖利益提供了制度保障。[1]

在杨某先与南京市规划和自然资源局行政登记案[2]中，房屋登记机关、土地登记机关的数个登记行为、税务机关的行为、户籍管理机关的行为，均为具体的信赖基础，可以使杨某先通过这些行为信赖它们所创设的法律外观。同时，杨某先从事了购买、居住、使用、出卖等一系列民事活动，合乎信赖表现的要求。

---

〔1〕 参见王亦白：《论不动产登记的私法和公法双重属性》，载《行政法学研究》2018 年第 1 期。

〔2〕 杨某先与南京市规划和自然资源局行政登记案，南京铁路运输法院(2019)苏 8602 行初 783 号行政判决书。虽然该案经南京市中级人民法院(2020)苏 01 行终 178 号行政判决书撤销了原一审判决，但二审法院撤销一审判决的主要理由是一审法院直接作出具有具体内容的判决不符合裁判条件成熟的情形，并没有否定一审判决依据信赖保护原则关于被诉行政行为是否具有合法性的裁判说理。因此，尽管该案一审判决已经被二审法院撤销，其中关于信赖保护的说理部分仍然值得关注。

自2005年开始,信赖基础产生的法律外观已经对杨某先的生活产生了深刻而持久的影响,可以认为杨某先对涉案房屋及所在土地用途均为住宅建立了对公权力的信赖,其信赖利益值得保护。同时,杨某先所享有的财产权利亦受物权法等法律严格保护。《不动产登记暂行条例》第4条规定:"国家实行不动产统一登记制度。不动产登记遵循严格管理、稳定连续、方便群众的原则。不动产权利人已经依法享有的不动产权利,不因登记机构和登记程序的改变而受到影响。"杨某先已经享有的国有土地使用权,不应因为登记机构和登记程序的改变而受到影响。在不动产统一登记时,若将涉案房屋及土地用途统一登记为办公,则必然使杨某先已经取得的土地使用权受到减损——不仅包括价值,还包括期限、续期方式等。一审法院在查明案件基本事实后,对被诉告知书的合法性与原告要求被告进行相应登记的主张进行分析时,充分运用了信赖保护原则对本案法律问题作出了阐述。一审法院首先肯定了信赖利益保护是行政法基本原则这一前提,在此基础上对信赖利益的构成要件展开了讨论,即信赖保护原则的适用包括信赖基础和信赖表现等要件:信赖基础是指导致信赖产生的国家行为,包括抽象的信赖基础和具体的信赖基础;信赖表现是指私主体基于信赖而作出一定的处分行为。在不动产统一登记时将涉案房屋及土地用途统一登记为住宅,同样会使涉案房屋及所在土地既存法律关系发生变化,也有可能产生一定损失。法律原则之间可能的冲突,应结合个案进行具体衡量,才能判断何者优先何者退让。基于信赖保护原则和利益衡量方法,房屋、土地分别登记的历史遗留问题的产生或许是难以避免的,按照本裁判的分析,由此带来的不利不应由杨某先承担,一审法院因此支持了杨某先的主张。

该案中,一审法院并没有笼统地套用信赖保护原则维护当事人的合法权益,而是通过分解信赖保护原则的构成要件,寻求基本事实与法律原则之间的完美契合。一审法院将信赖保护原则的适用要件分为信赖基础与信赖表现两个方面,二者缺一不可。信赖基础不能停留在当事人的主观臆想层面,必须表现为足以令当事人对行政机关产生信赖的客观存在,如本案中房屋登记机关、土地登记机关的数个登记行为、税务机关的行为、户籍管理机关的行为。信赖表现也不能仅仅表现为当事人的主观信任,而应当外化为具体的行为方式,如该案中原告从事的购买、居住、使用、出卖等一系列民事活动。该案还阐明了信赖保护原则等法律原则冲突时的适用方法,即在个案中进行具体衡量。

六、资源开发管理工作应遵守信赖保护原则

资源开发是指对地下矿物、土地、动植物、水力等资源通过规划和物化劳动以达到利用或提高其利用价值,实现新的利用的行为,现代社会资源开发已经上升到一个国家的战略层次。我国目前处于一个急速发展的时期,对各种资源的需求很大,这时需要国家的力量维持资源开发的稳定、协调、可持续。但是在尊重国家战略的同时,资源开发领域行政相对人的利益也需要被保护,这种利益包括信赖利益。

陈某平与日照市原海洋与渔业局行政处罚案[1]中,原告认为自己的信赖利益需要被保护,但是法院最终没有支持原告的观点,这个案例也在一定程度上辨析了什么主体作出的行为可以信赖。本案的基本案情是2014年日照市安东卫边防派出所抓获涉嫌盗采海砂的涉案船,船主为本案原告陈某平。由于该船所采海砂尚未到达刑事立案标准,日照市公安边防支队将该案移交给被告日照市海洋与渔业局处理,并附抓获时现场照片。被告以该船船主陈某平未采取严格的生态保护措施进行采挖海砂,涉嫌违反《山东省海洋环境保护条例》(2004)第12条第3款规定为由立案并于当日向原告送达了检查通知书,对原告船舶的采挖海砂情况进行检查,原告陈某平签字认可。当日,被告对原告陈某平做了询问笔录。随后,被告对涉案船予以先行登记保存,并在同日,被告将行政处罚听证告知书送达原告,告知被告拟作出没收违法所挖海砂,并处罚款人民币198,000元的行政处罚。后原告不服该处罚决定,起诉至法院,要求撤销涉案处罚决定。法院认为,行政法意义上的信赖保护原则是指行政行为一经作出,非有法定事由和非经法定程序不得随意撤销、废止或改变,即行政行为具有确定力和公定力。适用该原则的前提是行政机关完整的意思表示必须通过一有效成立的行政行为反映出来。行政行为还处在作出过程中,尚未有效成立,不可能对外产生法律效果,因而公民也不可能基于此信赖产生既得利益。本案中,被告工作人员的个人口头允诺并未通过书面有效形式作出,不能代表被告的意思表示,并非最终作出的具体行政行为,也未产生相应的法律效果,因此行政相对人无法基于对此行为的信赖产生既得利益,被告工作人员的行为并

[1] 陈某平与日照市原海洋与渔业局行政处罚案,山东省日照市中级人民法院(2015)日行终字第14号行政判决书。

未违反信赖保护原则。在城发集团(青岛)融资租赁有限公司与东营市河口区海洋发展和渔业局渔业行政管理案[1]中,被告向原告出具的承诺书中明确表示东营振宇承包4000多余亩海域使用权最迟将在2个月之内颁发海域使用权证书,并表示在东营振宇取得上述海域使用权证后2日内告知并协助原告办理海域使用权抵押登记。法院认为被告的职能配置中虽无告知当事人办理抵押登记的法定职责,但基于信赖保护原则,原告作为行政相对人,其因被告作出与被告职能相关的承诺而产生的信赖利益应受法律保护,被告亦应受自身承诺行为的约束,基于该承诺而负有相应的义务,故原告起诉属于行政诉讼受案范围。但该义务因被告的承诺而产生,该义务的履行期限也应当为其承诺的履行期限。通过对比可以发现,法院对信赖保护原则中的信赖基础由一定的形式要求,行政机关工作人员的口头承诺欠缺规范性与合法性,一般情况下不能作为信赖基础。

七、税收行政管理应遵守信赖保护原则

近年来随着依法行政,依法治税原则逐渐深入人心,我国税务工作者在工作的过程中越来越注重保障纳税人的利益。但是也要注意到在我国很多地方,由于税收政策没有细化,税务部门各自有自己的一套习惯做法,而在相关法律细化相关规则后,税务人员在适用新规则时往往会忽略新旧规则交替之间信赖利益的保护。法院在审理关于税收类的行政案件时会关注行政机关是否保护行政相对人的信赖利益。其中具有代表性的案件是最高人民法院审理的广州德发房产建设有限公司(以下简称德发公司)与广东省广州市原地方税务局第一稽查局案[2],该案被纳入最高人民法院第一批行政审判十大典型案例。2004年德发公司委托穗和拍卖行拍卖其自有的房产,同年,盛丰实业有限公司通过拍卖,以底价1.38亿元竞买了上述部分房产。上述房产拍卖后,德发公司按1.38255亿元的拍卖成交价格,先后向税务部门缴付了营业税6,912,750元及堤围防护费124,429.5元,并取得了相应的完税凭证。2006年,广州市原地

---

[1] 城发集团(青岛)融资租赁有限公司与东营市河口区海洋发展和渔业局渔业行政管理案,山东省东营市河口区人民法院(2019)鲁0503行初6号行政裁定书。

[2] 广州德发房产建设有限公司与广东省广州市原地方税务局第一稽查局案,最高人民法院(2015)行提字第13号行政判决书。

方税务局第一稽查局在检查德发公司地方税费的缴纳情况时，发现上述情况，展开调查。经向广州市国土资源和房屋管理局（已撤销）调取德发公司委托拍卖房产所在的周边房产的交易价格情况进行分析，广州市原地方税务局第一稽查局认为当时德发公司委托拍卖房产的价格严重偏低。遂于2009年根据《税收征收管理法》（2001修订）第35条及《税收征收管理法实施细则》（2002）第47条的规定，作出税务检查情况核对意见书，认定德发公司应补缴税款。该意见书同时载明了广州市原地方税务局第一稽查局将按规定加收滞纳金及罚款的情况。德发公司收到上述税务检查情况核对意见书后，于同月17日向广州市原地方税务局第一稽查局提交了复函，认为广州市原地方税务局第一稽查局对其委托拍卖的房产价值核准缺乏依据。广州市原地方税务局第一稽查局没有采纳德发公司的陈述意见。随后，广州市原地方税务局第一稽查局作出税务处理决定，决定追缴少申报的金额并加收滞纳金。德发公司不服广州市原地方税务局第一稽查局的处理决定，向广州市原地方税务局申请行政复议。广州市地方税务局经复议后维持了广州市原地方税务局第一稽查局的处理决定。

本案经过一审、二审，最高人民法院再审，最终判决撤销一审、二审的判决，撤销被告对原告征收营业税滞纳金和堤围防护费滞纳金的决定；同时，责令被告返还已经征收的营业税滞纳金和堤围防护费滞纳金，并支付相应利息。本案判决引发很多讨论，其中引发讨论最多的内容之一就是法官将信赖保护原则写入判决书中，判决书中两次提到纳税人的信赖利益问题。一是"税务机关应当在统筹兼顾保障国家税收、纳税人的信赖利益和税收征管法律关系的稳定等因素的基础上，在合理期限内核定和追征"。二是"同时本案还应考虑德发公司基于对拍卖行为以及地方税务局完税凭证的信赖而形成的信赖利益保护问题"。被诉税务处理决定认定的拍卖底价成交和一人竞买拍卖行为虽然能证明税务机关对成交价格未形成充分竞价的合理怀疑具有正当理由，但拍卖活动和拍卖价格并非德发公司所能控制和决定，广州市原地方税务局第一稽查局在依法进行的调查程序中也未能证明德发公司在拍卖活动中存在恶意串通等违法行为。同时本案应考虑德发公司基于对拍卖行为以及地方税务局完税凭证的信赖而形成的信赖利益保护问题。在税务机关无法证明纳税人存在责任的情况下，可以参考《税收征收管理法》第52条第1款关于"因税务机关的责任，致使纳税人、扣缴义务人未缴或者少缴税款的，税务机关在三年内可以要求纳税人、扣缴义务人补缴税款，但是不得加收滞纳金"的规定，作出对行政相对人有利的处理方式。最高人民法院在总结本案的典型意义时明确,司法裁判应尊重行政机关长期执法活动中形成的专业判断和行政惯例。通过司法确认的方式,认可省级以下税务局及其税务稽查局在具体执法过程中形成的不违反法律原则和精神且符合具体执法规律和特点的惯例。

然而,税收法定原则意味着税务机关在税收管理工作中并不享有法律规定以外的自由裁量权,这也给税收管理工作中适用信赖保护原则带来了颇多疑问。在任某梅与湖北省襄阳市人民政府行政允诺案[1]中,任某梅基于与襄阳市政府之间形成的行政允诺法律关系,要求襄阳市政府兑现允诺,合乎情理;作为政府机关的襄阳市政府应当信守承诺,没有法定理由不得违约、毁约,维护自身公信力;司法审判则应当保护行政相对人的信赖利益,监督行政机关诚信履约。但是,在遵循信赖利益保护原则的同时,司法审判必须坚持行政行为合法性审查的基本原则,不能将对信赖利益的保护置于监督行政机关依法行政之前,以违反法律法规或牺牲公共利益强调行政机关对违法所作允诺的遵守。对于行政机关确实违反法律、行政法规作出的允诺,司法审判依法应当给予否定性评价。因此,本案基于襄阳市政府超越法定权限,自定财政支出优惠奖励政策,变相减税,违反《税收征收管理法》第3条第2款的规定,所作行政允诺违法,故二审法院对任某梅要求襄阳市政府继续履行行政允诺的诉讼请求不予支持。通过对比以上两个案例可以发现,将信赖保护原则引入税收管理争议的司法裁判毫无疑问是现代法治发展的必然要求,但是信赖保护原则的司法适用并非绝对优先的。在引入信赖保护原则的初级阶段,司法裁判更倾向于强化该原则适用的正当性,应用尽用。当信赖保护原则逐渐被行政执法与司法裁判广泛接受,对信赖保护原则适用尺度与标准的深入讨论则成为司法裁判不得不重点关注的对象。信赖保护原则与依法行政原则相比不再具有优先适用的绝对优势,正如湖北省高级人民法院肯定任某梅基于行政允诺主张税收奖励合理性的同时因行政允诺违法否定任某梅据此享有要求行政机关兑现行政允诺的信赖利益。当然,这并不意味着违法行政允诺不产生信赖利益,当信赖保护与依法行政发生冲突时,对信赖利益的保护不能通过有损依法行政的方式实现,而应以行政机关采取补救措施、承担赔偿责任等其他方式替代。

---

[1] 任某梅与湖北省襄阳市人民政府行政允诺案,湖北省高级人民法院(2019)鄂行终240号行政判决书。

第五节 行政机关在执法时应遵守信赖保护原则

信赖保护原则作为行政法的基本原则之一,已经越来越多地适用在行政诉讼中。这就要求行政机关在日常行政管理中,更加注重保护行政相对人的信赖利益。综合本章的内容,行政机关日常需要注意以下几个方面。

一、行政机关作出的行政行为应具有稳定性

信赖保护原则的宗旨在于保障法律秩序的稳定性,具体到行政机关,则体现为行政行为不得随意更改,破坏行政执法的持续性与权威性。本章所举的很多案例都是行政机关无法保证自己行政行为稳定性导致侵犯行政相对人的信赖利益,如在缴纳养老保险后,行政机关变更了养老保险条例,而且一并按新条例处理相关事宜;或者在发放了规划许可证后又以许可证不符合法律规定撤销等,都体现了行政机关在执法过程中存在一定的随意性,往往自己既做裁判员又做运动员,行政相对人的利益很难得到保证。

二、行政机关作出行政行为时应注重个案公平

信赖保护原则不是一个僵化的、"一刀切"的原则,它在很多方面都体现着个案中的利益平衡以及对实质公平的追求。行政机关在作出行政行为时,要兼顾行政执法的合法与稳定,平衡公共利益和个人利益,遵循具体问题具体分析的工作方法。一方面,不能仅仅因为上级政府要求,直接变更原来的执法强度,损害相对人的利益。例如,政府已经通过合法的方式给非农业户口颁发房产证,但是由于监察工作开展后认为其存在问题,政府不加调查撤销房产证。另一方面,对于严重影响公共利益的事项要严守底线,在保障公共利益不受损的前提下切实维护当事人的合法权益。例如,对于合法建立的养殖场,由于规划调整或国家环保标准的提高,养殖场的存续会破坏城乡整体规划或危害周边居民的身体健康,这时就应该拆除养殖场,并给予当事人补偿。行政机关在个案中适用信赖保护原则的过程,就是对各种利益因素进行衡量进而实现法律对各种利益进行调剂的过程。

第四章　行政执法主体与职权合法

第一节　行政执法主体

行政执法是指行政主体依照法律、法规规定，按照法定程序对具体事项进行处理，并直接影响相对人权利与义务的行政法律行为。行政执法具有积极性、主动性、直接性、单方性、经常性等特征。

行政执法主体资格是行政执法主体依法享有行政执法权，并具有独立承担法律后果的能力。《法治政府建设实施纲要（2021—2025年）》明确指出，法治政府建设是全面依法治国的重点任务和主体工程，是推进国家治理体系和治理能力现代化的重要支撑。在行政执法领域，要健全行政执法工作体系，全面推进严格规范公正文明执法。而明确行政执法主体资格是加强行政执法队伍建设的基本保障，对推进全面依法治国、推进法治政府建设具有重要意义。目前，各级政府不断深化综合行政执法体制改革，明确行政执法主体资格。例如，苏州市人民政府发布《关于公布市级行政执法主体的通知》[1]，将苏州市市级行政执法主体向社会公布，共分为三类：一是法定行政机关，共37个；二是对外加挂行政机关牌子的机关，共4个；三是法律、法规授权组织，共18个。结合法律、法规规定，行政执法主体即行政执法的实施主体，包括行政机关、被授权组织及其他具有公权力的组织。

一、行政机关

（一）概述

行政机关包括从乡镇政府到国务院的各级人民政府，以及县级以上人民政

〔1〕 苏州市人民政府《关于公布市级行政执法主体的通知》，载《苏州市人民政府公报》2022年第11期。

府具有独立行政管理职能的机构。[1] 行政机关分为中央行政机关和地方行政机关,前者主要包括国务院、国务院组成部门、国务院直属特设机构、国务院直属机构、国务院部委管理的国家局等;后者主要包括地方各级人民政府、县级以上人民政府的职能部门和派出机关等。

行政机关有两个基本要素:(1)独立的法律地位。行政机关属于国家,并代表国家对外表示意思,因此它需要有独立的法律地位。(2)法定管辖权。行政机关具有法定管辖权是其行使职权的基本要素。[2] 法定管辖权包括两个方面:一是法定事项管辖权;二是法定地域管辖权。例如,《治安管理处罚法》第7条第1款规定,"国务院公安部门负责全国的治安管理工作。县级以上地方各级人民政府公安机关负责本行政区域内的治安管理工作"。根据这一规定,公安部负责全国治安管理工作,国务院的其他部门无权行使该项权力。地方各级政府下属的公安部门(公安厅、公安局)负责本行政区域的治安管理工作。

在行政执法中,应当由享有相应行政职权的行政主体依法进行。例如,市政工程、市容卫生、户外广告等领域的执法工作由城市管理部门负责;食品、药品、医疗器械、化妆品等领域的监督管理由市场监督管理部门负责;户籍管理、社会治安、特种行业管理等领域由公安机关负责。以上执法内容均有法律、法规的明确规定。

实践中,一些非行政主体在没有法律、法规授权或委托的情况下,"实施"行政执法行为的现象时有发生,特别是"违者罚款"标识随处可见。例如,"此处禁止停车,违者罚款""禁止倾倒垃圾,违者罚款200元""禁止攀折花木,违者罚款""偷一罚十"等。这些现象说明在实践中滥设处罚权和滥用处罚权的情况非常普遍。司法实践中有这样一则案例:1996年12月14日,北京大学学生何某波穿过圆明园结冰的水面,进入北京万春园高级别墅区,被保安人员罚了10元,罚款根据是别墅区内树立的告示"请勿入内,违者罚款10元"。何某波不服,向法院提起诉讼。法院认为:"万春园公司作为企业,无法律授权范围内的行政处罚权,故该公司仅根据其内部规定对何某波处以罚款的行为,没有法律依据,万春园公司对何某波的罚款应予返还;何某波未经万春园公司许可,擅自

[1] 参见何海波:《行政诉讼法》,法律出版社2016年版,第206页。
[2] 参见章剑生:《现代行政法总论》,法律出版社2014年版,第117页。

进入该公司内,影响了公司正常的工作秩序,亦应予以批评。"[1]最终,法院判决万春园有限公司返还何某波10元人民币。

行政机关应当严格依法行政,行政执法主体应当在权限范围内实施行政行为。例如,《行政处罚法》对行政处罚的种类和设定有严格规定,除法律、法规、规章外,其他规范性文件均不得设定行政处罚。例如,罚款只能由法律、法规设定;尚未制定法律、法规的,国务院部门规章、地方政府规章对违反行政管理秩序的行为,可以设定一定数额的罚款,罚款限额分别由国务院和省、自治区、直辖市人民代表大会常务委员会规定。因此,非执法部门并没有设定和实施处罚的权力。

(二)内设机构

1. 概述

行政机关的内设机构是行政机关的内部组织,隶属于行政机关,没有独立的法律地位,不能以自己名义对外行使职权。但是,内设机构在获得法律、法规或规章授权后,就具有与行政机关一样的法律地位,即具有行政主体资格。如《商标法》第2条规定,"国务院工商行政管理部门商标局主管全国商标注册和管理的工作。国务院工商行政管理部门设立商标评审委员会,负责处理商标争议事宜"。

一般来说,行政机关的内设机构包含司、处、科、室、办、队等不同部门。例如,郑州市城乡建设局为郑州市人民政府的工作部门,下设办公室、法规处、信访处、城市建设编制处(房屋征收管理处)、行政审批办公室、建筑市场监管处、工程招投标监管处、工程质量安全监管处、勘察设计处、新型城镇化与村镇建设处、建筑节能与科技处(装配式建筑发展处)、市政工程建设处、建筑装修装饰处、建设工程消防验收处、地下空间建设处、财务审计处、组织宣传处、人事处、机关党委、机关纪委、离退休干部工作处等21个内设机构。党的十九大报告提出:"科学配置党政部门及内设机构权力,明确职责。"中共中央《关于深化党和国家机构改革的决定》指出:"精干设置各级政府部门及其内设机构,科学配置权力,减少机构数量,简化中间层次,推行扁平化管理,形成自上而下的高效率组织体系。"在新时代背景下,中共中央对内设机构的设置与职责提出更高要

---

[1]《四个月官司讨回十元罚款》,载《报刊文摘》1997年5月19日。

求，体现在各行政机关公布的“三定”方案中。“三定”是指为深化行政体制改革，对国务院所属各部门、地方各级政府及其组成部门的职能配置、内设机构和人员编制等作出的规定。

在行政机关主要职责有所调整的背景下，多个部门的内设机构也发生了变化。例如，国家疾病预防控制局是国家卫生健康委员会管理的国家局，2022 年 1 月 24 日起施行的《国家疾病预防控制局职能配置、内设机构和人员编制规定》第 7 条规定，国家疾病预防控制局下设综合司、规划财务与法规司、监测预警司、应急处置司、传染病防控司、卫生与免疫规划司、综合监督一司、综合监督二司、科技教育与国际合作司（港澳台办公室）、机关党委（人事司）等内设机构。在文化和旅游部“三定”规定明确的内设机构中，就有公共服务司、科技教育司、产业发展司、资源开发司等多个新名字出现。国家药品监督管理局“三定”规定的内设机构有综合和规划财务司、政策法规司、药品注册管理司、药品监督管理司、医疗器械注册管理司、医疗器械监督管理司、化妆品监督管理司、科技和国际合作司、人事司、机关党委、离退休干部司等。

2. 内设机构的职权

行政机关内设机构获得法律、法规或规章授权后，就具有行政主体资格，能够行使相应行政职权，并独立承担因此产生的法律后果。在劲牌有限公司诉原国家工商行政管理总局商标评审委员会商标驳回复审行政纠纷案〔1〕中，劲牌有限公司向原国家工商行政管理总局商标局申请在商品上注册第 4953206 号“中国劲酒”商标，被原国家工商行政管理总局商标局驳回。劲牌有限公司向原国家工商行政管理总局商标评审委员会申请复审。原国家工商行政管理总局商标评审委员会驳回了申请商标的注册申请。法院认为，原国家工商行政管理总局商标评审委员会仍需就申请商标是否违反《商标法》（2001 修正）其他相关规定进行审查，故判决原国家工商行政管理总局商标评审委员会重新作出复审决定。本案中，原国家工商行政管理总局商标评审委员会作为原国家工商行政管理总局的内设机构，法院并未审查其行政主体资格，而是直接审查其作出的行政决定，理由就是《商标法》（2001 修正）第 2 条授权原国家工商行政管理总局商标评审委员会享有处理商标争议的权力。

---

〔1〕 劲牌有限公司诉原国家工商行政管理总局商标评审委员会商标驳回复审行政纠纷案，最高人民法院（2010）行提字第 4 号行政判决书。

行政机关内设机构在取得行政主体资格后,也适用相对集中行使处罚权制度。相对集中行使处罚权是《行政处罚法》领域的一项重要制度,能够解决多头执法、多层执法和重复执法问题,进一步完善执法程序,严格执法责任,做到严格规范公正文明执法。《深化党和国家机构改革方案》提出,深化行政执法体制改革,统筹配置行政处罚职能和执法资源,相对集中行政处罚权,是深化机构改革的重要任务。《行政处罚法》第18条规定,国家在城市管理、市场监管、生态环境、文化市场、交通运输、应急管理、农业等领域推行建立综合行政执法制度,相对集中行政处罚权。国务院或者省、自治区、直辖市人民政府可以决定一个行政机关行使有关行政机关的行政处罚权。限制人身自由的行政处罚权只能由公安机关和法律规定的其他机关行使。这一条款中的"行政机关"可以扩大解释到具有行政主体资格的内设机构。在济南明生物流有限公司诉济南市原交通运输监察支队行政处罚案[1]中,济南市交通运输监察支队以济南明生物流有限公司未取得"大件(超限)运输"经营许可而进行"超限运输"的行为进行罚款。济南明生物流有限公司认为,交通运输监察机构不是道路运输管理机构,无权对"超越许可的事项,从事道路货物运输经营的"行为作出行政处罚。法院认为,《道路运输条例》(2016修订)第7条第3款授权县级以上道路运输机构具体负责实施道路运输管理工作。为解决现实中道路运输机构多头执法问题,山东省政府成立交通运输监察机构,集中行使相关道路运输管理机构的公路运输稽查职权及相应的行政处罚权,符合行政处罚权相对集中制度规定;《山东省道路运输条例》(2015修正)授权济南市交通运输监察支队具体实施道路运输管理工作,该支队作为地方法规授权的内设机构,有权以自己的名义作出行政处罚决定。综上,济南市交通运输监察支队有权集中行使《道路货物运输及站场管理规定》(2016修正)等授予道路运输管理机构的职权,并依据《道路货物运输及站场管理规定》(2016修正)第56条的规定,对"超越许可的事项,从事道路货物运输经营的"行为作出行政处罚。

但是,如果没有法律、法规或规章规定,行政机关授权内设机构行使行政职权,其法律后果由行政机关承担。最高人民法院《关于适用〈中华人民共和国行政诉讼法〉的解释》第20条第3款规定,没有法律、法规或者规章规定,行政机

---

〔1〕济南明生物流有限公司诉济南市交通运输监察支队行政处罚案,山东省济南市中级人民法院(2018)鲁01行终790号行政判决书。

关授权其内设机构行使行政职权的，属于《行政诉讼法》第 26 条规定的委托。当事人不服提起诉讼的，应当以该行政机关为被告。在于某楚诉贵阳市住房和城乡建设局强制拆迁案[1]中，因于某楚逾期未搬迁，贵阳市原拆迁处对于某楚的房屋进行了强制拆迁。最高人民法院认为，因贵阳市拆迁处不具备独立承担法律责任的主体资格，故违法责任应由贵阳市住房和城乡建设局承担。贵州省高级人民法院(2000)黔行再终字第 2 号判决将该强制拆迁行为认定为合法显属不当，依法应予纠正。该案贵阳市拆迁处系贵阳市住房和城乡建设局的内设机构，不具有行政主体资格，以其名义对外张贴拆迁公告违反法律规定，贵阳市拆迁处强制拆迁行为的法律后果应由贵阳市住房和城乡建设局承担。

(三)派出机关和派出机构

1. 概述

基于行政管理的需要，行政机关将所属的行政机构派驻到其管辖的不同区域内，行使行政机关的部分行政职权。这种派驻机构亦为派出机关或派出机构。派驻机构大体上分为两类：一类是人民政府的派出机关。派出机关是一级政府根据工作管理需要，按照管辖地区授权委派的代表机关，如省、自治区人民政府设立的行政公署，县、自治县人民政府设立的区公所，市辖区、不设区的市的人民政府设立的街道办事处。《地方各级人民代表大会和地方各级人民政府组织法》第 85 条规定，“省、自治区的人民政府在必要的时候，经国务院批准，可以设立若干派出机关。县、自治县的人民政府在必要的时候，经省、自治区、直辖市的人民政府批准，可以设立若干区公所，作为它的派出机关。市辖区、不设区的市的人民政府，经上一级人民政府批准，可以设立若干街道办事处，作为它的派出机关”。这一条款规定省、自治区的人民政府，县、自治县的人民政府，市辖区、不设区的市的人民政府可以按照法律规定设立相应的派出机关。另一类是各级人民政府组成部门的派出机构。派出机构由各级人民政府的职能工作部门派驻到某一区域，代表派出者行使某一方面的职权。派出机构不是一级政府机关，受派出者直接领导，对派出者负责。例如，《公安机关组织管理条例》第 6 条规定，“设区的市公安局根据工作需要设置公安分局。市、县、自治县公安局根据工作需要设置公安派出所。公安分局和公安派出所的设立、撤销，按照规

---

[1] 于某楚诉贵阳市住房和城乡建设局强制拆迁案，载《最高人民法院公报》2013 年第 10 期。

定的权限和程序审批”。根据本条规定,公安局可以设置公安分局和公安派出所作为它的派出机构。根据《人民法院组织法》第26条规定,“基层人民法院根据地区、人口和案件情况,可以设立若干人民法庭。人民法庭是基层人民法院的组成部分。人民法庭的判决和裁定即基层人民法院的判决和裁定”。人民法院的派出法庭属于法院的派出机构。

2023年3月,中共中央、国务院印发了《党和国家机构改革方案》,方案明确提出组建中央金融工作委员会,作为党中央派出机关,统一领导金融系统党的工作,这也是党中央职能部门的重大改革举措之一。

此外,各行政区域内设置的经济技术开发区、高新技术产业开发区、产业集聚区,某管理委员会属于本级人民政府的派出机关。在开发区设立的开发区法庭、派出所也属于行政机关的派出机构。

2. 派驻机构的职权

派出机关作为行政机关,依法享有相应的行政职权。经法律、法规授权,行政机关的派出机构能够在授权范围内行使相应行政职权,并独立承担由此产生的法律后果。例如,《治安管理处罚法》第91条规定,“治安管理处罚由县级以上人民政府公安机关决定;其中警告、五百元以下的罚款可以由公安派出所决定”。这一条款授权派出所可以行使警告、500元以下的处罚决定。《税收征收管理法》第2条规定,“凡依法由税务机关征收的各种税收的征收管理,均适用本法”。第14条规定,“本法所称税务机关是指各级税务局、税务分局、税务所和按照国务院规定设立的并向社会公告的税务机构”。从上述两条款的规定可以看出,税务所具有税收征收职权。在周某明等诉国家税务总局上海市杨浦区税务局其他行政行为案[1]中,法院经审理认为,根据杨浦区税务局的机构职能及内设机构、派出机构设置,第三税务所为杨浦区税务局的派出机构,承担所辖区域房地产交易相关的纳税申报等涉税事项的受理、审核等业务。

无法律、法规授权,而仅有行政机关授权派出机构行使职权,派出机构并不能因此取得该职权,其法律后果由行政机关承担。在田某妮诉郑州市惠济区人

---

[1] 周某明等诉国家税务总局上海市杨浦区税务局其他行政行为案,上海市静安区人民法院(2022)沪0106行初74号行政判决书。

民政府、郑州市惠济区长兴路街道办事处拆除房屋违法案[1]中,2015 年 5 月 21 日,老鸦陈村城中村改造启动,2016 年 3 月 31 日,惠济区委办公室和惠济区政府办公室联合作出《关于印发惠济区拆迁遗留问题和违法建筑清零攻坚行动方案的通知》(惠办文〔2016〕12 号),要求按照属地管理的原则,各镇(街道)负责本辖区拆迁遗留问题和违法建筑"清零"工作。2016 年 5 月 7 日,长兴路街道办事处对田某妮作出拆除违法建筑决定书,认为田某妮在宅基地上建设的房屋超出规定面积 138.64 平方米,决定对田某妮超出宅基地部分房屋予以没收并实施拆除,并于当天对田某妮违法建筑进行了拆除,同时将田某妮宅基地上尚未签订补偿安置协议的房屋全部拆除。田某妮对强拆行为不服,向法院提起行政诉讼。

最高人民法院认为,根据《城乡规划法》(2015 修正)第 65 条的规定,在乡、村庄规划区内未依法取得乡村建设规划许可证或者未按照乡村建设规划许可证的规定进行建设的,由乡、镇人民政府责令停止建设、限期改正;逾期不改正的,可以拆除。本案中,相关法律规范并未赋予街道办事处对违法建筑予以拆除的职权,因此,长兴路街道办事处对田某妮的房屋予以强制拆除的行为,属于超越职权。

本案中,长兴路街道办事处是惠济区政府的派出机关,可以在有法律法规授权的规定下,行使惠济区政府授予的行政职权。但是,惠济区委办公室和惠济区政府办公室联合发布的惠办文〔2016〕12 号文件赋予街道办事处拆迁权,超出了法律规定的范围。长兴路街道办事处不能取得行政拆迁的权力,其对田某妮的违法建筑的拆除行为违法。

(四)组建机构

组建机构是指各级人民政府为加强对相关工作的领导,全力推进工作进度而设立的临时机构。当前,临时机构呈现快速发展的态势,特别是集中在环境保护、房屋拆迁、治安整治及一些重大决策需要执行落实的领域内,例如,"大气污染攻坚防治领导小组""社会治安综合治理小组""扫黑除恶专项斗争领导小组""拆迁办""工作指挥部"等。从表面上看,这些临时组建的机构能够积极推

---

〔1〕 田某妮诉郑州市惠济区人民政府、郑州市惠济区长兴路街道办事处拆除房屋违法案,最高人民法院(2017)最高法行申 1066 号行政裁定书。

进工作进程,甚至能在短期内起到立竿见影的效果。但是,临时机构在行使行政机关赋予的"行政职权"时,权力肆意,侵犯相对人权利的现象时有发生。

组建机构主要有以下特点:第一,机构设置具有随意性,工作人员由各部门抽调组成;第二,存在具有临时性,工作事项完成后立即解散;第三,由行政机关授予职权,不能独立承担法律责任。实践中,组建机构的职权和人员来自多个部门,伴随产生大量临时行政行为,折射出行政机关执法的随意性和盲目性。

从实现依法行政的目标出发,政府应当规范设置临时机构,严格规制和限制临时性的"权力"。最高人民法院《关于适用〈中华人民共和国行政诉讼法〉的解释》第20条第1款规定,"行政机关组建并赋予行政管理职能但不具有独立承担法律责任能力的机构,以自己的名义作出行政行为,当事人不服提起诉讼的,应当以组建该机构的行政机关为被告"。因此,组建机构不具有行政主体资格,不能独立承担法律责任,以自己名义作出行政行为的法律后果由组建该机构的行政机关承担。在刘某江诉廊坊市广阳区人民政府、廊坊市人民政府强制拆除房屋案[1]中,法院认为,最高人民法院《关于适用〈中华人民共和国行政诉讼法〉的解释》第20条第1款规定,行政机关组建并赋予行政管理职能但不具有独立承担法律责任能力的机构,以自己的名义作出行政行为,当事人不服提起诉讼的,应当以组建该机构的行政机关为被告。本案中,征地拆迁专项指挥部作为甲方,与乙方万丰公司签订《工程拆除协议书》,委托乙方对北京新机场红线区内团城、毕各庄村村址范围内的所有建筑物、构建物实施统一拆除。而根据廊坊市人民政府办公室《关于成立北京新机场及临空经济区工程专项建设指挥部的通知》,征地拆迁专项指挥部系廊坊市政府组建,故征地拆迁专项指挥部委托万丰公司实施拆除行为的法律后果,应当由廊坊市政府承担。

二、法律、法规授权组织

(一)概述

法律、法规授权组织是指具有法律、法规授权而行使特定职能的非国家行

[1] 刘某江诉廊坊市广阳区人民政府、廊坊市人民政府强制拆除房屋案,最高人民法院(2020)最高法行再203号行政裁定书。

政机关组织。[1] 例如,《行政处罚法》第 19 条规定,“法律、法规授权的具有管理公共事务职能的组织可以在法定授权范围内实施行政处罚”。《行政许可法》第 23 条规定,“法律、法规授权的具有管理公共事务职能的组织,在法定授权范围内,以自己的名义实施行政许可。被授权的组织适用本法有关行政机关的规定”。上述规定直接明确了管理公共事务的事业组织可以依法经过授权行使行政处罚权和行政许可权。在郑某诉上海证券交易所政府信息公开案[2]中,法院认定“证券交易所作为法律法规授权组织,有权按照法律、法规的规定实施包括对证券市场的违法行为予以处罚等监管行为”,因此,证券交易所具有相应的行政管理职能,属于行政诉讼适格被告。

行政授权具有五个特征:(1)具有法律、法规授权的明确规定;(2)授权组织是具有管理公共事务职能的组织,如居民委员会、村民委员会、公立学校、工会妇联等社会团体等;(3)授予的是行政职权;(4)授权组织以自己名义实施行政职权;(5)授权组织不得“转授权”,即不得将所取得的权力再行授予或委托其他组织和个人行使。

从《行政处罚法》和《行政许可法》两部法律中可以看出,只有法律、法规才能授予其他组织行使行政职权。而最高人民法院发布的《关于适用〈中华人民共和国行政诉讼法〉的解释》第 20 条第 2 款规定,“法律、法规或者规章授权行使行政职权的行政机关内设机构、派出机构或者其他组织,超出法定授权范围实施行政行为,当事人不服提起诉讼的,应当以实施该行为的机构或者组织为被告”。该条款提到“规章授权”,明显拓宽了行政授权的范围。有学者认为,从为解决某些情形下行政诉讼被告的认定需要来看并无不当,但这种实用主义的做法不能也不应当产生法律、法规授权的法律效果。原则上,行政规章或者行政规定授权可以视为“委托”。[3] “规章授权”是最高人民法院确定行政诉讼被告资格而在司法解释中予以确定的,其并没有明确的法律规定。

---

〔1〕 参见姜明安主编:《行政法与行政诉讼法》(第 6 版),北京大学出版社、高等教育出版社 2015 年版,第 112 页。

〔2〕 郑某诉上海证券交易所政府信息公开案,最高人民法院(2016)最高法行申 1468 号行政裁定书。

〔3〕 参见章剑生:《现代行政法总论》,法律出版社 2014 年版,第 123 页。

（二）“授权”的认定

行政授权需要有法律、法规的明确依据，否则授权违法。实践中，行政授权与行政委托容易发生混淆。行政机关“授权”的认定应当以授权行为是否有法律、法规的明确规定作为判断标准。如果有明确的法律、法规依据，应当认定为授权行为，此时被授权组织具有行政主体资格，具有与行政机关相同的法律地位，能够以自己名义行使行政职权，并承担由此产生的法律后果；否则，就属于行政委托行为。

具体来说，“授权”的认定主要从以下四个方面考虑：（1）“授权”有法律、法规的明确规定，即具有外在法律规范的表现形式。（2）“授权”的主体只能是立法机关和行政机关。（3）被授予的权力属于行政职权。实践中，立法机关会将部分立法权授予行政机关或司法机关，这时授予的是立法权而非行政权，不属于行政授权。（4）被授权主体是行政系统外部的组织和机构。

实践中，行政授权需要符合上述条件，否则不宜认定授权关系。在苏某宽诉北京市延庆区人民政府行政复议案[1]中，法院认为，根据《土地管理法》第66条第1款和《村民委员会组织法》第2条第1款规定，农村集体经济组织收回土地使用权的前提条件是报经原批准用地的人民政府批准。未经批准且属于村民委员会自治范畴的行为，依据《村民委员会组织法》第36条第1款、第2款的规定和其他规定寻求救济。本案中，小营村委会、中国共产党北京市延庆区延庆镇小营村党支部委员会及北京市延庆区延庆镇小营村经济合作社共同对苏某宽作出宅基地收回决定，但该决定并未报经原批准用地的人民政府批准，故不产生法律规定的收回土地使用权的行政法律效力，也不属于法律授权的行政行为，仍属于基层群众性自治组织的自治行为。据此，延庆区人民政府认定小营村委会属于基层群众性自治组织，其作出的宅基地收回决定亦非行政行为，苏某宽提出的行政复议申请不符合法定的受理条件，作出被诉复议决定，驳回苏某宽的行政复议申请，并无不当，程序符合法律规定。

从行政法角度来看，正确认定“授权”和“委托”，行政机关及其内设机构、派出机构或者其他组织能够正确行使职权，防止超越职权，促进依法行政。从

[1] 苏某宽诉北京市延庆区人民政府行政复议案，北京市高级人民法院(2020)京行终6727号行政判决书。

行政诉讼角度来看，行政授权的法律后果由被授权组织承担，即其可以作为行政诉讼的被告。

（三）被授权组织的职权

经法律、法规授权后，被授权组织就享有相应行政职权，能够以自己名义对外行使职权，并承担相应法律后果。在殷某某诉中国传媒大学教育行政管理决定案[1]中，北京市第三中级人民法院认为，高等院校为法律法规及规章授权组织，拥有对受教育者进行学籍管理、奖励或处分的职权。高等学校与受教育者之间属于教育行政管理关系，高等学校对受教育者行使教育行政管理职权，受教育者针对高等学校作出的开除学籍等严重影响其受教育权利的处分决定提起诉讼的，人民法院应当予以受理。我国《教育法》《高等教育法》《普通高等学校学生管理规定》等法律、法规、规章规定高等学校对受教育者具有学籍管理、奖励和处分等职权。

无法律、法规依据，而由行政机关授权其他组织和机构行使职权，被授权组织并不能取得相应职权。例如，《行政处罚法》第 38 条第 1 款规定，“行政处罚没有依据或者实施主体不具有行政主体资格的，行政处罚无效”。在颜某军诉淮安市淮安区钦工镇人民政府村镇规划管理行政处罚案[2]中，钦工镇人民政府职能部门村镇建设服务站作出淮钦建罚(2015)021 号行政处罚通知，认定颜某军在淮安市淮安区钦工镇韩庄一组未经批准擅自进行的建设，严重影响了村镇规划，属违章建筑，根据《江苏省村镇规划建设管理条例》(2004 修正)(已失效)第 31 条的规定，给予颜某军行政处罚，立即停止建设。颜某军认为，淮钦建罚(2015)021 号行政处罚行为无效，应该予以撤销。

淮安区人民法院认为，虽然被告的职能部门钦工镇村镇建设服务站依据《城乡规划法》(2015 修正)、《江苏省村镇规划建设管理条例》的相关规定，对原告自建住宅，认定属于违法建筑，事实清楚，但被告的职能部门钦工镇村镇建设服务站在实施行政处罚时，是以自己的名义进行的，其不具有行政主体资格，无

---

[1] 殷某某诉中国传媒大学教育行政管理决定案，北京市第三中级人民法院(2017)京 03 行终 87 号行政判决书。

[2] 颜某军诉淮安市淮安区钦工镇人民政府村镇规划管理行政处罚案，江苏省淮安市淮安区人民法院(2015)淮法行初字第 0015 号行政判决书。

行政处罚权,该具体行政行为显然超越了其职权。本案中,在无法律、法规授权依据的情况下,钦工镇人民政府授权其职能部门村镇建设服务站行使行政处罚权,并以村镇建设服务站名义作出具体行政行为。该授权并不产生职权的转移,其作出行政行为的法律后果应由钦工镇人民政府承担。

在误拆案件中,不论是受托人与委托行政机关均不承认其是误拆行为的主体,还是受托人自认其超越委托范围造成了误拆,最高人民法院均推定或认定应由委托行政机关承担行政法律责任。根据最高人民法院在相关司法案件中的态度,可知该责任划分的主要原因在于误拆行为具有明显的行政外观且行政机关对受托人具有监督管理职责,在相对人误信误拆行为由行政机关造成时,行政机关具有可归责性。[1] 在黄某芬诉汉中市汉台区人民政府行政赔偿案[2]中,最高人民法院认为,在无主体对拆除行为负责的情况下,人民法院应当根据职权法定原则及举证责任对行为主体作出认定或推定。首先,市、县人民政府是征收行为的法定组织实施主体。根据《土地管理法实施条例》(2014 修订)第 25 条规定,征收土地方案经依法批准后,由被征收土地所在地的市、县人民政府组织实施。本案中,黄某芬租赁的集体土地被征收为国有,汉台区人民政府系上述集体土地征收行为的组织实施主体,与案涉塑料加工厂的拆除清表工作具有高度关联性。其次,如有合理理由认定被诉行政主体与加害行为之间具有高度关联性,应综合全案情况合理分配举证责任。经原审法院审理查明,汉台区人民政府负责拆迁补偿安置工作的工作人员多次和黄某芬协商补偿事宜,没有达成补偿协议,汉台区人民政府曾于 2016 年 6 月 8 日和 2016 年 9 月 22 日对案涉塑料加工厂的库房和生产区地面建筑物实施了强制拆除,上述强制拆除行为已被另案生效判决确认违法。黄某芬有合理理由认为 2016 年 11 月 11 日的强制拆除行为与汉台区人民政府具有高度关联性。最高人民法院《关于行政诉讼证据若干问题的规定》第 4 条第 1 款规定:“公民、法人或者其他组织向人民法院起诉时,应当提供其符合起诉条件的相应的证据材料。”原告应承担举证责任证明其符合法定起诉条件,须初步证明被诉行政主体具有对案涉区域征收补偿的法定职责和相应事实,但要求其承担全部证明责任准确证明侵害主体实为

[1] 参见任沫蓉:《论行政法中表见代理的法律后果》,载《行政法学研究》2023 年第 2 期。

[2] 黄某芬诉汉中市汉台区人民政府行政赔偿案,最高人民法院(2020)最高法行申 7341 号行政裁定书。

强人所难。本案中,在黄某芬已经初步证明汉台区人民政府负有对案涉塑料加工厂组织征收和补偿法定职责的情况下,举证责任应由汉台区人民政府承担。作为征地行为的组织实施主体、至少两次强制拆除主体,汉台区人民政府仅单纯否认其并非拆除行为及加害行为的主体,未尽到相应举证责任。除非汉台区人民政府有相反证据明确证明系其他主体因其他原因自主实施了侵害行为,且未受其委托,否则在汉台区人民政府无法举证证明非其所为的情况下,人民法院可以依法予以推定。本案一审法院认为,黄某芬无法证明汉台区人民政府实施了委派强拆人员进入塑料加工厂厂区进行违法强拆行为的事实,径行认定其起诉没有事实及法律根据,判决驳回其诉讼请求,属举证责任分配不当,在此予以指出。

在田某妮诉惠济区人民政府、惠济区长兴路街道办事处拆除房屋违法案、颜某军诉淮安市淮安区钦工镇人民政府村镇规划管理行政处罚案、黄某芬诉汉中市汉台区人民政府行政赔偿案中均涉及对违法建筑的认定、处罚、拆除问题,下面对违法建筑的认定及拆除主体、强制拆除的主体作简要概述。

1. 关于违法建筑的认定及其拆除主体

《城乡规划法》第 64 条的规定,"未取得建设工程规划许可证或者未按照建设工程规划许可证的规定进行建设的,由县级以上地方人民政府城乡规划主管部门责令停止建设;尚可采取改正措施消除对规划实施的影响的,限期改正,处建设工程造价百分之五以上百分之十以下的罚款;无法采取改正措施消除影响的,限期拆除,不能拆除的,没收实物或者违法收入,可以并处建设工程造价百分之十以下的罚款"。违法建筑的认定及其拆除主体应当是县级以上地方政府城乡规划主管部门。例如,根据《城乡规划法》第 64 条的规定,洛阳市人民政府列出原洛阳市城乡规划局具有的三项权责清单,分别为"对未取得建设工程规划许可证或者未按照建设工程规划许可证的规定进行建设的处罚""对尚可采取改正措施消除对规划实施的影响的处罚""对无法采取改正措施消除影响的处罚",具体承办单位是洛阳市城市规划监察支队,并明确了执法流程、办理期限以及救济途径等内容。

《城乡规划法》第 65 条规定,"在乡、村庄规划区内未依法取得乡村建设规划许可证或者未按照乡村建设规划许可证的规定进行建设的,由乡、镇人民政府责令停止建设、限期改正;逾期不改正的,可以拆除"。该条款赋予乡镇人民政府对特定区域范围——乡、村庄规划区内的违法建筑,可以作出限期拆除的决定,并可执行拆除措施。

2. 行政强制拆除的主体

在我国,行政强制拆除的责任主体不明确。行政强制拆除的内容由《城乡规划法》与《土地管理法》分别规定。《行政强制法》第13条规定,“行政强制执行由法律设定。法律没有规定行政机关强制执行的,作出行政决定的行政机关应当申请人民法院强制执行”。这一条款系行政强制执行的一般性规定。对于具有单行法律明确规定由行政机关强制拆除的,则由行政机关直接强制拆除。反之,由行政机关申请法院强制拆除。

《城乡规划法》第68条规定,“城乡规划主管部门作出责令停止建设或者限期拆除的决定后,当事人不停止建设或者逾期不拆除的,建设工程所在地县级以上地方人民政府可以责成有关部门采取查封施工现场、强制拆除等措施”。《土地管理法》第83条规定,“依照本法规定,责令限期拆除在非法占用的土地上新建的建筑物和其他设施的,建设单位或者个人必须立即停止施工,自行拆除;对继续施工的,作出处罚决定的机关有权制止。建设单位或者个人对责令限期拆除的行政处罚决定不服的,可以在接到责令限期拆除决定之日起十五日内,向人民法院起诉;期满不起诉又不自行拆除的,由作出处罚决定的机关依法申请人民法院强制执行,费用由违法者承担”。故建设单位或者个人对责令限期拆除决定不起诉又不自行拆除的,作出处罚决定的机关依法申请法院强制执行。

强制拆除违法建筑的前提是行政机关对违法建筑予以认定,并作出限期拆除的决定。《城乡规划法》《土地管理法》均对违法建筑的认定和处理有详细规定,该如何正确确定适用哪部法律?笔者认为,应当采取文义解释的方法,对具体法律条文的含义作出解释。

首先,适用情形不同。《城乡规划法》第64条、第65条、第66条规定三种适用情形:一是未取得建设工程规划许可证或者未按照建设工程规划许可证的规定进行建设的;二是在乡、村庄规划区内未依法取得乡村建设规划许可证或者未按照乡村建设规划许可证的规定进行建设的;三是未经批准进行临时建设的、未按照批准内容进行临时建设的、临时建筑物、构筑物超过批准期限不拆除的。《土地管理法》第77条和第78条对未经批准或者采取欺骗手段骗取批准而非法占用土地的行为、农村村民未经批准或者采取欺骗手段骗取批准而非法占用土地建住宅的行为的处罚作出了规定。两部法律的适用情形上存在明显区别。

其次,施行目的和适用范围不同。《城乡规划法》施行的目的是加强城乡规划管理、协调城乡空间布局,因此其适用范围是城乡规划管理,根据该法作出的限期拆违决定针对的是违反建筑规划的违法建造行为。而《土地管理法》施行的目的是维护土地利用总体规划、合理利用土地、切实保护耕地、促进社会经济的可持续发展,因此《土地管理法》的适用范围围绕土地的利用和保护而展开,针对的对象是违反土地利用总体规划的行为,包括将农用地改为建设用地的建设行为、非法占用土地建造住宅的行为。[1]

最后,主体不同。《城乡规划法》规定各级人民政府城乡规划主管部门负责区域内的城乡规划管理,作出限期拆除决定的机关包括城乡规划主管部门、乡镇人民政府,有权采取强制拆除措施的主体包括城乡主管部门、乡镇人民政府、建设工程所在地的县级以上地方人民政府、被责成的有关部门。而《土地管理法》规定各级人民政府土地行政主管部门负责区域内的土地管理,并有权作出限期拆除的决定。

最高人民法院《关于违法的建筑物、构筑物、设施等强制拆除问题的批复》(法释〔2013〕5 号)指出,根据《行政强制法》和《城乡规划法》有关规定精神,对涉及违反《城乡规划法》的违法建筑物、构筑物、设施等的强制拆除,法律已经授予行政机关强制执行权,人民法院不受理行政机关提出的非诉行政执行申请。因此,在实施强制拆除时,具有行政强制执行权的机关,在履行通知、告知义务后,可以直接对违法建筑进行强制拆除。该批复对《城乡规划法》《土地管理法》规定的强制拆除程序予以明确。

最高人民法院《关于办理申请人民法院强制执行国有土地上房屋征收补偿决定案件若干问题的规定》(法释〔2012〕4 号)第 1 条规定,“申请人民法院强制执行征收补偿决定案件,由房屋所在地基层人民法院管辖,高级人民法院可以根据本地实际情况决定管辖法院”。第 2 条第 3 款规定,“强制执行的申请应当自被执行人的法定起诉期限届满之日起三个月内提出;逾期申请的,除有正当理由外,人民法院不予受理”。第 9 条规定,“人民法院裁定准予执行的,一般由作出征收补偿决定的市、县级人民政府组织实施,也可以由人

[1] 参见丁晓华:《强制拆除违法建筑行为定性与规范——基于对〈行政强制法〉第 44 条的解读》,载《法学》2012 年第 10 期。

民法院执行”。该规定对申请法院强制执行的管辖权和实施强制执行的主体作出明确规定。

三、行政执法人员

党的十八届四中全会明确提出,要严格实行行政执法人员持证上岗和资格管理制度,未经执法资格考试合格,不得授予执法资格,不得从事执法活动。在行政执法领域,我国实行行政执法主体资格制度和行政执法人员资格制度。行政执法人员资格制度是指由享有行政执法资格的人员开展行政执法工作。在西峡龙成特种材料有限公司与榆林市知识产权局、陕西煤业化工集团神木天元化工有限公司专利侵权纠纷行政处理案[1]中,法院认为,行政执法人员具备相应的执法资格,是行政主体资格合法的应有之义,也是扎实推进依法行政的必然要求。原则上,作出被诉行政决定的榆林市知识产权局合议组应由该局具有专利行政执法资格的工作人员组成。即使异地调配执法人员,也应当履行正式、完备的公文手续。

《行政处罚法》第 42 条第 1 款规定,“行政处罚应当由具有行政执法资格的执法人员实施。执法人员不得少于两人,法律另有规定的除外”。该条款要求执法人员要具有行政执法资格,这也是执法的前提条件。《行政处罚法》对执法人员从事执法活动提出了最基本的要求。为规范行政执法活动,加强行政执法证件管理,中央行政机关、各级人民政府出台了专门的规定,如《农业行政执法证件管理办法》《河南省行政执法证件管理办法》《江西省行政执法证件管理办法》。

行政执法证由符合条件的执法人员经考试合格才有权取得。例如,《河南省行政执法证件管理办法》第 7 条规定,“行政执法机关、依法受委托行使行政执法职权的行政机关或者组织中符合下列条件的人员可以申领《河南省行政执法证》,依法履行行政执法职责:(一)在编在职且在行政执法岗位工作;(二)熟悉相关法律、法规、规章,参加公共法律知识、专业法律知识等培训并经考试合格;(三)法律、法规、规章规定的其他条件”。执法人员获得执法资格证后,每年都要参加培训、考试,以确保行政执法人员始终具备执法的能力和素质。此外,

---

〔1〕 西峡龙成特种材料有限公司与榆林市知识产权局、陕西煤业化工集团神木天元化工有限公司专利侵权纠纷行政处理案,最高人民法院(2017)最高法行再 84 号行政判决书。

行政执法证件具有有效期,并实行年度审验制度,对不再符合持证条件的人员及时进行清理。

根据工作需要,行政机关可以配置一定数量的协管人员,从事执法辅助性事务。例如,《城市管理执法办法》第17条规定,“城市管理执法人员应当持证上岗。城市管理执法主管部门应当定期开展执法人员的培训和考核”。第18条第1款规定,“城市管理执法主管部门可以配置城市管理执法协管人员,配合执法人员从事执法辅助事务”。没有执法资格的执法人员或者协管人员从事执法活动的,其行为结果无效。在欧某诉文县公安局治安行政处罚案[1]中,文县城市管理综合行政执法局工作人员吕某兴、张某强在巡查时,发现王某与其丈夫欧某在人行道处摆摊,吕某兴责令将摊位收掉,欧某不愿意收摊,双方发生争执并引起厮打。文县公安局接案后经过调查询问,认为欧某阻碍国家机关工作人员依法执行职务,向其送达了行政处罚告知笔录,后又向其送达行政处罚决定书。欧某对该处罚决定不服,遂提起行政诉讼。陇南市中级人民法院认为:《治安管理处罚法》第50条规定的“阻碍国家机关工作人员依法执行职务”中的“依法”,要求国家机关及其工作人员依法具有相应的执法职能。《甘肃省行政执法监督条例》第11条、第12条规定,不具备行政执法主体资格的单位不得行使行政执法权。实行行政执法人员资格制度后,未取得行政执法资格的行政执法人员,不得从事行政执法工作。文县公安局在文县城市管理综合行政执法局未取得行政执法主体资格证、吕某兴未取得行政执法资格证的情况下,对欧某的行为认定为“阻碍国家机关工作人员依法执行职务”,定性不准,主要证据不足,适用法律、法规错误。

该案中,法院查明,文县城市管理综合行政执法局在案件发生时并未取得省级人民政府颁发的行政执法主体资格证,其不具有行政执法主体资格。并且吕某兴、张某强均为该局招录的合同制人员,便不可能具有执法资格。因此,吕某兴、张某强的执法行为不存在合法性的前提,文县公安局的处罚决定便失去了存在的基础。

---

〔1〕 欧某诉文县公安局治安行政处罚案,甘肃省陇南市中级人民法院(2017)甘12行终13号行政判决书。

四、行政执法领域面临的挑战和改进建议

(一)当前行政执法领域面临的挑战

在行政执法中,应当由具有执法权能的行政机关或者经授权、委托的组织在授权、委托权限范围内实施行政执法权。但是,实践中执法主体不合格、多头执法、重复执法等乱象时常发生,产生这种乱象的原因主要有以下五个方面:(1)法律授权模糊。一些法律、法规在条文中有"由相关部门处理""由有关部门负责"等表述。例如,《会计法》第49条规定,"违反本法规定,同时违反其他法律规定的,由有关部门在各自职权范围内依法进行处罚"。(2)法律授权明确,但是一个事项分为几个阶段或者一个事项涉及几个部门管辖。如药店销售假药,工商管理部门可以依据《产品质量法》进行查处,药品监管部门可以依据《药品管理法》进行查处。(3)在机构改革中,行政机关职能划转不彻底。特别是在综合执法体制改革过程中,部门间在职权分割上存在大量灰色地带,一些行政职能已从原部门划转到其他部门,但是原部门依然继续行使相应的执法权。例如,在城市管理综合执法体制改革中,将社会生活噪声污染、建筑施工噪声污染等的行政处罚权划转到城市管理综合执法部门,但一些地方环境保护部门仍然从事这些领域的处罚工作。(4)行政法上的权力重叠。例如,我国反垄断执法机构有国家反垄断局等机构。(5)腐败等其他原因。行政执法的目的应当是追求公共利益最大化,但是一些行政机关或组织将公权力与个人利益混为一谈,出现乱收费、乱罚款、变相创收的社会乱象。

(二)推进行政执法工作的建议

首先,行政执法要注重执法队伍建设。行政执法队伍建设需要兼顾执法队伍和协管队伍。一是严格执法人员的录用程序,加强执法培训。执法人员录用阶段,要严格落实"逢进必考"制度,加强对考录人员的专业知识、职业素养的考核。培养阶段,要不断加强执法人员业务培训,实行轮岗轮训制度,培训形式应当多元化,增加实践教学、互动教学、网络教学的比重。例如,河南省永城市采取"三统一"与"三结合"的培训方式,取得显著效果。执法过程中,严格实行执法人员持证上岗和资格管理制度,推行案件主体责任制,实行"帮帮带"的方式,以老带新,以提高执法队伍整体的执法水平和能力。二是加强协管队伍建设。

协管人员承担着行政执法部门相当的辅助性事务，是行政执法队伍重要组成部分。各地市应当加强对协管人员的管理，严格协管人员的录用、管理、退出程序，建立符合协管人员职业特点的晋升渠道和培养制度，完善协管人员的工资、保险、抚恤等保障机制。同时，各执法部门应当为协管人员提供培训、学习的机会，就像“木桶原理”一样，协管人员同样影响着整个执法队伍的形象。

其次，严格遵循行政执法程序。任何权力必须公正行使，对当事人不利的决定必须听取他的意见，这是行政执法的一个重要原则，称为自然公正原则。[1] 行政执法最基本的要求就是坚持正当法律程序原则。正当法律程序对行使公权力组织提出三项要求：一是自己不做自己的法官；二是说明理由；三是听取陈述和申辩。正当法律程序不仅是司法机关信奉的原则，也应当是对行政机关作出行政行为提出的最低限度的要求，即行政程序正当原则。行政程序正当原则是指通过设置正当行政程序规范行政权，为行政相对人提供一个最低限度的程序正义，驱使行政机关在实现行政目的时采取更善的手段，从而提高行政行为为行政相对人可接受的程度。法定的行政程序如果失去了正当性的支持，可能就是行政机关作“恶”的合法性借口。[2] 我国的法律同样将正当程序原则视为圭臬，如我国《行政处罚法》《行政许可法》《城市管理执法办法》等法律、法规、规章均有行政机关作出行政行为说明理由和听取行政相对人陈述和申辩的规定和要求。

最后，科学合理推行权力清单制度。为加快法治政府建设，党的十八届三中全会指出，推行地方各级政府及其工作部门权力清单制度，依法公开权力运行流程。中共中央办公厅、国务院办公厅印发《关于推行地方各级政府工作部门权力清单制度的指导意见》，主要工作目标就是将地方各级政府工作部门行使的各项行政职权及其依据、行使主体、运行流程、对应的责任等，以清单形式明确列示出来，向社会公布，接受社会监督。“权力清单”，顾名思义，就是详细规定行政主体享有的行政权能，明确权力界限，加强权力运行制约和监督体制建设，杜绝行政不作为、乱作为或以权谋私等现象。在行政执法领域，权力清单制度能够使各级行政执法主体的权限范围更加明晰，能够更好地解决多年来多头执法、重复执法等乱象的发生。因此，政府编制权力清单，及时清理和公布最新清单，是解决在行政执法过程中主体不合格的有效方式。

---

〔1〕 参见王名扬：《英国行政法》，北京大学出版社2007年版，第116~117页。

〔2〕 参见章剑生：《现代行政法总论》，法律出版社2014年版，第54~55页。

第二节　受委托组织

一、概述

行政委托是指国家行政机关在自己的行政职权范围内,依照法律、法规、规章规定,将自己的某一项或某几项行政权能委托给其他行政机关、机构或社会组织行使的行政行为。受委托组织是指受行政机关委托行使行政职权的组织。例如,《行政处罚法》第20条第1款规定,"行政机关依照法律、法规、规章的规定,可以在其法定权限内书面委托符合本法第二十一条规定条件的组织实施行政处罚。行政机关不得委托其他组织或者个人实施行政处罚"。这一条规定行政机关可以委托管理公共事务的事业组织行使行政处罚权,并强调要"在其法定权限内书面委托",进一步限制行政机关随意委托、任意委托。而《行政许可法》第24条第1款规定,"行政机关在其法定职权范围内,依照法律、法规、规章的规定,可以委托其他行政机关实施行政许可。委托机关应当将受委托行政机关和受委托实施行政许可的内容予以公告"。这一条款规定行政机关可以委托其他行政机关实施行政许可。这与行政处罚的受委托对象不同,行政许可的委托对象仅限于其他行政机关。

行政委托具有以下五个特征:(1)行政委托要有法律、法规、规章的规定;(2)受委托组织可以是具有管理公共事务的事业组织,也可以是其他行政机关;(3)受委托组织以委托机关的名义实施行政行为,法律后果由委托行政机关承担;(4)受委托组织要在委托权限范围内行使职权,否则其行为就属于超越职权,受委托组织要承担相应责任;(5)受委托组织不得"转委托",即不得将受委托的行政职权再次委托给其他组织或个人。

目前,只有《行政处罚法》对受委托组织进行了明确规定。《行政处罚法》第21条规定,受委托组织必须符合以下条件:(1)依法成立并具有管理公共事务职能;(2)有熟悉有关法律、法规、规章和业务并取得行政执法资格的工作人员;(3)需要进行技术检查或者技术鉴定的,应当有条件组织进行相应的技术检查或者技术鉴定。

最高人民法院发布的《关于适用〈中华人民共和国行政诉讼法〉的解释》第20条第3款规定,"没有法律、法规或者规章规定,行政机关授权其内设机构、派出机构或者其他组织行使行政职权的，属于行政诉讼法第二十六条规定的委托。当事人不服提起诉讼的，应当以该行政机关为被告”。这一条款是在没有法律、法规和规章授权时，对行政法律关系的一种调整策略。

在陈某诉江苏省无锡市人民政府拆迁补偿安置行政通知案〔1〕中，无锡市人民政府原拆迁管理办公室根据《江苏省城市房屋拆迁管理条例》（已失效）等法律、法规的有关规定，作出无锡市市区集体土地房屋拆迁补偿安置通知书。陈某等人在拆迁补偿安置范围内。随后，陈某等人向无锡市人民政府申请复议。经过复议，无锡市人民政府维持了拆迁决定。陈某等人仍不服，以无锡市人民政府为被告提起行政诉讼。

本案经过一审、二审审理，法院均认为无锡市并非本案适格被告。而最高人民法院再审认为，无锡市人民政府锡政发〔2004〕363号《无锡市市区集体土地房屋拆迁管理办法》赋予无锡市人民政府原拆迁管理办公室进行集体土地上房屋拆迁补偿安置工作的职权，上述规定应当视为无锡市人民政府对无锡市人民政府原拆迁管理办公室的委托。无锡市人民政府原拆迁管理办公室虽然拥有事业单位法人证书和组织机构代码证，但是其没有法律、法规授权的相应行政职权，因此无锡市人民政府原拆迁管理办公室行为的法律后果应由无锡市人民政府承担。

二、“委托”的认定与责任承担

对行政委托主体来说，其对受托主体必须进行监督和控制，否则，可能因受托主体权力滥用而“引咎”担责。相比宪法和行政法对行政机关职权的法律化配置，行政委托这种对特定组织的“权力化改造”，则更需注重“权名责”的合理配置。〔2〕委托关系合法的法律依据是法律、法规或规章的委托规定，但委托关系成立的法律依据则是行政机关委托的意思表示（决定或委托协议）。〔3〕正确认定“委托”，能够更好地区别于行政授权，明确行政机关职权变动和受委托主体行使职权的方式，责任的承担主体。

---

〔1〕 陈某诉江苏省无锡市人民政府拆迁补偿安置行政通知案，最高人民法院（2016）最高法行再61号行政裁定书。

〔2〕 参见谭波：《行政授权与行政委托：衍生性权力的法律规制》，载《当代法学》2022年第6期。

〔3〕 参见叶必丰：《行政机关间的事务委托和职权委托》，载《中国法学》2022年第3期。

“委托”的认定主要从以下四个方面着手:(1)有无法律、法规、规章的规定;(2)委托主体是否是享有行政职权的行政机关;(3)委托机关与受委托机关、组织是否签订书面委托协议,并备案;(4)委托主体是否将受委托主体和行政职权向社会公布。

行政机关可以委托其他组织行使行政职权,但是受委托组织必须以委托机关的名义行使职权,其产生的法律后果由行政机关承担。在于某某诉吉林省吉林市住房和城乡建设局信息公开案[1]中,法院认为,行政委托的法律效果是设定行为主体,而不是设定行政主体,所以在行政诉讼中,只能以委托方的主体为被告,而不能以被委托方的当事人为被告。燃管中心的事业单位法人证书中明确载明,其业务范围是受吉林市燃气管理部门委托履行包括燃气事故调查处理等在内的工作职责,举办单位为被告吉林市住房和城乡建设局。根据《行政诉讼法》第26条第5款以及最高人民法院《关于适用〈中华人民共和国行政诉讼法〉的解释》第20条第3款规定,燃管中心履行本案涉及的事故调查、材料整编及卷宗保存等工作应属受行政机关委托行使行政职权,本案以委托的行政机关即吉林市住房和城乡建设局为被告符合上述法律和司法解释的规定。

受委托组织如果以自己名义行使行政职权,则其作出的行政行为违法。在蔡某富、王某芬诉宁波市鄞州区咸祥镇人民政府行政强制案[2]中,咸祥镇里蔡村村民蔡某富、王某芬未经公路管理部门批准,在公路建筑控制区范围内建造了两层建筑物。宁波市鄞州区公路管理段认定该建筑物处于县道建筑控制区内,属于违法建筑,委托咸祥镇人民政府执法。2014年1月21日,咸祥镇人民政府向两人发送限期拆除通知书,责令自行拆除。同年6月20日,咸祥镇人民政府强制拆除该建筑物。

法院认为:宁波市鄞州区公路管理段虽然就其作出认定的宁波市咸祥镇范围内公路建筑控制区内的违法建筑物、地面构筑物作出处置与拆除,委托咸祥镇人民政府执法,但根据《行政处罚法》(2009修正)第18条、第19条的规定,

---

[1] 于某某诉吉林省吉林市住房和城乡建设局信息公开案,吉林铁路运输法院(2020)吉7102行初1号行政判决书。

[2] 蔡某富、王某芬诉宁波市鄞州区咸祥镇人民政府行政强制案,浙江省宁波市中级人民法院(2014)浙甬行终字第186号行政判决书。

接受委托的组织应当以委托机关的名义实施行政处罚，但咸祥镇人民政府以自己名义作出违法建筑告知书、限期拆除通知书、公告，故咸祥镇人民政府认为其属于接受委托进行行政处罚的主张，缺乏事实依据，本院不予采信。

根据《行政强制法》第54条规定，被委托组织可以申请法院强制执行其作出的行政处罚决定。人民法院应当对被委托组织作出行政行为的合法性进行审查，如果该行政行为不符合法律、法规的规定，则不予执行。在三门峡市墙体材料改革办公室与河南八方置业有限公司非诉执行案〔1〕中，三门峡市湖滨区人民法院认为：三门峡市墙体材料改革办公室不是行政机关，也不是法律、法规、规章授权的组织，并不具有行政执法的主体资格，其所实施的行政执法行为系受三门峡市住房和城乡建设局委托。《行政处罚法》（2017修正）第18条规定，“行政机关依照法律、法规或者规章的规定，可以在其法定权限内委托符合本法第十九条规定条件的组织实施行政处罚。行政机关不得委托其他组织或者个人实施行政处罚。委托行政机关对受委托的组织实施行政处罚的行为应当负责监督，并对该行为的后果承担法律责任。受委托组织在委托范围内，以委托行政机关名义实施行政处罚；不得再委托其他任何组织或者个人实施行政处罚”。本案中，三门峡市墙体材料改革办公室应以委托的行政机关即三门峡市住房和城乡建设局名义进行行政执法，而其以自己名义作出行政征收决定，不符合相关法律、法规规定。因此，其申请应不予执行。

在行政执法领域，行政机关负责人集体讨论制度体现了行政执法中的正当法律程序原则，《行政处罚法》第57条第2款规定，“对情节复杂或者重大违法行为给予行政处罚，行政机关负责人应当集体讨论决定”。那么，在行政委托执法过程中，行政机关负责人集体讨论制度能否同时委托给受委托组织行使？对于该问题在实践中存在争议。在北京青石岭旅游开发有限公司诉北京市怀柔区水务局行政处罚案〔2〕中，法院经审理认为，《行政处罚法》第57条规定的行政机关对情节复杂或者重大违法行为给予较重的行政处罚时，应当经行政机关负责人集体讨论决定。其他规范性文件规定在行政委托执法时，受委托组织负

〔1〕 三门峡市墙体材料改革办公室与河南八方置业有限公司非诉执行案，河南省三门峡市湖滨区人民法院（2018）豫1202行审172号行政裁定书。

〔2〕 北京青石岭旅游开发有限公司诉北京市怀柔区水务局行政处罚案，北京市第一中级人民法院（2018）京01行终934号行政判决书。

责人集体讨论可视为行政机关负责人集体讨论的，应属与行政处罚法相抵触，不能作为行政机关的执法依据。行政机关作出较重的行政处罚决定时，根据规范性文件的规定仅经受委托组织的负责人集体讨论的，应视为没有履行行政机关负责人集体讨论程序，该处罚决定应属程序违法而应予撤销。该案件中法院对上述问题持否定的意见，即行政机关负责人集体讨论制度是对情节复杂或者重大违法行为给予行政处罚时必须履行的法定程序，不得由受委托组织代为履行。这样的观点能够促使行政机关在作出重大行政处罚时审慎决策，体现程序价值。

我国《行政处罚法》《行政许可法》对行政处罚权、行政许可权的委托作了明确规定，受委托组织必须以委托机关名义实施处罚权、许可权，法律后果由委托机关承担。根据上述案例，受委托组织如果是以自己的名义实施行政职权，明显不符合行政委托的法律规定。

三、行政委托的注意事项

我国没有专门规定行政委托的法律规范，关于行政委托的规定散见于多部法律、法规和规章之中。因此，行政机关要结合相关法律的基本原理、规则规范行政委托行为。

（一）行政委托的法的效力

法的效力是指法律、法规、规章等规范性文件之间的效力等级。根据《立法法》的规定，我国法的效力等级主要包括三个方面：一是上位法高于下位法；二是在同一位阶法律之间，特别法优于一般法；三是新法优于旧法。同样，行政委托也要遵守上述法的效力等级的规定。如果发生下位法规定的委托与上位法不一致、一般法的委托与特别法的委托不一致、旧法的委托与新法不一致等情形，应当排除适用下位法、一般法、旧法关于委托的规定。

（二）行政委托的对象

梳理行政执法中处罚、许可、征收等领域的规定，受委托的对象范围包括行政机关、行政机构、事业单位等组织。但是，在实践中，行政委托对象的外延不断扩大，其中包括企业、个人。首先，企业能否成为受委托组织，理论界与实务界一直存在争论。在谈到行政处罚权的委托时，有学者指出，“委托企业行使行政处罚权既在理论上无法证成,亦不符合现行立法的规定"[1]。在最高人民法院《关于诉商业银行行政处罚案件的适格被告问题的答复》(〔2003〕行他字第11号)中,最高人民法院指出,"根据《中华人民共和国中国人民银行法》第十二条和《支付结算办法》第二百三十九条的规定,商业银行受中国人民银行的委托行使行政处罚权,当事人不服商业银行行政处罚提起行政诉讼的,应当以委托商业银行行使行政处罚权的中国人民银行分支机构为被告"。从该答复中可以看出,最高人民法院并没有对"委托"企业进行处罚的合法性与正当性表明态度,因此我们无法得知最高人民法院是否认可企业可以成为受委托行使行政处罚权的对象。

其次,个人能否成为行政委托的对象。理论上,在行政执法中,个人往往被排除在受委托的对象之外。但是,在立法中已经有行政机关可以委托个人行使行政职权的相关规定。例如,《税收征收管理法》第29条规定,"除税务机关、税务人员以及经税务机关依照法律、行政法规委托的单位和人员外,任何单位和个人不得进行税款征收活动"。《公共场所卫生管理条例》第11条规定,"卫生防疫机构根据需要设立公共场所卫生监督员,执行卫生防疫机构交给的任务。公共场所卫生监督员由同级人民政府发给证书。民航、铁路、交通、工矿企业卫生防疫机构的公共场所卫生监督员,由其上级主管部门发给证书"。这些法律规定都突破了行政委托对象的范围。

不同于上述行政机关委托个人行使行政职权,实践中大量存在协管人员,例如,《城市管理执法办法》第18条第1款规定,"城市管理执法主管部门可以配置城市管理执法协管人员,配合执法人员从事执法辅助事务"。相关规定明确其不具有行政执法资格,只能从事宣传教育、巡查、信息收集、违法行为劝阻等辅助性事务,有学者称为行政辅助行为,以与行政委托相区分。但是,协管人员是以行政机关的名义实施的辅助性行为,其法律后果由行政机关承担,并且这些行政辅助行为也属于行政执法的组成部分。因此,行政辅助性行为具有行政委托的面向,将其与行政委托划清界限,未免显得不合时宜。

综上所述,私主体成为被委托主体已在法律规范和实践中存在,但这并不意味着行政机关能够随意将公权力委托给私主体。相反,这种委托应当受到严格限制,尤其是委托个人行使职权。首先,只有具有明确的法律依据,行政机关

---

〔1〕 孔繁华:《授权抑或委托:行政处罚"委托"条款之重新解读》,载《政治与法律》2018年第4期。

才能委托私主体行使职权。例如，上述提到的《税收征收管理法》《公共场所卫生管理条例》规定可以委托个人行使一定职权。而行政处罚权、行政许可权、行政强制权禁止委托私主体行使。其次，行政机关需要对受委托私主体进行详细甄别，确保其能够胜任委托事务。最后，行政机关只能将部分程序简便、对群众权利影响较小的事项委托给私主体。这部分将在下面详述。

（三）行政委托中的法律保留

法律保留原则源于德国，在19世纪作为宪政主义的宪法工具发展起来的法律保留原则，原先限于侵害行政。其作用是确保受专制行政权影响的公民个人和社会领域，并且将必要的侵害置于人民代表机关法律的约束之下。根据法律保留原则，行政机关只有在取得法律授权的情况下才能实施相应的行为。[1]行政执法权是法律、法规和规章授予行政机关的，而行政委托是对行政职权的重新分配，应当服从法律保留原则和比例原则的要求。我国法律也确定了法律保留原则，如《立法法》第11条规定的11类事项只能制定法律。《行政处罚法》第10条规定，“法律可以设定各种行政处罚。限制人身自由的行政处罚，只能由法律设定”。因此，行政委托也应受法律保留原则的制约，委托必须要有法律依据。例如，《行政强制法》第17条第1款和第3款规定，“行政强制措施由法律、法规规定的行政机关在法定职权范围内实施。行政强制措施权不得委托”“行政强制措施应当由行政机关具备资格的行政执法人员实施，其他人员不得实施”。因此，行政强制措施不得委托，并且只有具备执法资格的执法人员才能实施。

（四）行政委托的程序

目前，我国没有专门的行政执法方面的法律法规，当然也就没有关于行政委托的系统性规定。但是，这并不意味着行政委托可以不受程序限制。作为行政权的分配方式，行政委托应当遵守行政正当程序原则，这既是规范行政委托的有效方式，也是限制行政权肆意的重要手段。为此，我国地方立法进行了尝试。例如，《武汉市行政处罚委托办法》规定行政处罚委托程序包括申请、审查、签订协议、备案、公示等环节。这是规范行政委托行为，保障行政执法主体依法

---

〔1〕 参见［德］哈特穆特·毛雷尔：《行政法学总论》，高家伟译，法律出版社2000年版，第109页。

行使职权行之有效的制度法则。地方立法机关或者地方人民政府应当根据本地实际,制定出台行政机关执法管理条例或者行政机关执法管理办法,对行政委托作出专门规定。同时,在国家层面,应当制定统一的行政执法管理法,为城市管理、土地规划、食品药品、市场监管、生态环境保护、交通运输等领域的行政执法提供指引。

第三节　开发区管理委员会

2018 年 2 月 26 日,国家发展和改革委员会、科技部、国土资源部、住房和城乡建设部、商务部、海关总署印发 2018 年第 4 号公告,发布《中国开发区审核公告目录》(2018 年版)[1],包括 2543 家开发区,其中国务院批准设立的开发区共 552 家和省(自治区、直辖市)人民政府批准设立的开发区共 1991 家。国家级开发区包括经济技术开发区、高新技术产业开发区、海关特殊监管区域、边境/跨境经济合作区以及其他类型开发区。省级开发区则主要包括经济(技术)开发区、高新技术产业开发区、产业集聚区、工业(园)区以及其他类型开发区。开发区建设是我国改革开放的成功实践,对促进体制改革、改善投资环境、引导产业集聚、发展开放型经济发挥了不可替代的作用。

一、开发区的管理体制

我国开发区数量较多,管理体制多样。目前,国内开发区管理体制可以分为准政府的管委会型、开发区与行政区合一型以及企业型三种模式。[2] 准政府的管委会体制是把管委会作为地方政府的派出机构,同时融入市场经济体制,管委会具有经济管理和行政管理双重职能,有权在行政管辖区域内进行全方位管理与新体制试验权能。根据地方经济发展需要,管委会可以自行设置职能部门,负责基建、土地、环境、招商、科技等各项管理工作。该模式管理体制新颖,发展过程中往往享有多项优惠政策,能够有效提升区域内各项管理工作的效率。但是,该模式缺乏法律依据,地位和性质不明确,设置与管理面临众多

[1] 《中国开发区审核公告目录》(2018 年版),载国家发展和改革委员会网,http://www.ndrc.gov.cn/gzdt/201803/t20180302_878800.html。

[2] 参见张志胜:《国内开发区管理体制:困顿及创新》,载《经济问题探索》2009 年第 4 期。

疑问。

开发区与行政区合一模式是指将开发区管委会与行政区合二为一,一方面,开发区作为一级政府机构存在,设立相应的区人大、政府等机构;另一方面,设立对开发区进行管理的管委会等组织机构,开发区不仅具有经济开发功能,同时作为行政区而具有政治与社会功能。[1] 该模式的主要特点是"政区合一",即在整个城区基础上设置行政区或者准行政区,并实行两块牌子一班人马和管理职能合一。[2] 这种模式的典型区域是青岛市黄岛区。该体制保持行政管理机构的编制和职能。该模式能够解决区域内空间发展不足的难题,有利于行政管理和经济发展。但是,开发区的规模不断扩大,边界变得模糊,将会面临管理难度加大、发展动力不足、丧失发展特色的困境。

企业型模式是指通过设置一个企业来规划、开发、管理一个开发区,开发公司实际上承担相应的政府职能,进行公共事业开发。该模式不再设立管理委员会,而是把开发区作为一个独立经营管理的公司,公司作为平等的市场主体负责区域内基础设施建设、社会事务管理等。[3] 该模式首创于蛇口,因此被称为"蛇口模式"。此外,上海的漕河泾新兴技区开发区、闵行经济技术开发区、虹桥经济技术开发区以及海南洋浦经济开发区也采取这种模式。该种模式采取企业模式,拥有更高的效率。但是,开发公司并不具有行政职能,在行政管理和执法过程中无法发挥行政效能。目前,这种模式缺乏相关法律法规的规制,开发公司还不为大众所认可,开发区企业化发展该走向何方还有待继续探索。此外,还存在"托管""一园多区"管理模式。例如,河南省人民政府办公厅公布《关于印发河南省高新技术产业开发区管理办法的通知》(豫政办〔2021〕13号)第14条第3款规定,"支持高新区所在地政府采取'一区多园''托管'等模式,按照有关规定扩展高新区管辖范围和发展空间"。

开发区管理体制的多元化,有利于探索适合地方行政管理和经济发展的创新模式。但是,我国开发区的法律地位不明确,特别是开发区管委会及其内设机构的行政主体资格缺乏法律规定,致使其行政主体地位一直备受质疑,不能

〔1〕 参见王卉青、牛玉兵:《论政区合一型开发区管理模式的体制回归风险与应对》,载《辽宁行政学院学报》2014年第11期。

〔2〕 参见张艳:《超越规模之争——论开发区的空间发展与转型》,载《城市规划》2009年第11期。

〔3〕 参见张志胜:《国内开发区管理体制:困顿及创新》,载《经济问题探索》2009年第4期。

建立强有力的行政执法体系,因而在行政执法中异常尴尬:一方面需要行使大量的行政职权,另一方面却因为没有合法的权力来源,行使权力的范围、程序也就没有法律的依据和保障,必然与其他行政机关产生权力冲突,实施行政行为时往往会遭遇无权的困境。[1] 开发区管理体制多样,对探索开发区的管理与发展提供可参考的样本,但是以此论及开发区域内行政执法权未免显得漫无边际。针对上述三种管理模式,企业型模式是作为民事主体参与开发区的经济活动,无行政职权而言。而前两种模式均设立管理委员会对开发区进行行政管理和经济管理。因此,可以以行政职权为标准探索开发区行政执法问题。

二、开发区管委会的职权

我国关于开发区管委会及其内设机构的行政执法主体资格存在"特殊派出机构说""法律法规规章授权组织说""公法人说"等观点,因此在行政执法权限上,开发区管委会及其内设机构是否具有行政主体资格决定着其作出的行政行为是否具有合法性。在司法实践中,法院对开发区管委会的性质也存在不同的观点。

(一)派出机构说

2005 年 3 月 21 日,国务院办公厅发布《关于促进国家级经济技术开发区进一步提高发展水平的若干意见》(国办发〔2005〕15 号)提出:"国家级经济技术开发区的管理机构一般是所在地市级以上人民政府的派出机构,除其中具有企业性质的外,根据授权行使同级人民政府行政审批、经济协调与管理等职能。国家级经济技术开发区原则上不与所在行政区合并管理或取消管委会建制。"可见,在中央层面将开发区界定为地方政府的派出机构。在地方通常也将开发区定位为派出机构,如 1996 年印发的《湖北省经济技术开发区条例》(已失效)第 10 条规定,"开发区设立管理委员会(以下简称开发区管委会)。管委会是设立开发区人民政府的派出机构,代表本级人民政府对开发区实行统一管理……"因此,中央的文件及地方立法倾向于将开发区管委会作为地方人民政府的派出机构看待。一些学者也持同样看法,开发区管委会既然是设立开发区

---

〔1〕 参见钟芳:《开发区管理委员会的主体地位研究》,载《海南大学学报(人文社会科学版)》2007 年第 4 期。

的地方政府的派出机构,就谈不上独立的行政权;由其行为(作为或不作为)引发的法律后果也应由上级政府承担。[1]

在司法实践中,有的法院在裁判中释明了该观点。例如,在陈某亮、伍某辉诉湘潭市人民政府撤销行政复议决定案[2]中,湖南省高级人民法院认为,湘潭高新技术产业开发区管理委员会属于湘潭市人民政府的派出机构,湘潭高新技术产业开发区社会保障基金管理中心是湘潭高新技术产业开发区管理委员会的职能部门。因此,湘潭市人民政府与湘潭高新技术产业开发区管理委员会之间是一种行政委托关系,派出机构为代理人,设立其的行政机关作为被代理人应对派出机构的行为承担相应的法律后果。基于该法律关系,湘潭市人民政府以上诉人将其派出机构湘潭高新技术产业开发区管理委员会作为被申请人不当而作出的不予受理行政复议申请决定,以及原审判决支持湘潭市人民政府上述决定的理由并无不当。

(二)授权组织说

有观点认为,开发区管委会符合法律、法规授权组织的外部特征,因此其属于法律、法规授权组织。在吴某桂诉安庆市人民政府、安庆经济技术开发区管理委员会、安庆市菱北办事处、安庆市城市管理行政执法局经济技术开发区分局房屋强制拆迁案[3]中,最高人民法院认为,最高人民法院《关于适用〈中华人民共和国行政诉讼法〉的解释》第20条第3款规定,"没有法律、法规或者规章规定,行政机关授权其内设机构、派出机构或者其他组织行使行政职权的,属于行政诉讼法第二十六条规定的委托。当事人不服提起诉讼的,应当以该行政机关为被告"。据此可反证,如有法律、法规或规章规定,行政机关授权其内设机构、派出机构或者其他组织行使行政职权的,属于行政授权,应以行政机关内设机构、派出机构或者其他组织为被告。《国家高新技术产业开发区管理暂行办法》(行政规章)第8条第2款规定:"开发区管理委员会作为开发区日常管理机

---

[1] 参见郭会文:《国家级开发区管理机构的行政主体资格》,载《法学》2004年第11期。

[2] 陈某亮、伍某辉诉湘潭市人民政府撤销行政复议决定案,湖南省高级人民法院(2017)湘行终1433号行政判决书。

[3] 吴某桂诉安庆市人民政府、安庆经济技术开发区管理委员会、安庆市菱北办事处、安庆市城市管理行政执法局经济技术开发区分局房屋强制拆迁案,最高人民法院(2019)最高法行申1380号行政裁定书。

构,可以行使省、自治区、直辖市、计划单列市人民政府所授予的省市级规划、土地、工商、税务、财政、劳动人事、项目审批、外事审批等经济管理权限和行政管理权限,对开发区实行统一管理。”国家级经济技术开发区管理委员会系人民政府的派出机构,有独立明确的管理权限和范围,有独立的财政预算和行政编制,具有行政主体资格,能够独立承担法律责任,其行使相应职权不属于《行政诉讼法》第26条第5款规定的行政委托。

针对开发区管委会各个职能部门的性质,一些法院也按照“授权组织说”的观点进行处理。在泺亨(山东)实业有限公司诉被申请人山东省济南高新技术产业开发区管理委员会土地行政处理案[1]中,法院经审理认为,根据最高人民法院《关于适用〈中华人民共和国行政诉讼法〉的解释》第21条规定,当事人对由国务院、省级人民政府批准设立的开发区管理机构作出的行政行为不服提起诉讼的,以该开发区管理机构为被告;对由国务院、省级人民政府批准设立的开发区管理机构所属职能部门作出的行政行为不服提起诉讼的,以其职能部门为被告。本案再审申请人是因不服山东省济南高新技术开发区管理委员会国土规划建设管理局作出的闲置土地认定书提起本案诉讼。济南高新技术开发区管理委员会国土规划建设管理局是济南高新区管委会的职能部门,济南高新技术产业开发区管理委员会是由国务院批准设立的。据此,济南高新技术开发区管理委员会国土规划建设管理局应是本案适格被告。

(三)公法人说

公务法人概念源于法国。法律规定某种公务脱离一般行政组织,具有独立的管理机构和法律人格,能够享受权利、负担义务,这种公务组织就是公务法人。[2] 在谈及开发区管委会的性质时,有学者认为,传统行政主体理论无法准确界定开发区管委会的法律地位,而开发区管委会符合公务法人的行政面向,因此可以以个案为契机,在原有理论框架下引入公务法人概念来定位平潭综合实验区管委会的性质。[3] 中国开发区作为渐进式改革之路的实验、示范区域,

---

〔1〕 泺亨(山东)实业有限公司诉被申请人山东省济南高新技术产业开发区管理委员会土地行政处理案,最高人民法院(2020)最高法行申1212号行政裁定书。

〔2〕 参见王名扬:《法国行政法》,北京大学出版社2016年版,第99页。

〔3〕 参见于静涛:《困局、归因及抉择:平潭实验区管委会法律性质分析》,载《福建江夏学院学报》2011年第2期。

本身就是政府、市场和社会关系不断安排调试的产物,在制度安排上应满足开发区治理的功能需要,强调行政权社会化,将管委会界定为社会行政主体,引入公务法人制度。[1] 公务法人制度确实是解决我国开发区管委会法律地位和行政执法资格的良好进路,但是,我国目前并没有引入公务法人制度,只是在理论界有所提及,并未在实务中得到运用。

三、开发区管委会与行政执法

笔者认为,应当按照"授权组织说"解决开发区管理委员会及其职能部门的行政执法主体资格问题。最高人民法院《关于适用〈中华人民共和国行政诉讼法〉的解释》第 21 条规定,"当事人对由国务院、省级人民政府批准设立的开发区管理机构作出的行政行为不服提起诉讼的,以该开发区管理机构为被告;对由国务院、省级人民政府批准设立的开发区管理机构所属职能部门作出的行政行为不服提起诉讼的,以其职能部门为被告;对其他开发区管理机构所属职能部门作出的行政行为不服提起诉讼的,以开发区管理机构为被告;开发区管理机构没有行政主体资格的,以设立该机构的地方人民政府为被告"。该条款明确了开发区管理机构及其所属职能部门的行政诉讼被告资格。对于国家级、省级开发区及其职能部门,按照"授权组织说"的理论,应当认为其具有行政主体资格,能够以自己的名义行使行政职权,并承担由此产生的法律后果。对于其他开发区,如果具有法律、法规的明确授权,就可以确定其具有行政主体资格。反之,就属于委托。

因此,确定开发区管委会的职权,既要根据作出行政行为时的名义和身份,也要依据其权力的来源,结合所依据的实体法律规范,综合判定。

第四节　行政职权违法的表现形式

一、超越职权

所谓行政超越职权,也就是我们通常所说的行政越权,是指行政主体在履行行政管理职能,或者行政执法时超出本应具有的职权范围去行使本来不是自

---

[1] 参见余宗良:《我国开发区建设的法治化研究》,武汉大学 2014 年博士学位论文。

己的权力的行政违法情形。[1] 综合行政主体在行政执法中的违法情形，超越职权主要表现在超越级别管辖权、超越地域管辖权、超越事项管辖权以及超越手段管辖权这几个方面。

（一）超越级别管辖权

不同级别的行政主体享有的行政职能不同，下级行政机关行使了本应由上级行政机关享有的行政职权，就属于超越级别管辖权。

《婚姻登记条例》第 2 条第 2 款规定，"中国公民同外国人，内地居民同香港特别行政区居民、澳门特别行政区居民、台湾地区居民、华侨办理婚姻登记的机关是省、自治区、直辖市人民政府民政部门或者省、自治区、直辖市人民政府民政部门确定的机关"。根据该条款，地级市、县区民政部门无权办理涉外、涉港澳台居民、华侨的婚姻登记。在梁某某诉徐州市云龙区民政局离婚登记行政确认案[2]中，法院认为，黄某某与梁某某于 2015 年 8 月 10 日在云龙区民政局自愿办理离婚登记时，未告知云龙区民政局黄某某系新加坡国籍，在黄某某持有未注销的中国户口簿、身份证的情况下，云龙区民政局依规定审查了黄某某与梁某某提交的离婚申请材料后，为黄某某与梁某某颁发了离婚证，以法定形式完成了该离婚登记。即使此后云龙区民政局发现其没有办理涉外离婚登记的职权，其亦无职权确认该离婚登记无效或撤销该离婚登记。被上诉人云龙区民政局作出案涉离婚登记情况说明，确认案涉离婚登记应为无效登记及由此形成的相关后果缺乏法律依据，原审法院关于云龙区民政局以确认无效方式纠正原违法离婚登记行为并无不当的认定错误，应予纠正。

（二）超越地域管辖权

行政主体都有其相应的行政管辖区域，在其管辖的区域范围内，行使法律、法规和规章授予的行政职权，即地域管辖权。它是明确某一行政职权应当由哪个范围内的行政主体首次行使的问题。对于行政相对人来说，它可以确定受理处置行政事务的行政主体。为了确保行政主体有效地行使管辖权，行政主体在

---

[1] 参见关保英：《论行政超越职权》，载《社会科学战线》2011 年第 11 期。

[2] 梁某某诉徐州市云龙区民政局离婚登记行政确认案，江苏省高级人民法院(2018)苏行终 1715 号行政判决书。

管辖区域内独立行使管辖权,且仅能在该范围内处理行政事务。确定地域管辖权不单单是在确定权力,也是为了确定义务。在行政组织法上,权力与义务往往是统一的。地域管辖权既是权力,也是职责,是一种积极打击行政违法的义务。[1]

行政区划是国家进行分级管理的有效手段,是推进国家治理体系和治理能力现代化的重要内容。我国《宪法》对行政区划有专门的规定。为优化行政区划设置、加强行政区划管理,2018 年 10 月,国务院公布《行政区划管理条例》,并于2019 年1 月1 日起开始施行。为促进经济与社会发展,可以按照法定程序进行行政区划调整。行政区划调整后,行政机关对划归其他行政区域的地区,不再行使管辖权。

在李某芹诉徐州市铜山区人民政府撤销林权行政登记案[2]中,2001 年 12 月 6 日,李庄村委会与李富某、李徐某签订林木承包合同并经公证。对此,李某芹不服,认为承包合同中部分林木为自己承包的范围,并且铜山区人民政府为李某芹颁发有林权证。后李某芹将争议林木砍伐。李富某、李徐某不服,提起行政诉讼。经听证,铜山区人民政府撤销了李某芹的林权证。李某芹不服,提起诉讼。此外,2005 年 6 月,经国务院批准,江苏省人民政府对徐州市部分行政区划进行调整,将铜山县的大黄山镇、大庙镇划归徐州市鼓楼区管辖。2005 年 8 月 3 日,徐州市人民政府作出行政区划调整,将鼓楼区大黄山镇、大庙镇的人、财、物整建制交由徐州经济开发区管理。

江苏省高级人民法院认为:行政职权必须由具有地域管辖权的行政机关依法行使。涉案地块位于大庙镇,原属铜山县管辖范围。2005 年江苏省人民政府和徐州市人民政府分别作出《关于调整徐州市部分行政区划的通知》和《市政府关于将铜山县大黄山镇、大庙镇划归鼓楼区管辖的通知》后,涉案地块划归徐州经济开发区管辖范围,不再属于现铜山区管辖范围。本院庭审中,铜山区人民政府亦称其对涉案地块林权不再享有管理职权。在此情况下,原审法院认定铜山区人民政府作出的铜政林撤字〔2014〕1 号撤销林权登记决定书并无不当,属

〔1〕 参见熊樟林:《行政处罚地域管辖权的设定规则——〈行政处罚法(修订草案)〉第 21 条评介》,载《中国法律评论》2020 年第 5 期。

〔2〕 李某芹诉徐州市铜山区人民政府撤销林权行政登记案,江苏省高级人民法院(2015)苏行终字第 00519 号行政判决书。

于认定事实不清,应予撤销。

(三)超越事项管辖权

行政机关只能就一定范围内的行政事项具有管辖权,进而实施行政行为,否则将构成事项越权。例如,市场监督管理部门行使质检部门的权力、上级机关行使下级机关的权力、下级机关行使上级机关的权力,均属于超越事项管辖权。

1. 公安机关越权干预经济纠纷

在张某华诉磐安县公安局行政处罚案〔1〕中,1987 年 11 月 28 日,张某华开办的东阳市湖溪晓华煤块粉碎厂与磐安县燃料公司签订加工煤粉协议书。后来,双方因原煤价格发生争议,致部分货款未能结清。1992 年 12 月 24 日,磐安县公安局将张某华押送到磐安县安文派出所。磐安县公安局向张某华出示拘传证,借机强行拉走张某华承包厂里的原煤若干吨,又令张某华签署了尚欠磐安县燃料公司 8357 元现金的欠条后,被取保释放。随后,磐安县公安局派员逮捕张某华,磐安县检察院以该案属于经济纠纷、不构成犯罪为由,作出撤销逮捕张某华的决定书。

法院认为,公安部《关于公安机关不得非法越权干预经济纠纷案件处理的通知》第 1 条指出:"工作中,要注意划清经济犯罪与经济纠纷的界限,决不能把经济纠纷当作诈骗等经济犯罪来处理。一时难以划清的,要慎重从事,经过请示报告,研究清楚后再依法恰当处理,切不可轻易采取限制人身自由的强制措施,以致造成被动和难以挽回的后果。"《关于公安机关不得非法越权干预经济纠纷案件处理的通知》第 2 条指出:"对经济纠纷问题,应由有关企事业及其行政主管部门、仲裁机关和人民法院依法处理,公安机关不要去干预,更不允许以查处诈骗等经济犯罪为名,以收审、扣押人质等非法手段去插手经济纠纷问题。"磐安县公安局不顾公安部的通知精神,越权干预经济纠纷,以刑事侦查为名,限制原告张某华的人身自由,扣押其财产,侵犯了张某华人身权利和合法权益,属《行政诉讼法》(1989)第 54 条第 2 项第 4 目规定"超越职权"的行为。

本案中,张某华与磐安县燃料公司因原煤价格问题产生争议,属于经济纠纷。而磐安县公安局以刑事侦查为名强行关押张某华,并拉走张某华厂里的原

---

〔1〕 张某华诉磐安县公安局行政处罚案,载《最高人民法院公报》1994 年第 4 期。

煤、逼迫其写下欠条,侵犯了张某华的人身权和财产权,其行为属于以非法强制手段插手经济纠纷,超越公安机关事项管辖权。造成公安机关借用刑事手段插手经济纠纷的原因主要有以下三个方面:一是公安机关运用公权力为地方或部门追求经济利益;二是公安机关利用强制措施为部分人或者部分企业追缴货物或欠款,如本案的磐安县公安局;三是部分公安机关侦查人员业务水平不高,不能正确界定经济纠纷和经济犯罪的性质。

为避免公安机关违法插手经济纠纷,主要应从规范公安机关办理经济犯罪案件程序与加强人民检察院的法律监督两方面入手。一方面,公安机关要严格按照最高人民检察院、公安部《关于公安机关办理经济犯罪案件的若干规定》及公安部《关于严禁越权干预经济纠纷的通知》、公安部《关于严禁公安机关插手经济纠纷违法抓人的通知》、公安部《关于公安机关不得非法越权干预经济纠纷案件处理的通知》等规范要求,严格区分经济犯罪与经济纠纷的界限;另一方面,检察机关应当做好审查监督工作:一是对于公安机关提请批准逮捕的案件,依法作出不批准逮捕的决定;二是对于尚未提请批准逮捕或者移送审查起诉的案件,依法审查公安机关刑事立案活动的合法性。司法实践中,监督撤案的案件主要是民事、经济纠纷,由此,刑事立案监督工作机制的完善,无疑是解决违法动用刑事手段插手民事、经济纠纷问题的有效途径。[1]

2. 住建部门行使交通部门的职权

行政机关在没有依法获得或受委托取得相应的行政职权,在完全不具有行政职权的情况下,作出行政处罚等不利于行政相对人权益的行政行为,属于超越职权行为。在鸿森广告公司诉剑河县住房和建设局行政处罚案[2]中,2014年7月20日,贵州省台江公路管理段给鸿森广告公司颁发路政管理许可证,许可鸿森广告公司在国道附近公路用地上设置非公路标志牌。2015年7月19日,剑河县住房和建设局巡查发现鸿森广告公司正在施工设置户外广告牌,经调查认为,该广告牌涉嫌违法,遂向原告作出停建通知书,后又向原告作出限期拆除通知书,鸿森广告公司不服诉至法院。诉讼期间,剑河县住房和建设局又

---

〔1〕 参见元明、胡耀先:《违法动用刑事手段插手民事经济纠纷问题剖析》,载《人民检察》2013年第10期。

〔2〕 鸿森广告公司诉剑河县住房和建设局行政处罚案,贵州省镇远县人民法院(2015)镇行初字第00028号行政判决书。

先后作出行政处罚事先告知书和行政处罚决定书,责令鸿森广告公司自行拆除位于剑河县城规划区内的迎宾大道所建的构筑物。

镇远县人民法院认为,公路用地范围内设置非公路标志以外的其他标志由县级以上地方人民政府交通主管部门批准,以及在公路用地范围内违法设置公路标志以外的其他标志由交通主管部门责令限期拆除,逾期不拆除的,由交通主管部门拆除。而被告剑河县住房和建设局不是县级以上地方人民政府的交通主管部门,无法定行政职权对公路用地范围内设置公路标志以外的其他标志行使批准权,也无法定职权对公路用地范围内违法设置公路标志以外的其他标志行使限期拆除以及罚款的权力,且被告剑河县住房和建设局与县级以上地方人民政府交通主管部门无隶属关系。故被告剑河县住房和建设局对原告作出行政处罚决定书的行政处罚行为,属于行政机关超越自己的业务主管范围,行使了属于其他行政机关的行政职权,系超越职权行为。

3. 内设机构行使行政机关的职权

《城乡规划法》第 64 条规定:“未取得建设工程规划许可证或者未按照建设工程规划许可证的规定进行建设的,由县级以上地方人民政府城乡规划主管部门责令停止建设;尚可采取改正措施消除对规划实施的影响的,限期改正,处建设工程造价百分之五以上百分之十以下的罚款;无法采取改正措施消除影响的,限期拆除,不能拆除的,没收实物或者违法收入,可以并处建设工程造价百分之十以下的罚款。”在宋某枝诉许昌市东城区半截河街道办事处行政确认案〔1〕中,禹州市人民法院认为,在城市规划区内未取得规划、建设等相关手续,或私搭乱建的,应由县级以上人民政府城乡规划主管部门作出责令限期拆除的处罚决定。本案中,原告宋某枝被通知拆除的房屋位于城市规划区内,半截河街道办事处城建所作为被告许昌市东城区半截河街道办事处的内设机构,根据《城乡规划法》第 64 条的规定,对宋某枝作出责令限期拆除通知书超越了自己的职权,且责令限期拆除通知书适用《城乡规划法》第 65 条不当;因宋某枝的房屋已经被拆扒,判令撤销被告对宋某枝作出责令限期拆除通知书已无实际意义,故应确认被告对原告作出责令限期拆除通知书这一行政行为违法。

---

〔1〕 宋某枝诉许昌市东城区半截河街道办事处行政确认案,河南省许昌市禹州市人民法院(2017)豫 1081 行初 1 号行政判决书。

(四)超越手段管辖权

手段超越管辖权是指行政机关对某一事项拥有管辖权,但行使职权的方式超过必要限度。

1. 超越职权进行查封

《行政强制法》第22条规定,查封、扣押应当由法律、法规规定的行政机关实施,其他任何行政机关或者组织不得实施。行政机关在没有法律、法规授权的前提下,采取查封的方式扣押财物,构成手段越权。在杜某平诉陕西省西安市人力资源和社会保障局行政查封赔偿案[1]中,西安市人力资源和社会保障局接到举报,西安世纪购物饮食中心商业协会(以下简称世纪中心商业协会)违法收取职工押金以及拖欠职工工资,遂向世纪中心商业协会下发了限期整改通知。但世纪中心商业协会未在法定期限完成整改,1997年2月1日,西安市人力资源和社会保障局对世纪中心商业协会商品进行扣押。同年9月1日,西安市人力资源和社会保障局明确该案已处理完毕。但是,其扣押行为一直持续到1999年7月26日。此外,世纪中心商业协会的法定代表人为杜某平。

最高人民法院认为,本案被诉扣押行为自1997年2月1日起实施,至1999年7月26日结束。其间,西安市人力资源和社会保障局于1997年9月1日已经明确"世纪购物中心违法处理已完结,今后不再处罚"。在此情况下,西安市人力资源和社会保障局继续扣押涉案货物长达600余天,明显违反了《行政处罚法》(1996)关于证据登记保存时间的规定。此外,西安市人力资源和社会保障局在没有法律、法规授权的情况下,以对商业协会进行查封的方式实施扣押财物的行为,同时构成超越职权。

2. 通过土地"流转"等方式占用农村集体土地

行政机关行使行政职权的方式应符合法律法规的规定,行政行为的处理结果超越法定手段或方式,就是手段越权或方式越权。在李某诉山东省菏泽市牡丹区人民政府、山东省菏泽市牡丹区牡丹街道办事处土地行政强制及行政赔偿

---

[1] 杜某平诉陕西省西安市人力资源和社会保障局行政查封赔偿案,最高人民法院(2006)行监字第187-2号行政判决书。

案[1]中,李某以牡丹区人民政府、牡丹街道办事处在未经批准且未与其签署补偿协议的情况下,将其使用的土地非法改变为非农建设用地,导致其种植的苗木花卉等受损,损失巨大为由,向法院提起行政诉讼。

最高人民法院认为,建设项目需要使用农用地等农村集体土地的,应当依法办理土地征收及农用地转建设用地审批手续。如果未经依法征收及办理农用地转用审批手续,通过所谓土地"流转"等方式占用农村集体土地进行建设,系违反土地管理相关法律法规,属于违法行政。

我国《土地管理法》第 44 条第 1 款规定,建设占用土地,涉及农用地转为建设用地的,应当办理农用地转用审批手续。而牡丹区政府、牡丹街道办没有按照法律规定的程序办理审批手续,仅通过"流转"方式取得并使用涉案土地进行建设项目。由此作出的行政行为违反法律规定的方式,属于手段越权。

3. 干涉私营企业管理与经营

在市场经济体制下,私营企业应当在政府的引导下,自主进行经营与管理。行政机关如果非法插手私营企业的管理,属于超越职权的行为。在刘某元诉蒲江县乡镇企业管理局侵犯财产权、经营自主权行政诉讼案[2]中,蒲江县寿安小蘖碱厂、成都市朝阳印刷厂、成都鹤山矿泉饮料厂均属刘某元所有的私营企业。1992 年 1 月 7 日,蒲江县乡镇企业管理局作出了任免决定:任命邓某为成都鹤山矿泉饮料厂和成都市朝阳印刷厂厂长;免去上诉人刘某元成都鹤山矿泉饮料厂和成都市朝阳印刷厂厂长职务。同时该局还查封了厂房和库存物品。为此,刘某元向成都市中级人民法院提起行政诉讼。

法院认为,成都蒲江县寿安小蘖碱厂、成都市朝阳印刷厂和成都鹤山矿泉饮料厂的建厂资金均是刘某元个人投资,其分配形式、经营管理实际上是按私营企业进行的,根据《私营企业暂行条例》(已失效)第 7 条第 1 款关于"独资企业是指一人投资经营的企业"的规定,上述三个企业应为私营企业,企业财产属刘某元所有。蒲江县乡镇企业管理局作出的免去刘某元厂长职务和任命他人为厂长的决定,以及查封企业财产的行为,是于法无据的超越职权的具体行政

---

[1] 李某诉山东省菏泽市牡丹区人民政府、山东省菏泽市牡丹区牡丹街道办事处土地行政强制及行政赔偿案,最高人民法院(2018)最高法行申 4399 号行政裁定书。

[2] 刘某元诉蒲江县乡镇企业管理局侵犯财产权、经营自主权行政诉讼案,载《最高人民法院公报》1994 年第 2 期。

行为。这一行为致使刘某元失去了对其财产的实际控制,又使其无法组织企业的生产经营,侵犯了刘某元的财产所有权和私营企业经营自主权。故蒲江县乡镇企业管理局的行为属违法的具体行政行为,应予撤销。

二、滥用职权

滥用职权是行政机关于其职权范围内,基于不正当动机,以合法行为掩盖其非法意图所实施的行为。[1] 在行政执法中,行政主体以合法形式实现非法目的、违背立法目的、肆意行使职权等情形,均属于滥用职权。"滥用职权"还包括行政机关行使职权时存在故意拖延、反复无常、轻率任性、不考虑相关因素、考虑不相关因素、不一致的解释等情形。[2] 行政机关在行政执法时,不能完全排除相对人没有合法权益存在的可能,若一味地采取"一刀切"的方式,就有可能造成行政行为规避法律的监督,造成权力滥用。况且,相对人的行为是否违法与行政行为是否合法之间并没有必然的关系。行政滥用职权的界定包括:(1)行使职权的主体必须是行政主体;(2)行政主体在行使职权时主观上存在故意;(3)行政主体作出的行政行为具有侵害性。

(一)执法行为专横

在执法实践中,执法机关存在不尊重人的价值与尊严、机械专横的执法行为,这种行为严重背离了依法行政的理念。在王某萍诉河南省中牟县交通局行政赔偿纠纷案[3]中,王某萍用农用小四轮拖拉机运送生猪。路上,中牟县交通局工作人员以车辆未缴纳养路费为由,提出扣车。尽管王某萍提出车上货物不适合停留,但是其执法人员仍强行将车辆开走,仅留车辆拖斗,致使拖斗内的生猪因自然挤压和气候炎热中暑,共计死亡15头生猪。

中牟县人民法院认为,准备暂扣的小四轮拖拉机,正处在为原告王某萍运送生猪的途中。无论暂扣车辆的决定是否合法,中牟县交通局的工作人员准备执行这个决定时,都应该知道:在炎热的天气下,运输途中的生猪不宜受到挤

---

〔1〕 参见周佑勇:《司法审查中的滥用职权标准——以最高人民法院公报案例为观察对象》,载《法学研究》2020年第1期。

〔2〕 参见刘权:《行政判决中比例原则的适用》,载《中国法学》2019年第3期。

〔3〕 王某萍诉河南省中牟县交通局行政赔偿纠纷案,载《最高人民法院公报》2003年第3期。

压，更不宜在路上久留。不管生猪归谁所有，只有及时妥善处置后再行扣车，才能保证不因扣车而使该财产遭受损失。然而，中牟县交通局工作人员不考虑该财产的安全，甚至在王某萍请求将生猪运抵目的地后再扣车时也置之不理，把两轮拖斗卸下后就驾主车离去。中牟县交通局工作人员在执行暂扣车辆决定时的这种行政行为，不符合合理、适当的要求，是滥用职权。

该案发生时，征收养路费是合法的执法行为，但是在当时的情形下，任何具有生活常识的人都能意识到强行扣押车辆将会导致车上生猪死亡。而交通执法人员不顾被执法车辆所载货物的情况，更忽视相对人的请求，强行扣押车辆，造成相对人车辆所载合法财产的损失。这种执法行为是粗暴的、机械的、专横的，执法机关应当引以为戒。

（二）忽视比例原则

比例原则又称禁止过度原则或最小损害原则，是行政主体实施行政行为必须遵循的基本原则。行政主体在行使职权时，应当综合考虑行政相对人的权益。在对相对人合法权益作出不利决定前，应当坚持比例原则，选择对相对人损害最小的处理方案。若不顾相对人合法权益，“一意孤行”，就可能构成滥用职权。在陈某诉济南市城市公共客运管理服务中心客运管理行政处罚案[1]中，济南客运管理中心以陈某未经许可擅自从事出租汽车客运经营，责令停止违法行为，处 2 万元罚款并没收非法所得。法院经审理认为，比例原则是行政法的重要原则，行政处罚应当遵循比例原则。对当事人实施行政处罚必须与其违法行为的事实、性质、情节和社会危害程度相当。网约车作为客运服务的新业态和分享经济的产物，有助于缓解客运服务的供需矛盾，满足公众多样化出行需求，符合社会发展趋势和创新需求，对其应当保持适度宽容。另外，这种新业态也给既有客运管理秩序带来负面影响，甚至存有安全隐患等问题，确需加强规范引导。在相关事实尚不明确以及该行为社会危害性较小的情况下，将该行为的后果全部归于被上诉人，并对其个人作出较重处罚，有违比例原则，构成明显不当。

在司法实践中，法院审查比例原则也要坚持均衡性原则。均衡性原则要求

---

〔1〕 陈某诉济南市城市公共客运管理服务中心客运管理行政处罚案，载《最高人民法院公报》2018年第2期。

行政机关所采取的手段,既要保证目的的实现,又要保障相对人的权益,实现公共利益促进与公民权利保障的均衡。[1] 在王某武因诉木垒哈萨克自治县人民政府房屋征收决定案[2]中,《行政诉讼法》第74条第1项规定,行政行为依法应当撤销,但撤销会给国家利益、社会公共利益造成重大损害的,人民法院判决确认违法,但不撤销行政行为。该规定中所述的"社会公共利益"在实践界定中应当遵循比例原则,一种公共利益的实现经常是以私人利益的减损作为代价的,对可能减损的私人利益与可能增长的公共利益加以权衡,通过权衡,最大限度地避免因小失大,同时应当对减损的私人利益给予必要的公平、合理的补偿或赔偿。

(三)不正当迟延

在行政执法过程中,行政机关可以采取查封、扣押等暂时性地行政强制措施,但是不能将行政强制措施作为代替实体处理的手段。行政机关在行使行政强制措施时,应当按照《行政强制法》等法律法规的规定,告知当事人违法的基本事实、拟作出行政强制措施的种类、依据及其依法享有的权利,听取当事人的陈述和申辩,制作行政强制措施凭证并送达当事人等行政程序。如果行政机关不按照上述程序采取行政处罚措施,则违反法定程序。

行政机关实施行政强制措施的目的已经达到或者条件已经消失,应当立即解除,否则行政机关就属于不正当迟延,涉嫌滥用职权。在刘某务诉山西省太原市公安局交通警察支队晋源一大队道路交通管理行政强制案[3]中,2001年7月,刘某务在山西省威廉汽车租赁有限公司购买了一辆运输汽车。刘某务依约付清车款后,车辆仍登记挂靠在该公司名下。2006年12月12日,太原市公安局交通警察支队晋源一大队以该车未经年审为由将该车扣留。2006年12月14日,刘某务携带该车行驶证去处理该起违法行为。太原市公安局交通警察支队晋源一大队在核实过程中发现该车的发动机号码和车架号码看不到,遂以该车涉嫌套牌及发动机号码和车架号码无法查对为由对该车继续扣留,并口头告

---

〔1〕 参见刘权:《行政判决中比例原则的适用》,载《中国法学》2019年第3期。

〔2〕 王某武因诉木垒哈萨克自治县人民政府房屋征收决定案,最高人民法院(2018)最高法行申9185号行政裁定书。

〔3〕 刘某务诉山西省太原市公安局交通警察支队晋源一大队道路交通管理行政强制案,最高人民法院(2016)最高法行再5号行政判决书。

知刘某务提供其他合法有效手续。刘某务虽多次托人交涉并提供相关材料，但太原市公安局交通警察支队晋源一大队一直以其不能提供车辆合法来历证明为由扣留该车。刘某务不服，提起行政诉讼。

最高人民法院认为，行政机关进行社会管理的过程，也是服务社会公众和保护公民权利的过程。建设服务型政府，要求行政机关既要严格执法以维护社会管理秩序，也要兼顾相对人实际情况，对虽有过错但已作出合理说明的相对人可以采用多种方式实现行政目的时，在足以实现行政目的的前提下，应尽量减少对相对人权益的损害。实施行政管理不能仅考虑行政机关单方管理需要，而应以既有利于查明事实，又不额外加重相对人负担为原则。实施扣留等暂时性控制措施，应以制止违法行为、防止证据损毁、便于查清事实等为限，不能长期扣留而不处理，给当事人造成不必要的损失。因此，太原市公安局交通警察支队晋源一大队扣留涉案车辆后，既不积极调查核实车辆相关来历证明，又长期扣留涉案车辆不予处理，构成滥用职权。

（四）增加相对人负担

《行政诉讼法》第 71 条规定，“人民法院判决被告重新作出行政行为的，被告不得以同一的事实和理由作出与原行政行为基本相同的行政行为”。行政机关作出不予行政许可决定的理由不能成立，且该决定已被人民法院判决撤销并责令重作的情况下，行政机关仍以相同理由再次作出不予行政许可决定，增加了相对人的负担，应认定为滥用职权。

在余姚市甬兴气体分滤厂与余姚市住房和城乡建设局燃气经营许可纠纷案[1]中，余姚市住房和城乡建设局于 2018 年 8 月 17 日收到余姚市甬兴气体分滤厂的瓶装燃气经营许可证核发行政许可申请，根据《行政许可法》(2003)第 38 条第 1 款规定，于 2018 年 8 月 27 日作出不予许可决定。余姚市人民法院判决责令余姚市住房和城乡建设局重新作出行政许可决定。2019 年 7 月 11 日，余姚市住房和城乡建设局以城建设计公司出具的《相关情况说明》作为依据，以不符合规划条件作为理由，根据《行政许可法》第 38 条第 2 款的规定，重新作出不予行政许可决定书。

---

[1] 余姚市甬兴气体分滤厂与余姚市住房和城乡建设局燃气经营许可纠纷案，载《最高人民法院公报》2022 年第 2 期。

浙江省高级人民法院认为,行政机关对于当地燃气发展规划具有解释权,但是其解释权也应当基于规划文件本身,与规划文件存在矛盾的第三方材料不得作为解释依据。燃气发展规划系经科学调查、论证并经政府审议通过,未经法定程序审议不得随意变更。余姚市住房和城乡建设局在余姚市人民政府复议和余姚市人民法院判决撤销其不予行政许可行为的情况下,仍然以相同理由作出不予行政许可决定,严重违反了《行政诉讼法》(2003)第71条规定,浪费了有限的司法资源,增加了当事人的讼累,显系滥用职权。

第五节　职权违法的法律后果

根据职权法定原则,行政机关对于特定的情形,只能依照法律规定的方式作出处理;法律规定的处理方式比较笼统的,行政机关应当作出适当的处理。[1] 如果行政执法主体在执法过程中背离了职权法定原则,那么将会造成行政行为被撤销、宣告无效或确认违法等后果。其中,法院判决撤销或者部分撤销行政行为时,可以判决行政执法主体重新作出行政行为;法院判决无效或确认违法时,可以判决行政执法主体采取补救措施。

一、确认行政行为无效

行政行为具有重大瑕疵或具有根据理智的判断绝对明显的瑕疵时,行为无效。[2] 无效行政行为自始不产生任何法律效力,对相对人没有拘束力。具体到本章,没有行政执法主体资格的行政机关或组织作出的行政行为无效,行政执法主体超越事项管辖权作出的行政行为无效。这两种情形均属重大瑕疵。

确认行政行为无效判决是2015年施行的《行政诉讼法》新增的裁判方式。《行政诉讼法》第75条规定,"行政行为有实施主体不具有行政主体资格或者没有依据等重大且明显违法情形,原告申请确认行政行为无效的,人民法院判决确认无效"。从该条款可知,确认行政行为无效需要满足两个条件:一是行政行为具有重大且明显违法情形;二是相对人申请确认无效。这一条款并未对请求确认行政行为无效的起诉期限作出规定。但是,公民、法人或其他组织不能因

〔1〕　参见何海波:《行政诉讼法》(第2版),法律出版社2016年版,第310页。
〔2〕　参见[德]哈特穆特·毛雷尔:《行政法学总论》,高家伟译,法律出版社2000年版,第250页。

此怠于行使诉权,应当根据《行政诉讼法》第46条和最高人民法院《关于适用〈行政诉讼法〉的解释》第64条、第65条、第66条的规定,遵守法定起诉期限。针对发生在《行政诉讼法》修改前的案件,当时并未规定无效判决的裁判方式,人民法院应当按照当时的法律规定进行裁判。

根据最高人民法院《关于适用〈行政诉讼法〉的解释》第99条的规定,"重大且明显违法"主要有以下四种情形:(1)行政行为实施主体不具有行政主体资格;(2)减损权利或者增加义务的行政行为没有法律规范依据;(3)行政行为的内容客观上不可能实施;(4)其他重大且明显违法的情形。"重大且明显违法"是构成确认无效行政行为的条件,即该无效行政行为的违法情形已经重大且明显到任何具有正常理智的人均能够判断的程度。结合《行政诉讼法》第75条的规定,人民法院针对以上四种情形可以判决行政行为无效。

(一)行政行为实施主体不具有行政主体资格

行政行为应当由具有行政主体资格的行政机关作出,行政主体资格可因法律、法规的规定和授权取得,也可因委托取得。但是,行政机关或其他组织如果没有行政主体资格而行使行政职权,行政相对人可以请求法院确认该行政行为无效。在张某义诉长春市朝阳区永春镇人民政府要求确认限期拆除违法建筑决定无效并赔偿案[1]中,长春市中级人民法院认为,张某义所占土地的性质为农用地,其建设的建筑物在耕地范围内,对农用地(耕地)上的建筑行为是否违法应当由县级以上人民政府土地行政主管部门决定。永春镇人民政府的限期拆除违法建筑决定没有相关法律、法规授权,不是适格的主体。故永春镇人民政府无权作出限期拆除违法建筑决定。根据《行政诉讼法》第75条"行政行为的实施主体不具有行政主体资格或者没有依据等重大且明显违法情形,原告申请确认行政行为无效的,人民法院判决确认无效"的规定,法院判决确认永春镇人民政府的行为无效。

(二)行政行为缺乏依据

行政机关作出行政行为应当具有事实依据,如果缺乏依据或具有明显违法

---

〔1〕 张某义诉长春市朝阳区永春镇人民政府要求确认限期拆除违法建筑决定无效并赔偿案,吉林省长春市中级人民法院(2018)吉01行终128号行政判决书。

情形,行政相对人可以诉请法院确认行政行为无效。在潍坊众邦化工有限公司诉潍坊滨海经济技术开发区管理委员会行政协议案[1]中,最高人民法院认为,涉案土地应当经县级以上人民政府批准并由县级以上人民政府土地行政主管部门与众邦公司签订出让合同,《合同书》系原海洋管委会与众邦公司签订的招商引资协议,该协议就土地价格和土地证办理情况进行了约定,已经超越了原海洋管委会的法定职权。《行政诉讼法》第75条规定:“行政行为有实施主体不具有行政主体资格或者没有依据等重大且明显违法情形,原告申请确认行政行为无效的,人民法院判决确认无效。”《合同书》中关于土地出让条款的规定,因原海洋管委会没有审查、批准用地的法定职责,该部分约定应属无效。

(三)行政行为的内容客观上不可能实施

行政行为的内容客观上不可能实施,是指行政机关行政行为的内容对行政相对人不可能实现,也无法实现行政管理的目的。

在王某文诉沁源县人民政府行政行为无效案[2]中,晋城市中级人民法院认为,沁源县人民政府制作宅基地使用证登记卡是为了确定权属,明确宅基地的边界。但沁源县人民政府对王某文作出该行政行为,一是其没有调查,缺乏法律和事实依据;二是行政行为的内容没有送达行政相对人;三是制作的宅基地使用证登记卡主要内容,宅基地的长和宽及四至存在明显的涂改行为,具体内容无法确定,且被告不能证明涂改的时间及理由,因此,该行政行为已经无法起到确定权属、明确边界的行为目的,属于重大且明显违法的情形,应当认定为无效行政行为。该案中,沁源县人民政府作出的登记行为,没有调查,没有送达当事人,其登记内容存在明显涂改,造成宅基地边界无法明确,不能实现登记行为的目的。

(四)其他重大且明显违法的情形

我国确认行政行为无效采取的是重大且明显违法标准,其根据在于,“机关

---

[1] 潍坊众邦化工有限公司诉潍坊滨海经济技术开发区管理委员会行政协议案,最高人民法院(2018)最高法行申8612号行政裁定书。

[2] 王某文诉沁源县人民政府行政行为无效案,山西省晋城市中级人民法院(2016)晋05行初12号行政判决书。

作成的行为倘违法瑕疵达到无法指望任何人去承认其拘束力的明显程度,由于一般人面对此类的行政行为,理智上都不会认为其有拘束力,进而对其产生信赖,因此采实质正义优先立场,直接令其归于无效,较不会有法安定性的顾虑"[1]。上述已经提到,"重大且明显违法"需要达到一般正常理智的人能够进行正确判断的程度,如行政程序严重违法、行政行为违反善良风俗等。

行政机关作出的行政行为程序严重违法,法院可以判决确认违法。在李某诉上蔡县国土资源局土地行政管理案[2]中,西平县人民法院认为,上蔡县人民政府就同一宗土地为王某颁发了集体土地使用证,而在该证没有被依法注销的情况下,又为李某彦颁发了集体土地使用证,致使出现一地两证的事实,该行政行为明显违法。因此,法院判决确认李某彦持有的集体土地使用证无效。驻马店市中级人民法院维持了该确认无效判决。但是,本案一审、二审法院均认为"确认行政行为无效之诉,不受起诉期限的限制"是值得考虑的。

我国实行婚姻自由、一夫一妻、男女平等的婚姻制度,但是婚姻登记机关在作出婚姻登记行为时,违反上述制度,其婚姻登记行为应属无效。在赵某财诉桐梓县民政局婚姻登记案[3]中,习水县人民法院认为,一夫一妻制是我国的基本婚姻制度,本案被告所作婚姻登记违反该制度,属于其他重大且明显违法情形,其婚姻登记行政行为属无效行政行为。

二、撤销行政行为

《行政诉讼法》第 70 条规定,"行政行为有下列情形之一的,人民法院判决撤销或者部分撤销,并可以判决被告重新作出行政行为:(一)主要证据不足的;(二)适用法律、法规错误的;(三)违反法定程序的;(四)超越职权的;(五)滥用职权的;(六)明显不当的"。本章节涉及本条文的是第 4 项和第 5 项,行政执法主体在执法过程中超越职权、滥用职权的,其作出的行政行为应予撤销。

(一)行政机关超越职权

经济纠纷应当通过民事手段解决,然而实践中公安机关基于各种原因干预

---

〔1〕 翁岳生编:《行政法》,中国法制出版社 2002 年版,第 708 页。

〔2〕 李某诉上蔡县国土资源局土地行政管理案,河南省驻马店市西平县人民法院(2017)豫 1721 行初 95 号行政判决书。

〔3〕 赵某财诉桐梓县民政局婚姻登记案,贵州省习水县人民法院(2018)黔 0330 行初 96 号行政判决书。

经济纠纷的情形时有发生。该行为属于超越职权的行为,应当予以撤销。在张某华诉磐安县公安局行政处罚案中,义乌市人民法院认为,磐安县公安局不顾公安部的通知精神,越权干预经济纠纷,以刑事侦查为名,限制原告张某华的人身自由,扣押其财产,侵犯了张某华人身权利和合法权益,属《行政诉讼法》(1989)第54条第2项第4目规定"超越职权"的行为。最终,法院判决撤销磐安县公安局限制张某华人身自由和扣押财产的行为。

行政机关应当行使法律、法规授权范围内的行政职权,如果行使了其他部门的职权,就超越了行政事项的管辖范围。在鸿森广告公司诉剑河县住房和建设局行政处罚案中,剑河县住房和建设局与县级以上地方人民政府交通主管部门无隶属关系。但是,剑河县住房和建设局行使了应当由剑河县住房和建设局行使的职权,超越自己的业务主管范围,系超越职权行为。法院判决撤销剑河县住房和建设局作出的行政行为。

行政机关行使职权应当采取合理的手段、方式,不得采取违法违规的方式实现行政目的,否则据此作出的行政行为应当予以撤销。例如,私营企业主对企业财产具有占有、使用、收益和处分的权利,以及组织生产经营的权利。行政机关不得违法作出侵犯其正常经营与管理的行政行为,否则行政机关行使职权的手段或方式就具有非法性,行政行为就具有可撤销事由。在刘某元诉蒲江县乡镇企业管理局侵犯财产权、经营自主权行政诉讼案[1]中,四川省高级人民法院认为,蒲江县乡镇企业管理局作出任免决定和查封行为,侵犯了刘某元的财产所有权和私营企业经营自主权。故对被上诉人的行为属违法的具体行政行为,应予撤销。

根据上述案例可以发现,对于绝大多数行政越权行为,可通过行政机关自纠、层级监督及法院裁判等途径以确认无效或撤销的方式予以纠正。但对于极少数特定的行政越权行为,若以确认无效或撤销的形式予以纠正,会给国家利益、社会公共利益及相关法律秩序带来重大损害,且该损害客观上难以得到有效恢复与补救,则该类行政越权行为应当作为行政越权无效的例外情形,不应

---

〔1〕 刘某元诉蒲江县乡镇企业管理局侵犯财产权、经营自主权行政诉讼案,载《最高人民法院公报》1994年第2期。

确认无效或予以撤销。[1]

（二）行政机关严重超过办案期限作出行政处罚

行政处罚法的立法目的在于维护公共利益和社会秩序，保护公民的合法权利。行政处罚及时高效地作出，可以使被处罚人避免再次作出相同的违法行为，从而达到惩罚与教育的功能。在朱某付与蚌埠市公安局高新区分局、蚌埠市公安局、朱某怀、朱某记治安管理行政处罚、行政复议要求撤销案[2]中，最高人民法院《关于适用〈中华人民共和国行政诉讼法〉的解释》第 96 条对《行政诉讼法》第 74 条的“程序轻微违法”作出了解释，其中就包括“处理期限轻微违法”。对于超出处理期限作出的行政处罚行为属于处理期限轻微违法的可以适用确认违法但不撤销。本案中，蚌埠市公安局高新区分局在没有正当理由的情况下，不积极履行法定职责，在事发 6 年后才作出行政处罚决定，不应属于“处理期限轻微违法”的情形，该严重逾期的处罚行为既违反了《治安管理处罚法》关于办案期限的规定，亦不能实现惩罚与教育的功能，反而可能引发更大的矛盾，对当事人的权利已经产生了实际影响，同时增加了滥用行政处罚权利的可能性，该行为属于违反法定程序，依法应予撤销。

（三）行政机关滥用职权

在行政执法中，行政机关只能针对行政相对人拥有的违法财产采取强制措施，其合法财产理应受到法律的保护。行政机关如果对相对人的合法财产采取强制措施，涉嫌滥用职权，其行政行为应当予以撤销。在辰宇公司诉海原县住房和城乡建设局、海原县人民政府规划行政处罚案中，海原县住房和城乡建设局下发责令改正通知书，要求辰宇公司将其在合法取得土地使用权的土地上并有具合法经营资质经营的车辆予以搬离，属滥用职权，应予撤销。海原县人民政府经复议后，没有改变原行政行为，反而予以维持，复议决定也应当撤销。最终，法院判决撤销了责令改正通知书和行政复议决定。

---

[1] 梁某某诉徐州市云龙区民政局离婚登记行政确认案，江苏省高级人民法院（2018）苏行终 1715 号行政判决书。

[2] 朱某付与蚌埠市公安局高新区分局、蚌埠市公安局、朱某怀、朱某记治安管理行政处罚、行政复议要求撤销案，安徽省蚌埠市中级人民法院（2020）皖 03 行终 88 号行政判决书。

但是,行政机关滥用职权并不必然导致行政行为被撤销,法院应当根据行政行为所引发的后续行为的实际情况予以考虑。例如,在梁某华诉那坡县人民政府林业行政登记案[1]中,最高人民法院经审理认为,从严格依法行政的角度而言,对于所有有瑕疵的行政行为,都可以通过撤销的方式予以纠正。但是从行政效率和效益的角度考虑,基于保护行政相对人的信赖利益和减少行政争议产生的考量,行政机关应当采取足够审慎的态度,只有在该行政行为的瑕疵足以影响到实质处理结果时,才采用撤销的方式进行纠错。对于行为仅存在轻微瑕疵但并不影响实质处理结果且对利害关系人权利不产生实际影响的,或者通过补正等事后补救方式可以“治愈”的瑕疵,或者撤销行政行为可能会给国家利益、社会公共利益造成重大损失的,应当考虑采取其他方式进行纠错。

三、确认行政行为违法

确认违法也是处理行政执法主体职权违法的一种方式。确认违法一般适用于不需要撤销、不适宜撤销的情形,在判决确认违法之后,并不改变已经形成的法律关系。《行政诉讼法》第 74 条规定,“行政行为有下列情形之一的,人民法院判决确认违法,但不撤销行政行为:(一)行政行为依法应当撤销,但撤销会给国家利益、社会公共利益造成重大损害的;(二)行政行为程序轻微违法,但对原告权利不产生实际影响的。行政行为有下列情形之一,不需要撤销或者判决履行的,人民法院判决确认违法:(一)行政行为违法,但不具有可撤销内容的;(二)被告改变原违法行政行为,原告仍要求确认原行政行为违法的;(三)被告不履行或者拖延履行法定职责,判决履行没有意义的”。

(一)撤销行政行为会损害国家和社会利益的

根据《行政诉讼法》第 74 条第 1 款第 1 项规定,行政行为依法应当撤销,但是撤销会给国家利益、社会公共利益造成重大损害的,人民法院判决确认行政行为违法,并不撤销该行政行为。

在益民公司诉河南省周口市政府等行政行为违法案[2]中,最高人民法院认为,虽然周口市计划委员会作出《招标方案》,发出中标通知书及周口市政府

---

[1] 梁某华诉那坡县人民政府林业行政登记案,最高人民法院(2018)最高法行再 7 号行政裁定书。
[2] 益民公司诉河南省周口市政府等行政行为违法案,载《最高人民法院公报》2005 年第 8 期。

作出54号文的行为存在适用法律错误、违反法定程序的情形，且影响了上诉人益民公司的信赖利益，但是如果判决撤销上述行政行为，将使公共利益受到以下损害：一是招标活动须重新开始，如此则周口市“西气东输”利用工作的进程必然受到延误。二是由于具有经营能力的投标人可能不止亿星公司一家，重新招标的结果具有不确定性，如果亿星公司不能中标，则其基于对被诉行政行为的信赖而进行的合法投入将转化为损失，该损失虽然可由政府予以弥补，但最终亦必将转化为公共利益的损失。三是亿星公司如果不能中标，其与中石油公司签订的“照付不议”合同亦将随之作废，周口市利用天然气必须由新的中标人重新与中石油公司谈判，而谈判能否成功是不确定的，在此情况下，周口市民及企业不仅无法及时使用天然气，甚至可能失去“西气东输”工程在周口接口的机会，从而对周口市的经济发展和社会生活造成不利影响。根据最高人民法院《关于执行〈中华人民共和国行政诉讼法〉若干问题的解释》第58条关于“被诉具体行政行为违法，但撤销该具体行政行为将会给国家利益或者公共利益造成重大损失的，人民法院应当作出确认被诉具体行政行为违法的判决，并责令被诉行政机关采取相应的补救措施”的规定，应当判决确认被诉具体行政行为违法，同时责令被上诉人周口市政府和周口市计划委员会采取相应的补救措施。

在任某利等诉宁波市奉化区人民政府房屋征收决定、宁波市人民政府房屋征收行政复议案[1]中，浙江省高级人民法院认为，被诉征收决定作出前征收补偿费用没有足额到位，用以建造产权调换房屋的土地尚未被批准转化为国有建设用地，该被诉征收决定存在不当。但鉴于被诉征收决定系基于公共利益需要的作出，讼争征收项目补偿费用已有保障，用于建造产权调换房屋的土地在被诉征收决定作出后已获批准转化为国有建设用地，且绝大多数被征收人已签订了安置补偿协议，如撤销被诉征收决定，将给公共利益造成重大损害，故原审法院依法确认被诉征收决定违法，符合法律规定。

（二）行政行为程序轻微违法的

《行政诉讼法》第74条第1款第2项规定，行政行为程序轻微违法，但对原告权利不产生实际影响的，人民法院判决确认行政行为违法，并不撤销行政行

[1] 任某利等诉宁波市奉化区人民政府房屋征收决定、宁波市人民政府房屋征收行政复议案，浙江省高级人民法院（2019）浙行终1769号行政判决书。

为。在巫某某诉西林县人民政府土地权属确权案[1]中,法院经审理认为,依照《广西壮族自治区土地山林水利权属纠纷调解处理条例》第31条的规定,土地山林水利权属纠纷确权处理期限为6个月。案情复杂的,经本机关主要负责人批准可以延长6个月。调解、勘验、鉴定期间不计入办案期限。本案中,西林县人民政府作出的处理决定超期近10个月,除去勘验、调解期间,仍不足以抵扣超期的时间,被告西林县人民政府在处理期限上确实存在轻微违法,但对原告权利不产生实际影响,不足以撤销被告的行政行为。依照《行政诉讼法》第74条第1款"行政行为有下列情形之一的,人民法院判决确认违法,但不撤销行政行为:……(二)行政行为程序轻微违法,但对原告权利不产生实际影响的"及最高人民法院《关于适用〈中华人民共和国行政诉讼法〉的解释》第96条"……属于行政诉讼法第74条第一款第(二)项规定的'程序轻微违法':(一)处理期限轻微违法……"的规定,法院确认被告西林县人民政府2019年11月17日作出西政处字〔2019〕第1号西林县人民政府关于马蚌镇马蚌村上仁盘屯巫某某和江某一土地权属纠纷行政处理决定书程序轻微违法,但不予以撤销。

本案中,被告西林县人民政府作出的行政处理决定认定事实清楚、证据确凿,但在处理期限上存在程序轻微违法,应当确认其处理程序轻微违法。被告百色市人民政府在复议决定中虽已对处理期限的程序瑕疵予以指出,但未在复议决定中确认程序违法不当,应当予以纠正。因其实体处理结果正确,故不予撤销。

(三)行政行为违法,但不具有可撤销的内容的

《行政诉讼法》第74条第2款第1项规定,行政行为违法,但不具有可撤销内容的,不需要撤销或者判决履行,人民法院判决确认违法。在邱某钰、杨某英诉海南省工商行政管理局工商行政管理纠纷案[2]中,最高人民法院认为,海南省工商行政管理局于2010年9月20日核准海南西昌公司股权及股东变更登记的行为虽然违法,但由于杨某英、邱某钰受让股权构成善意取得,不具有可撤销

[1] 巫某某诉西林县人民政府土地权属确权案,广西壮族自治区百色市中级人民法院(2020)桂10行初105号行政判决书。

[2] 邱某钰、杨某英诉海南省工商行政管理局工商行政管理纠纷案,最高人民法院(2016)最高法行申1286号行政裁定书。

内容，根据《行政诉讼法》第74条第2款的规定，“行政行为有下列情形之一的，不需要撤销或者判决履行的，人民法院判决确认违法：(一)行政行为违法，但不具有可撤销内容的……”，对该登记行为依法不应予以撤销。

本案中，海南省工商行政管理局核准股东及股权变更登记行为违法，但是对于已经获得相应对价而退出公司的股东刘某恩的权益并没有造成实际影响，不应当撤销，应当判决确认违法。最终，最高人民法院指令海南省高级人民法院再审本案。

(四)行政主体改变原违法行政行为，行政相对人要求确认违法的

《行政诉讼法》第74条第2款第2项规定，被告改变原违法行政行为，原告要求确认违法的，法院判决确认违法。行政机关作出行政行为具有单方性、约束性。这种约束性是双面的，既约束行政相对人，也约束行政机关。在行政行为存续期间，行政机关基于行政优益权的存在，在特定情形下可以改变其作出的行政行为。这种改变分为两种情形：第一，原来作出的行政行为在程序和实体上存在违法情形，行政机关进行自我纠错；第二，由于出现新的变化和情况，行政机关对合法的行政行为进行废止或改变。行政机关改变行政行为贯穿于行政行为存续的整个阶段。行政机关如果改变错误或违法的行政行为，行政相对人针对原行政行为要求确认违法的，人民法院在审查是否具有确认利益的前提下，判决确认违法或驳回起诉。

在白某灵、周某惠诉洋县人民政府行政复议案[1]中，白某灵、周某惠向洋县人民政府提出的行政复议申请事项为6项，洋县人民政府在未明确其行政复议申请事项，也没有向其释明的情况下，作出14号不予受理决定的审查事项与行政复议申请人申请的诸多事项不一致，不符合法律规定，应当予以撤销；同时在本案一审开庭之后，洋县人民政府即自行决定撤销了14号不予受理决定。根据《行政诉讼法》第74条第2款关于“行政行为有下列情形之一，不需要撤销或者判决履行的，人民法院判决确认违法：……(二)被告改变原违法行政行为，原告仍要求确认原行政行为违法的……”的规定，在洋县人民政府已经自行撤销了14号不予受理决定，白某灵、周某惠仍坚持对14号不予受理决定进行诉

---

〔1〕 白某灵、周某惠诉洋县人民政府行政复议案，最高人民法院(2020)最高法行申3672号行政裁定书。

讼的情况下,已被洋县人民政府自行撤销的 14 号不予受理决定不再具有可撤销的内容。据此,一审法院判决确认 14 号不予受理决定违法,二审法院驳回上诉、维持一审判决,均无不当。

前面提到继续确认之诉需有诉的利益,行政机关在起诉前自行改变行政行为,原行政行为尽管再也不会产生法律效果,当事人仍可以就原行政行为提起确认违法之诉;如果是在诉讼进行中行政机关改变被诉行政行为,当事人则可以要求继续初始的诉讼,只是将原来的撤销请求转换为确认违法。正因如此,这种诉讼才被称为继续确认之诉。之所以允许对一个已经终结的、再也不会产生效果的行政行为继续进行确认,是因为在有些情况下仍然存在确认的利益。比如,确认原行政行为违法,有利于当事人后续主张国家赔偿等权利;又如,有利于完成对于那些随诉讼终结被弃置不顾的法律问题的继续澄清。但是,这种继续确认的利益,通常只有在被改变的行政行为属于对原告不利的负担行政行为时才会存在,因为该行政行为尽管已经终结,但其违法性曾经存在,违法的后果未必会随着行政行为的终结而自行终结。对于一个授益行政行为而言,由于该行政行为自始就不曾对当事人施与过任何负担,也不会存在确认原行政行为违法的利益。有时,即使法院应当事人的要求继续初始的诉讼,也未必都会对行政机关业已改变的原行政行为作出违法确认。如果原行政行为本身并不违法,作出改变只是因为作为其根据的事实或者法律状态发生变化;如果原行政行为的违法性被及时治愈或转换,如通过一个内容相同的另一行政行为取代,或者通过其他措施得到处理,行政行为的违法性即不存在。[1]

(五)行政主体不履行或者拖延履行法定职责,判决履行没有意义的

《行政诉讼法》第 74 条第 2 款第 3 项规定,被告不履行或者拖延履行法定职责,判决履行没有意义的,人民法院判决确认违法。该条款确定了“继续确认之诉”。确认不履行或者拖延履行法定职责违法,只是请求履行法定职责之诉的一个亚类或者补充,其含义是指本来应当判决责令行政机关履行法定职责,只是因为“判决履行没有意义”,才将履行判决的方式转为确认违法判决。正是由于继续确认之诉与请求履行法定职责之诉涉及的是相同的标的,认为存在相

〔1〕 李某菊诉开封市鼓楼区政府房屋征收补偿决定案,最高人民法院(2017)最高法行申 2290 号行政裁定书。

同的评判基础。如果请求行政机关履行的不是一个具有外部效力的调整,既不能责令行政机关履行,也无从确认行政机关拒绝履行这个请求违法。[1]

在罗某某诉柳州市柳江区人民政府不履行信息公开法定职责案[2]中,广西壮族自治区高级人民法院认为,柳江区人民政府在收到罗某某的政府信息公开申请后同日转交柳江区经开总公司予以答复,虽然柳江区经开总公司作出答复意见,但柳江区经开总公司不是负责政府信息公开的工作机构,该公司对罗某某作出答复及提供政府信息的行为不能代表柳江区人民政府。如果柳江区人民政府认为罗某某以信息公开申请的形式进行信访等其他活动,亦应当告知其不作为政府信息公开申请处理。由于柳江区人民政府在诉讼阶段已向罗某某公开由其保存的政府信息,罗某某向法院确认其已知悉申请公开的全部政府信息,再判决柳江区人民政府公开政府信息已无意义。但是,柳江区人民政府在法定答复期限内未予答复,其不作为行为违反《政府信息公开条例》的相关规定,柳江区人民政府未在法定期限内答复行为违法。

此外,《行政诉讼法》第 76 条规定,“人民法院判决确认违法或者无效的,可以同时判决责令被告采取补救措施;给原告造成损失的,依法判决被告承担赔偿责任”。因此,行政行为被确认违法或者无效的,法院可以责令采取补救措施。给行政相对人造成损失的,行政主体需要承担赔偿责任。

---

〔1〕 李某林诉安阳市政府不履行监督职责案,最高人民法院(2018)最高法行申 4897 号行政裁定书。

〔2〕 罗某某诉柳州市柳江区人民政府不履行信息公开法定职责案,广西壮族自治区高级人民法院(2020)桂行终 942 号行政判决书。

第五章　从典型案例看证据规则在执法中的适用

"以事实为根据"是《行政诉讼法》规定的一项基本原则，事实必须由证据来加以证明，在诉讼过程中没有证据，原、被告都无法证明自己的主张。证据问题遍布整个行政诉讼过程：原告提起诉讼需要一定的证据，当事人申请回避、申请停止执行、提起再审等程序性问题也需要证据。[1] 在预防行政机关败诉的前提之下，本章主要讨论行政执法机关在执法过程中如何收集证据、保存证据、提出证据从而正确认定案件事实防止承担败诉风险。同前面几章相同，本章也将运用大量的司法案例对行政机关在证据与事实认定上易发生的问题进行分析，期冀能够起到降低行政执法机关承担败诉风险的作用。

第一节　行政执法的证据收集

世界上每天都在发生着大大小小的事情，但有些事情不是我们通过肉眼就可以判断真伪和正误的，正所谓"你看见的不一定是事实，看不见的也许是真相"。而行政机关在行政执法过程中就扮演着通过收集证据、判断证据、采纳证据，发现事情真相、得出事实结论、作出行政决定的角色。因此，证据问题是一个值得我们深入研究的法律问题。关于证据，我们首先面对的是概念问题，因为"概念乃是解决法律问题所必须的和不可缺少的工具，没有专门概念，我们便不能清楚地和理性地思考法律问题"[2]。

当然，有时行政相对人对行政机关作出的决定不服会提起行政诉讼主张权

---

〔1〕 参见何海波：《行政诉讼法》，法律出版社2016年版，第400页。

〔2〕 [美]E. 博登海默：《法理学、法律哲学与法律方法》，邓正来译，中国政法大学出版社2004年版，第504页。

利,此时法院会以“以事实为根据,以法律为准绳”为原则作出裁决或进行审判。而我国法院对行政诉讼事实问题的审查力度是任何一个西方国家所不及的。[1]行政机关在诉讼过程中应当通过在执法过程中收集的证据举证证明案件事实,事实需要证据来说明,没有证据无以认定争议的事实。而行政机关收集的证据并不是都会被法院采纳,只有符合法定的种类、通过合法的方法和程序取得的证据,该证据具有客观真实性且与待证事实之间相关联,且行政机关收集的证据能够达到证明标准法院才会采纳,行政机关才不会因为“主要证据不足”而承担败诉的风险。

笔者始终认为,证据是法律程序的灵魂,离开证据的证明作用,任何精巧的法律程序都将会变得毫无意义。作为一个行政决定整体不可缺少的组成部分,证据显得格外重要。

一、何为“证据”

目前,我国学者对证据的定义多从诉讼的角度来进行,但实际上证据的运用范围远比三大诉讼宽泛的多,证据除在刑事诉讼程序、民事诉讼程序和行政诉讼程序中运用外,还被运用在很多领域,特别是在行政程序中,证据频繁地被行政机关工作人员和行政相对人运用。

我国《刑事诉讼法》第 50 条规定,“可以用于证明案件事实的材料,都是证据……证据必须经过查证属实,才能作为定案的根据”。《民事诉讼法》第 66 条第 2 款规定,“证据必须查证属实,才能作为认定事实的根据”。《行政诉讼法》第 33 条第 2 款也规定了“以上证据经法庭审查属实,才能作为认定案件事实的根据”。从我国三大诉讼法的规定可以看出:从证据的内容和实质来讲,证据必须是证明案件真实情况的事实;从证据的形式和来源来讲,它必须具备法定的形式和来源;从证据的证明过程来讲,它必须是经过查证属实的才可以作为定案根据的证据。因此,根据法律规定和法学教材来看,可以对证据作如下定义:证据是经过查证属实可以作为定案根据的,具有法定形式和来源的,证明案件真实情况的一切事实。[2]

---

〔1〕 参见何海波:《行政诉讼法》(第 2 版),法律出版社 2016 年版,第 400 页。

〔2〕 参见徐继敏:《行政证据制度研究》,中国法制出版社 2006 年版,第 10～13 页。

二、行政程序证据的种类

证据种类是对证明案件事实材料的分类。《行政诉讼法》第33条规定,“证据包括:(一)书证;(二)物证;(三)视听资料;(四)电子数据;(五)证人证言;(六)当事人的陈述;(七)鉴定意见;(八)勘验笔录、现场笔录。以上证据经法庭审查属实,才能作为认定案件事实的根据”。我国对于行政程序还没有规定统一的法典,行政机关被行政相对人诉至法院,法院是以《行政诉讼法》规定的证据种类进行审查,因此行政机关执法过程中的证据也采用《行政诉讼法》的规定。

(一)书证

书证是指以文字、符号或图画等形式所表达的思想内容来证明案件真实情况的书面文件或其他物体。[1] 凡是以文字来记载人的思想和行为以及采用各种符号、图案来表达人的思想,其内容对待证事实具有证明作用的物品都是书证。书证从形式上来讲取决于它所采用的书面形式,就内容而言取决于它所记载或表达的思想内涵与案情具有关联性,因此能够作为认定案件事实的根据。书证是行政执法过程中十分重要的证据类型,也是十分常见的证据类型。

在增城市大恒科技实业有限公司诉增城市娥乡规划局行政强制拆除案[2]中,行政机关认为行政相对人未经批准、未办理任何报建手续,擅自建设房屋已构成违法建设,遂作出关于拆除违法建设的通告,要求行政相对人自通告之日起4天内,自行无条件拆除上述违法建设。这份通告就是书证,因为通告首先是以书面形式记载的,其次是这份通告上清楚的记载了行政机关于何时要求何人在限期内停止违法行为,以书面形式证明了行政机关对行政相对人作出过处罚决定,这就是书证。

书证作为诉讼证据,早为罗马法所确认。古巴比伦《汉穆拉比法典》中亦有运用书证的规定。在中国古代的西周诉讼中,即已采用书证。《周礼·地官司徒·小司徒》记载:“地讼,以图正之。”《周礼·秋官司寇》记载:“凡以财狱讼

〔1〕 参见王维民编著:《行政程序证据制度研究》,中国言实出版社2014年版,第32页。

〔2〕 参见中华人民共和国最高人民法院行政审判庭编:《中国行政审判案例》(第3卷),中国法制出版社2013年版,第48~53页。

者，正之以傅别约剂。”傅指文书，别指一分为二，双方各执其一。“傅别”就如同后来凭骑缝核对的票据。“约剂”也是古代作为凭信的文书契券。此记载说明当时地讼、财讼都需调取书证。如今，电子政务的普及导致传统的行政证据链发生变化，原来以书证为主的证据材料将有可能大量以电子数据的形式出现。大部分电子数据也是以其所表达的思想和记载的内容来反映案件情况，如果将书证作广义理解，有的电子数据也完全符合书证的内涵，只是承载信息的客体不同。但是，法律将电子数据规定为一种独立的证据类型，因此我们认为凡是通过电子邮件、博客、微博客、手机短信等形成或者存储在电子介质中的信息不是书证，而是电子数据。

（二）物证

物证是指以外部特征、存在形式或物质属性证明案件真实情况的物品和痕迹。物证也是行政执法过程中常见的证据类型。比如，工商部门对生产假冒伪劣产品者实施行政处罚程序中的假冒伪劣产品、建设主管行政机关对违章建筑作出行政处理决定程序中的违章建筑物等都是物证。行政执法过程中的物证种类多种多样，大到高速公路、房屋，小到基因，都可以成为物证。《行政诉讼证据规定》第 11 条规定，当事人向人民法院提供物证的，应当符合下列要求：（1）提供原物。提供原物确有困难的，可以提供与原物核对无误的复制件或者证明该物证的照片、录像等其他证据；（2）原物为数量较多的种类物的，提供其中的一部分。

在禄某顺、邢某英诉郑州市中原区人民政府行政强制措施及行政赔偿案中，行政相对人认为行政机关将其拥有的私有房屋违法强制拆除，并将家中物品异地扣押，要求行政机关赔偿原屋内实际存放但因被行政机关限制人身自由无法举证且移转物品财产清点公证书上亦没有记载的邮票、邮册等物品的实际价值。行政相对人提供的邮票、邮册等物品就是物证。[1]

执法过程中，会出现一个证据既是物证又是书证，既能以文字所表达的思想内容证明案件事实，又能以本身存在形式证明案件事实的情形。行政执法机关应当在执法过程中明确区分收集到的证据是物证还是书证，只有这样才能依

---

〔1〕 参见中华人民共和国最高人民法院行政审判庭编：《中国行政审判案例》（第 3 卷），中国法制出版社 2013 年版，第 92 号案例。

据《行政诉讼证据规定》对物证、书证所作的不同要求提交证据。比如,在陈某某制作、复制、出版、贩卖淫秽物品牟利案[1]中,湖南省双峰县公安局在陈某某非法开办的印刷厂内当场查获淫秽书籍 7200 册。公安局查获的这些淫秽书籍以其书籍里记载的文字、图画等表达的思想内容证明其是淫秽书籍,这些书籍就是书证,不是物证。但是,如果公安机关在现场执法过程中,陈某某及其同伙妨碍执法机关办案,几人拿起书籍砸伤执法人员企图逃脱,这样的行为又可能违反《治安管理处罚法》第 50 条规定:"有下列行为之一的,处警告或者二百元以下罚款;情节严重的,处五日以上十日以下拘留,可以并处五百元以下罚款:……(二)阻碍国家机关工作人员依法执行职务的……"那么行政机关在证明陈某某有阻碍行政机关依法执行职务的行为时,这些淫秽书籍就是物证,而不是书证,因为不是以书籍里的文字记载内容证明其有制作淫秽物品牟利的行为,而是以书籍的外在形式证明陈某某有阻碍执法的行为。

(三)视听资料

视听资料是指以录音机、录像机以及计算机等高科技设备存储和记录并以其显示的内容来证明案件事实的证据。视听资料表现的内容,在向办案人员、行政程序参与人显示时不是静止不动的,而是连续和动态的。视听资料与其他证据类型相比,有以下特点:有较强的客观性、信息量大、说服力强。正因为视听资料的这些特点,其能够单独证明或印证案件的事实情况,一些视听资料还可以单独证明案件的主要事实,目前已成为行政执法过程中认定案件事实的主要证据。

在何某耀与乌鲁木齐市公安局高新技术产业开发区(新市区)分局治安行政处罚案中,乌鲁木齐市公安局高新区分局认定原告与案外人发生争执,用砖头故意伤害案外人彭某,对原告作出行政拘留 7 日并处罚款 200 元的行政处罚决定。原告提起诉讼,一审驳回了原告的诉讼请求。原告不服提起上诉,在二审过程中,原告何某耀出示了事发当日现场的视听资料,证明自己只是出于自卫拿起砖头准备砸向彭某,彭某用手挡开。二审法院根据视听资料显示的内容撤销了一审法院的判决和被告作出的处罚决定。

该案中,原告在二审中提交的证据就是视听资料。其以录像的形式证明了

[1] 湖南省双峰县人民法院行政判决书,(2017)湘 1321 刑初 414 号。

案发过程,视听资料的内容显示了原告并不是故意殴打案外人而是为了自卫,且并没有实际用砖头砸到案外人,证明了被告作出的处罚决定严重失实。

视听资料按照其表现形式来分,可以分为以下四类:(1)录像资料。这里所讲的录像资料,不仅指使用录像机记录的图像资料,还包括用照相机、摄影机等设备记录的图像资料,其共同的特征是记录反映有关事实发生过程的图像信息并可使人感知。(2)录音资料。所谓录音资料,是指由一定的设备将事件发生过程中产生的音响记录下来形成的资料。存储的信息可经过一定设备播放出来,再现与案件有关的声音信息,也可供分析比较,以证明案件的真实情况。(3)计算机存储的资料。计算机系统存储有关信息的方式和介质多种多样,现在常见的主要有软磁盘、硬磁盘、光盘等。(4)其他音像证据。除录音、录像和使用计算机存储的资料外,人们在各个领域广泛地采用电磁方式或其他技术手段对各种人为和自然的现象进行记录。记录的信息可通过一定的仪器设备以声音或图像的形式再现,使人能够感知并据以了解有关情况。该案中的视听资料即属于第一类,以摄像头记录的图像资料证明案件事实。

目前,随着科技的发展,执法人员在执法过程中会通过照相机、录像机、摄像机、执法记录仪等记录设备实时对行政执法过程进行记录。但是,行政机关在执法过程中通过视听设备记录执法过程需要注意以下几点:(1)行政机关对现场执法、调查取证、举行听证、留置送达和公告送达等容易引发争议的行政执法过程,应当根据实际情况进行音像记录;(2)确需进行音像记录的,应当使用执法行为用语对现场执法活动的时间、地点、执法人员、执法行为和音像记录的摄录重点等进行语音说明,并告知当事人及现场其他有关人员正在进行音像记录;(3)音像记录过程中,因设备故障、损坏或者电量不足、存储空间不足、天气情况恶劣、现场有关人员阻挠等客观原因而中止记录的,重新开始记录时应当对中止原因进行语音说明;确实无法继续记录的,应当书面说明原因。

(四)电子数据

电子数据是指通过电子邮件、电子数据交换、网上聊天记录、博客、微博客、手机短信、电子签名等形成或者存储在电子介质中的信息。虽然其相对于其他证据种类而言是一种新的证据类型,但是其在行政执法过程中的使用频率却不比其他证据种类小。推行电子政务已经是现在行政管理发展的方向,大量行政管理活动将通过网络进行,如行政机关通过网络征求意见、通过网络作出行政行为以及申请人可以通过网络递交申请材料等。在电子政务的各个环节,各种材料将以电子数据的形式体现,行政机关及行政相对人用以证明实体事实和程序事实的证据材料大多为电子证据。

比如,以微信方式固定下来的电子数据。在茂名市电白区建科混凝土有限公司诉广东省原市场监督管理局行政监察二审案[1]中,行政机关向法院提交了 19 家混凝土企业在微信群里的聊天记录,内容包含持续讨论调价信息,特别是执行提价的情况、客户对调价的反映以及对拒绝调价时的应对措施,证明了该 19 家企业围绕预拌混凝土变更价格、价格变动幅度,专门建立微信群并通过线下方式进行一系列的信息交流、涨价提议与互相督促。法院认为,各混凝土企业之间进行了意思联络、信息交流,明显具有限制、排除相互间价格竞争的共谋。结合其他证据,最高人民法院经过分析认为原告的行为属于反垄断法原则上禁止的"固定或者变更商品价格"的横向垄断协议,认可了一审法院支持广东省原市场监督管理局作出的反垄断行政处罚的决定。在该案中,广东省原市场监督管理局认为行政相对人的行为构成垄断并作出处罚决定主要依据其在微信群里的聊天记录,这种通过微信的形式固定下来的证据就是电子数据。

以手机短信的方式固定下来的电子数据。在最高人民法院公布的指导案例 26 号——李某雄诉广东省交通运输厅政府信息公开案[2]中,原告于 2011 年 6 月 1 日通过广东省人民政府公众网络系统向被告申请政府信息公开,并且于当日收到政府公众网络系统以短信形式发送的申请提交成功的通知,但是被告认为自己是在 7 月 28 日才受理了原告的申请。在法庭上,原告提交的于 6 月 1 日收到申请成功的手机短信就是电子数据,法院采纳了行政相对人认为行政机关已于 6 月 1 日受理行政相对人信息公开申请的主张。

电子数据的证据形式现在已经十分普遍,在推行电子政务的今天,行政执法机关更应该注重电子证据的收集,不仅因为网络时代的到来使得电子数据使用更加频繁,更重要的是电子数据有时能够直接证明案件事实。但是,无论是以从微信、手机短信还是电子邮件、微博上固定下来的电子数据证明案件事实,都应遵守法律对于电子数据证据的要求,能够收集原件时应当收集原件,只有在收集原件确有困难时再收集复印件。对收集到的电子数据要注明制作方法、

---

〔1〕 最高人民法院行政判决书,(2022)最高法知行终 29 号。

〔2〕 广东省广州市越秀区人民法院行政判决书,(2011)越法行初字第 252 号。

制作时间、制作人和证明对象等内容。

电子数据与视听资料存在许多共同点,在行政执法过程中执法人员很难界定电子数据和视听资料的区别。视听资料是以模拟信号的方式在介质上进行存储的数据,而电子数据是以数字信号的方式在介质上进行存储的数据。在当今社会,视听资料的范围很小,应限定于以模拟录音录像设备如磁带录像机、磁带录音机、胶卷相机等设备形成的数据,而电子数据则更强调数据的记录方式,是指以电子方式记录的数据。一般而言,电子邮件、电子数据交换、网上聊天记录、博客、微博客、手机短信、电子签名、域名都是电子数据。在法律意义上,将视听资料和电子数据进行区别意义不大,不仅是因为现在执法机关获取的录音、录像大多为电子数据,而且法律对于视听资料和电子数据的要求大致相同:尽量提供原件,注明制作方法、制作时间、制作人和证明对象,声音资料应当附有该声音内容的文字记录。

(五)证人证言

行政程序中的证人证言是指证人就其所经历的事项向行政机关所作的陈述。证人证言是行政事实认定的重要证据材料。证人证言具有主观性,因而会出现证人作虚假陈述的情况;证人证言是证人对其所经历事项的感受,容易受环境的影响;证人证言是证人对其观察感知的事物经过其大脑的思维以后而作的事后复述,易出现前后描述不一致的现象。

与案件无关的当事人可以作为证人,其所作的陈述当然也是证人证言。但是,行政机关工作人员对现场执法时所观察到的事项进行描述是不是证人证言呢?在杨某林诉广东省珠海市公安局交通警察支队拱北大队处罚纠纷案[1](以下简称杨某林案)中,被告的一名交通警察在执法过程中认为原告杨某林在驾驶汽车行至红绿灯处时,在右转弯车道上往左边排队缓慢行驶的车辆的右侧强行插队,影响其他车辆的正常行驶,遂依据简易程序当场作出行政处罚决定书,对原告罚款200元,并当场送达原告。但是被告作出的处罚决定没有其他证据能够证明原告有穿插行驶的违法行为,只有作出处罚决定的交警陈述。在诉讼中,二审法院采纳了被告的证据,并判决维持处罚决定。

---

[1] 一审:广东省珠海市香洲区人民法院行政判决书,(2010)香行初字第42号;二审:广东省珠海市中级人民法院行政判决书,(2010)珠中法行终字第51号。

执法人员的陈述属于证据的哪一种类存在争议。笔者认为,其应当属于证人证言。首先,执法人员的陈述法院通常都将其作为证据加以认可,既然其属于证据,就应该是证据种类之一。其次,在证据的八大种类中,执法人员的陈述显然不符合其他七类的要求,既不是当事人的陈述,更不可能是书证、物证等证据种类,将其归属于证人证言的种类中最为合适。因此,我们就可以得出这样的结论:行政机关在没有其他证人的情况下,执法人员的陈述也是证人证言,执法人员只要依法办事、不存私心、维护秩序、为民服务,其证人证言就会被法院采纳。

(六)当事人的陈述

行政程序中的当事人陈述是指当事人就有关案件事实向行政机关及其工作人员所作的叙述和承认。正当程序原则要求,行政机关作出影响当事人权利的行为时要为其提供发表意见的机会,听取当事人对行政机关采纳证据和认定案件事实的意见和看法,在此过程中形成的证据材料就是当事人陈述。

我国《行政处罚法》和《行政许可法》都对当事人陈述作出了具体的规定。《行政处罚法》第7条规定,"公民、法人或者其他组织对行政机关所给予的行政处罚,享有陈述权、申辩权……"第45条第1款规定,"当事人有权进行陈述和申辩。行政机关必须充分听取当事人的意见,对当事人提出的事实、理由和证据……应当进行复核;当事人提出的事实、理由或者证据成立的,行政机关应当采纳"。《行政许可法》第36条规定,"行政机关对行政许可申请进行审查时,发现行政许可事项直接关系他人重大利益的,应当告知该利害关系人。申请人、利害关系人有权进行陈述和申辩。行政机关应当听取申请人、利害关系人的意见"。

(七)鉴定意见

行政程序中的鉴定意见是指相关领域的专家受行政机关委托或者指派,对行政执法过程中涉及的专门性的事实问题进行鉴别判断并出具的意见。鉴定意见过去多称"鉴定结论",法院在实践中也常常直接拿它们作为定案证据使用。但是"鉴定结论"给了人们一锤定音、不可摇撼的暗示,违背了证据属性,所以三大诉讼法相继将"鉴定结论"改为"鉴定意见"。《行政诉讼证据规定》第14条对鉴定意见作出了具体的要求:"被告向人民法院提供的在行政程序中采用的鉴定结论,应当载明委托人和委托鉴定的事项、向鉴定部门提交的相关材料、鉴定的依据和使用的科学技术手段、鉴定部门和鉴定人鉴定资格的说明,并应有鉴定人的签名和鉴定部门的盖章。通过分析获得的鉴定结论,应当说明分析过程。"第 62 条还规定,"对被告在行政程序中采纳的鉴定结论,原告或者第三人提出证据证明有下列情形之一的,人民法院不予采纳:(一)鉴定人不具备鉴定资格;(二)鉴定程序严重违法;(三)鉴定结论错误、不明确或者内容不完整"。

在广州市新源加油站有限公司与广州市白云区原市场和质量监督管理局工商行政管理(工商)处罚决定上诉案[1](以下简称广州市质监局案)中,广州市原市场和质量监督管理局想要对上诉人销售的汽油、柴油等成品油开展抽查检验工作,因为具体的检验十分专业,广州市原市场和质量监督管理局就委托了广州能源检测研究院对原告销售的油进行检验,广州能源检测研究院经检验出具了检验报告,检验结论为被抽检的车用柴油 0 号(Ⅴ)的硫含量的实测结果(值)为 13mg/kg,不符合 GB 19147—2013《车用柴油(Ⅴ)》的标准,根据抽样程序及该次抽样检验方案,判定该商品质量为总体轻微不合格。广州市原市场和质量监督管理局依据此检验报告对上诉人作出行政处罚,上诉人不服诉至法院。

该案中,广州能源检测研究院作出行政处罚依据的检验报告在行政诉讼中作为证据提交,检验报告就是鉴定意见。与其他证据不同,鉴定意见是一种认识意见,而不是事实本身。其他证据如物证、书证、证人证言、当事人陈述、勘验笔录等在执法过程中一般展示的都是客观现象,至于这些现象能够说明和证明什么,则由执法人员来认定。鉴定意见则不是要求鉴定人提供某些现象,而是要求他们对某些现象进行研究,从科学角度提出这些现象能够说明什么,分析这些材料的证明作用。因此,鉴定意见是一种理性认识。[2]

(八)勘验笔录、现场笔录

行政程序中的勘验笔录是指行政机关工作人员在行政程序中对违法行为

---

〔1〕 一审:广州铁路运输第一法院行政判决书,(2016)粤 7101 行初 2504 号;二审:广州铁路运输中级法院行政判决书,(2017)粤 71 行终 1259 号。

〔2〕 参见王维民编著:《行政程序证据制度研究》,中国言实出版社 2014 年版,第 37 页。

现场、事故现场、违法物品所在地现场等进行勘验、检验时所制作的记录。勘验笔录被大量用于治安管理、交通管理、环境管理、城市建设管理等领域。行政程序中的现场笔录是指行政机关及其工作人员在实施具体行政行为时,对现场情况、当事人陈述、证人证言等所作的记录。《行政诉讼证据规定》第15条规定,"……被告向人民法院提供的现场笔录,应当载明时间、地点和事件等内容,并由执法人员和当事人签名。当事人拒绝签名或者不能签名的,应当注明原因。有其他人在现场的,可由其他人签名。法律、法规和规章对现场笔录的制作形式另有规定的,从其规定"。

我国《行政诉讼法》将勘验笔录与现场笔录并列规定为一款,实际上勘验笔录与现场笔录为两种不同的证据类型。勘验笔录一般只记录现场的事实情况,是一种客观记载,不包括讯问当事人的记录以及执法人员的个人意见,它能反映各种痕迹、物品存在和形成的环境。而现场笔录不仅包括对现场事实情况的描述,也包括对违反行政法规的当事人进行讯问和询问证人所做的记录。比如,在张某军与郑州市公安局交通警察支队第三大队公安行政管理:道路交通管理(道路)行政强制措施纠纷上诉案[1](以下简称张某军案)中,行政机关在接到"110"报警称发生交通事故,到达现场后立即对驾驶员进行询问,作出询问笔录,由询问人签字确认。同时对事故现场进行勘验,勘验记录记载:×年×月×日×时×分,在×地点,一辆小轿车撞倒快速路桥墩,路上有两条×形的车轮痕迹。前者对于当事人的询问就是现场笔录,后者对于案件客观事实的记载就是勘验笔录。

行政机关在制作勘验笔录时极易犯以下错误:(1)所用词语主观性强。从张某军案中可以看出,勘验笔录所用词语十分客观,因为勘验笔录是对现场情况的客观记载,不能出现"大约""大概""估计有"此类词语。(2)常常先入为主。有时执法人员在勘验笔录上会像制作处罚决定书一样记载"违法""擅自"等主观认定的词语,殊不知这样的词语已经背离了勘验笔录的客观性,法院怎会采纳?(3)遗漏签名。在现场笔录的制作上,行政机关最易犯错之处是现场笔录的签名,行政机关常常因为没有让当事人或者见证人签名而承担败诉后果。

---

〔1〕 一审:河南省郑州市中原区人民法院行政判决书,(2018)豫0102行初86号;二审:河南省郑州市中级人民法院行政判决书,(2018)豫01行终620号。

三、国外对于行政证据的规定

(一)证据制度是各国行政程序法的核心制度

目前已有行政程序法的国家都在其行政程序法中规定了证据制度,且证据制度是行政程序法的核心制度。美国行政程序中的证据制度由《美国联邦行政程序法》的相关规定和司法判例构成,相对而言,大量的证据制度是通过判例确立的,即使这样,在《美国联邦行政程序法》中,证据制度仍然处于重要地位。从《美国联邦行政程序法》条文来看,大多数条文都涉及行政证据制度,有的条文主要规定证据制度。1946 年《美国联邦行政程序法》关于行政程序的规定共有 10 条,分别是第 551 条,定义;第 552 条,公共信息、机关规章、意见、裁决令、档案和程序;第 553 条,规章制定;第 554 条,裁决;第 555 条,附属事项;第 556 条,听证、主持人员、权力和职责、举证责任、证据、作为决定之依据的案卷;第 557 条,初步决定、终结性、机关复议、当事人递呈、决定内容、案卷;第 558 条,制裁的实施,许可证申请的裁定,许可证的停止、吊销和终止;第 559 条,对其他法律的效力、此后法律的效力。除第 551 条、第 553 条外,所有条款都有关于证据制度的规定。《美国联邦行政程序法》中关于证据制度的条文占有相当大的比例,一些重要行政程序原则是基于证据制度的要求和需要而确立的,因此证据制度被认为是美国联邦行政程序法的核心制度。

《德国联邦行政程序法》规定了证据调查与收集、证明责任、言词审理等证据制度。作为一般证据规则,《德国联邦行政程序法》规定了行政机关依职权调查事实的制度。该法第 24 条规定,行政机关依职权调查事实,行政机关决定调查的方式及范围,不受参与人提供的证据及要求的限制;行政机关应顾及一切对具体案件有意义的情况,甚至是有利于参与人的情况。同时,《德国联邦行政程序法》赋予行政机关调查收集证据的权力。该法规定,行政机关可使用其根据合目的性裁量,采用认为对调查事实为必要的证明方法,尤其是:收集各种资料;组织参与人听证,询问证人和鉴定人,取得参与人、鉴定人和证人的书面声明;调阅书证和案卷;组织勘验等。在行政机关调查取证程序中,行政程序参与人应参加事实的调查,尤其应当提供知道的事实和证据。行政机关依职权调查案件事实是《德国联邦行政程序法》的一项核心制度,且是一项证据制度。可见,证据制度在联邦德国行政程序法中的地位。

(二)国外对于证据种类的规定

一些国家的行政程序法采用列举的方式明确规定了行政程序证据种类。如《奥地利普通行政程序法》规定行政程序主要证据包括:文书、证人证言、参与人陈述、鉴定结论、勘验结果、间接收集与调查证据。《瑞士行政程序法》的第12条则规定,“官署依职权确定事实关系,必要时得使用下列证据:证书、当事人的报告、第三人的报告或证书、勘验、鉴定人的鉴定”。《德国联邦行政程序法》第26条规定,“行政机关可使用其根据合目的性裁量,认为对调查事实为必要的证明的方法,尤其是:收集各种资料;对参与人听证,询问证人和鉴定人,取得参与人、鉴定人和证人的书面声明;调阅书证和案卷;组织勘验”。同时,《德国联邦行政程序法》还规定了担保代宣誓制度,证人的宣誓证言应当是一种证据类型。从这些国家的法律规定情况来看,行政程序中的证据种类有书证、当事人陈述、证人证言、勘验笔录、鉴定结论和行政机关调查的其他证据。

一些国家行政程序法采用概括的方式规定行政程序证据种类。如《美国联邦行政程序法》第556条规定,任何口头或书面证据均可采用。《奥地利普通行政程序法》第46条规定,凡适于确定主要事实,并依各个案件之情况有助于达成目的者,皆得视为证据。《西班牙公共行政机关及共同的行政程序法》第80条规定,对程序的决定十分重要的事实可通过法律认可的任何证据媒介予以证明。虽然《瑞士行政程序法》第12条列举了证书、当事人之报告、第三人之报告、勘验、鉴定人之鉴定几种证据种类,但这并不意味着行政程序只能采用列举的几类证据。

因此,多数国家对行政程序证据种类规定方式虽然不一样,但大多数确立了一个原则,只要是有助于确定行政案件事实的证据,任何类型的证据都可以接受。

(三)国外对于证据排除规则的规定

行政证据排除规则是指某一些证据材料具有证明价值本应予以认证采纳,但基于种种原因而不得采纳来认定案件事实而被排除作为行政程序证据的法则。[1] 各国建立行政程序证据排除规则的考虑主要有:保护个人的权利、限制

---

〔1〕 参见徐继敏:《行政证据制度研究》,中国法制出版社2006年版,第55页。

公共权力、维护程序正义、维护一些法律关系的稳定和诚信原则。各国行政程序证据排除规则不尽相同,归纳起来主要体现在以下方面。

1. 非法证据排除

《美国联邦宪法修正案》第 4 条规定,"人民有保护其身体、住所、文件与财产的权利,不受无理的搜查和扣押,这是不可侵犯的权利。除有可能的理由,以宣誓或代誓宣言确保,并详细载明搜查的地点,被逮捕的人或扣押的物以外,不得颁发搜查证、逮捕证或扣押证"。同时,《美国联邦宪法修正案》第 5 条规定,"在任何刑事案件中,不得强迫任何人证明自己的犯罪"。该项规定原本应用于刑事案件中,后被应用于行政程序中,在行政机关进行调查或听证时,证人可以主张这个特权,拒绝作证。因此,在美国行政程序法中,非法搜查取得的证据和自证其罪获得的证据都属于非法证据,应当予以排除,行政机关不能采纳此类证据认定案件事实。

2. 特权证据排除

特权证据指政府和个人基于法律规定的特权可以拒绝向他人提供证据,包括政府特权和私人特权。政府作为一方当事人享有三方面证据特权:政府机关的律师为进行行政裁决的控诉和防卫而准备和收集的证据;有关行政活动的信息或国家机密;政府机关为制定政策而收集的工商秘密。私人特权是普通法承认的私人生活中一些极端信任的交往,法院不能要求作证,如夫妻间、牧师与忏悔者间、医师和病人间、律师和委托人间的关系,基于这些关系获知的情况,不能强迫相关人员作证。特权证据属于可以排除证据,行政机关不能接受此类证据认定案件事实。[1]

3. 案卷排他性规则

案卷排他性规则是指行政机关的裁决只能以案卷作为根据,不能在案卷以外,以当事人所未知悉和未论证的事实作为根据。国家机关在作出不利于公民、法人或其他组织的行为之前,必须听取其陈述和申辩,并充分重视其意见,这就是正当程序原则。该原则赋予当事人知晓行政机关作出行政决定的证据、事实依据的权利。正当程序原则在行政程序证据规则中的体现就是案卷排除规则,要求排除未记录在案卷中的证据材料。《美国联邦行政程序法》第 556 条规定,"书面证言、物证,以及在该程序中收入案卷的全部文书和申请书,就构成

---

〔1〕 参见徐继敏:《行政证据制度研究》,中国法制出版社 2006 年版,第 58 页。

了本篇第557条所规定的作为决定之依据的案卷”。根据该条的精神,如果证据材料未被收入案卷,则该证据材料不能用来证明案件事实。由于案卷具有排他性,行政机关不能在听证以外接纳证据。《瑞士行政程序法》第26条规定,当事人或其代理人有权就本身之案件向原处分官署或该官署所指定之邦之官署所在地,请求阅览卷宗:当事人之书状及官署之讯问笔录、所有作为证据之文件、已宣誓之行政处分笔录。该条也规定卷宗应当包括所有证据材料,如果证据材料未被列入卷宗,也应当被排除作为证据的效力。

第二节 证据不合法的表现形式

一、证据的形式不符合法律要求

(一)行政机关提供的书证复印件未加盖单位印章

《行政诉讼证据规定》第10条规定,当事人向人民法院提供书证的,应当符合下列要求:(1)提供书证的原件,原本、正本和副本均属于书证的原件,提供原件确有困难的,可以提供与原件核对无误的复印件、照片、节录本;(2)提供由有关部门保管的书证原件的复制件、影印件或者抄录件的,应当注明出处,经该部门核对无异后加盖其印章;(3)提供报表、图纸、会计账册、专业技术资料、科技文献等书证的,应当附有说明材料;(4)被告提供的被诉具体行政行为所依据的询问、陈述、谈话类笔录,应当有行政执法人员、被询问人、陈述人、谈话人签名或者盖章。法律、法规、司法解释和规章对书证的制作形式另有规定的,从其规定。该条第1款第2项对行政机关提供书证的复印件专门作出规定,经该部门核对无异后加盖其印章。

在臧某献诉青岛市黄岛区辛安街道办事处、原审第三人青岛西海岸新区综合执法局房屋行政强制案[1](以下简称臧某献案)中,行政机关提供的责令(限期)改正通知书、强制执行事先催告书、公告作为证据证明在强制拆除行政相对人的房屋时履行了通知义务。但是行政机关在法庭上提供的这三个证据全是复印件,而且复印件没有加盖单位印章,二审法院认为:上述三组证据

〔1〕 一审:山东省青岛市黄岛区人民法院行政判决书,(2017)鲁0211行初25号;二审:山东省青岛市中级人民法院行政判决书,(2018)鲁02行终8号。

无效。

该案中行政机关提交的证据为复印件,但复印件没有盖章,这样的书证很难保证其是在行政决定作出前就已经存在的。法律之所以这样规定是为了要求行政执法主体在作出行政决定时严格依据证据规则,履行相应程序。英美法系国家根据最佳证据规则,对书面证据要求提供原件,如原件在第三人手中,法院可用证令状命令其交出。如果至此原件仍未交出或存在原件毁失、原件无法提交法庭等情况时,才允许采纳第二手材料。大陆法系国家对使用第二手材料没有这样严格的限制。英美法系国家规定,当事人一方可以书面要求对方证实任何有关文件的真实性,文件的真实性需由原件签署人提供证明,在不能办到时,才允许采用其他证据。

书证是以文字记载的形式证明某些事实,具体到该案中,行政机关提交的书证是为了证明自己履行了通知义务,但是书证又是极易造假的证据种类。青岛市黄岛区辛安街道办事处提交的证据确实符合了证据种类的要求,但是却违反了《行政诉讼证据规定》第 10 条第 1 款第 2 项的要求,提供书证的复印件时没有加盖单位印章。因此,行政机关在作出行政决定后应对书证的原件做好保存工作,如果在诉讼过程中确实无法提供原件可以提供复印件,但是应该对复印件注明出处,且加盖保管部门的印章来证明其真实性,否则败诉风险会随着书证复印件数量的增多而增加。

(二)视听资料未注明制作方法、制作时间等内容

《行政诉讼证据规定》第 12 条规定,当事人向人民法院提供计算机数据或者录音、录像等视听资料的,应当符合下列要求:(1)提供有关资料的原始载体。提供原始载体确有困难的,可以提供复制件;(2)注明制作方法、制作时间、制作人和证明对象等;(3)声音资料应当附有该声音内容的文字记录。

在杨某生与葫芦岛市公安局龙港分局处罚并赔偿损失上诉案[1]中,行政机关接到有人放火的举报,执法人员出警后认为是杨某生所为就对其作出行政拘留 10 日的处罚决定。但是杨某生提供一份视听资料证明自己当时不在场,放火行为不是自己所为。法院在对该份证据采信上认为:“因该证据没有制作

---

〔1〕 一审:辽宁省葫芦岛市兴城市人民法院行政判决书,(2017)辽 1481 行初 26 号;二审:辽宁省葫芦岛市中级人民法院行政判决书,(2017)辽 14 行终 149 号。

方法、制作时间、制作人,亦无相关文字记录,故该证据不符合法律规定,本院不予采信。”

《行政诉讼证据规定》第12条之所以这样规定,是因为视听资料不仅具有形象、生动、连续和逼真的特点,还有易毁灭、易删改的特点。在郭某城和孙某雷主演的电影《全民目击》中,一位父亲为了使自己的女儿不受法律制裁使用一比一还原案发现场并用监控摄像机拍摄下来的技术来伪造证据,该份视听资料不仅迷惑了检察官、法官和律师的眼睛,更误导了全国人民。虽然这一场景只是发生在电影中,但是却反映出该类证据存在被模仿、被删改的可能性。

当然,在我国行政执法过程中,行政机关也大量采用视听资料这类证据来保全和固定案件事实。比如,各地公安交通执法部门通过录像设备发现交通违法行为、工商行政管理部门通过录像调查假冒伪劣商品。视听资料日益成为行政机关打击行政违法行为的重要证据,执法人员通过电子设备能够即时发现行政违法行为,并根据视听资料及时作出行政处理决定,维护行政管理秩序。

(三)现场笔录没有行政相对人签名也未注明原因

“现场笔录”是《行政诉讼法》规定的一种独有的证据,它是指行政人员在行政执法过程中当场制作的有关案件事实或者执法情况的记录。实践中,多数行政行为都需要行政主体即时决断,并以笔录的形式记载行政执法人员现场的所见所闻。比如,交通警察在对骑自行车闯红灯的人当场作出的行政处罚决定上所做的记录;卫生行政机关对出售腐烂变质食品现场制作的笔录等。行政执法过程中,如果不及时制作现场笔录,事后取证将十分困难,因此在行政证据中将现场笔录纳入进来。《行政强制法》第18条规定:“行政机关实施行政强制措施应当遵守下列规定:……(七)制作现场笔录;(八)现场笔录由当事人和行政执法人员签名或者盖章,当事人拒绝的,在笔录中予以注明;(九)当事人不到场的,邀请见证人到场,由见证人和行政执法人员在现场笔录上签名或者盖章……”

《行政诉讼证据规定》第15条规定,“根据行政诉讼法第三十一条第一款第(七)项的规定,被告向人民法院提供的现场笔录,应当载明时间、地点和事件等内容,并由执法人员和当事人签名。当事人拒绝签名或者不能签名的,应当注明原因。有其他人在现场的,可由其他人签名。法律、法规和规章对现场笔录的制作形式另有规定的,从其规定”。

在刘某诉乐昌市公安局行政处罚案〔1〕(以下简称乐昌市公安局案)中,行政机关认为刘某殴打他人,触犯了《治安管理处罚法》第 43 条第 1 款的规定,对其作出行政处罚,对刘某处以行政拘留 10 日,并处罚款 500 元,刘某拒绝签字。行政机关作出的行政处罚决定书虽然没有原告的签名,但是其在处罚决定书后手写有“注:以上行政处罚决定书办案民警已向刘某宣读,其听后拒绝在行政处罚决定书上签名并按捺指印确认”。因此,法院认为该证据合法,予以采纳。

该案中,行政相对人拒绝签名,执法民警在现场笔录中注明了原因,法院对于这样的现场笔录予以认可。法院之所以要求现场笔录上必须有行政相对人的签字或者不签字的注明原因或要求见证人签名,主要因为:(1)让行政相对人对现场笔录上记载的事项知情。因为行政机关在对行政相对人作出不利的行政处罚决定时行政相对人有权知道现场笔录上记载的事项。(2)现场笔录都是行政主体作出的,为了防止在行政关系中处于强势一方的行政人员滥用这一权力,就必须对现场笔录作出一定的限制。(3)《行政诉讼证据规定》第 63 条规定给予了现场笔录极高的证明力,在证明同一事实有数个证据时,现场笔录的效力优于其他书证、物证,因为现场笔录在制作的时间和地点上都很及时,它直接来源于案件事实,属于原始证据。对于传来证据而言,原始证据的证明力更强。所以,行政相对人必须对现场笔录上记载的事情知情,以监督执法人员记载的事项是否真实。(4)当现场笔录为孤证时,它可以直接作为定案的根据。比如,在一起道路交通执法处罚案件中,武先生驾车在路口红灯禁行时继续通行,执勤交警发现并拦下武先生,欲对其进行处罚,但是武先生认为自己没有闯红灯,此时正好路口没有摄像头也没有目击者在场,执勤交警就以简易程序作出了处罚决定书。武先生不服诉至法院,法院认为原告既没有证据能够证明自己没有闯红灯,又无法证明交警在滥用职权,因此依据处罚决定书上的事实认为交警认定事实清楚,适用法律正确。〔2〕所以,法律对现场笔录的合法性规定了严格的条件。

---

〔1〕 一审:广东省韶关市武江区人民法院行政判决书,(2017)粤 0203 行初 211 号;二审:广东省韶关市中级人民法院行政判决书,(2017)粤 02 行终 192 号。

〔2〕 参见吉罗洪、池寒冰主编:《行政诉讼证据前沿事务问题研究》,中国法制出版社 2015 年版,第 62 页。

(四)更正现场笔录,未让行政相对人捺手印

在张某香不服温州市工商行政管理局龙湾分局工商行政处罚案[1](以下简称张某香案)中,行政机关执法人员到行政相对人的店里检查认为其涉嫌侵犯商标专用权,对其作出行政处罚,行政相对人不服诉至法院。该案中,行政机关与行政相对人双方对到店检查的时间产生了争议。行政机关认为,根据现场检查笔录的记载,到店检查的时间应为2012年5月7日。而行政相对人坚称工商局到店检查的时间是2012年4月11日。法院查看现场笔录后,发现现场笔录上记载的实际到经营的店里检查的时间有明显的涂改痕迹,且正好是把2012年4月11日改为2012年5月7日,而且原告没有捺指印。最终,法院采纳原告诉称的到店检查时间为2012年4月11日的意见。

该案中,被告将实际到店检查的时间涂改,但是在涂改处没有原告捺手印证明行政相对人对行政机关涂改事项知情,所以法院采纳了原告主张的到店检查时间。虽然,该案的到店检查时间并不影响原告的起诉期限,甚至原告主张的到店检查时间对自己并不利,但是现场笔录上的记载应是客观的和真实的。形式合法是证据的外壳,只有证据在形式上合法了,才能证明执法人员在作出事实认定时尊重了行政相对人的知情权。因此,执法人员在办案过程中应客观、真实地对现场笔录进行记载,如果现场笔录因为笔误需要更正,应该在更正的地方由当事人捺手印确认更正内容,否则无法判断更正后的内容是在制作笔录过程中更正的还是制作后更正的,进而无法判断当事人是否知情、进入诉讼后是否超过了起诉期限,行政执法机关的败诉风险也会提高。

二、以非法手段取得的证据

法律对非法手段取得的证据作出了具体的规定,这些规定同样适用于行政机关在执法过程中对证据的收集。《行政诉讼法》第43条第3款规定,“以非法手段取得的证据,不得作为认定案件事实的根据”。《行政诉讼证据规定》第58条规定,“以违反法律禁止性规定或者侵犯他人合法权益的方法取得的证据,不能作为认定案件事实的依据”。

最高人民法院《关于适用〈中华人民共和国行政诉讼法〉的解释》第43条规

---

〔1〕 浙江省温州市龙湾区人民法院行政判决书,(2013)温龙行初字第72号。

定,“有下列情形之一的,属于行政诉讼法第四十三条第三款规定的‘以非法手段取得的证据’:(一)严重违反法定程序收集的证据材料;(二)以违反法律强制性规定的手段获取且侵害他人合法权益的证据材料;(三)以利诱、欺诈、胁迫、暴力等手段获取的证据材料”。《行政诉讼证据规定》第57条规定,“下列证据材料不能作为定案依据:(一)严重违反法定程序收集的证据材料;(二)以偷拍、偷录、窃听等手段获取侵害他人合法权益的证据材料;(三)以利诱、欺诈、胁迫、暴力等不正当手段获取的证据材料……”。

(一)严重违反法定程序取得的证据

行政机关在收集证据作出行政决定时必须遵循法定的程序,如果法律规定应当遵循的程序而行政机关没有遵循,即便此证据确实能够证明案件事实,也可能在法庭审查过程中被排除。一般认为,“违反法定程序”是指行政机关实施具体行政行为违反法律、法规规定的方式、形式、手续、步骤、时限等。如《行政处罚法》和《公安机关办理行政案件程序规定》对公安机关办理行政案件时的取证程序作了规定,公安机关在执法活动中不得违反。

1. 未取证即作出行政裁决

“先取证,后裁决”是行政主体在作出具体行政行为时应遵循的一项基本原则。依照该原则,行政主体只能以其在作出具体行政行为时所依据的证据作为证明其行为合法性的依据,而不能以事后收集的证据来证明其已作出的行为合法。

在冷水江市国土资源局申请强制执行陈某、梁某非法占用土地行政处罚案[1](以下简称冷水江市国土资源局案)中,陈某、梁某将通过互换取得的1113平方米水田用围墙圈绕,将部分土地用水泥硬化,其余土地用于种菜及栽种花草、苗木。后冷水江市国土资源局在没有充分取证的情况下作出行政处罚决定书,认定陈某、梁某围墙内的1113平方米的空坪隙地属非法占用土地,作出罚款27,825元的决定。法院经审查认为:“根据《土地管理法》第74条规定,是否破坏耕地的耕种条件系以行政相对人是否构成违法占用土地为判断标准。被执行人陈某、梁某围墙内的部分空坪隙地用于种菜及栽种花草、苗木,并未改

---

〔1〕 参见蔡文华:《娄底一国土局的强制执行申请遭法院否决》,载冷水江市人民法院网,http://lsjfy.hunancourt.gov.cn/article/detail/2017/02/id/4989646.shtml。

变该部分土地的耕种条件,冷水江市国土资源局将该部分土地视为破坏耕种条件予以处罚,属证据不足。"法院作出不准予强制执行的裁定。

该案中,冷水江市国土资源局在没有取证的情况下就将陈某和梁某的1113平方米土地都认定为改变土地的耕种条件,违背了先取证后裁决的原则。第5条规定,"设定和实施行政处罚必须以事实为依据,与违法行为的事实、性质、情节以及社会危害程度相当"。冷水江市国土资源局的处罚决定显然没有以事实为依据,违背了法定程序,作出的处罚决定无效。

公民,法人或者其他组织违反行政管理秩序的行为依法应当给予行政处罚的,行政机关必须查明事实,违法事实不清的,不得给予行政处罚。并且,《行政复议法》第46条规定,"行政复议期间,被申请人不得自行向申请人和其他有关单位或者个人收集证据"。《行政诉讼法》第35条规定,"在诉讼过程中,被告及其诉讼代理人不得自行向原告、第三人和证人收集证据"。这就要求行政机关在作出行政处罚决定之前,必须做到事实清楚,证据确实充分。因此,未取证即作出裁决的行为是严重违反法定程序的行为,是证据不充分的表现。

2. 未听取行政相对人的陈述、申辩

在举某与吉林市公安局交通管理支队处罚上诉案[1](以下简称举某案)中,法院认为,在交警支队制作的行政处罚告知笔录中,行政相对人明确表示要求陈述和申辩,并要求听证。但行政机关并未给出证据证明其听取了行政相对人的陈述、申辩并进行听证,依据《行政处罚法》(2017修正)第41条的规定,撤销了行政机关作出的行政处罚。同样,在李某文诉正阳县民政局行政处罚案(以下简称李某文案)中,一审法院以行政机关没有证据能够证明其作出的被诉行政处罚决定已送达行政相对人,也未提供证据证明在作出行政处罚决定前履行了《行政处罚法》(2017)第31条规定的告知程序,以处罚决定违反了《行政处罚法》(2017)第41条的规定判决行政处罚决定不能成立,撤销了行政机关作出的行政处罚决定。行政机关上诉后,二审河南省驻马店市中级人民法院支持了一审法院的判决,认为行政机关作出处罚决定时没有听取原告的陈述和申辩,处罚程序明显违法,处罚决定不能成立。上述两起案例都是行政机关没有给予当事人陈述、申辩和听证的权利,被法院以"处罚程序违法"判决败诉。

---

[1] 一审:吉林省吉林市昌邑区人民法院行政判决书,(2017)吉0202行初16号;二审:吉林省吉林市中级人民法院行政判决书,(2017)吉02行终136号。

在这两起案件中，行政机关在作出行政决定前没有听取当事人的陈述和申辩，法院判决行政机关败诉，作出的行政处罚决定依法被撤销。《行政诉讼证据规定》第 60 条第 2 项规定，行政机关在行政程序中非法剥夺公民、法人或者其他组织依法享有的陈述、申辩或者听证权利所采用的证据，不能作为认定被诉具体行政行为合法的依据。《行政处罚法》第 44 条规定，“行政机关在作出行政处罚决定之前，应当告知当事人拟作出的行政处罚内容及事实、理由、依据，并告知当事人依法享有的陈述、申辩、要求听证等权利”。《行政处罚法》第 62 条规定，“行政机关及其执法人员在作出行政处罚决定之前，未依照本法第四十四条、第四十五条的规定向当事人告知拟作出的行政处罚内容及事实、理由、依据，或者拒绝听取当事人的陈述、申辩，不得作出行政处罚决定；当事人明确放弃陈述或者申辩权利的除外”。

听取当事人陈述和申辩是证据合法性的要求，也是行政机关执法人员的一项法定义务，法律之所以如此规定是国家保障人权的体现，也是为了防止发生冤假错案。以上两个案例中，行政机关都无法举证证明自己在作出行政决定时听取了行政相对人的陈述和申辩，法院都判决行政机关败诉。实践中，行政机关在作出处罚决定时因为没有听取当事人的陈述和申辩而被法院撤销处罚决定、判决败诉的案例还有很多，这也是行政机关在证据收集程序上常犯的错误。

3. 未在听证中对证据进行质证

《行政处罚法》和《行政许可法》都规定，听证应当制作笔录，听证笔录应当交听证参加人确认无误后签字或者盖章。《行政许可法》第 48 条第 2 款规定，“行政机关应当根据听证笔录，作出行政许可决定”。这一规定意味着行政许可中的听证笔录具有排他性，即行政机关不能根据听证过程中没有涉及的事实和理由作出决定，这在学术上称为“案卷排他原则”。我国《行政处罚法》在 2021 年修订之前，并没有规定案卷排他原则。虽然 2009 年修正的《行政处罚法》第 42 条规定了，行政机关在作出责令停产停业、吊销许可证或者执照、较大数额罚款等行政处罚决定之前，应当告知当事人有要求举行听证的权利，但是并没有像《行政许可法》规定的那样要求行政机关必须依照听证中的证据作出处罚决定。然而，我国的司法实践早已经超越了法律的规定，将案卷排他性原则适用到了《行政处罚法》之中。因此，2021 年修订的《行政处罚法》增加了“案卷排他原则”，其中第 65 条规定，“听证结束后，行政机关应当根据听证笔录，依照本法第五十七条的规定，作出决定”。在行政诉讼中，行政机关不能提出行政听证过程中没有涉及的事实和理由来为行政行为的合法性进行辩护。在听证过程中行政机关常犯错误主要包括以下情形。

(1)听证时不出示已收集的证据

在淄博汇亿运输有限公司诉淄博市临淄区安全生产监督管理局安监行政处罚案[1](以下简称淄博市临淄区安监局案)中,行政机关因为行政相对人的车辆发生爆炸事故导致人员伤亡,组成调查组对事故进行调查。在调查报告得到政府的批复后随即于同一天向原告送达了《行政处罚告知书》和《听证告知书》,在组织听证以后行政机关对行政相对人作出了罚款的行政处罚决定,但是作出处罚决定所依据的材料却未在听证时质证。法院认为,行政机关作出处罚所依据的材料是立案前所收集并形成的,且听证时未质证,故不能作为认定和确定责任的证据。虽然认定的事故客观存在,但作出处罚决定时的听证程序不符合规定,依法应予撤销。

行政案卷排他原则是指行政机关的裁决只能以听证笔录作为依据,不能以听证笔录以外的当事人未知悉的和未论证的事实作为依据的原则。在行政处罚听证程序中之所以适用案卷排他原则,是因为从行政听证的目的来看,确立行政听证制度在于给予行政相对人一个自我申辩的机会,确保行政机关查明案件真相,从而保障行政机关的行政决定能依法、公平、公正地作出,能够在最大限度内保护行政相对人的权益。如果只是这样"听而不证",行政听证的目的也就无法实现,听证制度显然也就变得失去意义了。同时,行政听证能够起到防止权力滥用的作用,如果不是根据听证笔录作出决定,听证制度也就成了一纸空文,在实践中流于形式。以上案例就是行政执法机关以立案前所收集形成且听证时未质证的证据作出处罚,法官判决行政机关败诉的典型案例。

(2)听证后又收集证据

在徐某年不服郑州市二七区人民政府关闭煤矿行政决定案[2](以下简称二七区政府案)中,行政机关认为原告在停工停产整顿期间,在不具备安全生产条件的情况下,擅自从事煤炭生产,对行政相对人进行行政处罚。但是,行政机关在法庭上提交的所有证据中,有54份证据都是在作出决定后所收集,未经听

---

[1] 山东省淄博市临淄区人民法院行政判决书,(2012)临行初字第5号。

[2] 一审:郑州铁路运输中级法院行政判决书,(2015)郑铁中行初字第10号;二审:河南省高级人民法院行政判决书,(2015)豫法行终字第00541号。

证会质证。一审法院认为:“这些证据未经听证程序进行质证,不能作为证明关闭煤矿行政行为合法的证据使用。被告所辩‘晋荣煤矿属于非法煤矿、晋荣煤矿被责令停工停产整顿期间仍擅自违法生产’的主张缺乏证据支持。因此,本院撤销了被告作出的处罚决定,责令其限期内重新作出行政行为。”行政机关不服一审法院的判决提出上诉后,河南省高级人民法院对行政机关在法庭上提交的在听证后又收集的证据同样认为,“未经听证程序进行质证,不得作为证明关闭煤矿行政行为合法的依据。主张‘晋荣煤矿属于非法煤矿、晋荣煤矿被责令停工停产整顿期间仍擅自违法生产’缺乏证据支持,不予采纳”。河南省高级人民法院维持了一审判决。

这个案例发生在我国2021年《行政处罚法》修订之前,当时,我国《行政处罚法》虽然没有对听证笔录的效力进行规定,没有赋予听证笔录强制效力,但是行政机关在行政程序结束后获得的证据,不管该证据是否真实,多数法院都依据案卷排他原则认为该证据不能作为处罚的依据使用。也就是说,案卷排他原则在行政听证中的运用表现为:听证笔录之上的、当事人知晓并经论证的证据才可作为行政决定作出的依据。2021年《行政处罚法》修订之后,第65条已明确将案卷排他原则纳入。

因此,以上两个判决提醒行政执法人员:行政处罚过程中的行政案卷同样具有封闭性与强制性。目前,不仅法院早已将行政处罚过程中的案卷排他规则明朗化,《行政处罚法》也已将其规范化。行政执法机关在进行行政听证程序时应当将事前收集好的所有用以认定案件事实的证据进行质证。听证程序结束后,即便收集到足以认定案件真实性的证据也不能将其作为处罚的依据。这就要求行政机关积极行政,在听证程序前尽可能将证据收集完整,一旦听证程序结束,意味着证据收集过程也随之告终。

4. 询问证人未个别进行

《行政诉讼证据规定》第13条规定,当事人向人民法院提供证人证言的,应当符合下列要求:(1)写明证人的姓名、年龄、性别、职业、住址等基本情况;(2)有证人的签名,不能签名的,应当以盖章等方式证明;(3)注明出具日期;(4)附有居民身份证复印件等证明证人身份的文件。

我国《行政诉讼法》及其司法解释、《行政诉讼证据规定》、《治安管理处罚法》虽然没有对“询问证人应当个别进行”作出规定,但是我国《刑事诉讼法》及其司法解释以及《交通运输行政执法程序规定》《住房和城乡建设行政处罚程序规定》《农业行政处罚程序规定》等近些年出台的规章都对“询问证人应当个别进行”进行了规定。同时,司法实践也将“询问证人应当个别进行”作为证人证言合法性的要求。在孙某霞与济南市原自然资源和规划局资源行政管理案[1]中,行政机关提交给法院的调查笔录显示,执法人员询问两名证人是在同一时间、同一地点、同时进行的。法院认为行政机关同时询问两位证人,不符合调查证人的形式要件——询问证人应当个别进行,避免证人之间互相影响,保证证言的真实性,未采纳行政机关提交的这一证据。在贾某旺等诉河南省范县民政局案[2](以下简称贾某旺案)中,原告提交给法院的证人证言显示3个证人在同一时间一起被询问。法院认为原告委托代理人对3位证人以座谈形式取得的谈话笔录,违背了证据的合法性原则,不予采信。

以上两个司法案例提醒行政执法机关:虽然《行政诉讼法》和《行政诉讼证据规定》都没有对询问证人未个别进行的证据是否合法、法院是否采纳作出规定,但是司法实践已经将“询问证人应当个别进行”作为证据形式合法的要求之一。执法人员在询问证人时不应集体询问证人、不允许采取开座谈会或者集体讨论的方式进行,以免证人之间进行串通相互影响。否则,以上述方式询问证人取得的证人证言,法院也会因影响证据的合法性而不予采信。

(二)以诱惑、暴力等手段取得的证据

行政合法性原则要求行政机关在行使行政职权、作出行政行为时应有法律依据,尤其是在作出的行政行为是以限制或者剥夺行政相对人的合法权益为内容时,更加应该严格依照法律的规定行使其职权。不得采用非法手段获取证据,行政主体采用欺骗、引诱或者暴力手段获取证据的,是完全不符合法律规定的调查取证的行为。因此,该种情况下获得的证据是违法取得的证据,不应作为认定案件事实的依据。最高人民法院《关于适用〈中华人民共和国行政诉讼法〉的解释》第43条规定,“有下列情形之一的,属于行政诉讼法第四十三条第三款规定的‘以非法手段取得的证据’:……(三)以利诱、欺诈、胁迫、暴力等手段获取的证据材料”。《行政诉讼证据规定》第57条规定,“下列证据材料不能作为定案依据:……(三)以利诱、欺诈、胁迫、暴力等不正当手段获取的证据

---

〔1〕　山东省济南市莱芜区人民法院行政判决书,(2020)鲁0116行初119号。

〔2〕　河南省范县人民法院行政判决书,(2002)范法行初字第3号。

材料……”

1. 执法机关诱惑取证违法

“钓鱼执法”是手段违法的极端形式。我国以前存在的钓鱼执法现象有其深刻的社会根源，地方政府盲目追求经济利益，上级行政机关给下级行政机关下达收费和罚款指标，行政机关为了本部门创收采用了不正当的执法手段，正是这种不良的社会风气使诱惑取证有了生长发芽的“黑暗土壤”。

在张某诉上海市闽行区城市交通执法大队行政处罚案中，张某把自称胃痛的人送至医院后，被突然出现的执法大队人员认为是“黑车”，遭扣车与罚款处分，而且自称胃痛的病人也下车帮助执法大队的人拔车钥匙。经查明那位自称胃痛的人是执法大队的“钩子”，专门配合执法大队引诱人违法。同样的案例还有当时轰动全国的孙某界案，孙某界出于好心帮助路边请求搭载的乘客，结果只有 4 分钟这名乘客就让其停车，停车后突然出现交通执法大队的人来检查并对其以非法运营为由作出处罚。

以上“钓鱼执法”事件展示了存在于行政交通执法领域的钓鱼执法行为，从实践中发生的案例来看，“钓鱼执法”是行政主体为了获取行政相对人违法的证据而使用设置陷阱的方式欺骗行政相对人在不知情的情况下实施违反行政法律规定的行为。“钓鱼执法”和“诱惑取证”虽然类似但实际上不同。“钓鱼执法”是行政机关为了谋取利益或者为了绩效，引诱本身没有违法意图的公民实施违法行为，而“诱惑取证”是公民本身就有违法的意图行政机关只是提供一定的条件。当一个执法部门为了私利而“执法”时，特别是引诱守法者“违法”时，社会就会强烈质疑法律。而执法者所影响的也不仅仅是这一部门的形象，更影响了法律的形象，动摇了人们心中的法治观念和信心。行政执法中的“利诱”行为，不但会让公众在守法与违法的困惑之中，模糊守法与违法之间的界限，还会对社会道德造成打击。非法证据排除规则之所以将利诱取证作为其内容之一，是因为如果“钓鱼”成为常态，社会的信任危机也自然会加重，互助友爱的美德将在“钓鱼”中失去生存的土壤。

英美法系国家对诱惑取证的排除标准主要有主观标准和客观标准两种。主观标准是指行政相对人并没有违法的意图，由于行政执法人员的积极引导，促使行政相对人实施了违法行为，该违法行为完全在行政机关的预期之内。类似这种行政取证行为不能作为定案的依据，该证据应当予以排除。客观标准是指行政相对人本身已经有了违法行为，或者已经有了违法行为的意图，行政执法人员只是为行政相对人实施违法行为提供特定的场所、条件等。假如没有行政相对人的辅助行为,该违法行为还是会发生,只是时间或者场所的问题。类似这种提供机会型的诱惑取证获得的证据没有被排除在合法证据之外。

2. 执法机关以暴力手段取证违法

同“利诱”类似,采用暴力的不正当手段收集的证据,是对人权的严重侵犯,是现代法治国家无法容忍的行为,因此其被从定案的证据中排除出去,防止行政机关为了取证而采取非法手段逃脱败诉责任。采用暴力的手段获取证据一般发生在刑事证据领域,尤其多发生在公安机关的取证过程当中。以暴力手段收集证据在我国行政诉讼领域同样会引发严重的社会问题,这种行为不仅容易引起错案冤案造成一定的财产和公民权利的损失,更损害了公权力的威信。以暴力手段获取证据其结果显然是两败俱伤的,不仅对公民的影响十分严重,还会使执法人员因为触犯《刑法》而被处以刑罚。因此,行政机关工作人员在行政执法收集证据的过程当中绝不能采用暴力的手段,否则不仅没有执行法律,反而违反了法律,等待自己的就是法律的制裁。

三、收集证据的主体不合法

从常人的理解来看,收集证据的主体只能是行政机关或者法律、法规规定的有行使行政职权的主体。对于公民收集证据将其提交给行政机关作为处罚的依据的行为似乎很难理解。“有奖拍违”行为就是最为典型的一种情况。“有奖拍违”是指行政机关以公民拍摄的违法行为照片或视频作为处罚的证据之一进而对公民积极参与行政执法作出适当奖励的一种行为。有人认为行政机关将本应属于自己的证据收集活动委托给公民行使是一种行政不作为,而且收集主体的不合法也使得依据这类证据作出的行政处罚证据不足。但也有人认为,“有奖拍违”促成了公民参与行政活动的积极性,应当提倡。

例如,2004 年赖某某诉广州市公安局交通警察支队机动大队行政处罚案[1],广州市公安局于 2003 年公布了《关于奖励市民拍摄交通违章的通告》,对交通违章行为悬赏取证。原告在 2004 年 3 月 5 日收到了被告的处罚决定书,认为其存在交通违章行为,证据是另一市民孔某拍摄到的原告交通违章行为的照片。赖某某不服申请行政复议,而后将广州市公安局警察支队机动大队告上

[1] 参见何海波:《行政诉讼法》(第 2 版),法律出版社 2016 年版,第 406 页。

法庭。法院最终以调查取证是行政处罚权的组成部分,不能委托公民行使为由,认定市民“拍违”的照片不能直接作为处罚的依据。

上述案例经过终审后引起了学界的广泛热议,当年的国家司法考试也将“有奖拍违”现象设置为一道案例分析题。法院的判决似乎也在维护着法律和法院的权威,这让许多效仿“拍违”这种行政管理新举措的城市望而却步,原本对行政执法有创新思考的一些城市的行政管理部门也纷纷打消了创新的念头,学界的学者也纷纷对判决提出不同的声音。通过这个案例,行政执法机关应该明确以下问题。

(一)“有奖拍违”类证据,不可以直接认定违法事实

虽然法院以调查取证是行政处罚权的组成部分不能委托公民行使为由,认定市民“拍违”的照片不能直接作为处罚的依据,但是许多学者都对此判决提出了不同的意见。何海波教授认为:“除了行政机关,当事人或者与案件无关的公民采取偷拍、偷录等手段取得的视听资料,在不违法的情况下,也可以作为行政执法行为活动的证据。”〔1〕莫于川教授等认为:“此判决的认定值得商榷,因为这既与行政证据制度的原理与规定不合,又违背了现代行政法理和行政改革的方向。”〔2〕

违章驾驶现象被称为“交通恶化的罪魁祸首”,每年因交通事故伤亡的人数随着人们拥有汽车数量的增多而增加。因此,交通执法部门为了对交通违法现象进行有效的治理,很多城市的交通部门在近些年实施了一些创新举措,如广州、武汉、成都等城市都纷纷以物质奖励的方式让市民拍摄违章驾驶行为。这些行为实施以来确实帮助了交通部门维持了交通秩序,降低交通违章甚至是交通事故发生的概率。

一些学者认为这种证据不能作为处罚的依据主要基于以下几点:第一,这种行为属于偷拍,偷拍行为侵犯了驾驶者的隐私权;第二,交通管理部门可以在职权范围内进行行政委托,但是除非情况紧急,否则必须以书面形式;第三,这样的证据收集行为容易造成执法权滥用,是执法部门在推诿责任。但是,笔者

---

〔1〕 何海波:《行政诉讼法》(第2版),法律出版社2016年版,第406页。

〔2〕 莫于川、林鸿潮:《行政机关借助市民力量取证,证据是否有效——“广州市民被拍违章状告公安局”案评析》,载《人民检察》2005年第4期。

认为,“有奖拍违”行为并不是一种行政委托,其性质更倾向于举报行为——公民将其收集到的违法行为照片提交给行政机关,行政机关查证属实后作出行政处罚。但是举报行为往往是公民无偿提供线索的行为,而“有奖拍违”因为会给予适当的金钱奖励,所以才会被许多人反对。还有一些学者认为“有奖拍违”取得的照片可以作为处罚的证据。主要有以下几点理由:第一,“有奖拍违”不是一种行政委托行为。法律上所谓的委托,具有两大特征:(1)受托人必须以委托人的名义从事受托行为;(2)受托人所从事行为的后果直接归属于委托人。在“拍违”时,公民是以个人的名义进行拍摄而且是以自己的真实身份向交警部门提交照片,整个过程并不是以公安机关的名义进行的。而公民提供的照片是否可以被认定为作出行政处罚的证据,是要经过公安机关的严格审查的,所以说该拍摄行为的后果也并没有直接归属于公安机关。行政机关只是让拍摄者提交交通违章事实的依据,而并没有把国家的公权力授予公民,公民行使的是自己的举报权与参与公共事务的管理权。第二,交通部门并不是直接将以这种方式取得的照片作为处罚的依据,而是会严格地加以区分。有些人会为了获得奖励将“拍违”作为一种职业,这时行政机关会直接认定这种行为违法。第三,“拍违”照片符合证据的基本属性:公安机关是通过孔某的照片才找到赖某某的,这说明照片与此案的待证事实存在关联性。而且,这样的行为主动权仍然掌握在公安机关手里,取证的整个过程也操控在公安机关手里,更不存在侵犯行政相对人生命健康权、隐私权等合法权益。所以“拍违”取得的证据可以作为行政处罚的依据。在2018年6月的张某春诉温州市公安局交通警察支队一大队行政处罚案〔1〕(以下简称温州交警支队案)中,法院的观点似乎也发生了变化。温州市鹿城区人民法院在判决书中写道:“原告提出群众拍摄资料不能作为行政处罚的证据,该主张与法不符,本院不予支持。”

虽然法院的态度发生了细微的转变,学者的观点似乎也向行政机关倾斜。但是他们争论的仍然是这类证据的收集主体合法性的问题,对于行政机关能否不加审查地直接将这类证据作为处罚依据的观点是相同的——“有奖拍违”类证据,不可以直接认定违法事实。

〔1〕 浙江省温州市鹿城区人民法院行政判决书,(2018)浙0302行初107号。

（二）“有奖拍违”类证据，只有经过进一步审查才可以作为证据

行政执法机关应该注意：无论公民收集的证据能不能作为处罚的依据，只要该类证据在没有经过行政执法机关进一步审核就直接作为处罚的证据使用，就一定是违法的。这也在“温州交警支队案”的判决中得到了进一步的体现。在该案中原告不按规定停放车辆影响了其他车辆和行人通行，存在违法行为，被群众发现并拍摄举报，原告声称自己的车辆是因为故障才违法停放，后民警审核查看现场才对原告作出了罚款150元的行政处罚决定。法院认为：“本案是由群众发现并拍摄举报，且举报的照片由民警最终审核作出认定并实施行政处罚，符合法律规定。”

从上述案例来看，法院所持的观点为：市民提交照片也只是为交警部门提供车辆违章的线索，并不可以直接成为执法机关进行行政处罚的依据，只有在执法机关将照片收集上来再一一进行甄别后对举报者进行询问、对证据进行审查后才能作为处罚的依据。假如交警部门对市民拍摄的违章照片没有进行必要的审查，而是直接拿来作为对交通违章者进行行政处罚的证据，就会有行政不作为的嫌疑。而若是交警部门拿到市民拍摄的照片，再对该照片进行必要的审查，如对“拍违”市民进行了必要的询问调查，查明照片拍摄的时间、地点，以及向违章嫌疑人进行核实等，经过这一系列的调查证实，市民拍摄的照片可以作为行政处罚的证据使用，法院也会认可这类证据的合法性。此时，法院不会因为行政机关收集证据主体错误或主要证据不足而判行政机关败诉。

当然，虽然法院的判决已经作出，但是存在两种完全不同的态度；虽然学界的讨论也曾十分激烈，但是仍然还在讨论之中至今没有形成定论；虽然笔者也表达了自己的观点，但是也只是拙见。关于“有奖拍违”类证据能否作为定案的依据，其取证主体是否合法，有待时间进一步检验。交警部门在执法中对待此类证据应十分谨慎，在有其他证据能够证明案件事实的情况下不要轻易使用此类证据，否则败诉风险会提高。

第三节　违反证据真实性要求的表现形式

证据的真实性也叫作证据的客观性或者确实性，它是指证据所反映的内容应当是真实的、客观存在的。任何案件事实都是在一定的时间和空间之间发生

的,案件事实发生后,必然会在客观的外界遗留下某些物品或痕迹。证据必须具有真实性,虚假的、捏造的证据不得作为定案的依据。[1]《行政诉讼证据规定》第56条规定,“法庭应当根据案件的具体情况,从以下方面审查证据的真实性:(一)证据形成的原因;(二)发现证据时的客观环境;(三)证据是否为原件、原物,复制件、复制品与原件、原物是否相符;(四)提供证据的人或者证人与当事人是否具有利害关系;(五)影响证据真实性的其他因素”。

因此,实践中,行政机关提交的证据不真实也主要体现在以下五个方面。

一、证据形成的原因不可信

证据形成包括证据形成的原因、过程和结果。证据形成的原因是指证据本身的形成过程,它可以反映证据来源的可信程度。证据的形成往往受主观和客观因素的影响,如动机、利害关系等。审查证据形成的原因,也是判断证据的可信度的方法之一。如果行政机关无法提供证据形成的原因,或者法院经审查认为行政机关提供的证据动机不纯、可信度低,该项证据可能就不会被法院采纳。

二、证据不能客观反映案件事实

证据被发现时处于一定的环境之中,必然会与其所处的环境有着密切的关系,所以对证据所处客观环境的审查也是认定证据真实性的重要方法。比如,要考虑案件现场的灯光、距离、噪声等因素对证人的影响;检验、鉴定的仪器设备是否符合质量标准。因此,判断证据的真实性,要全面考虑证据被发现时或存储的客观环境,防止片面性。

证据的真实性要求法院在审查行政机关提交的证据是否真实时必须着重审查发现此证据的客观环境。比如,在鉴定意见的证据种类中要求真实性就包括:鉴定的仪器是否符合质量标准;鉴定的环境是否符合要求的标准;鉴定的对象是否符合国家规定的数量、质量标准,能否客观、真实地反映鉴定对象所要证明的案件事实。

在“广州市质监局案”中,行政机关委托广州能源检测研究院对行政相对人销售的油进行检验,但是行政机关在对行政相对人销售的车用柴油进行抽样检验时,只抽取了3组,每组样品为3L,按照《中华人民共和国国家标准》(GB

---

〔1〕 参见王维民编著:《行政程序证据制度研究》,中国言实出版社2014年版,第16页。

19147—2013)《车用柴油》规定,应取4L作为检验和留样用。因此,法院认定行政机关委托的检测机构鉴定的样品不能客观、真实地反映行政相对人销售的油的质量是否符合国家标准,其检验报告不能作为行政处罚依据,撤销了行政机关作出的行政处罚决定。

证据的客观性是指证据事实必须是伴随着案件的发生、发展的过程而遗留下来的,不以人们的主观意志为转移而存在的事实。证据的真实性要求证据材料本身必须是真实、无异议的,这样才能够证明案件事实。当然,伪造的证据一定不真实,依据证据规则伪造的证据一定违反了证据的真实性不会被法院采纳,这是毫无疑问的。但是,如果证据本身没有问题,只是提取的数量不符合要求,或者检验的仪器不符合标准是否也违背了证据的真实性呢?答案是肯定的。这也是《行政诉讼证据规定》第56条规定的情形。该案中,虽然《证据规定》对鉴定意见的抽样、步骤等没有作出具体规定,但是国家标准针对每个行业的取样标准都作出了进一步的规定。例如,对于电线电缆的生产是否符合质量要求,我国作出了《额定电压450/750v及以下聚氯乙烯绝缘电缆》(GB 5023—1997)和《额定电压450/750v及以下聚氯乙烯绝缘电缆电线和软线》(JB/T 8734—2016)等具体的取样规定;对于酒驾人员的血液采集标准,《车辆驾驶人员血液、呼气酒精含量阈值与检验》(GB 19522—2010)也有具体的规定。执法人员在检测电线电缆是否符合标准时就应该严格按照规定进行,按照规定的组别、长度进行采集,否则,法院同样会以"被告提交的证据不客观、不真实,无法证明产品质量"为由拒绝采纳。该案中,行政机关委托的承检机构取样抽检严重违反国家标准中的规定,应该取4L却提取了3L作为样本,虽然只有1L之差,但也极有可能导致最终检验结果不科学、不客观、不真实。

因此,执法机关在取证过程中,应该注意证据所处的客观环境和取证的数量、质量要求,这些能够直接影响证据的客观性和真实性,也是法院判定证据是否真实的重点审查情形之一。

三、复制件、复制品与原件、原物不相符

原件直接来源于案件事实,可靠性强,证明价值也更大。如果是复印件,很可能因为无法确定其来源和真实性,难以被采信。

在"臧某献案"中,行政机关因无法提供其在拆除行政相对人的房屋时对其作出的《责令(限期)改正通知书》《强制执行事先催告书》《公告》的原件,仅提

供了复印件。但是这三份复印件又没有加盖单位的印章，行政机关又无法证明其与原件相符，从而无法证明证据的真实性，法院对该组证据不予认可判决行政机关败诉。这既是证据不合法的表现形式，又是证据不真实的表现形式。

四、证据的提供者和当事人存在利害关系

如果证据提供者或证人与当事人有利害关系，其提供的证据的真实性就会让人产生怀疑，不具有说服力。比如，证据提供者和当事人有亲戚关系、朋友关系、师生关系、同学关系，甚至仇人关系等。在这些情况下，证据提供者可能会受主观因素的影响而提供虚假的证据。当然，并不是说证据的提供者和当事人存在利害关系时提供的证据法院一律不予采纳，只是这类主体提供的证据跟与案件无关的主体提供的证据相比，其真实性、证明力相对较弱。

在部某诉国家知识产权局专利复审委员会案[1]（以下简称部某案）中，第三人上海玉汕贸易有限公司向国家知识产权局专利复审委员会提出宣告涉案专利权无效的请求，理由是涉案专利不符合《专利法》（2008 修正）第 23 条第 2 款的规定。上海玉汕贸易有限公司提交的证据中包括：上海市闸北公证处出具的（2013）沪闸证经字第 2180 号公证书，证明自己比原告先设计出该项专利——一款女士包的外观。该公证书详细记录了相关网页的获取过程为：登录互联网，输入 http://www.taobao.com 网址进入淘宝网，输入用户名为“沪玉汕贸易”的账户名及密码，进入卖家的交易记录，显示出多条交易记录。其中，订单编号为 2778307243 的交易记录，成交时间为 2009 年 12 月 1 日，证明第三人先于原告设计出专利内容。因此，国家知识产权局专利复审委员会作出决定：宣告涉案专利权全部无效。原告认为公证处提供的公正内容真实性存疑，不服该决定，遂将国家知识产权局专利复审委员会告上法庭。北京市高级人民法院认为：上海玉汕贸易有限公司提供的证据系公证机关针对淘宝网上保存的网络卖家交易记录及相应的交易快照页面所进行的公证，在无相反证据的情况下，可以确认其真实性。

该案法官在《人民司法（案例）》一书中对该案进行评析时认为：无效请求人与网络证据的来源主体之间是否存在利害关系是对于网络证据内容及其公

---

[1] 一审：北京知识产权法院行政判决书，（2015）京知行初字第 1343 号；二审：北京市高级人民法院行政判决书，（2016）京行终 747 号。

开时间实质真实性进行认定时应重点考虑的因素。有无利害关系与认定证据被篡改可能性的大小密切相关。如果证据直接来源于无效请求人经营的网站，或者该网站与其存在投资管理、合作经营、关联公司等利害关系，则应认定该证据被篡改的可能性较大；如果证据直接来源于独立第三方运营的网站，与双方当事人均不存在利害关系，则该网站经营者缺乏篡改网络证据的动机，该证据被篡改的可能性较小。该案中，第三人与淘宝网站、公证处均不存在利害关系，其被篡改的可能性很小，因此其证明力较强。

五、证据来源主体的信誉、知名度及经营规范程度较低

《行政诉讼证据规定》第56条规定了法院审查证据真实性时应着重审查的五个方面，其中第5项是规定，影响证据真实性的其他因素。这样的兜底性条款在现实审判中已经得到了发展，尤其在《行政诉讼法》将电子数据作为一种独立的证据类型后，网络证据的真实性成为法院审查的难点同时也是重点。

在部某案中，网络证据来源主体的信誉、知名度及经营规范程度也是法院审查证据真实性的主要内容。通常来讲，信誉度、知名度高且经营规范的网络经营者，其内部管理较为严格，对外载明的网络运营、管理规则能够得到贯彻，网络内容的编辑、修改记录较为全面，安全技术较为先进，其自身通常缺乏篡改网络证据的动机，他人未经许可从技术上对其网络内容进行篡改的可能性也极低。因此，此类网络系统在网络证据的生成、运行、保存等环节具有较高的可靠性，在没有相反证据证明通过该系统生成、存储的网络证据系人为篡改或者存在较大篡改可能性的情况下，可以直接推定来源于该网络系统的网络证据的真实性。[1]

就该案而言，玉汕公司用于证明对比设计的证据是公证处出具的公证书。该证据系公证机关针对淘宝网上保存的网络卖家交易记录及相应的交易快照页面所进行的公证。一方面，公证过程系使用公证机关的电脑对相关网页信息进行公证和保存，该证据满足形式上真实性的要求；另一方面，公证保全的网页内容系网络交易平台淘宝网的交易快照。按照淘宝网官方的权威解释，交易快照是拍下宝贝时淘宝网后台自动抓取的交易客体的图像记录，客观记录了交易当时宝贝的主图状态和交易形成时间。交易快照作为买卖双方发生交易的凭

---

〔1〕 参见苏志甫：《网络环境下现有设计证据的审查与认定》，载《人民司法（案例）》2017年第2期。

证,通常作为淘宝网处理交易纠纷时的一项基础证据进行使用,交易快照只向交易双方公开,双方无权修改、编辑和删除。且淘宝网作为我国最大的网上购物平台,其信誉、知名度、经营规范程度有目共睹,相比于小平台,其对交易快照进行故意修改的可能性小。因此,在无相反证据的情况下,可以确认来源于淘宝网的交易快照网页的真实性。

第四节　事实认定不清的表现形式

一、证据未达到证明标准

"证据责任被解除所要达到的范围和程度,就是证明标准。"

——英国证据法学家,摩菲(Murphy)

证明标准又称证明要求、证明任务、法定的证明程度或证明度等,是指按照法律规定认定的案件事实或者形成一定的法律关系对证据所要求达到的程度或标准。证明标准确定以后,一旦证据的证明力达到这一标准,待证事实就算已得到证明,法官或行政机关工作人员就应当认定该事实,以该事实作为裁判或作出行政决定的依据。[1]

行政程序中的证明标准是指,在行政程序中利用证据对行政事实或争议事实加以证明所要达到的程度。也就是说,行政程序中的证明标准解决"一项证据在什么样的情况下才能作为行政机关作出决定的依据"问题。除美国外,国外行政程序法典很少对证明标准作出规定。《美国联邦行政程序法》第556条第4款规定美国行政程序行政裁决的证明标准是实质性证据标准。[2] 行政程序证明标准在行政执法活动中极其重要但又难以把握。行政程序应当确定什么样的证明标准以及具体案件中如何运用证明标准,这些都具有一定的困难性。我国行政法学界目前对行政程序中的证明标准问题仍然没有达成统一的认识。有学者认为,在行政程序中行政主体对行政程序的证明标准完全可以采

---

〔1〕 参见徐继敏:《行政证据学基本问题研究》,四川大学出版社2010年版,第105页。

〔2〕 参见王名扬:《美国行政法》(上册),中国法制出版社1995年版,第487页。何为"实质性证据标准"? 美国法院判例对此解释为:行政裁决正式听证中的实质性证据就是民事案件中的证据优势标准,这个标准是一个合理的人可以接受作为支持一个决定的适当的证据标准。

用行政诉讼中的证明标准，即“事实清楚，证据确凿”。[1] 但也有学者提出不同观点，认为行政程序的证明标准应根据案件的轻重缓急适用不同的标准，比如，排除合理怀疑标准，适用听证程序案件；优势证据标准，适用一般程序和简易程序案件等。还有学者认为，根据不同的行政行为适用不同的证明标准，如行政处罚中的“当场处罚”，适用“排除滥用职权标准”；非当场处罚，适用“排除合理怀疑原则”标准；行政许可适用“清楚和有说服力标准”等。[2]

对此，笔者认为行政程序证据的证明标准可以参考适用部分行政诉讼的证明标准，但是不能完全采用。如果完全采用行政诉讼法规定的“事实清楚，证据确凿”证明标准，就违背了行政效率原则。一方是行政相对人的利益，另一方是行政机关的执法效率，为使行政机关摆脱左右为难的困境，只能依据不同的行政行为选择不同的证明标准才能做到既维护了行政相对人的合法权利，又保证了行政机关的执法效率。或许会有人产生疑问：如果允许行政执法人员在行政程序中采用与行政诉讼不同的证明标准，但是法官在判案过程中还是会使用行政诉讼的证明标准，那么行政机关不是会败诉吗？实践中大量的司法案例已经对这个问题作出了回应，我国的司法实践已经超越了理论，法官在兼顾“司法公正与行政效率”的情况下，对不同的行政行为所采用的证明标准已经有所区别。

（一）行政决定未达到“优势证明标准”

行政程序中的优势证明标准，是指执法人员在自身知识和经验的基础上，遵循职业道德、逻辑法则和经验法则，对所有证据进行综合分析和判断后，在心证上达到确信案件事实的真实性大于不真实性的程度。行政机关在行政执法过程中，往往会因为案件发生的易逝性难以收集证据，此时如果仍然适用“证据确凿”标准会使大量的违法行为不能得到惩戒。优势证明标准可以适用于行政机关处理的简易程序案件和具有民事因素的行政案件。实践中，最常见的是交通警察在执法过程中适用简易程序作出的当场处罚行为。

在杨某林案中，虽然被告作出的处罚决定没有其他证据能够证明原告有穿插行驶的违法行为，只有作出处罚决定的交警陈述，但是，一审、二审法院判决认为：当场处罚中，简易程序处罚决定书具有现场笔录的功用，而执法交警的陈

---

〔1〕 参见沈福俊：《论行政证据中的若干法律问题》，载《法商研究》2004 年第 1 期。

〔2〕 参见徐继敏：《行政证据学基本问题研究》，四川大学出版社 2010 年版，第 112 页。

述如没有相反证据足以否定,且没有证据证明交警与违法行为人之间存在利害关系,应作为证明违法行为存在的优势证据。一审、二审法院都判决行政机关胜诉。该案中,行政执法人员亲眼目睹行政相对人在红绿灯路口穿插行驶,但是该路口没有监控也没有证人证实,只有交警的陈述。一方是执法人员认为原告穿插行驶,另一方是作为被罚款的行政相对人认为自己没有穿插行驶。孰是孰非?同样的案情不胜枚举。

优势证明标准要求行政机关收集的证据足以证明案件事实或足以作出相应的行政处罚决定。这里并不是指掌握全部行政的证据材料,而是指证据处于优势地位可以支持行政机关的行政处罚决定。行政机关"必须用占优势的证据来证明案件",否则行政机关对相对一方当事人违法事实的指控和认定就不能成立,行政机关也就不得作出行政处罚决定。

在廖某荣诉重庆市公安局交通管理局第二支队道路交通管理行政处罚决定案[1]中,行政机关的一名交警在执法过程中认为行政相对人在禁止左转弯的道路中违规左转弯,遂对其作出罚款200元的行政处罚,依据简易程序当场作出行政处罚决定书。但是行政相对人认为只有交警一人的陈述没有其他证据能够证明自己违规,证据明显不足,行政机关作出的处罚决定事实不清。法院判决认为,"虽然只有陶某坤一人的陈述证实,但只要陶某坤是依法执行公务的人员,其陈述的客观真实性得到证实,且没有证据证明陶某坤与廖某荣之间存在利害关系,陶某坤一人的陈述就是证明廖某荣有违反禁令左转弯行为的优势证据,应当作为认定事实的根据。"

该案中,这样的证据为"一对一证据"。正如"越是简单的证据越难以认定案件事实",一对一证据中没有客观存在的证据,有的只是言词证据。天平的一方是只有执法人员的陈述认定行政相对人违法,另一方是认为执法人员违法执法的行政相对人的辩解,天平应该向哪一方倾斜?哪一方的证明标准能够说服法官?理论和司法实践都给出了答案。执法人员在路口执法,遇到有人闯红灯、违法超载、违法行使等,友好敬礼、表明身份、出示证件、告知事实、开具罚单,这是我们经常遇到的情况。法治国家的建立、依法行政的提出、网络技术的发达都使得执法人员在执法过程中随身佩戴执法记录仪来保存执法证据,但是

---

[1] 参见廖某荣诉重庆市公安局交通管理局第二支队道路交通管理行政处罚决定案,载《最高人民法院公报》2007年第1期。

在原来的执法设备并不完备，依法行政观念相对落后时，没有证据能够证明执法人员看到的事实就是真相，因此出现了许多类似案例。这类案例都有共同的特点：多发性、易逝性、危险性，即与其他违法行为相比，其经常发生，且一旦发生稍纵即逝证据难以保存，且如果想要固定证据可能在车流高峰期十分危险。因此，此时执法人员不得不及时制止违法行为，对这些突发的交通违法行为，如果不及时纠正，就会埋下交通安全隐患，甚至当即引发交通安全事故，但要及时纠正这些突发的交通违法行为，则会面临取证难题。执法人员现场执法的目的在于维护公共交通秩序与安全这一公共利益，执法人员面对的是不特定的驾驶者和行人，一般情况下，这种权力的行使不具有偏私性，也不存在滥用权力的故意，除非行政相对人能够举证证明。

（二）未达到“排除合理怀疑证明标准”

排除合理怀疑证明标准，是指案件主要事实均有相应的证据证明，且证据之间及证据与案件事实之间没有矛盾，或者虽有矛盾但能够合理地排除。排除合理怀疑标准是刑事案件的主要证明标准。通常情况下，不要求行政主体证明自己收集的证据能够达到排除合理怀疑标准才能够作出行政决定，但是行政机关有时作出对行政相对人权益产生重大影响、决定作出后基本无法挽救时，如果采用“优势证明标准”或者“清楚而有说服力证明标准”显然不合理，必须要达到排除合理怀疑证明标准才能够认定事实。《行政诉讼法》对证明标准问题规定比较简略，如何为证据确凿、何为主要证据不足，《行政诉讼法》没有规定，《证据规定》等相关司法解释也没有明确。笔者认为排除合理怀疑证明标准适用于对行政相对人的人身权、财产权等基本权利产生重大影响的行政行为。

在刘某恒不服河北省三河市公安局行政处罚决定案[1]中，行政机关接报案称因为行政相对人在花炮市场附近燃放烟花爆竹致使4个摊位起火爆炸，并将两辆车燃毁，行政机关对其作出行政拘留15日的处罚决定。行政机关作出决定的证据有：受损人员的询问笔录，证人的询问笔录，民警制作的辨认笔录，目击者对于肇事者的体貌特征、行为的描述。但是一审法院认为，行政机关提交的证据材料不足以证明行政相对人燃放烟花爆竹的事实存在，以行政处罚主

---

[1] 一审：北京市朝阳区人民法院行政判决书，(2005)朝行初字第290号；二审：北京市第二中级人民法院行政判决书，(2006)二中行终字323号。

要证据明显不足撤销了行政机关的决定。行政机关上诉后二审法院维持了一审判决。

该案中,行政机关依据目击者对于肇事者的体貌特征的描述就确定肇事者,但却没有让目击者对肇事者进行辨认。同时,通过对执法人员制作的询问笔录发现,还有两人也被目击者指认为燃放烟花爆竹的人。显然这份证据存在矛盾之处,不能认定刘某恒就是肇事者。同时,与行政相对人同行的其他人都表示当时他们正在选购花炮,没有燃放的可能性,这与证人的询问笔录又存在矛盾之处。因此,法院通过综合分析行政机关提交的证据材料,在行政机关提供的证据存在矛盾,不能排除合理怀疑的情况下,认定具体行政行为证据不足,从而作出撤销判决。

(三)未达到"清楚而有说服力证明标准"

行政程序中的清楚而有说服力证明标准,又称"明显优势证明标准",是指执法人员在自身知识和经验的基础上,遵循职业道德、逻辑法则和经验法则,对所有证据进行综合分析和判断后,在心证上达到确信案件事实的真实性明显大于不真实性的程度。这是行政行为的基本证明标准,最高人民法院《关于行政诉讼证据若干问题的规定(送审稿)》在起草说明中将该标准规定为行政诉讼的基本证明标准。除了前面所述的行政行为外,行政机关在作出行政决定时一般都应做到"清楚而有说服力"。

在上海某建材公司与上海市工商行政管理局浦东新区分局行政处罚决定纠纷上诉案[1](以下简称上海市工商局浦东新区分局案)中,行政机关认定行政相对人进口销售的商品侵犯了国内已经注册的商标,其销售的商品与已经注册的商标商品为同一种商品,故对行政相对人作出没收尚未销售的涉案产品并罚款的决定。行政相对人认为:涉案商品名称为木丝水泥板,但实质上属于人造板,行政机关未对涉案商品进行鉴定导致事实认定错误。二审上海市中级人民法院认为:"基于行政行为的多样性,人民法院在审查具体行政行为事实依据时采取因案制宜的方式,即在特定情况下采取优势或者排除合理怀疑的标准,一般情况下采用清楚而具有说服力的证明标准。被告依据相关进口协议、报关

---

〔1〕 一审:上海市浦东新区人民法院行政判决书,(2009)浦行初字第136号;二审:上海市第一中级人民法院行政判决书,(2011)沪一中行终字第40号。

单、销售合同上的记载都认定其为水泥板,已经达到了证明标准。”

该案中,法院采取了清楚而有说服力的证明标准。该案的行政相对人申请鉴定的涉案商品不是水泥板,而是木质板。但是行政机关在行政执法过程中查看代理进口协议书、发票、报关单、缴税单、送货单等都标记的是木丝水泥板,行政机关收集的证据清楚且能够说服执法人员涉案商品就是水泥板而不是木质板。如果必须让行政机关在遇到此类案件时,进行鉴定后才能作出处罚决定,无疑在事实上提高了行政执法的证明标准。二审主审法官认为:技术鉴定结论的确可能会与行政机关查明的事实相异,但是,该案并不属于应当采取排除合理怀疑证明标准的行政诉讼案件,即使行政执法人员查证的事实存在合理怀疑,但只要达到了清楚而具有说服力的证明标准,法院就不应当支持行政相对人的诉求。

在应某与上海市工商行政管理局虹口分局行政许可纠纷案[1](以下简称应某案)中,行政相对人离职前所在会计师事务所向行政机关申请变更公司的股东,行政机关作出了核准变更股东的行政许可,侵害了行政相对人的权益。行政相对人向行政机关提出申请,请求撤销行政机关作出的行政许可决定。但是行政机关认为在许可决定作出到行政相对人提出申请的几年间,该公司审计了上万份财务报表,如果撤销将严重侵害公共利益,因此不予撤销。行政相对人提起诉讼,认为行政机关作出许可的决定侵害了自己的利益。但是,二审上海市第二中级人民法院主审法官认为:行政相对人虽诉请要求撤销变更股东的行政许可,但其主张的依据是认为其合法的股权受到侵害,而未能否认撤销被诉行政许可行为可能对公共利益造成重大损害的事实。相较之下,行政机关提供的证据具有明显优势,达到了清楚而有说服力的证明标准,法院应予确认。

该案是有关行政许可的证据证明标准问题,涉及的是有关“公共利益”如何认定的争议。《行政许可法》第 69 条规定了可以撤销行政许可的几种情形,其中第 2 款规定,被许可人以欺骗、贿赂等不正当手段取得行政许可的,应当予以撤销。同时,该条第 3 款又规定,撤销行政许可,可能对公共利益造成重大损害的,不予撤销。至于该案中撤销会不会对公共利益造成重大损害,需要原被告双方举证证明。行政机关提供了会计师事务所自 2004 年 10 月 10 日至 2012 年

---

[1] 一审:上海市虹口区人民法院行政判决书,(2013)虹行初字第 9 号;二审:上海市第二中级人民法院行政判决书,(2013)沪二中行终字第 211 号。

8月20日进行审计、验资、年检等会计事务的统计表以及部分验资、审计报告,用以证明存在公共利益,证明7年多时间内,为企事业单位出具审计、验资、年检报告达25,248份,如果撤销将会对这些企事业单位的利益产生直接的影响。而行政相对人不能举证证明公共利益存在的事实。所以,相较之下,行政机关提供的证据达到了清楚而有说服力的证明标准。

以上几个案例提醒行政主体:行政机关和司法机关承担着不同的社会管理和服务职能,两者在履行职能中的原则和定位并不相同。通常认为,在行政执法过程中,只有在特定条件下才采取优势证明标准或者排除合理怀疑的证明标准,一般情况下应当采用清楚而具有说服力的证明标准。这一标准主要从四个方面来理解:(1)被告提供的证据相对于原告的证据具有明显的优势;(2)不排除存在合理怀疑;(3)行政机关提供的证据之间具有清楚的逻辑关系;(4)行政机关的证据具有一定的说服力。

二、证据与待证事实无关

(一)认定的案件事实与处罚主体无关

行政机关必须依据法律、法规规定的要件认定案件事实,如果依据收集的证据得出的事实结论认为行政相对人确实有违法行为,就要依据法律、法规的规定对行政相对人作出处罚。此时,行政机关处罚的对象当然也只能是其适用的法律、法规规定的主体,否则法院对于行政机关作出的行政决定不予认可。行政机关在处罚主体上常常犯以下错误。

1. 应处罚A,却处罚了B

在李某青与桂阳原市场和质量监督管理局不服市场监管行政处罚案[1](以下简称李某青案)中,行政机关根据举报认为行政相对人经营的超市销售霉变生虫的商品,根据《食品安全法》(2015修订)第34条第6项的规定对李某青作出没收商品、罚款5万元的行政处罚决定。但是李某青认为行政机关处罚主体错误,应该处罚其经营的超市而非本人。法院认为,根据《行政诉讼法》的规定,在《行政诉讼法》没有规定时可以准用民事诉讼的相关规定。因此,根据最高人民法院《关于适用〈中华人民共和国民事诉讼法〉的解释》(2015年)第59

[1] 湖南省资兴市人民法院行政判决书,(2017)湘1081行初173号。

条的规定,行政机关作出处罚时不应以李某青为处罚对象,而应当以已经登记字号的李某青实际经营的超市为处罚对象。

同样,在福鼎市原市场监督管理局非诉执行审查案〔1〕(以下简称福鼎市监管局案)中,一审、二审法院都未支持行政机关的强制执行申请。福建省宁德市中级人民法院在判决书中写道:"针对个体工商户,行政诉讼法上没有相关的规定,故本案在审查中可以适用《民事诉讼法》关于个体工商户的相关规定。申请复议人作出行政处罚决定,应当以个体工商户的字号即'福鼎市欢乐迪副食品自选商品店'为行政处罚的相对主体,并列明经营者的基本信息。而本案中申请复议人所作出的行政处罚决定,以该个体工商户的经营者王某清为行政处罚的相对主体,不符合上述法律规定,处罚对象上存在错误。因此,申请复议人提出的复议理由没有事实和法律依据,本院不予支持。"

在上述两个案件中,法院都是根据《行政诉讼法》(2014 修正)第 101 条规定的指引适用最高人民法院《关于适用〈中华人民共和国民事诉讼法〉的解释》第 59 条的规定作出的判决,最高人民法院《关于适用〈中华人民共和国民事诉讼法〉的解释》第 59 条规定,"在诉讼中,个体工商户以营业执照上登记的经营者为当事人。有字号的,以营业执照上登记的字号为当事人,但应同时注明该字号经营者的基本信息。营业执照上登记的经营者与实际经营者不一致的,以登记的经营者和实际经营者为共同诉讼人"。判决结果都是因为行政机关在处罚决定书上写的处罚主体应该是个体工商户的字号而非经营者本人导致处罚主体错误被法院判决败诉。《行政诉讼法》(2014 修正)第 101 条规定,该法没有规定的,适用《民事诉讼法》的相关规定。在学术上称第 101 条规定为"准用性规定",这样的规定不仅是《行政诉讼法》修改过程中争论不休的规定,而且是行政司法实践中使用频率极高的规定,更是行政机关因不了解此条文而经常被判败诉的规定。实际上,该条文在 2014 年修改《行政诉讼法》时才被写进来,以前都是以司法解释的形式表现出来。

上述两个案件提醒行政机关:在对已经登记字号的个体工商户的实际经营者作出决定的时候应该了解《民事诉讼法》上对于个体工商户的规定,处罚主体应该是个体工商户的字号时不能写为经营者本人。

---

〔1〕 福建省宁德市中级人民法院行政判决书,(2017)闽 09 行审复 1 号。

2. 应处罚全部,但只处罚了部分

行政机关在对共同违法行为进行处罚时,只处罚了个人,而对其他人不予处罚,有偏私之嫌。比如,在枣阳市国土资源局申请兰某胜行政强制执行案〔1〕中,行政机关认为兰某胜未经批准,非法占用农用地并投资联建住房的行为违反了《土地管理法》(2004 修正)第 2 条第 3 款、第 43 条、第 44 条的规定,属非法占地行为,作出责令退还非法占用的土地、没收在非法占用的土地上新建的建筑物和其他设施并进行罚款的行政处罚。因兰某胜未履行义务,行政机关申请法院强制执行。法院认为:"在该宗土地上建房是兰某胜等多家联建,在未查清其他联建人的情况下,仅对兰某胜一人进行处罚,属事实不清,处罚主体错误。"法院作出不准予强制执行的裁定。

因此,行政执法机关在执法过程中应当查清违法行为的实施主体,不能在没有查清的情况下只处罚个人,这样会有偏私的嫌疑。

(二)仅鉴定包装,就认定了"掺假掺杂"商品

鉴定意见是指相关领域的专家受人委托或者指派,对行政执法和诉讼涉及的专门性的事实问题进行鉴别判断并出具的意见。〔2〕《行政诉讼证据规定》第 14 条规定,"根据行政诉讼法第三十一条第一款第(六)项的规定,被告向人民法院提供的在行政程序中采用的鉴定结论,应当载明委托人和委托鉴定的事项、向鉴定部门提交的相关材料、鉴定的依据和使用的科学技术手段、鉴定部门和鉴定人鉴定资格的说明,并应有鉴定人的签名和鉴定部门的盖章。通过分析获得的鉴定结论,应当说明分析过程"。《行政诉讼证据规定》第 62 条对何种鉴定意见法院不能采纳作出规定,"对被告在行政程序中采纳的鉴定结论,原告或者第三人提出证据证明有下列情形之一的,人民法院不予采纳:(一)鉴定人不具备鉴定资格;(二)鉴定程序严重违法;(三)鉴定结论错误、不明确或者内容不完整"。

在光山县大兴商贸有限公司诉光山县原食品药品监督管理局行政处罚案〔3〕(以下简称光山县案)中,原被告对"原告经营涉案'贵州茅台酒'如何认定问

---

〔1〕 湖北省枣阳市人民法院行政判决书,(2015)鄂枣阳行非审字第 00004 号。

〔2〕 参见何海波:《行政诉讼法》,法律出版社 2016 年版,第 403 页。

〔3〕 河南省新县人民法院行政判决书,(2017)豫 1523 行初 25 号。

题”产生争议。被告委托茅台酒厂对酒进行真假鉴定,茅台酒厂出具鉴定证明表,鉴定结论为:经鉴定,该酒不是我公司生产(包装)。被告根据此鉴定证明表,依据《食品安全法》(2015 修订)第 124 条第 1 款第 4 项规定对原告作出处罚。法院认为:“鉴定证明是从‘贵州茅台酒’的外部包装或者外观标志这一层面推断出原告经营‘假茅台酒’这一事实,至于涉案的6 箱‘贵州茅台酒’本质如何,是不是掺假掺杂的茅台酒,是否属于不符合法律、法规或者食品安全标准的食品,因未依法定程序进行鉴定,无法予以证实。故被告仅从外部特征,就认定涉案的6 箱‘贵州茅台酒’为掺假掺杂的茅台酒,认定原告属于经营掺假掺杂食品的违法行为,主要证据不足,属于认定事实错误。”

该案中,行政机关在证明商家存在“掺假掺杂”行为时,应该鉴定其商品质量,而不是商品的外包装。两者鉴定出来的事实所适用的法律是不同的。在与该案件事实基本相同但是审判结果却相反的案例——云阳县烟草局案中,行政机关发现行政相对人销售的中华烟有 26 条涉嫌假冒伪劣,遂依法予以扣留,经送交重庆市烟草质量监督检验站鉴定检验,确定为假冒注册商标且伪劣卷烟,行政机关对行政相对人作出行政处罚决定书。行政相对人对行政机关提交给法院的“检验报告是否能够作为定案的依据”存在质疑。法院认为:“重庆市烟草质量监督检验站出具的鉴别检验报告在主体资质、报告形式等方面符合相关法律法规的规定,检验单位和检验人员均具有相应资质,县烟草局作出的行政处罚决定认定事实清楚,证据充分。”

因此,掺假是指往真的东西里混入假的东西,仅鉴定外包装是无法证明商品本身质量的好坏,仅能证明侵犯了商标权。

(三)仅依《调查报告》,就认定了案件事实

行政调查是指行政机关查明事实并收集有关证据材料的程序制度。[1] 行政调查与行政证据有着密切关系,因此不仅有些学者直接将二者等同,认为《调查报告》就是证据,而且行政机关在执法过程中也一直存在这样的认识。但实际上《调查报告》是一种行政内部行为,它不能成为行政机关作出处罚决定和其他行政决定的直接依据,我国大量的司法判决能更清楚地反映这一观点。

---

〔1〕 参见李海亮:《行政调查与证据制度比较研究》,载《福建行政学院福建经济管理干部学院学报》2002 年第 4 期。

在判决书中明确地提出"《调查报告》不能作为处罚的依据"的是波森特公司与阜新市细河区安监局事故调查报告纠纷行政裁定书案[1](以下简称波森特公司案),在该案中,阜新市细河区安监局在出具事故调查报告后,市人力资源和社会保障局仅以阜新市细河区安监局出具的事故调查报告作为依据认定伤者为工伤。二审法院认为:"事故调查报告只有在经过政府的批复后,政府的批复才能作为处罚的依据。"同样,在游某昌、游某现诉陆丰县国土资源局、陆河县公路局《调查报告》等行政裁定书案[2](以下简称游某昌案)中,法院作出了同样的判决,一审、二审法院都认为,《调查报告》是不直接对公民的法律权利义务产生影响的行政内部行为。

上述两个案件提醒行政机关:《调查报告》是一种行政内部行为,不能作为行政处罚的直接依据。《生产安全事故报告和调查处理条例》第 32 条第 2 款规定,"有关机关应当按照人民政府的批复,依照法律、行政法规规定的权限和程序,对事故发生单位和有关人员进行行政处罚,对负有事故责任的国家工作人员进行处分"。因为,在发生生产安全事故时都是由相应的政府负责调查,该法第 19 条规定了"……省级人民政府、设区的市级人民政府、县级人民政府可以直接组织事故调查组进行调查,也可以授权或者委托有关部门组织事故调查组进行调查。未造成人员伤亡的一般事故,县级人民政府也可以委托事故发生单位组织事故调查组进行调查"。因此,《调查报告》是事故调查组作出的,它是用来向政府汇报事故情况,是一种内部文件,至于《调查报告》记录的内容是否属实、能否认定责任人员还需要政府的批复。如果政府批复了《调查报告》说明事故调查报告上对责任人员的记载是客观、真实的,相应的行政机关就可以作出行政处罚或追究其刑事责任了(比如,公安机关可以开始进行处罚、检察机关可以对其提起公诉)。

实际上,行政调查一般是行政机关为达到某一特定的行政目的而作出收集资料的活动,其调查的对象不一定完全是行政决定赖以作出的证据。行政调查其实是一种"准行政行为",行政机关拟作出行政行为的合法性取决于其对案件

---

[1] 一审:辽宁省阜新市细河区人民法院行政判决书,(2014)细行初字第 10 号;二审:辽宁省阜新市中级人民法院行政判决书,(2015)阜行终字第 9 号。

[2] 一审:广东省汕尾市陆河县人民法院行政判决书,(2015)汕河法行初字第 1 号;二审:广东省汕尾市中级人民法院行政判决书,(2015)汕尾中法行终字第 5 号。

事实所进行的合法且深入的调查。在游某昌案中,法官将《调查结论》定位为"内部汇报文件",认为《调查结论》只是向有关机关汇报所用,行政机关不能直接将这一汇报文件作为作出行政决定的依据。波森特公司案的法官更是直接指出:《调查结论》只有在经过政府的批复后,该批复才能作为处罚的依据。同时,《湖南省行政程序规定》(2008 年湖南省人民政府令第 222 号公布,2022 年湖南省人民政府令第 310 号第二次修改)第 4 章第 3 节名为"调查与证据",更是将两者作出区别对待。行政调查与证据收集主要存在的区别,如表 1 所示。

表 1 行政调查与证据收集的区别

类别	主体不同	性质不同	违法的法律效果不同
行政调查	只能是行政主体	取得证据的手段和措施	调查的违法,并不一定导致行政决定违法
证据收集	不仅包括行政主体,也可以是鉴定人、勘验人等	作出行政决定的过程	导致"非法证据",因该证据作出的行政决定也违法

因此,行政机关在作出处罚决定或者其他行政决定时,不能直接将《调查报告》作为处罚的依据,作出行政决定应当有其他证据作为支撑。同时,《调查报告》只有在得到批复后,该批复才能作为认定案件事实的依据。樊某军、史某与佳木斯市人民政府不服责任事故调查报告批复案[1](以下简称佳木斯市人民政府案)的法官提醒执法人员:"行政机关有权就《调查报告》对事故原因分析、事故性质、事故责任的认定作出批复,而就《调查报告》作出的批复才是认定案件事实的证据。"如果在法庭上行政机关只能出具《调查报告》来证明查清的案件事实,势必败诉。

第五节 正确收集、保存证据,降低败诉风险

本章通过理论与案例相结合的形式对行政机关在执法过程中收集证据、认定事实的常见问题进行了阐述。这些案例提醒着行政机关首先是"用法者",暗示行政机关更应该是"知法者",警醒行政机关最终才是"执法者"。从降低败

---

〔1〕 黑龙江省鹤岗市中级人民法院行政判决书,(2015)鹤行初字第 4 号。

诉风险的角度出发,我们认为行政执法机关应在证据与事实认定方面注意下列问题。

一、应尽量收集原始证据

在臧某献案中,行政执法机关因为提供的责令(限期)改正通知书、强制执行事先催告书、公告等书证全是复印件,且这些复印件都未加盖执法机关的印章,无法证明其在强制拆除原告的房屋时履行了通知义务,使法院无法判断这些证据的真实性而最终败诉。

《行政诉讼证据规定》第 57 条规定,"下列证据材料不能作为定案依据:……(六)当事人无正当理由拒不提供原件、原物,又无其他证据印证,且对方当事人不予认可的证据的复制件或者复制品;(七)被当事人或者他人进行技术处理而无法辨明真伪的证据材料……"。行政执法主体作出行政决定时应该严格依据证据规则,履行相应程序。在能收集到书证的原件时必须收集书证的原件,即使收集了书证的复制件也应当注明出处、加盖印章。《行政诉讼证据规定》规定了行政机关能提供书证原件的必须提供原件,在确有困难时才能够提供复印件。因此,行政机关在作出行政决定的过程中应当妥善保存书证的原件。

二、现场笔录,应当签名或注明;更正内容,应当告知行政相对人

在张某香案中,行政机关对现场笔录的到店检查时间做了更改,但是在更正处由于没有行政相对人按手印、签字,法院采纳了现场笔录上记载的更改前的到店检查时间,行政机关因此败诉。而在乐昌市公安局案中,乐昌市公安局在现场制作的行政处罚决定书上注明了行政相对人拒绝签字的事实,法院对于这样的现场笔录予以认可,判决支持了行政机关作出的行政决定。

制作现场笔录是行政机关在执法过程中常用但也是最易犯错的地方,而根据《行政诉讼证据规定》的规定,行政机关制作的现场笔录必须由当事人签名。比如,公安机关在处理街头打架斗殴事件时作出行政处罚决定需要当事人签名;卫生行政机关对出售假冒伪劣商品的销售者作出的行政处罚需要当事人签名;交警处理闯红灯、违法驾驶等行为制作的现场笔录需要当事人签名。因此,行政执法人员在制作现场笔录时需要注意以下几点:

(1)制作的现场笔录应由当事人签字,当事人拒绝签字时应当注明原因。现实情况是有的当事人对行政机关作出的处罚决定不服,拒绝在现场笔录上签

字,此时行政机关应该注明原因,并且现场有见证人时让见证人签名。

(2)因为笔误需要对现场笔录进行更正时,应该让行政相对人在更正处捺手印或者让行政相对人知情。如果行政机关能够对现场笔录随意更改,那么法律规定要求现场笔录必须由当事人签名使其知情就失去了意义,就无法保障行政相对人的知情权。所以行政机关在现场笔录上进行更改应该让行政相对人在更改处捺手印或者签字。没有让行政相对人捺手印、签字确认,尤其是对那些影响行政相对人权益的重要事项不能证明在更改时行政相对人知情的,行政机关势必败诉。

三、取证必须符合法定程序

在冷水江市国土资源局案中,行政机关在没有取得证据的情况下就认定陈某、梁某围墙内的全部空坪隙地属非法占用土地,作出罚款的决定,最终被法院判决败诉。在举某案中,行政机关因为不能提供证据证明其给予了行政相对人陈述、申辩权而被法院判决败诉;同样,在李某文案中,行政机关并未给出证据证明其给予了行政相对人陈述、申辩和进行听证的权利,所作的处罚决定被法院以行政处罚程序违法而撤销。在淄博市临淄区安监局案中,行政机关因为作出处罚决定所依据的材料在听证时未质证,被法院判决败诉;二七区政府案中的行政机关因为在法庭提交的证据中,有 54 份证据都是在作出决定后才收集的,被法院判决败诉。贾某旺案中的行政机关因为提供的证据表明询问证人是在同一时间进行的,因此法院不予认可。

行政机关在提供证据证明案件事实时,不仅证据的形式应该符合法律规定,取证的程序也应该符合法律的规定。违反法定程序收集的证据可能会被法院排除,从而被判决败诉。一般认为,“违反法定程序收集证据”是指行政机关实施具体行政行为违反法律、法规规定的方式、形式、手续、步骤、时限等收集的证据。具体来说,行政机关应该做到以下几点。

1.“先取证、后裁决”。“先取证、后裁决”是行政机关作出行政处罚所应当遵循的一项基本原则。如果行政机关在法庭上提供的《行政处罚决定书》记载的时间在证据收集的时间之前,就会被法院以违反“先取证、后裁决”原则判决败诉。因此,行政机关在作出处罚决定前应积极收取证据,一旦对行政相对人作出处罚决定,该案卷就具有了封闭性,行政机关就只能依据处罚决定作出之前收集的证据认定案件事实。

2. 听取行政相对人的陈述和申辩。行政机关在作出对行政相对人不利的事实之前,行政相对人有权就可能受到的不利事实说明理由,有权就对自己不利的事实作出辩解。行政机关未听取陈述、申辩便作出对行政相对人不利的行政行为时,法院可能以程序违法为由将该行政行为予以撤销,从而导致行政机关败诉。

3. 询问证人应当个别进行。行政机关在查处行政案件的过程中,也应当将"询问证人应当个别进行"作为证人证言合法性的内容。虽然我国《行政诉讼法》及其司法解释、《证据规定》没有对此作出严格的限制,但是法院已经将其作为证人证言合法性的内容之一进行审查,这样做的目的是防止证人之间相互沟通影响证据的客观性、真实性。

四、行政机关提供的证据应尽量客观、真实

广州市质监局案中的行政机关因为对行政相对人销售的柴油抽样不符合国家标准,应该每组取 4L 却只取了 3L,被法院以"鉴定的样品不能客观、真实地反映原告销售的油的质量是否符合国家标准,其检验报告不能作为本案行政处罚依据"判决败诉。臧某献案中的行政机关因为提供的证据的复印件没有加盖单位印章,无法证明其与原件相符,被法院判决败诉。郜某案中的法官认为:无效请求人与网络证据的来源主体之间是否存在利害关系是对于网络证据内容及其公开时间实质真实性进行认定应重点考虑的因素。

证据的真实性作为证据的"三性"之一,是法官在审查证据时重点审查的内容。法院在认定证据的真实性时往往会以证据强弱的标准来衡量原、被告双方提交的证据,对于那些真实性较弱的证据法官通常不会采纳。法院在审查证据的真实性时以"证据形成的原因,发现证据时的客观环境,证据是否为原件、原物,复制件、复制品与原件、原物是否相符,提供证据的人或者证人与当事人是否具有利害关系,影响证据真实性的其他因素"六个方面来审查证据的真实性。因此,行政机关在收集证据、提交证据时也应以这些方面作为标准,提交真实性较强的证据。

五、行政行为不同,证明标准不同

在杨某林案中,虽然行政机关作出的处罚决定没有其他证据能够证明行政相对人有穿插行驶的违法行为,只有作出处罚决定的执法人员陈述。但是,法

院认为执法人员的陈述达到了“优势证明标准”，于是驳回了行政相对人的诉讼请求。在刘某恒案中，行政机关在证据存在矛盾、无法证明行政相对人燃放了烟花爆竹、也无法排除其他被指认者没有燃放烟花爆竹的情况下，就对行政相对人作出行政拘留 15 日的处罚决定，被法院以“不能排除合理怀疑、具体行政行为证据不足”为由撤销了行政决定。在上海市工商局浦东新区分局案中，行政机关认为行政相对人销售的商品是水泥板侵犯了国内某公司的商标权，而行政相对人认为自己销售的是木质板，没有侵犯商标权。法院认为行政机关依据相关进口协议、报关单、销售合同上的记载都认定其为水泥板，已经达到了“清楚而有说服力的”证明标准，没有支持行政相对人的诉讼请求。在应某案中，行政相对人虽然认为行政机关做出的变更原公司股东的行政许可侵犯了自己的权益，但是没有否认撤销被诉行政许可行为可能对公共利益造成重大损害的事实，相比之下，行政机关的证据“清楚而有说服力”，所以法院没有支持行政相对人的诉讼请求。

行政机关承担的职责范围十分繁杂，出于履行自身职责的需要，行政机关在行政程序中事实查证的要求与司法诉讼程序并不相同。正如有学者指出，日益繁重的行政管理任务使效率成为行政管理首要的要求，如果要求行政机关在每一个案件中都达到与刑事诉讼相同的证明标准，即案件事实清楚、证据确实充分，不仅会妨害行政效率，而且会严重损害公共利益。因此，行政机关在作出不同的行政决定时应采用不同的证明标准。对简易程序案件、轻微的行政处罚、行政裁决、告知等行政行为应采用优势证明标准；对限制人身自由的行政处罚或者强制措施，责令停产停业和吊销执照、证件等重大影响的行政案件应采用排除合理怀疑证明标准；对其他一般行政行为应采用清楚而有说服力证明标准。大量的司法判决表明，行政执法主体不必担心自己采用的证明标准与《行政诉讼法》规定的“证据确凿，事实清楚”不同而败诉。

六、行政机关提供证据证明的案件事实，必须与处罚主体相关

在李某青案中，行政机关因为应该处罚自然人经营的超市而处罚成了自然人本人，被法院以处罚对象错误判决败诉。福鼎市监管局案中的行政机关以同样的理由被法院判决败诉。

以上所列案例提醒行政执法人员：实践中行政机关因为所列处罚主体错误而被判败诉十分常见。行政机关应该清楚：自然人、法人和其他组织都是行政

法上规定的独立的主体,《民事诉讼法》对行政机关经常面对的个体工商户作出了具体规定,行政机关在今后作出类似的行政决定时,应该以已经登记字号的个体工商户为对象,同时注明登记经营者与实际经营者的基本信息。

七、待证事实不同,鉴定内容不同

光山县案中的行政机关委托茅台酒厂进行鉴定,但茅台酒厂仅对行政相对人销售的酒的外包装进行鉴定,据此认为行政相对人销售的酒为"假酒",法官认为其认定事实错误,判决行政机关败诉。而云阳县烟草局案中的行政机关委托本市烟草质量监督检验机构对原告销售的烟的质量进行鉴定从而认定其为"假烟",法官认为其认定事实清楚判决行政机关胜诉。

近几年食品安全问题屡见报端,人们的维权意识也逐渐加强,行政机关在行政执法过程中经常会接到群众举报有人销售假冒伪劣商品,此时会委托具有鉴定资质的机构进行鉴定并出具鉴定意见,从而根据此鉴定意见作出行政决定。有的行政机关会委托本市检验站或者司法鉴定机构进行检验,(如云阳县烟草局案),有的机构会直接委托可能被假冒的生产商进行检验(如光山县案),因为这些生产商对于商品是否假冒自己生产的产品最为了解,他们虽然不是专家,但是却比专家更具有发言权。但是,无论是委托司法机构进行鉴定还是委托生产厂家进行鉴定,都应当明确鉴定所要证明的内容是什么。在光山县案中,光山县原食品药品监督管理局委托茅台酒厂鉴定原告销售的酒是否"掺假掺杂",那么茅台酒厂就应该鉴定该酒的质量,而不是外包装。因为《产品质量法》(2009 修正)第 39 条、《食品安全法》(2015 修订)第 124 条第 1 款第 4 项规定的"掺假掺杂"是针对产品本身质量而言,该条规定,如果发现产品存在"掺假掺杂"行为,由原食品药品监督管理局作出行政处罚。但是如果只是鉴定产品的外包装,很难说产品本身质量也存在"掺假掺杂"行为(虽然这样的情况很少发生,但是不能排除有人急切地为了清空自己手里的大量名酒而以"真"乱"假"的情况),这时,这样的假酒就侵犯了"注册商标权",根据《商标法》(2013 修正)第 61 条的规定应由工商局而不是原食品药品监督管理局作出处罚。

表 2　“假冒伪劣”商品的鉴定

鉴定内容	执法主体	处罚依据
鉴定是否“掺假掺杂”	食品药品监督管理局（现为市场监督管理局）	《产品质量法》第 39 条、《食品安全法》第 124 条第 1 款第 4 项
鉴定是否假冒“商标”	工商局（现为市场监督管理局）	《商标法》第 57 条、《食品安全法》第 34 条第 13 项

八、《调查报告》在得到政府的批复后，政府的批复才可作为处罚的依据

在波森特公司案中，法院直接在判决书中说明了《调查报告》只有在经过政府的批复后，政府的批复才能作为处罚的依据。游某昌案中的法官在判决书中说明了《调查报告》是一种内部汇报文件，只是向政府汇报所用。佳木斯市人民政府案中的法官告诉执法人员：“行政机关有权就《调查报告》对事故原因分析、事故性质、事故责任的认定作出批复，而就《调查报告》作出的批复才是认定案件事实的证据。”

行政机关在执法过程中有时盲目追求效率，在发生安全事故后还没有等到政府对事故调查小组的《调查报告》作出批复就开始作出处罚。行政机关在处理安全事故责任人员的行政执法活动中，应该清楚事故调查报告在其中所起作用。根据《生产安全事故报告和调查处理条例》，事故调查的大致处理流程如图 1 所示。

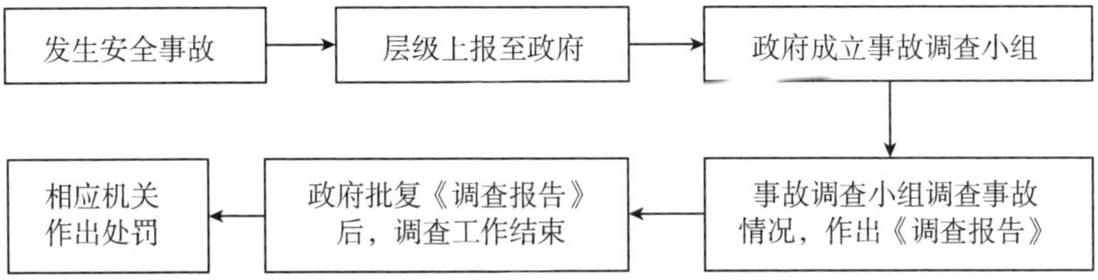

图 1　安全事故调查流程

由图 1 可以看出，行政机关作出处罚的前一个步骤是政府批复了《调查报告》，只有政府对《调查报告》作出了批复才算调查工作的结束。因此，如果在法庭上行政机关只能出具《调查报告》来证明查清的案件事实或者《调查报告》在还没有政府的批复前就已经作出处罚，行政机关势必败诉。

第六章　从典型案例看行政执法中的法律适用问题

法律的生命在于适用。行政机关的执法活动实际上是一个将抽象的法规则运用于具体的案件事实之中，进而产生行政法律关系的过程。行政执法中的法律适用是国家机关法律适用的重要组成部分，但是法律适用错误往往成为行政机关败诉的主要原因之一。因此，本章将对行政执法中的法律解释问题、法律冲突问题及其他法律适用错误的情况进行总结、分析，试图为行政机关在行政执法过程中正确适用法律、防范败诉风险提供样本和思路。

第一节　行政执法的法律适用

一、如何理解行政执法中的“法”

行政法的法源包括宪法、法律、行政法规、地方性法规、自治条例和单行条例等特别法规、行政规章、其他规范性文件、国际条约与协定等，行政执法中的“法”具体包括以下内容。

（一）宪法

宪法中包含许多行政法规范，像关于行政管理活动基本原则的规范，如依法治国、建设法治国家、保障人权、民族平等、行政机关接受人民监督等；关于行政机关组织、职权、区域划分的规范；关于国家发展教育、科学、医疗卫生、体育、文学艺术、新闻广播、出版发行等事业方针政策的规范等。宪法作为国家根本大法，有助于执法机关准确把握行政法的基本原则，其虽不能成为行政执法的直接依据，但是行政机关可以参考宪法的基本精神作出合法合理的决定。

(二)法律

法律是我国最高立法机关按照立法程序制定的规范性文件,法律是由全国人民代表大会或全国人民代表大会常务委员会审议后表决通过,并以国家主席令公布。法律的效力仅次于宪法,是行政执法最主要的依据。根据《立法法》的规定,对公民政治权利的剥夺,限制人身自由的强制措施和处罚,对非国有财产的征收征用,财政、税收、海关、金融、外汇等基本制度都只能由法律规定。

(三)行政法规

行政法规是国务院立法程序制定的规范性文件,在现代社会,行政立法的数量远远超过人民代表大会立法的数量,行政法规在整个法律体系中占有举足轻重的地位,是行政执法的重要依据。《立法法》第 72 条规定,“国务院根据宪法和法律,制定行政法规。行政法规可以就下列事项作出规定:(一)为执行法律的规定需要制定行政法规的事项;(二)宪法第八十九条规定的国务院行政管理职权的事项。应当由全国人民代表大会及其常务委员会制定法律的事项,国务院根据全国人民代表大会及其常务委员会的授权决定先制定的行政法规,经过实践检验,制定法律的条件成熟时,国务院应当及时提请全国人民代表大会及其常务委员会制定法律”。

(四)地方性法规

一直以来,有权制定地方性法规的权力机关比较有限,省、自治区、直辖市以及较大的市的人民代表大会及其常务委员会有权制定地方性法规,2015 年《立法法》修改后,设区的市的人民代表大会及其常务委员会根据本市的具体情况和实际需要,在不同宪法、法律、行政法规和本省、自治区的地方性法规相抵触的前提下,可以对城乡建设与管理、环境保护、历史文化保护等方面的事项制定地方性法规。《立法法》第 82 条第 1 款规定,“地方性法规可以就下列事项作出规定:(一)为执行法律、行政法规的规定,需要根据本行政区域的实际情况作具体规定的事项;(二)属于地方性事务需要制定地方性法规的事项”。地方性法规调整着广泛的行政社会关系,执法机关在适用地方性法规时,需要注意该法规有无与宪法、法律、行政法规相冲突的情形。

(五)自治条例、单行条例等特别法规

自治条例、单行条例只限于民族自治地方适用,与地方性法规必须"不同宪法、法律、行政法规相抵触"相区别,自治条例、单行条例可以根据当地民族的政治、经济和文化特点制定。自治条例、单行条例可以规定民族自治地方的自治机关的组织与工作,也可以规定地方行政管理事务,如一些自治地区制定的集市贸易管理条例、食品卫生管理条例等,可以成为行政机关执法的依据。

(六)行政规章

行政规章包括国务院部门制定的规章和地方政府制定的规章。有权制定部门规章的国务院部门包括国务院各部、委员会,中国人民银行,审计署和具有行政管理职能的直属机构,部门规章规定的事项应当属于执行法律或者国务院的行政法规、决定、命令的事项。没有法律或者国务院的行政法规、决定、命令的依据,部门规章不得设定减损公民、法人和其他组织权利或者增加其义务的规范,不得增加本部门的权力或者减少本部门的法定职责。省、自治区、直辖市和设区的市、自治州的人民政府,可以根据法律、行政法规和本省、自治区、直辖市的地方性法规,制定规章。地方政府规章可以就下列事项作出规定:(1)为执行法律、行政法规、地方性法规的规定需要制定规章的事项;(2)属于本行政区域的具体行政管理事项。

行政机关在适用规章时,尤其要注意法律的层级冲突,如在鲁潍(福建)盐业进口有限公司苏州分公司诉江苏省苏州市盐务管理局盐业行政处罚案(以下简称鲁潍案)中,法院认为盐业管理的法律、行政法规没有设定工业盐准运证的行政许可,地方性法规或者地方政府规章不能设定工业盐准运证这一新的行政许可;盐业管理的法律、行政法规对盐业公司之外的其他企业经营盐的批发业务没有设定行政处罚,地方政府规章不能对该行为设定行政处罚;地方政府规章违反法律规定设定许可、处罚的,人民法院在行政审判中不予适用。

(七)规范性文件

依照宪法、地方组织法的规定,权力机关或行政机关在法规、规章之外,还可以通过、制定发布决定、命令、指示,规范性文件多以"通知""通告"为名,以红头文件的形式下发。规范性文件种类庞杂、数量繁多,在行政执法中发挥着

重要作用。规范性文件可以成为执法的依据,但是行政机关在适用规范性文件时须注意该文件有没有超越制定机关的权限,有没有抵触法律、规章的规定,是不是符合法治国家原则要求。

二、行政执法的法律适用与行政诉讼的法律适用

行政执法的法律适用,是指行政主体及工作人员,依据法律规定的职权、按照法律规定的程序,针对行政管理中发生的事实,选择、引用特定的法律规范,作出产生特定法律效果的行政行为。[1] 行政诉讼法律适用,是指人民法院在审理行政案件,审查行政行为合法性的过程中,具体运用法律规则作出裁判的活动。行政诉讼法律适用发生在行政诉讼的过程中,发生在案件进入审理阶段以后,由法官选择具体的法律规范适用于特定的案件事实,以判断行政行为是否合法。

行政执法的法律适用与行政诉讼的法律适用都是一种公权力机关适用法律的行为。行政诉讼的法律适用是法院用法律审查行政行为的合法性,行政执法的法律适用是执法机关用法律定性案件事实。行政机关适用法律是“第一次适用”,行政诉讼的法律适用是“第二次适用”,第二次适用是对第一次适用进行审查,判断第一次适用是否合法。两次法律适用的区别在于以下几个方面。

1. 法律适用的主体不同。行政执法法律适用的主体是行政机关及工作人员,在执法活动中,行政机关行使国家行政管理职权进行法律适用;行政诉讼法律适用的主体是人民法院,法院作为裁判机关,运用国家司法权居中独立裁判。这一点是行政执法法律适用与行政诉讼法律适用的最大区别。

2. 确定管辖的标准不同。行政诉讼法律适用的划分标准主要为级别管辖和地域管辖;行政执法法律适用的管辖除以上两种标准外,还以行政管理事项或部门为标准确定具体的管理者。

3. 法律适用的主动性不同。行政执法的法律适用是行政机关及工作人员针对行政管理中发生的案件事实主动地适用法律规范,行政诉讼法律适用以诉讼的发生为前提,具有被动性,更具有监督的性质,是人民法院用法律审查行政行为的合法性。

4. 适用的法律依据不同。行政执法主体可以适用法律、行政法规、地方性

---

〔1〕 参见姜明安:《行政法与行政诉讼法》(第6版),北京大学出版社2015年版,第499页。

法规、规章、规范性文件。根据《行政诉讼法》第63条的规定,人民法院审理行政案件,以法律和行政法规、地方性法规为依据。地方性法规适用于本行政区域内发生的行政案件。人民法院审理民族自治地方的行政案件,并以该民族自治地方的自治条例和单行条例为依据。人民法院审理行政案件,参照规章。

5. 适用的目的、效力不同。执法机关适用法律是为了执行法律、法规、规章和其他具有普遍约束力的决定、命令。行政诉讼的法律适用是人民法院对执法机关适用法律的审查,是针对同一管理事项的第二次法律适用,是对第一次法律适用的监督,是最后一道防线,具有最终性。

三、执法机关适用法律错误的定义与特征

《行政诉讼法》第70条规定,行政行为有下列情形之一的,人民法院判决撤销或者部分撤销,并可以判决被告重新作出行政行为:……(2)适用法律、法规错误的……《行政复议法实施条例》第47条规定,具体行政行为有下列情形之一的,行政复议机关可以决定变更:(1)认定事实清楚,证据确凿,程序合法,但是明显不当或者适用依据错误的……行政执法中的法律适用是实践中极易出现问题的一个环节,在执法人员法治水平相对较低的情况下,探讨执法中的法律适用问题、防范执法机关的败诉风险显得尤为重要。

理论对"适用法律、法规错误"的定义比较简洁。第一类定义认为"适用法律、法规错误"就是错误地援引了法律、法规。如有学者定义为"适用法律、法规错误,就是指行政机关作出具体行政行为时错误地援引了法律、法规"〔1〕。第二类定义认为"适用法律、法规错误"包括两个层面,即应适用而没有适用或适用了不该适用的法律、法规。如有学者认为"所谓适用法律、法规错误,从总体上来说是指行政机关在作出具体行政行为时,适用了不应该适用的法律、法规规范,或者没有适用应当适用的法律、法规规范"〔2〕。第三类定义考虑了更多层面。如有学者认为"适用法律、法规错误是指应当适用此法的却适用了彼法,应当适用此条款的却适用了彼条款,适用了未生效的、失效的或无效的法律、法规等"〔3〕。还有学者认为"适用法律、法规错误是指实施具体行政行为违反了

〔1〕 应松年主编:《行政诉讼法学》,中国政法大学出版社2007年版,第248页。

〔2〕 于安、江必新、郑淑娜编著:《行政诉讼法学》,法律出版社1997年版,第234页。

〔3〕 盛永彬、曹秀谦主编:《行政法与行政诉讼法》,暨南大学出版社2002年版,第371页。

程序法规定,或者依据了不相适应的法律法规或条款,或者适用的法律法规或条款不是调整相应具体行政行为的法律法规或条款"[1]。另有学者认为"适用法律、法规错误应包括没有适用任何行政法规范;适用无效的行政法规范;应适用效力等级较高的行政法规范,却适用了效力等级较低的行政法规范;行政法规范适用上的遗漏;适用了不应适用的其他法律、条款或规范性文件"[2]。学理论述分析无法清晰地对内涵作出界定,这不仅反映对行政法概念进行定义的局限性,也体现了各位学者对此问题存有不同理解。

行政执法机关的执法活动实质上是将抽象的法律规则运用于具体案件事实,进而产生法律效果的过程。行政执法适用法律错误是指执法主体在作出行政行为时将法律规范与相关的案件事实作了错误的结合,从而使行政行为存在较大瑕疵。行政执法适用法律错误主要有以下两个特点。

1. 行政执法适用法律错误发生在具体的行政行为中。行政主体制定政府规章时也存在对有关法律规范的适用,这种适用主要是考虑其是否根据上位法制定或是否与上位法相互冲突,这个行政立法的分析与考量不是法律的适用。因为,法律适用是将抽象的法律规则运用于具体案件事实,抽象行政行为不存在法律适用的原因就在于其没有相关的案件事实作为支撑。在具体的行政行为中,行政执法机关适用法律包括三个要素:适法主体、案件事实和法律规范。

2. 行政执法适用法律错误的本质在于法律规范与案件事实的错误结合。行政法律规范是指在行政管理领域适用的法律、行政法规、地方性法规、规章、规范性文件和其他具有普遍约束力的决定、命令等有法律效力、调控社会关系的行为规则。行政案件事实是指发生于行政管理领域由于行政相对人违法行为、申请行为等而引起的具体行政案件。案件事实需要受到法律规范的调整,案件事实与法律规范结合才能有效完成行政管理,实现法律上的理性。行政执法机关如果把法律规范与案件事实错误结合,将不能实现行政管理的目的。

---

〔1〕 罗豪才主编:《中国司法审查制度》,北京大学出版社 1993 年版,第 352 页。

〔2〕 叶必丰:《行政法学》,武汉大学出版社 1996 年版,第 241 ~ 242 页。

第二节 法律适用错误的表现

一、执法机关错误地解释法律

法谚有云,“法无解释,不得适用”,法律人从事的工作在于将抽象的法律适用于具体个案,涉及法律的解释、漏洞的补充或法律续造等法学方法的问题。法律解释旨在正确适用法律,不仅法官需要解释法律,执法机关也需要解释法律。执法者只有解释法律,才能将抽象的行政法律规范适用于特定的案件事实。尽管我国现行法律没有明确赋予行政执法者具有法律解释主体的地位,但事实上任何一个执法人员在执法时都会自觉或不自觉地解释法律。

(一)法律解释的必要性

万事万物都需要被理解和解释,法律也是如此,法律适用过程是一个理解与被理解的过程,立法者希望通过法律文本语言向社会传递其价值立场,而要准确理解和严格遵守法律语言背后的价值立场,就需要对法律文本语言进行解释。[1] 关于执法者为何要解释法律,我们认为主要包括以下几点:

第一,抽象的法律需要适用于具体的个案。法律具有不确定性,法律规范是抽象的、静态的文本,如果法律不被解释,将无法弥补法律规范与案件事实之间的鸿沟。当执法者面对一个意义广泛、内涵丰富的法律术语时,他需要根据其对法律的理解、根据其生活经验的积累、根据公共事务的特征进行法律解释,以实现国家治理的需要。

第二,实现法的正义价值。法谚有云:“正义不仅应得到实现,而且要以人们看得见的方式加以实现。”行政执法活动具有广泛性、具体性和专业性的特征,执法活动与管理相对人的权利义务联系密切。立法机关制定出的法律规范较为宏观、宽泛,执法机关只有结合自身专业优势和案件事实在具体的执法过程中解释法律,才能有效保障公民权益、推动行政法治、实现法的正义价值。

第三,解释法律有助于得出妥当的结论。法律的适用绝非生搬硬套,不可以不顾实际情况加以适用,否则会得出荒唐的结论。只有正确理解规范与事实

---

〔1〕 参见王利明:《论法律解释之必要性》,载《中国法律评论》2014 年第 6 期。

的本质，才可以得出符合正义的答案。

（二）执法机关错误解释法律的表现

1. 错误解释法律文义

文义解释，是指解释者依据法律条文用语和文法，按照法律条文的字面含义进行的解释。因为文义解释是对法律文本的字面含义所进行的解释，所以原则上不考虑法条字面含义以外的因素，也不需要借助于其他方式来解释，只要按照通常的理解进行解释即可。文义解释的局限性在于，它不像历史性解释那样考究历史上立法者的真意，也不像目的性解释那样探求立法目的，因此有时难免拘泥于条文字面含义，导致解释结论荒谬。此处分享两个关于执法机关错误解释文义的案例：

错误解释“虐待”。在隋某不服安达市公安局行政处罚案[1]中，法院认为，《治安管理处罚法》第 45 条第 1 项规定，虐待家庭成员，被虐待人要求处理的，处 5 日以下拘留或者警告。该案中，原告夫妻因琐事发生肢体冲突仅此一次，原告的行为不构成持续性、经常性，被告安达市公安局依据上述法律的规定对原告作出的处罚主要证据不足，所使用的法律法规不当。

错误解释“疾病”。在谢某九、刘某与东莞市社会保障局工伤认定案[2]中，法院认为，东莞市社会保障局称谢某想的死亡是先天性心脏病所致，与工作原因无关，由于《工伤保险条例》第 15 条第 1 项规定的“疾病”并未将先天性疾病排除在外，故谢某想在生前患有先天性心脏病并不影响对其工伤性质的认定。

笔者认为，在隋某案中，“虐待”是以变态的、不健康的方式对待他人或者以野蛮、不人道的方式对待他人。该行为会造成受虐者身体的损伤和内心的惶恐，迫使受虐者不能按自己的意愿行事，或逼迫他人以违反常理的方式做事。“虐待”具有持续性、经常性，即要求具有时间上的持续性、频率上的多发性。夫妻之间偶然的厮打、体罚、赶出家门等行为，不应当认定为《治安管理处罚法》第 45 条第 1 项规定的“虐待”。在谢某九案中，从病理学的角度分析，疾病的产生有先天和后天，但疾病的产生必然是人的身体内先天形成或后天的外部因素所

---

〔1〕 隋某诉安达市公安局案，黑龙江省肇东市人民法院(2015)肇行初字第 6 号判决书。

〔2〕 参见中华人民共和国最高人民法院行政审判庭编：《行政执法与行政审判》(第 2 集)，法律出版社 2006 年版。

致,这一点毋庸置疑。《工伤保险条例》第15条第1项规定,在工作时间和工作岗位,突发疾病死亡或者在48小时之内经抢救无效死亡的应当视同为工伤。虽然谢某想死亡是先天性心脏病所致,但法律并未将“先天性疾病”排除在外,其在正常工作中突然发病死亡,依照《工伤保险条例》的规定,认定为工伤是无可非议的。

2. 错误解释法律体系

体系解释是以法律的外在体系为依据进行的解释。〔1〕体系解释是指以法律条文在法律体系中的地位,即依其在编、章、节、条、款、项之前后关联位置,或相关法条之法意,阐明其规范意旨的解释方法。体系解释将解释对象嵌入作为整体的语境中,可以消除法条间的矛盾和冲突。鲁潍案〔2〕是一个上位法与下位法相冲突的典型案例,金自宁教授从体系的视角为法院的裁判提供了一种思路。执法机关也可以借鉴这种体系解释的方法。

在鲁潍案中,鲁潍公司从江西等地购进一批工业盐,按《江苏省〈盐业管理条例〉实施办法》的规定其应当办理工业盐准运证。苏州盐务管理局认为其未经批准从省外购进盐产品的行为,违反了《盐业管理条例》《江苏省〈盐业管理条例〉实施办法》。法院认为法律及《盐业管理条例》没有设定工业盐准运证这一行政许可,地方政府规章不能设定工业盐准运证制度。根据《行政处罚法》第13条的规定,在已经制定行政法规的情况下,地方政府规章只能在行政法规规定的给予行政处罚的行为、种类和幅度内作出具体规定。金自宁教授质疑的是,《行政许可法》第15条第1款规定,尚未制定法律、行政法规的,地方性法规可以设定行政许可;而第16条第4款规定,法规、规章对实施上位法设定的行政许可作出的具体规定,不得增设行政许可。那法官依据什么宣称该案属于《行政许可法》第16条(下位法不得增设许可)而不是第15条(下位法可增许可)规定的情形呢?《行政许可法》第15条第2款规定,地方性法规和省、自治区、直辖市人民政府规章,不得设定应当由国家统一确定的公民、法人或者其他组织的资格、资质的行政许可;不得设定企业或者其他组织的设立登记及其前置性行政许可。其设定的行政许可,不得限制其他地区的个人或者企业到本地

〔1〕参见王利明:《法律解释学》,中国人民大学出版社2011年版,第92页。

〔2〕鲁维(福建)盐业进出口有限公司苏州分公司与江苏省苏州市盐务管理局盐业行政处罚案,最高人民法院指导案例5号(2012年)。

区从事生产经营和提供服务,不得限制其他地区的商品进入本地区市场。我们可以从法律体系的角度分析,因为该案所涉及的工业盐准运许可,针对的是异地运入本地的情形,因此该地方规章所涉许可涉嫌违反“不得限制其他地区的商品进入本地区市场”。

条文之间的不一致包括相互矛盾和相互包含等情况。对于相互不一致的情况,执法人员应当根据实际情况按照不同的条文之间的联系进行解释。法律适用者不是根据具体规范的字面意思,而是根据整个法律秩序来解决他所面临的纠纷,因而对具体个案的解决,并不是适用单一法条的结果,而是“适用了整部法律、甚至整个法律秩序”的结果。[1]

3. 错误扩张、限缩解释

扩张解释是指与立法目的和立法意图相比较,法条的字面含义过于狭窄,通过解释使法条的字面含义扩张,以符合立法目的和立法意旨。[2] 限缩解释也称缩小解释,是指法律规定的文义过于宽泛,与立法者所要表达的意图不符,应当将其加以限制,缩小其适用范围。[3] 扩张解释或限缩解释不同于文义解释,文义解释不需扩张或限缩,只探究文本字面含义,而扩张解释或限缩解释是基于立法目的在文义的基础上扩张或缩小。

在连云港市赣榆区人力资源和社会保障局与翟某坤、苏某文等行政确认案[4]中,法院认为,根据《工伤保险条例》第 15 条第 1 款的规定:“职工有下列情形之一的,视同工伤:(一)在工作时间和工作岗位,突发疾病死亡或者在 48 小时之内经抢救无效死亡的;……”该案查明的事实是翟某军在上班期间突发疾病,在 48 小时内因抢救无效死亡,符合上述法律规定情形,应认定为工伤。《劳动和社会保障部关于实施〈工伤保险条例〉若干问题的意见》第 3 条规定,《工伤保险条例》第 15 条规定的“突发疾病”包括各类疾病,“48 小时”的起算时间,以医疗机构的初次诊断时间作为突发疾病的起算时间。由此可知,赣榆区人力资源和社会保障局对“突发疾病”的理解系限缩解释,与法律规定不符,与

---

〔1〕 参见金自宁:《地方立法行政许可设定权之法律解释:基于鲁潍案的分析》,载《中国法学》2017 年第 1 期。

〔2〕 参见王利明:《法律解释学》,中国人民大学出版社 2011 年版,第 135 页。

〔3〕 参见王利明:《法律解释学》,中国人民大学出版社 2011 年版,第 132 页。

〔4〕 连云港市赣榆区人力资源和社会保障局与翟某坤、苏某文等行政确认案,江苏省连云港市中级人民法院(2018)苏 07 行终 46 号行政判决书。

我国工伤保险制度的立法本意相悖。

在孙某兴诉天津新技术产业园区劳动人事局工伤认定案[1]中,法院认为,相关规定中的"工作场所",是指与职工工作职责相关的场所,在有多个工作场所的情形下,还应包括职工来往于多个工作场所之间的合理区域。"因工作原因",指职工受伤与其从事本职工作之间存在关联关系,即职工受伤与其从事本职工作存在一定关联。原告孙某兴的工作任务是去机场接人,在下楼过程中摔伤。天津新技术产业园园区劳动人事局主张孙某兴的摔伤与开车任务没有直接的因果关系,不予工伤认定无疑是错误地限缩解释了"工作原因""工作场所"。

在于某杰不服泰州市人力资源和社会保障局劳动保障行政确认案[2]中,法院解说道,只有因合法地履行工作职责受到暴力伤害才能认定为工伤,而在工作场所实施带有暴力性质的打斗行为,严重地损害了用人单位的生产经营秩序,明显是违反劳动纪律的行为,与正常履行工作职责具有本质上的区别。该案中,于某杰的挑衅行为导致扭打发生,其对该伤害的发生具有明显的过错,如果因其非工作职责的过错而导致的伤害都由用人单位承担风险的话,对于用人单位来说明显不公。"因履行工作职责"与"因工作原因"有一定的区别,工作原因的范围相对较为宽泛,而每个人的工作职责往往有一定的范围,更为严格,故"因履行工作职责"的适用也更为严格。《工伤保险条例》中规定的暴力伤害是一种意外情形,具有不可预测性,如果受伤害一方对于受伤害的可能性具有一定的认识,该伤害就不应该纳入工伤认定的范畴,这也是《工伤保险条例》第16条规定工伤认定排除范围的缘故,若受伤者存在主观故意或过失,对于受伤害是具有一定认识的,伤害是具有可预测性的,那么对于此类案件中工伤的认定应当受一定的限制。

工伤认定类案件经常会出现错误扩张解释或限缩解释的情形,除了上述案例,工伤认定机关对于"上下班途中""与工作有关的预备性或者收尾性工作"等也经常存在解释错误。在现实生活中随着建立劳动关系的日渐灵活化、弹性化,"工作场所""工作原因"等也日渐呈多样性、复杂性,我们不可能通过具体

〔1〕 孙某兴诉天津新技术产业园区劳动人事局工伤认定案,最高人民法院指导案例40号(2014年)。

〔2〕 江苏省泰州市中级人民法院行政判决书,(2012)泰中行终字第0077号。

概念来准确无误地对其做出精确、规范的描述，一个无所不能的具体定义或标准至少在工伤行政确认领域并不存在，因此行政机关在适用法律时，需要根据法律目的准确地扩张解释或限缩解释。

4. 忽视法的当然解释

《唐律·名例律》规定，“诸断罪无正条，其应出罪者，则举重以明轻，其应入罪者，举轻以明重”。当然解释，指法律虽无明文规定，但根据法律规范的目的，其事实较之法律所规定的情况，更有适用的理由，从而直接适用该法律规范。[1]当然解释是通过比较性质相同的事物而进行的推论，用“举重以明轻”或“举轻以明重”逻辑推演的方法进行解释。

在黄某富、何某琼、何某诉四川省成都市金堂工商行政管理局行政处罚案[2]中，金堂工商行政管理局扣留了原告的32台电脑主机，没有举行听证程序。法院认为，根据《行政处罚法》第42条规定，“行政机关作出责令停产停业、吊销许可证或者执照、较大数额罚款等行政处罚决定之前，应当告知当事人有要求举行听证的权利……”。虽然该条规定没有明确列举“没收财产”，但是该条中的“等”系不完全列举，应当包括与明文列举的“责令停产停业、吊销许可证或者执照、较大数额罚款”类似的其他对相对人权益产生较大影响的行政处罚。为了保证行政相对人充分行使陈述权和申辩权，保障行政处罚决定的合法性和合理性，对没收较大数额财产的行政处罚，也应当根据《行政处罚法》第42条的规定适用听证程序。

这个案例我们可以通过文义解释，将“等”，解释为“等外等”，也可以当然解释，通过“举轻以明重”的方法进行逻辑推演：(1)文义解释。最高人民法院《关于审理行政案件适用法律规范问题的座谈会纪要》指出，法律规范在列举其适用的典型事项后，又以“等”“其他”等词语进行表述的，属于不完全列举的例示性规定。以“等”“其他”等概括性用语表示的事项，均为明文列举的事项以外的事项，且其所概括的情形应为与列举事项类似的事项。所以，该条中的“等”系不完全列举，是“等外等”。“没收较大数额财产”与法条明文列举的“责令停产停业、吊销许可证或者执照、较大数额罚款”类似，都是对相对人权益产

〔1〕参见梁慧星：《民法解释学》，中国政法大学出版社1995年版，第225页。

〔2〕黄某富、何某琼、何某诉四川省成都市金堂工商行政管理局行政处罚案，最高人民法院指导案例6号(2012年)。

生较大影响的处罚,应当适用听证程序。(2)当然解释。虽然该条规定没有明确列举"没收财产",但是该案金堂工商行政管理局扣留了原告32台电脑主机对于管理相对人权益造成的侵害不亚于甚至超过"责令停产停业、吊销许可证或者执照、较大数额罚款",相对较轻的行政处罚都设立了听证程序,更重的行政处罚也应适用听证程序。

柳砚涛教授曾在《论举轻以明重在行政处罚中的应用》一文中指出:我国《道路交通安全法》第91条、《机动车驾驶证申领和使用规定》(2012修订)第12条和第67条等条文已把"酒驾""醉驾""毒驾"纳入处罚范围,但是对于"药驾"是否处罚没有规定。在公法领域,实行权力法定原则,法无明文规定不处罚,但是从医药学角度来看,部分药物在服用后会出现犯困、注意力不集中、视听能力减弱等情形,在这种情况下,司机难以分辨交通标志,极易导致判断失误,"药驾"的危害性不亚于"酒驾"和"毒驾",更应受到法律制裁。柳砚涛教授认为,面对"条文法"无法涵盖和预测的违法行为,"举轻以明重"可以起到"理念法"、法律方法和法律精神"传送带"的作用,能够在不违反处罚法定的前提下"延续"行政处罚设定中"示例性列举"和"兜底条款"的生命力,使法律在社会实践面前不至于陷于被动落后的窘境,也能以法律方法和不成文法源"激活"当下几近静寂、不能与时偕行的行政法学理论、制度与规范体系。[1]

5. 错误解释立法目的

目的解释是指通过探求法律文本的制定目的以及特定法律条文等的立法目的,来阐释法律的含义。[2] 目的解释不拘泥于法律文本,甚至可能与文本的含义有所区别,导致法律文本被扩张或限缩。在所有解释方法中,目的性解释具有决定意义。

在王某彦诉上海市劳动教养管理委员会劳动教养案[3]中,法院认为,劳动教养是一种限制人身自由的行政强制措施,其目的是对那些违反社会治安而又不够刑事处罚的人通过强制性劳动方式对其进行教育改造。根据审理查明的事实,被上诉人王某彦与他人殴斗,扰乱公共秩序,妨害公共安全,应承担相应

---

〔1〕 参见柳砚涛:《论举轻以明重在行政处罚中的应用》,载《政治与法律》2015年第8期。

〔2〕 参见王利明:《法律解释学》,中国人民大学出版社2011年版,第12页。

〔3〕 王某彦诉上海市劳动教养管理委员会案,河南省商丘市中级人民法院(2012)商行终字第76号判决书。

的法律责任,但被上诉人王某彦参与殴打对方是在对方人员殴打杨某根的情况下发生的,情节显著轻微,依照《治安管理处罚法》对其予以治安处罚即可达到教育惩戒的目的。上诉人上海市劳动教养管理委员会适用《劳动教养试行办法》(已失效)对被上诉人王某彦作出劳动教养决定不符合劳动教养立法目的,属于适用法律、法规错误,依法应予撤销。

法谚有云:“认识法律,不仅在于明白其词语,而且在于明白目的及权力。”荀子也曾指出:“不知法之义而正法之数,虽博每临时必乱。”王泽鉴教授说过,“任何法律均有其立法目的,解释法律应以贯彻、实践立法旨趣为其基本任务。因此,任何人于解释法律时,须想到的基本问题是:为何设此规定,立法目的何在? 立法旨趣之探求,是阐释法律意义之钥匙”。执法机关在解释法律时,如果通过文义解释无法得出结论,那么可以通过探究立法意旨得出妥当的结论,将立法者的价值判断贯彻到执法的过程中去。

6. 错误运用多种解释方法

有时候,对法律的解释不仅仅采用一种解释方法,为了得出妥当、正确的结论,我们会使用多种解释方法。全国首例“闯黄灯”案——舒某荣与海盐县公安局交通警察大队行政处罚案〔1〕就是运用多种方法解释法律的典型,从判决书上我们很难看清执法机关的解释思路,但法院一审、二审皆支持了执法机关的主张,我们可以分析法官的解释路径。对这一判决,学者们分别持支持和反对两种观点。法院认为,闯黄灯行为是否违法,涉及对《道路交通安全法实施条例》的条文“黄灯亮时,已越过停止线的车辆可以继续通行”的理解,这是一个法律解释问题。

执法机关认为,根据《道路交通安全法实施条例》第38条的相关规定,黄灯的警示作用意味着黄灯亮起的一刹那,未过停止线的车辆应停在停止线之前。法院认为,法律解释应当具有合目的性,即法律解释应当符合立法的目的与宗旨,同时要以法律体系与语义的内在逻辑为基础。现代交通的第一要素是确保安全,道路交通亦不能例外。而运行中的机动车是高度危险之物,驾驶机动车也成了高度危险行为。在外部条件相同的情况下,对该高危行为的控制,唯赖驾驶人的谨慎规范驾驶,方能达到“安全交通”之目的。故以安全优先的“谨慎

〔1〕 舒某荣诉海盐县公安局交通警察大队案,浙江省嘉兴市中级人民法院(2012)浙嘉行终字第15号判决书。

规范驾驶”实为机动车驾驶之核心理念。《道路交通安全法》第1条开宗明义确定了该法的立法目的,在于“维护道路交通秩序,预防和减少交通事故,保护人身安全,保护公民、法人和其他组织的财产安全及其他合法权益,提高通行效率”。而基于《道路交通安全法》产生的法规《道路交通安全法实施条例》自然亦秉承该立法宗旨。从文义解释的角度看,法条规定黄灯表示警示的含义,所以黄灯应该为红灯与绿灯之间的过渡,系告知车辆、行人红灯即将亮起。在黄灯亮起的一刹那已越过停止线的车辆可以继续通行,而不是鼓励未越过停止线的车辆加速通行。否则黄灯不仅不能起到应有的警示作用,还可能造成交叉口交通的混乱从而减弱道路的通行能力,带来安全隐患。依《道路交通安全法实施条例》第38条第1款第2项所规定,在红黄绿三色灯变换的情况下,“黄灯亮时,已越过停止线的车辆可以继续通行”。由此可见,所谓“黄灯表示警示”,既不是完全禁止通行,也不是等同绿灯一样允许通行,其具体含义应当为“附条件谨慎通行”。从体系解释的角度看,出于安全驾驶目的,对该条文的理解应当基于“谨慎规范”之理念,即黄灯亮时,只有已经越过停止线的车辆可以继续通行,除此之外,车辆不得继续通行。若认为“黄灯亮时没有禁止未越线车辆继续通行,因此所有车辆均可继续通行”,不仅违反了该法条语义及体系上的内在逻辑,使黄灯与绿灯指示意义雷同,更违背了《道路交通安全法》的立法目的。

7. 对该判决的支持与反对

有的学者〔1〕对海盐县公安局交通警察大队作出的行政处罚和法院的判决持肯定态度,认为,法院所运用的反向推论是成立的,〔2〕因为在上述案件中构成要件唯有“黄灯亮时,车辆没有越过停车线”和“黄灯亮时,车辆已经越过停车线”两种。反对者认为:闯黄灯有危险,所以要“警示”;但闯黄灯并不违法,更未违反禁止性法律规范;海盐县公安局交通警察大队作出的行政罚款无事实依据和法律依据;两审法院在审判程序、认定事实和解释适用法律方面,均存在不当,具体反对理由如下所示。

(1)文义解释。《道路交通安全法》第26条规定:“交通信号灯由红灯、绿灯、黄灯组成。红灯表示禁止通行,绿灯表示准许通行,黄灯表示警示。”——黄

〔1〕 参见陈启清:《驾驶机动车闯黄灯违法》,载《人民司法》2012年第10期。

〔2〕 参见黄锴:《法律续造在行政处罚法中的适用及限制——以“黄灯案”为分析对象》,载《政治与法律》2013年第8期。

灯的法律含义是"警示"。"警示"不是"禁止"，无论对"警示"作出多么严格严厉的解释，都不能解释为"禁止"，因为法条明确只将"禁止"二字定给了红灯，即只有"红灯表示禁止通行"。[1]

(2)体系解释。从整个法律体系来看，《道路交通安全法》属于法律，属于上位法，而《道路交通安全法实施条例》属于行政法规，属于下位法，《道路交通安全法实施条例》是对《道路交通安全法》的细化，上位法对"黄灯"的规范是"黄灯表示警示"，下位法具体细化为"黄灯亮时，已越过停止线的车辆可以继续通行"。上位法没有将"禁止"规定赋予"黄灯"，那对于下位法"黄灯亮时，已越过停止线的车辆可以继续通行"应解释为"谨慎通过"，而不是"禁止通过"。

(3)反面解释。反面解释是通过法律条文的正面意思推出相反的结果，以此解释法律真实含义。该案法院认为，"黄灯亮时，已越过停车线的车辆可以继续通行"，如果"黄灯亮时，未越过停车线的车辆也可继续通行"，那么该条文将失去意义。有人认为，与"已入党的人可以向党的纪检部门反映党员违法乱纪的行为"是不能必然推出"未入党的人不可以向党的纪检部门反映党员违法乱纪的行为"一样。该案中的被告和裁判该案的法官从"过线车辆可以通行"必然推出"未过线车辆不可以通行"的结论，只不过是依据一种似是而非的粗糙语义得出的结论，用臆想而非明确的法律依据建立起了上述两个命题的推论关系，缺乏逻辑确定性的保障。[2]

(4)社会学解释。社会学解释是指在法律文义出现复数解释的情况下，将社会效果等因素考量引入法律解释中，以解释文本在当前社会生活中应当具有的含义，从而阐释法律文本意义的方法。社会学解释以法律在当前社会的妥当性为价值判断标准，主要是从民意、社会效果等角度解释法律文本。大量实证研究发现，在实际道路上，驾驶员在黄灯亮起后仍然选择继续行驶通过停车线的现象屡见不鲜。[3] 道路的状况、红灯时间的长短、驾驶员的性格影响着司机"闯黄灯"的概率，有的地方对于闯黄灯不处罚，有的地方予以处罚，如果执法不统一，将会导致不良的社会效果，这种不良的社会效果不亚于法律的朝令夕改

〔1〕 参见任汝平:《全国首例"闯黄灯"行政诉讼案评析》，载《行政法学研究》2013年第2期。

〔2〕 参见任汝平:《全国首例"闯黄灯"行政诉讼案评析》，载《行政法学研究》2013年第2期。

〔3〕 参见辛秀颖、马寿峰、贾宁:《"闯黄灯"决策的影响因素分析——基于意向调查方法》，载《交通信息与安全》2013年第3期。

和变幻无常。

(三)解释方法的位阶关系

执法机关如何把握解释方法的位阶关系?我们可以参考王泽鉴教授的观点:不认为各种解释方法具有一种固定不变的位阶关系,但亦不认为解释者可任意选择一种解释方法,以支持其论点。法律解释是一个以法律意旨为主导的思维过程,每一种解释方法各具功能,但亦受有限制,并非绝对,每一种解释方法的分量,虽有不同,但须相互补足,共同协力,方能获得合理结果,而在个案中要妥当调和当事人利益,贯彻正义的理念。

执法机关在解释法律时,首先,应考虑文义解释,如果概念的含义是多元的,再考虑其他解释方法。其次,考虑体系解释,依法律体系上的关联去探求法律规范意义,并维护法秩序的统一性。再次,根据法律发生史及立法资料,探讨法律规范意旨,尊重立法者的价值判断。最后,考虑立法目的解释,其在法律解释方法中居于决定性的地位,法律文义上的疑义,倘不能以法律体系、立法理由或比较法解释予以完全澄清时,须进一步探求立法目的。

最高人民法院《关于审理行政案件适用法律规范问题的座谈会纪要》在第4点关于法律规范具体应用解释问题中指出:在裁判案件中解释法律规范,是人民法院适用法律的重要组成部分。人民法院对于所适用的法律规范,一般按照其通常语义进行解释;有专业上的特殊含义的,该含义优先;语义不清楚或者有歧义的,可以根据上下文和立法宗旨、目的和原则等确定其含义。人民法院在解释和适用法律时,应当妥善处理法律效果与社会效果的关系,既要严格适用法律规定和维护法律规定的严肃性,确保法律适用的确定性、统一性和连续性,又要注意与时俱进,注意办案的社会效果,避免刻板僵化地理解和适用法律条文,在法律适用中维护国家利益和社会公共利益。该座谈会纪要是对法院审理行政案件作出的要求,此处可供执法机关在解释法律时参考。

二、执法机关适用了冲突的法律规范

法律冲突已成为一种普遍的法律制度现象,甚至已严重影响到立法和法律适用的实践环节。法律冲突可能存在于任何法律领域之中,不仅法官适用法律时会面临法律冲突的难题,执法机关在载明法律依据时也会遇到这样的困惑。

(一)法律冲突的定义

什么是法律冲突？许多学者都有自己的见解,有人认为"法律冲突"是对于同一个问题或同一个社会关系,不同的法律作了不同的规定;〔1〕有人认为"法律冲突"是不同法律在内容上的差异和在位阶上的高低而导致的效力上的抵触;〔2〕有人认为"法律冲突"是基于不同法律要求实施管辖而形成的法律冲突;〔3〕有人认为"法律冲突"是法律内容和效力上的双重冲突;〔4〕有人认为"法律冲突"是对同一问题有着不同法律规定,而又需要承认另一法律的情形;〔5〕有人认为"法律冲突"是不同法律在适用上的冲突。〔6〕最高人民法院《关于审理行政案件适用法律规范问题的座谈会纪要》在关于法律规范冲突的适用规则部分指出:调整同一对象的两个或者两个以上的法律规范因规定不同的法律后果而产生冲突的,一般情况下应当按照《立法法》规定的上位法优于下位法、后法优于前法以及特别法优于一般法等法律适用规则,判断和选择所应适用的法律规范。可见该座谈会纪要中理解的法律冲突是指调整同一对象的两个或者两个以上的法律规范因规定不同的法律后果而产生冲突。

笔者倾向于认为,"法律冲突"是对于同一个问题或同一个社会关系不同的法律作了不同的规定。正如韩德培教授所言,"如果从普遍的意义上讲,法律冲突是指两个或两个以上的不同法律同时调整一个相同的法律关系而在这些法律之间产生矛盾的社会现象。一般来说,只要各法律对同一问题作了不同的规定,而当某种事实又将这些不同的法律规定联系在一起时,法律冲突便会发生"。

(二)产生法律冲突的原因

法律冲突是一种非常复杂的、多种因素综合作用的社会现象,影响法律冲突的因素也是多样的。从宏观上来讲,经济基础决定上层建筑,由于不同国家、

---

〔1〕 参见韩德培主编:《国际私法》,高等教育出版社、北京大学出版社 2000 年版,第 85 页。
〔2〕 参见黄进主编:《国际私法》,法律出版社 1999 年版,第 11 页。
〔3〕 参见丁伟主编:《冲突法》,法律出版社 1996 年版,第 2 页。
〔4〕 参见沈涓:《冲突法及其价值导向》,中国政法大学出版社 2002 年版,第 9 页。
〔5〕 参见刘莘主编:《国内法律冲突与立法对策》,中国政法大学出版社 2003 年版,第 9 页。
〔6〕 参见李双元主编:《国际私法学》,北京大学出版社 2011 年版,第 3 页。

不同地区、不同法域之间经济条件存在差异,从而导致了它们在法律间存在差异,这种差异便是法律冲突产生的最根本的原因。然而,这种差异主要导致的是国际法之间的法律冲突,是通过不同国家的立法差异或局部地区之间的立法差异而表现出来的。从解决我国执法机关法律适用问题的角度出发,法律冲突产生的经济基础因素不再详谈。除了经济基础因素会引起法律间冲突,立法主体及权限划分不清、利益驱动下的选择与适用、新旧体制的转型等,都会导致执法机关适用了冲突的法律规范。

1. 立法权限不清是产生法律冲突的法律原因。我国《宪法》规定了全国人民代表大会可以制定基本法律,全国人民代表大会常务委员会制定和修改除应当由全国人民代表大会制定的法律以外的其他法律……但不得同该法律基本原则相抵触。宪法还规定了国务院有权制定行政法规。《立法法》规定,地方人民代表大会及其常务委员会制定法规的重要标准是与上位法不抵触。可是,基本法律是什么,法律基本原则是什么,行政法规如何界定,如何理解"不抵触",现实中很难有定论。

2. 利益驱动下的选择与适用是产生法律冲突的现实理由。有的地区为了局部发展、追求经济利益,可能制定出违背上位法的法律规范,由于我国没有建立实施违宪审查制度,地方立法没有得到有效的监督与规范,使法律冲突在一定程度上有所加剧。利益的驱动会引起地方立法部门制定出违背上位法的规范,利益的驱动也会导致执法机关选择适用于己有利的法律规定,不难看出,法律冲突的背后实质上是经济利益的争夺。

3. 新旧体制的转型是产生法律冲突的社会原因。比如,《行政处罚法》第4条规定,公民、法人或者其他组织违反行政管理秩序的行为,应当给予行政处罚的,依照该法由法律、法规或者规章规定,并由行政机关依照该法规定的程序实施。没有法定依据或者不遵守法定程序的,行政处罚无效。《行政诉讼法》第75条规定,行政行为有实施主体不具有行政主体资格或者没有依据等重大且明显违法情形,原告申请确认行政行为无效的,人民法院判决确认无效。最高人民法院《关于适用〈中华人民共和国行政诉讼法〉的解释》第99条规定,"有下列情形之一的,属于行政诉讼法第七十五条规定的'重大且明显违法':(一)行政行为实施主体不具有行政主体资格;(二)减损权利或者增加义务的行政行为没有法律规范依据;(三)行政行为的内容客观上不可能实施;(四)其他重大且明显违法的情形"。从《行政诉讼法》及其司法解释中,我们无法得出"不遵守法定程序”可以判决确认行政处罚无效,而《行政处罚法》规定,“不遵守法定程序”的,行政处罚无效。由于《行政处罚法》的颁布时间过早,尽管《行政处罚法》和《行政诉讼法》都是现行有效的法律,也难免会出现冲突。

(三)新法与旧法冲突

《立法法》第 103 条规定,同一机关制定的法律、行政法规、地方性法规、自治条例和单行条例、规章,特别规定与一般规定不一致的,适用特别规定;新的规定与旧的规定不一致的,适用新的规定。根据上述法律规定,新的规定与旧的规定不一致的,应优先适用新的规定,即“新法优于旧法”。“法不溯及既往”“从旧兼从轻”原则是新法优于旧法原则的例外,其适用应具备一个前提,即违法行为发生并终了在旧法生效期间,行政机关在新法实施后才发现该违法行为。若违法行为发生在新法生效后,自然优先适用新法。

1. 法不溯及既往

(1)“法不溯及既往”的定义与依据

“法律不溯及既往”是法治的一个基本原则。通俗地讲,“法不溯及既往”就是不能用今天的规定去约束昨天的行为,即国家不能用当前制定的法律指导人们过去的行为。《法国民法典》(《拿破仑法典》)第 2 条规定,法律仅仅适用于将来,没有溯及力。根据全国人民代表大会的立法解释,法的溯及力是关于法是否有溯及既往的效力的问题,即法对它生效前所发生的事件和行为是否适用的问题,如果适用,就是有溯及力,如果不适用,就是没有溯及力。法的溯及力是法的效力的一个重要方面。法作为社会的行为规范,它通过对违反者进行惩戒来促使人们遵守执行,人们之所以对自己的违法行为承担不利后果,接受惩戒,就是因为其事先已经知道或者应当知道哪些行为是法律允许的,哪些行为是法律不允许的,法律对人们的行为起指导和警示作用。不能要求人们遵守还没有制定出来的法律,法只对其生效后的人们的行为起规范作用。如果允许法具有溯及力,人们就无法知道自己的哪些行为将要受到惩罚,就没有安全感,也没有行为的自由。因此,作为一项法治原则,法是不具有溯及既往的效力的。

在行政法领域,为限制国家权力的扩张与滥用,法院经常适用“法不溯及既往”原则,这一原则的法律依据是:《立法法》第 104 条[1]规定,法律、行政法规、

---

〔1〕 说明:《立法法》(2000 年)修改前,规定这一内容的是第 84 条。

地方性法规、自治条例和单行条例、规章不溯及既往,但为了更好地保护公民、法人和其他组织的权利和利益而作的特别规定除外。最高人民法院《关于审理行政案件适用法律规范问题的座谈会纪要》规定,“根据行政审判中的普遍认识和做法,行政相对人的行为发生在新法施行以前,具体行政行为作出在新法施行以后,人民法院审查具体行政行为的合法性时,实体问题适用旧法规定,程序问题适用新法规定,但下列情形除外:(一)法律、法规或规章另有规定的;(二)适用新法对保护行政相对人的合法权益更为有利的;(三)按照具体行政行为的性质应当适用新法的实体规定的。”

(2)为何“法不溯及既往”

①法若溯及既往,将是对公民信赖利益的侵犯

信赖保护原则源于私法上的“诚实信用原则”,该原则在私法中具有崇高地位。同样,在公法领域,立法者也应具有诚实之义务,法律只有被信赖才具有权威,政府只有被信赖才具有公信力。正如海安县卫生和计划生育委员会与蔡某明、卞某娟行政征收案[1]中法官所讲的那样:法不溯及既往原则也是信赖利益保护的体现,法律的规定是信赖利益的基础,人们遵从或依据这一信赖基础作出某种行为并因此获益,都是信赖利益的表现,不能以事后制定的法来约束信赖利益借以产生的事件和行为。在海安县卫生和计划生育委员会与蔡某明、卞某娟行政征收案中,法院认为,《立法法》第104条规定,法律、行政法规、地方性法规、自治条例和单行条例、规章不溯及既往,但为了更好地保护公民、法人和其他组织的权利和利益而作的特别规定除外。可见,法不溯及既往是一项基本的法治原则,即法对它生效前所发生的事件和行为不适用。这是因为法作为社会的行为规范,它通过对违反者进行惩戒来促使人们遵守执行,进而对人们的行为起指导和警示作用,不能要求人们遵守还没有制定出来的法律。同时,法不溯及既往原则也是信赖利益保护的体现,法律的规定是信赖利益的基础,人们遵从或依据这一信赖基础作出某种行为并因此获益,都是信赖利益的表现,不能以事后制定的法来约束信赖利益借以产生的事件和行为。因此,无论是法律、行政法规、地方性法规、自治条例和单行条例还是规章,无论其效力等级是高还是低,都没有溯及既往的效力,这是基本原则。

---

[1] 海安县卫生和计划生育委员会诉蔡某明、卞某娟案,江苏省南通市中级人民法院(2016)苏06行终713号行政判决书。

②法若溯及既往，将会对管理相对人科以义务、加重负担

在海口市国土资源局与海南万恒房地产开发有限公司行政管理纠纷案[1]中，法院认为，《立法法》(2000年)第84条规定，"法律、行政法规、地方性法规、自治条例和单行条例、规章不溯及既往，但为了更好地保护公民、法人和其他组织的权利和利益而作的特别规定除外"。被上诉人建设的万恒城市花园三期项目所增加的2312.13平方米建筑面积部分，是于2004年经规划局所批准，而《海口市超容积率用地管理规定》(已失效)于2005年7月1日开始实施，上诉人海口市国土资源局以2005年7月1日开始实施的规章来规范调整2004年的行为，属于法律适用不准确。就此，法院认为，被上诉人适用《海口市超容积率用地管理规定暂行操作方案》来具体实施《海口市超容积率用地管理规定》，由于该操作方案对操作该方案和《海口市超容积率用地管理规定》(已失效)发布实施之前的行为科以义务，加重了管理相对人的负担，与我国法不溯及既往的法律适用原则明显相违背，故对上诉人的上述主张，法院不予采纳。阿奎那曾论证过，"被处罚者不可能预见到：一种行为，按照行为完成时的法律是无罪的，却被后来的法律修改成有罪，所以他没有任何避免此行为的动因，因而所有对这种行为的处罚都是残暴且不公正的。出于上述原因，所有法律的效力不应溯及既往……"。虽然阿奎那论证的是刑法领域，但行政法亦是如此，对于一个管理相对人无法预见的行为科以义务，对其而言是公权力给予他的一种负担。正如海口市国土资源局与海南万恒房地产开发有限公司行政管理纠纷案中的法官所言：由于该操作方案对该操作方案和《海口市超容积率用地管理规定》(已失效)发布实施之前的行为科以义务，加重了管理相对人的负担，与我国法不溯及既往的法律适用原则明显相违背。

③法若溯及既往，法的预测和指引作用无法有效发挥

法具有预测作用，因为既定法律存在，人们才可以预先估计其行为的后果，未来的法是人们无法预知的法，自然不该具有法律效力。法具有指引作用，它为人们提供一个既定的行为模式，引导人们依法实施自己的行为，未来的法提供的行为模式不具有引导力，所以新法颁布前人们的行为，只能按照当时的法

---

[1] 海口市国土资源局诉海南万恒房地产开发有限公司案，海南省海口市中级人民法院(2010)海中法行终字第113号行政判决书。

律来调整。在刘某华与江油市城乡规划建设和住房保障局行政处罚案[1]中，法院认为，“法不溯及既往”原则是一项基本法治原则。该案中，上诉人刘某华在江油市城市规划区范围内的宅基地上违法修建265平方米房屋的行为发生在2002年，自2008年1月1日起施行的《城乡规划法》不具有溯及既往的效力，被上诉人江油市城乡规划建设和住房保障局适用该法相关规定对上诉人刘某华进行处罚应认定为适用法律错误。2002年城北村村民刘某华等人未经规划建设行政主管部门许可，在原有住房旁修建了房屋，建筑面积约265平方米。当时还没有《城乡规划法》，仅有《城市规划法》，镇规划、乡规划和村庄规划不在《城市规划法》的调整范围内，村民刘某华意识不到自己的房屋根据未来的法律(《城乡规划法》)属于违章建筑，其只能按照当时的法律来调整自己的行为。执法机关违反“法不溯及既往”原则，在2013年用2008年生效的法律规范去处罚管理相对人2002年的违法行为，无疑是对法的预测和指引作用的破坏。

(3)违反“法不溯及既往”原则的后果

对于执法机关违反“法不溯及既往”原则，法院倾向于认为这属于适用法律错误。在李某平、王某琼与福安市原人口和计划生育局行政撤销案[2]中，法院认为，法律不溯及既往是法治的基本原则之一。《立法法》(2000年)第84条规定，法律、行政法规、地方性法规、自治条例和单行条例、规章不溯及既往，但为了更好地保护公民、法人和其他组织的权利和利益而作的特别规定除外。该案被告以原告骗取二孩准生证为由，根据《行政许可法》(2003年)第69条第2款、《福建省生育服务证管理办法》第4条第3项的规定，作出《撤销决定》。被告所适用的《行政许可法》于2004年7月1日起施行，《福建省生育服务证管理办法》于2013年2月27日起施行，而原告于1993年6月4日取得安计生字(94)第009号《生育计划证》，并于1994年8月生育第二孩。被告作出的《撤销决定》系适用制定在后的法律规范对发生于新法颁布之前的行为作出不利于相对人的行政决定，违背了“法不溯及既往”的原则，属适用法律、法规错误，依法应予撤销。

---

[1] 刘某华诉江油市城乡规划建设和住房保障局案，四川省绵阳市中级人民法院(2014)绵行终字第13号行政判决书。

[2] 李某平、王某琼诉福安市人口和计划生育局案，福建省宁德市福安市人民法院(2014)安行初字第45号行政判决书。

2. 从旧兼从轻

（1）“从旧兼从轻”的定义

“从旧兼从轻”是对“法律不溯及既往”的补充，“从旧兼从轻”也称“有利追溯”，它意味着原则上适用行为时的旧法，但是对相对人不利的除外，即新法对行为人有利时，法律溯及既往。

“从旧”就是优先适用旧法。以行政处罚为例，若以新法颁布的时间为界限，在这一时间点之前发生的行为，如果当时的法律明确规定此行为不被处罚或处罚较轻，根据新法不溯及既往的原则，执法机关应该依据旧法的规定对相对人作出不予处罚或较轻处罚的决定。

“从轻”就是适用处罚轻的法律。还是以行政处罚为例，以新法颁布为时间界限，该行为发生在新法颁布前，如果旧法规定的处罚更重，新法认为该行为不应该处罚或处罚较轻的，从利于行政相对人的角度出发，坚持采用新法来处理该行为。

（2）“从旧兼从轻”的法律依据

《立法法》第 104 条规定，法律、行政法规、地方性法规、自治条例和单行条例、规章不溯及既往，但为了更好地保护公民、法人和其他组织的权利和利益而作的特别规定除外。

最高人民法院《关于审理行政案件适用法律规范问题的座谈会纪要》规定，“根据行政审判中的普遍认识和做法，行政相对人的行为发生在新法施行以前，具体行政行为作出在新法施行以后，人民法院审查具体行政行为的合法性时，实体问题适用旧法规定，程序问题适用新法规定，但下列情形除外：（一）法律、法规或规章另有规定的；（二）适用新法对保护行政相对人的合法权益更为有利的；（三）按照具体行政行为的性质应当适用新法的实体规定的”。

最高人民法院发布的《行政审判办案指南（一）》第 17 条规定，行政处罚作出过程中法律规定发生变化时的选择适用问题：被诉行政处罚决定作出过程中新法开始施行的，一般按照实体从旧、程序从新的原则作出处理，但新法对原告更有利的除外。

（3）“从旧兼从轻”在行政法领域的适用

从旧兼从轻原则已成为一条最基本的刑法适用原则并在审理刑事案件的司法实践中得到适用。在刑法中，“从旧兼从轻”原则表现为新法在原则上不溯及既往，但是新法不认为是犯罪或处罚较轻的，适用新法。在民法当中，如果先前的某种行为或者关系在行为时并不符合当时法律的规定，但依照现行法律是合法的,并且于相关各方都有利,这就应当依照新法律承认其合法性并且予以保护。在行政法领域,法院也有适用"从旧兼从轻"原则。此处分享两个相关案例。

在青岛五龙橡塑制品有限公司与中华人民共和国黄岛海关行政处罚纠纷上诉案[1]中,法院认为,黄岛海关适用"2008 年第 11 号公告"认定涉案货物为限制进口类固体废物,而未适用《废物进口环境保护管理暂行规定》(已失效)认定涉案货物为禁止进口的固体废物,明显有利于青岛五龙橡塑制品有限公司,该认定符合行政执法和行政审判的普遍认识和做法,即行政相对人的行为发生在新法施行以前,行政行为作出在新法施行以后。行政机关作出行政行为以及人民法院审查行政行为的合法性时,实体问题适用旧法规定,程序问题适用新法规定,但适用新法对保护行政相对人的合法权益更为有利的除外。一审法院判决认可黄岛海关适用"2008 年第 11 号公告"认定涉案货物属限制进口类固体废物是正确的,予以支持。

在绥中县原环境保护局与绥中县龙达牧业有限公司行政管理案[2]中,法院认为,根据《畜禽养殖污染防治管理办法》(已失效)第 18 条第 2 款规定,违反该办法其他有关规定,由环境保护行政主管部门依据有关环境保护法律、法规的规定给予处罚。该有关法律、法规包括《环境影响评价法》和《建设项目环境保护管理条例》(1998 年)。如依据《环境影响评价法》对该案中被上诉人的行为应当责令停止建设并可处 5 万元以上 20 万元以下罚款;如依据《建设项目环境保护管理条例》则可对该案中被上诉人的行为责令停止生产和使用,并可处 10 万元以下罚款。而上诉人作出行政行为时生效并实施的《畜禽规模养殖污染防治条例》中,对该案中被上诉人的违反环境保护管理行为的罚则规定的是先责令停止违法行为;拒不停止的,处 3 万元以上 10 万元以下罚款。而这里的责令属于行政命令,不属于行政处罚。故新的《畜禽规模养殖污染防治条例》较旧的《畜禽养殖污染防治管理办法》而言处罚较轻。依据从旧兼从轻的法律适用原则,适用新法对保护行政相对人的合法权益更为有利。因此,上诉人在该案中适用《畜禽规模养殖污染防治条例》是正确的。

---

[1] 参见中华人民共和国最高人民法院行政审判庭编:《中国行政审判案例》(第 2 卷),中国法制出版社 2011 年版。

[2] 绥中县环境保护局诉绥中县龙达牧业有限公司案,辽宁省葫芦岛市中级人民法院(2015)葫行终字第 00067 号行政判决书。

上述案件都涉及了保护管理相对人的合法权益，“黄岛海关适用‘2008 年第 11 号公告’认定涉案货物为限制进口类固体废物，而未适用《废物进口环境保护管理暂行规定》认定涉案货物为禁止进口的固体废物，明显有利于青岛五龙橡塑制品有限公司”。“新的《畜禽规模养殖污染防治条例》较旧的《畜禽养殖污染防治管理办法》处罚较轻。依据从旧兼从轻的法律适用原则，适用新法对保护行政相对人的合法权益更为有利。”所以“有利于行政相对人”是“从旧兼从轻原则”适用的保障路径。行政法治建设不仅应在立法上完善，良好的法律适用也是必不可少的。执法人员在适用法律时最大限度地发挥“从旧兼从轻原则”的作用，尊重管理相对人的合法权益，维护法律的稳定性与尊严，才能实现民主自治和保障人权的目标，才能更好地体现行政法的公正、谦抑、人道的价值。

（4）“从旧兼从轻”在行政法领域的适用是否存在“困境”

《立法法》第 104 条规定，法律、行政法规、地方性法规、自治条例和单行条例、规章不溯及既往，但为了更好地保护公民、法人和其他组织的权利和利益而作的特别规定除外。有的法官根据上述法条，对于“从旧兼从轻”这一原则的适用设定了一个限制，“为了更好地保护公民、法人和其他组织的权利和利益而作的特别规定除外”，即要想“从轻”，必须有法律的“特别规定”。在海安县卫生和计划生育委员会与蔡某明、卞某娟行政征收案〔1〕中，法院认为，法不溯及既往原则也有例外，这就是《立法法》所作的“但为了更好地保护公民、法人和其他组织的权利和利益而作的特别规定除外”的规定，也可称为从轻例外，即当新的法律规定减轻行为人的责任或增加其权利时，作为法律不溯及既往原则的一种例外，新法可以溯及既往，即有利法律溯及既往原则。但需要明确的是，这种有利法律的溯及力必须由立法机关或者最高司法机关来决定，只有在法律或者司法解释明文规定具有溯及效力的前提下，才可以溯及适用。

笔者认为，此案法官对法律理解错误。“从旧兼从轻”在行政法领域的适用不存在困境，《立法法》第 104 条的规定是借鉴刑法〔2〕的规定，出于保护行政相

〔1〕 海安县卫生和计划生育委员会诉蔡某明、卞某娟案，江苏省南通市中级人民法院（2016）苏 06 行终 713 号行政判决书。

〔2〕 《刑法》第 12 条规定，中华人民共和国成立以后该法施行以前的行为，如果当时的法律不认为是犯罪的，适用当时的法律；如果当时的法律认为是犯罪的，依照该法总则第四章第八节的规定应当追诉的，按照当时的法律追究刑事责任，但是如果该法不认为是犯罪或者处刑较轻的，适用该法。

对人合法权益的目的,"从轻"并没有特殊的限制。对于这一问题,我们可以参考《立法法》第104条的立法目的和最高人民法院《关于审理行政案件适用法律规范问题的座谈会纪要》。根据全国人民代表大会的立法解释:无论是法律、行政法规、地方性法规、自治条例和单行条例还是规章,无论其效力等级是高还是低,都没有溯及既往的效力。这是一个原则,但是,任何原则都是相对的,都可能有例外。对于法不溯及既往这项原则来说,如果法律的规定是减轻行为人的责任或增加公民的权利,也可以具有溯及力。如刑法的从轻的规定就是如此。因此,《立法法》第104条规定,为了更好保护公民、法人和其他组织的权利和利益,法律规范可以有溯及力。最高人民法院《关于审理行政案件适用法律规范问题的座谈会纪要》规定,"根据行政审判中的普遍认识和做法,行政相对人的行为发生在新法施行以前,具体行政行为作出在新法施行以后,人民法院审查具体行政行为的合法性时,实体问题适用旧法规定,程序问题适用新法规定,但下列情形除外:(一)法律、法规或规章另有规定的;(二)适用新法对保护行政相对人的合法权益更为有利的;(三)按照具体行政行为的性质应当适用新法的实体规定的"。这里,全国人民代表大会对于《立法法》第104条的解释和最高人民法院《关于审理行政案件适用法律规范问题的座谈会纪要》都没有强调要想"从轻",必须有法律的"特别规定"。

(四)下位法与上位法冲突

1."不抵触"原则与"依据"原则

在与上位法的关系上,《立法法》对于地方性法规和规章的要求不同。根据《立法法》第80、81条的规定,省、自治区、直辖市的人民代表大会及其常务委员会根据本行政区域的具体情况和实际需要,在不同宪法、法律、行政法规相抵触的前提下,可以制定地方性法规。设区的市的人民代表大会及其常务委员会根据本市的具体情况和实际需要,在不同宪法、法律、行政法规和本省、自治区的地方性法规相抵触的前提下,可以对城乡建设与管理、历史文化保护等方面的事项制定地方性法规,法律对设区的市制定地方性法规的事项另有规定的,从其规定……第91条规定,国务院各部、委员会、中国人民银行、审计署和具有行政管理职能的直属机构以及法律规定的机构,可以根据法律和国务院的行政法规、决定、命令,在本部门的权限范围内,制定规章。第93条第1款规定,省、自治区、直辖市和设区的市、自治州的人民政府,可以根据法律、行政法规和本省、自治区、直辖市的地方性法规,制定规章。

地方性法规制定遵循“不抵触”原则,是希望给予地方更多的立法权限,留给地方性法规必要的立法空间。以行政处罚为例,因为有的法律对违法行为的责任规定的比较笼统,应该允许地方作出具体规定。对于法律没有规定的管理制度,或法律规定了管理制度却未规定行政处罚,或规定了管理制度但地方规定了更高、更严的标准,应当允许地方根据社会经济的发展水平和管理需要,规定违法行为与行政处罚。规章的制定遵循“根据”原则,这是对规章的制定作出了更严格的要求。因为规章的制定主体不是立法机关而是政府,规章是根据法律、行政法规而制定的,规章的内容基本上是法律、法规的具体化,所以规章的制定必须遵循“根据”原则。

2. 法律层级冲突的表现

2004 年 5 月 18 日,最高人民法院印发的《关于审理行政案件适用法律规范问题的座谈会纪要》(法〔2004〕96 号)中,具体明确了行政审判中下位法不符合上位法的情形,并确定执行“上位法优于下位法”司法适用规则。该通知规定,从审判实践看,下位法不符合上位法的常见情形有:下位法缩小上位法规定的权利主体范围,或者违反上位法立法目的扩大上位法规定的权利主体范围;下位法限制或者剥夺上位法规定的权利,或者违反上位法立法目的扩大上位法规定的权利范围;下位法扩大行政主体或其职权范围;下位法延长上位法规定的履行法定职责期限;下位法以参照、准用等方式扩大或者限缩上位法规定的义务或者义务主体的范围、性质或者条件;下位法增设或者限缩违反上位法规定的适用条件;下位法扩大或者限缩上位法规定的给予行政处罚的行为、种类和幅度的范围;下位法改变上位法已规定的违法行为的性质;下位法超出上位法规定的强制措施的适用范围、种类和方式,以及增设或者限缩其适用条件;法规、规章或者其他规范文件设定不符合行政许可法规定的行政许可,或者增设违反上位法的行政许可条件;其他相抵触的情形。

3. 违反法的效力等级,属于适用法律错误

在鲁潍案〔1〕中,最高人民法院在裁判要旨中指出:(1)盐业管理的法律、行政法规没有设定工业盐准运证的行政许可,地方性法规或者地方政府规章不能

〔1〕 鲁潍(福建)盐业进出口有限公司苏州分公司诉江苏省苏州市盐务管理局盐业行政处罚案,最高人民法院指导案例 5 号(2012 年)。

设定工业盐准运证这一新的行政许可;(2)盐业管理的法律、行政法规对盐业公司之外的其他企业经营盐的批发业务没有设定行政处罚,地方政府规章不能对该行为设定行政处罚;(3)地方政府规章违反法律规定设定许可、处罚的,人民法院在行政审判中不予适用。

法院认为,苏州市盐务管理局对盐业违法行为进行查处时,应适用合法有效的法律规范。根据《行政许可法》第15条第1款、第16条第3款的规定,在已经制定法律、行政法规的情况下,地方政府规章只能在法律、行政法规设定的行政许可事项范围内对实施该行政许可作出具体规定,不能设定新的行政许可。法律及《盐业管理条例》没有设定工业盐准运证这一行政许可,地方政府规章不能设定工业盐准运证制度。根据《行政处罚法》(2017修正)第13条的规定,在已经制定行政法规的情况下,地方政府规章只能在行政法规规定的给予行政处罚的行为、种类和幅度内作出具体规定,《盐业管理条例》对盐业公司之外的其他企业经营盐的批发业务没有设定行政处罚,地方政府规章不能对该行为设定行政处罚。人民法院审理行政案件,依据法律、行政法规、地方性法规,参照规章。苏州市盐务管理局在依职权对鲁潍公司作出行政处罚时,虽然适用了《江苏省〈盐业管理条例〉实施办法》,但是未遵循《立法法》(2000年)第79条关于法律效力等级的规定,未依照《行政许可法》和《行政处罚法》的相关规定,属于适用法律错误,依法应予撤销。

(五)特殊法与一般法冲突

1.特殊法优于一般法的法律依据

在法律适用中,"特别法优于一般法"是一项基本原则,根据《立法法》第103条的规定,同一机关制定的法律、行政法规、地方性法规、自治条例和单行条例、规章,特别规定与一般规定不一致的,适用特别规定。

最高人民法院《关于审理行政案件适用法律规范问题的座谈会纪要》也规定了特别规定与一般规定的适用关系:同一法律、行政法规、地方性法规、自治条例和单行条例、规章内的不同条文对相同事项有一般规定和特别规定的,优先适用特别规定。

法律之间、行政法规之间或者地方性法规之间对同一事项的新的一般规定与旧的特别规定不一致的,人民法院原则上应按照下列规则适用:新的一般规定允许旧的特别规定继续适用的,适用旧的特别规定;新的一般规定废止旧的特别规定的,适用新的一般规定。

最高人民法院发布的《行政审判办案指南(一)》第18条规定了与旧法配套的实施细则在新法实施后的适用问题:新法实施后,与之配套的实施细则尚未颁行前,原有细则与新法不相抵触的内容可以适用。新的一般法与旧的特殊法之间不抵触,可以优先适用特殊法。

2. 特殊法与一般法的冲突表现及解决方法

《立法法》采用了"一般规定"与"特殊规定"的术语,江必新、梁凤云在其编写的《行政诉讼法理论与实务》一书中指出,特殊规定和一般规定实际上较"一般法"和"特别法"更为准确。因为大多数的特别法和一般规定的不一致,大多是具体规定的不一致。[1] 不仅仅同一位阶、同一机关制定的法律规范存在一般规定与特别规定的冲突,不同的法律规范中,也存在一般规定与特殊规定的冲突。

特殊法与一般法的冲突主要表现为以下两点:(1)同一位阶的特别法与一般法冲突,包括同一部门法中特别条款与一般条款冲突和同一立法主体制定的不同部门法的特别法与一般法冲突;(2)不同位阶的特别法与一般法冲突,包括下位法执行上位法时的特别法与一般法冲突和下位法变通上位法时的特别法与一般法冲突。特殊法与一般法冲突的解决方法是:(1)同一部门法中特别条款与一般条款冲突,优先适用特别条款。(2)同一立法主体制定的不同部门法的特别法与一般法冲突,优先适用特别法。但是要注意,两部法律必须是同位法,而且必须是同一机关制定的同位法。(3)下位法执行上位法时的特别法与一般法冲突,由于下位法一般是对上位法的具体化,所以更可能是特殊法,优先适用特殊法。但是要注意:这个下位法、特殊法必须是不与上位法抵触的法律规范,否则不能优先适用。(4)下位法变通上位法时的特别法与一般法冲突,这一问题主要表现在自治地方变通适用自治条例和单行条例,一般优先适用变通后的规定。但是根据《立法法》的规定,变通后的规定不得违背法律或者行政法规的基本原则,不得对宪法和民族区域自治法的规定以及其他有关法律、行政法规专门就民族自治地方所作的规定作出变通。

---

[1] 参见江必新、梁凤云:《行政诉讼法理论与实务》,北京大学出版社2011年版,第1087~1088页。

3. 执法机关应优先使用特殊规定

不同位阶的法律之间,执法机关应优先使用特殊法。在冯某与洛阳市园林局行政处罚案[1]中,法院认为,上诉人冯某举报2014年11月29日石化公司违法移植树木一事,被上诉人接报后派执法人员于当天到场要求该单位将移植挖出的银杏树回栽原位,当场口头警告批评了该单位负责人,并告知移植城市树木须办理审批手续,之后被上诉人认为石化公司违法行为轻微,当时的《洛阳市城市绿化条例》并未对擅自移植树木如何处罚作出规定,即根据《行政处罚法》的规定不予处罚。但是《河南省城市绿化实施办法》(1998年)第19条第1款规定,"任何单位和个人不得擅自砍伐、移植或修剪城市规划区内的树木。因建设或其他特殊需要砍伐城市树木的,应按国家和城市政府的规定补植树木或者采取其他补救措施"。第22条第5项规定,"违反本办法的,由城市绿化行政主管部门,依据下列规定处理:……(五)违反本办法第19条规定的,责令停止侵害,并处以每株500元以上1000元以下罚款,造成损失的,应当负赔偿责任"。根据我国法律适用的原则,特别法优于一般法,上位法优于下位法,虽然当时施行的《洛阳市城市绿化条例》对该违法行为并未作出相应规定,但其上位法《河南省城市绿化实施办法》有相应的规定,被上诉人应该适用该规定对上诉人的举报进行查处。

新的一般法与旧的特殊法不抵触,优先适用特殊法。在博坦公司诉厦门海关行政处罚决定纠纷案[2]中,法院认为,上诉人博坦仓储有限公司卸储涉案油料的行为属于"知情不报并为走私人提供方便"的违法行为。依照《海关法行政处罚实施细则》第6条第2款的规定,知情不报并为走私人提供方便,构成"协助走私"的违法行为。原《海关法行政处罚实施细则》第6条第2款的规定与2021年海关法没有抵触。无论是对行为人的主客观方面要求,还是对行为人构成相应行政违法行为所应承担的法律责任,原《海关法行政处罚实施细则》第6条第2款规定与2021年《海关法》第84条的规定均未抵触,在其生效期间依法可以适用。最高人民法院发布的《行政审判办案指南(一)》第18条规定了与旧法配套的实施细则在新法实施后的适用问题:新法实施后,与之配套的实施细则尚未颁行前,原有细则与新法不相抵触的内容可以适用。新的一般法与旧的特殊法

[1] 冯某诉洛阳市园林局案,河南省洛阳市中级人民法院(2015)洛行终字第116号行政判决书。
[2] 参见《中华人民共和国最高人民法院公报》2006年第6期。

之间不抵触，可以优先适用特殊法。

实施性规定属于特殊规定，应当优先使用。一般来说，实施性规定的内容更具体，可操作性更强，执法机关在适用法律的过程中应优先适用。对于管理相对人而言，实施性规定更具有实际作用，从行政执法的实践来看，行政机关总优先适用更具有可操作性的规定。在周某权与北京市海淀区原食品药品监督管理局履行法定职责案〔1〕中，法院认为，无论是根据周某权主张适用的原国家食品药品监督管理总局制定的《食品药品投诉举报管理办法（试行）》及《食品药品行政处罚程序规定》（已失效），还是根据海淀区食品药品监督管理局主张适用的北京市原食品药品监督管理局制定的《受理违法案件举报实施办法（试行）》及《北京市食品药品监督行政处罚程序规定实施细则》，均可以看出，原食品药品监督管理部门对于违法案件举报显然通过两个程序进行逐步处理，此应属指导原食品药品监督管理部门依法查处食品药品违法行为现行有效的规章和规范性法律文件依据。此外，北京市原食品药品监督管理局制定的《受理违法案件举报实施办法（试行）》和《北京市食品药品监督行政处罚程序规定实施细则》系上位法的实施性规定，目的在于规范举报管理和行政处罚的具体程序，并不存在与上位法冲突的情形，该市各区（县）食品药品监督管理部门应当遵照执行。

三、执法机关适用了违法的规范性文件

"规范性文件"是在法律体系中数量可观、对公民权利和义务具有重大影响但其性质和地位却又不甚明确的一类法律文件。〔2〕 制发行政规范性文件是行政机关依法履行职能的重要方式，直接关系群众切身利益，事关政府形象。近年来，各地区、各部门不断加强行政规范性文件制定和监督管理工作，取得了一定成效，但乱发文、出台"奇葩"文件的现象还不同程度地存在。〔3〕 执法机关将不合法的规范性文件作为执法依据，必然会侵犯公民、法人和其他组织的合法权益，损害政府公信力。

---

〔1〕 北京市海淀区食品药品监督管理局诉周某权案，北京市第一中级人民法院（2015）一中行终字第 2035 号行政判决书。

〔2〕 参见黄金荣：《"规范性文件"的法律界定及其效力》，载《法学》2014 年第 7 期。

〔3〕 国务院办公厅《关于加强行政规范性文件制定和监督管理工作的通知》（国办发〔2018〕37 号）。

(一)"规范性文件"的定义

《行政诉讼法》第13条规定,人民法院不受理公民、法人或者其他组织对下列事项提起的诉讼:……(2)行政法规、规章或者行政机关制定、发布的具有普遍约束力的决定、命令……最高人民法院《关于适用〈中华人民共和国行政诉讼法〉的解释》第2条第2款规定,《行政诉讼法》第13条第2项规定的"具有普遍约束力的决定、命令",是指行政机关针对不特定对象发布的能反复适用的规范性文件。

《行政诉讼法》第53条规定,公民、法人或者其他组织认为行政行为所依据的国务院部门和地方人民政府及其部门制定的规范性文件不合法,在对行政行为提起诉讼时,可以一并请求对该规范性文件进行审查。前款规定的规范性文件不含规章。

国务院办公厅《关于加强行政规范性文件制定和监督管理工作的通知》规定,行政规范性文件是除国务院的行政法规、决定、命令以及部门规章和地方政府规章外,由行政机关或者经法律、法规授权的具有管理公共事务职能的组织依照法定权限、程序制定并公开发布,涉及公民、法人和其他组织权利义务,具有普遍约束力,在一定期限内反复适用的公文。

规范性文件存在广义、狭义之分。《中国共产党党内法规和规范性文件备案规定》(2012年)将共产党的某些纪律性文件也称为"规范性文件"。所以在法学领域,有时会使用"法律规范性文件"或者"规范性法律文件"特指法律意义上的规范性文件,这里我们探讨的仅是狭义上的规范性法律文件。关于规范性文件的特点,我们可以归结为以下四点:(1)特定的主体制定。2014年修正后的《行政诉讼法》第53条有关规范性文件的制定主体是指具有行政主体资格的行政机关及法律、法规、规章授权的组织,临时性机构、议事协调机构、各级人民政府及其部门的内设机构、各级人民政府及其部门的派出机构由于不具有行政主体资格,无权制定规范性文件。[1] (2)普遍约束力。规范性文件一经制定并对外公布即具有普遍约束力,规范性文件效力范围内的公民、法人以及其他组织必须共同遵守。(3)调整对象不特定。规范性文件调整对象为不特定的行政相对人或事项。(4)在一定期限内反复适用。针对未来事项且需要通过具体

---

〔1〕 参见程琥:《新〈行政诉讼法〉中规范性文件附带审查制度研究》,载《法律适用》2015年第7期。

行为执行或落实，在一定期限内能够反复适用。

（二）实践中“规范性文件”存在的问题

如前文所说，各地区、各部门不断加强行政规范性文件的制定和监督管理工作，取得了一定成效，但乱发文、出台“奇葩”文件的现象还不同程度地存在。关于实践中“规范性文件”常见的问题，我们认为包括以下几点：(1)数量大。在我国执法体系中，存在大量的规范性文件，行政机关制定的“规范性文件”的数量远远超过行政法规和规章。(2)质量差。“规范性文件”虽然不具备法的特征，但是在实践中却发挥着法的作用，因为我国没有建立有效的合法性审查制度，地方政府出于局部利益，往往超越职权、滥用职权，随意设定影响公民、法人或其他组织权利义务的条款，置国家法律、法规、规章于不顾。(3)效力“高”。实务中，会议纪要等“规范性文件”在实际适用中效力比法律、行政法规、规章还要“高”。由于执法人员接受其执法部门直接的管理和领导，领导人的讲话、本部门的会议纪要等在执法人员眼中比法律还重要。(4)程序乱。这里的程序乱指的是规范性文件的制定程序随意性太大。规范性文件的制定现在还没有统一的程序规范，国务院于 2001 年 1 月 1 日发布施行的《国家行政机关公文处理办法》，对于规范一般行政规范性文件有一定的意义，但对于一般行政规范性文件的制定程序没有规定。在具体的程序问题上各地的做法差异性很大。[1] (5)不民主。一些规范性文件在制定时没有举行必要的听证会、座谈会，缺少听取公民意见、建议的步骤，甚至有的规范性文件未向大众公开，执法机关在适用时公众才知道有这个“规范性文件”存在，所以“规范性文件”的制定缺乏民主性，更多地体现了管理者的意志。

（三）执法机关不该适用哪些“规范性文件”

执法机关不该适用哪些“规范性文件”？通俗地讲，执法机关不该适用不合法的规范性文件。最高人民法院《关于适用〈中华人民共和国行政诉讼法〉的解释》第 148 条规定，人民法院对规范性文件进行一并审查时，可以从规范性文件制定机关是否超越权限或者违反法定程序、作出行政行为所依据的条款以及相关条款等方面进行。有下列情形之一的，属于《行政诉讼法》第 64 条规定的“规

---

〔1〕 参见王保成：《一般行政规范性文件质量监控制度研究》，载《现代法学》2003 年第 5 期。

范性文件不合法”:(1)超越制定机关的法定职权或者超越法律、法规、规章的授权范围的;(2)与法律、法规、规章等上位法的规定相抵触的;(3)没有法律、法规、规章依据,违法增加公民、法人和其他组织义务或者减损公民、法人和其他组织合法权益的;(4)未履行法定批准程序、公开发布程序,严重违反制定程序的;(5)其他违反法律、法规以及规章规定的情形。结合上述规定与最高人民法院发布的行政诉讼附带审查规范性文件典型案例,[1]分析如下。

1. 执法机关不该适用“超越权限”的规范性文件

规范性文件的制定不得超越权限包括两个方面:一是不得超越制定机关的法定职权,二是不得超越法律、法规、规章的授权范围。执法机关在适用规范性文件时,应审查该规范性文件是否属于本机关的法定职权范围,不能越权行使。行政机关的职权,除了行政机关自成立之初按照行政职能分工、行政工作惯例形成的职权,还包括法律、法规、规章的专门性授权规定特别赋予行政机关的职权。[2]

在安徽华源医药股份有限公司(以下简称华源公司)诉原国家工商行政管理总局商标局商标行政纠纷案[3](以下简称华源公司案)中,法院认为,判断规范性文件的制定主体是否超越法定权限,关键在于审查其是否行使了应当由其他主管部门、上级部门或者立法部门等行使的法定权限,是否超越了其法定的职权范围。法院审判委员会认为,《商标法》、《民法通则》(已失效)中的“同一天”指的是“同一个自然日”,即从一个自然日的0时开始至该自然日的24时结束,此属于社会生活中众所周知的事实,其含义是清楚、确切的。而《新增服务商标的通知》第4条关于过渡期的规定将“2013年1月1日至1月31日”、31个“自然日”、“视为同一天”实质上是对《商标法》第31条规定的“同一天”进行了重新定义,超越了原国家工商行政管理总局商标局所主张的对法律如何具体应用进行解释的范畴。因此,虽然原国家工商行政管理总局商标局是《新增服务商标的通知》第4条关于过渡期的规定形式意义上的合法主体,但是,其将

[1] 《行政诉讼附带审查规范性文件典型案例》,载最高人民法院网,http://www.court.gov.cn/zixun-xiangqing-125871.html,最后访问日期:2023年5月8日。

[2] 参见江必新主编,最高人民法院行政庭编著:《最高人民法院行政诉讼法司法解释理解与适用》,人民法院出版社2018年版,第697页。

[3] 安徽华源医药股份有限公司诉国家工商行政管理总局商标局案,北京知识产权法院(2015)京知行初字第177号行政判决书。

“2013年1月1日至1月31日”“视为同一天”的规定实质上已经对公民、法人或者其他组织的权利义务进行了“设定”，原国家工商行政管理总局商标局作出该项规定已经超越了其法定权限。

2. 执法机关不该适用“与上位法冲突”的规范性文件

执法机关适用的规范性文件属于效力层次较低的文件，一般根据宪法、法律、法规和规章制定，所以规范性文件不得与法律、法规、规章等上位法的规定相抵触，否则不合法。

在郑某琴诉浙江省温岭市人民政府土地行政批准案〔1〕中，温岭市政府制定的两个涉案规范性文件，将“应迁出未迁出的人口”及“已经出嫁的妇女及其子女”排除在申请个人建房用地和安置人口之外，显然与《妇女权益保障法》等上位法规定精神不符。人民法院通过裁判，一方面，维护了社会广泛关注的“外嫁女”及其子女的合法权益；另一方面，也促进了行政机关及时纠正错误，对于规范性文件进行一并审查，从更大范围内对“外嫁女”等群体的合法权益予以有力保护。

在袁某北诉江西省于都县人民政府物价行政征收案〔2〕（以下简称袁某北案）中，法院认为《于都县城市污水处理费征收工作实施方案》所确定的污水处理费征收范围扩大至“于都县中心城区规划区范围内所有使用城市供水的企业、单位和个人”，违反法律、法规、规章及上级行政机关规范性文件规定，〔3〕不能作为于都县人民政府征收袁某北污水处理费的合法性依据。

---

〔1〕 郑某琴诉温岭市人民政府行政批准案，浙江省台州市中级人民法院（2015）浙台行终字第186号行政判决书。

〔2〕 袁某北诉于都县人民政府物价行政管理案，江西省高级人民法院（2016）赣行终245号行政判决书。

〔3〕 ①《水污染防治法》第49条第4款、第5款规定，城镇污水集中处理设施的运营单位按照国家规定向排污者提供污水处理的有偿服务，收取污水处理费用，保证污水集中处理设施的正常运行。城镇污水集中处理设施的污水处理收费、管理以及使用的具体办法，由国务院规定。②国务院《城镇排水与污水处理条例》第32条规定，排水单位和个人应当按照国家有关规定缴纳污水处理费。③中华人民共和国财政部、中华人民共和国国家发展和改革委员会、住房和城乡建设部《污水处理费征收使用管理办法》第8条规定，向城镇排水与污水处理设施排放污水、废水的单位和个人应当缴纳污水处理费。④江西省发改委《关于统一调整全省城市污水处理费征收标准的通知》（赣发改收费字〔2010〕135号）及《关于核定于都县城市污水处理费征收标准的批复》（赣州市物价局赣市价费字〔2010〕15号）确定的征收范围均明确是“在城市污水集中处理规划区范围内向城市排污管网和污水集中处理设施排放达标污水的所有用水单位和个人”。

3. 执法机关不该适用“无上位法依据,增加义务减损权益”的规范性文件

规范性文件是对上位法的细化,它对公民权利义务的影响更直接。以权利义务为主要内容的法律关系是宪法、法律保障的核心,因此没有法律、法规、规章依据,规范性文件不得增加公民、法人和其他组织的义务或者减损公民、法人和其他组织的合法权益。执法机关在适用规范性文件时须注意其有无上位法的依据,有无增加相对人义务或减损相对人权益。

在徐某英诉山东省五莲县社会医疗保险事业处不予报销医疗费用案〔1〕(以下简称徐某英案)中,日照市中级人民法院认为,案涉《2014 年五莲县新型农村合作医疗管理工作实施办法》第 5 条第 2 款规定“参合农民到市外就医,必须到政府举办的公立医疗机构”,该款规定对行政相对人的权利作出了限缩性规定,不符合上位法规范性文件的相关规定,不能作为认定行政行为合法的依据,《书面答复》应予撤销。对于徐某英的新型农村合作医疗费用依据上位规范性文件的规定应否报销,需由五莲县社会医疗保险事业处重新审查并作出处理。

4. 执法机关不该适用“严重违反制定程序”的规范性文件

程序正义能有效地保障和引导实体正义。执法机关判断自己适用的规范性文件是否合法,不仅应审查文件内容,也应审查规范性文件的制定有无“履行法定批准程序、公开发布程序”等。实践中对规范性文件的制定程序没有明确规定,要求执法机关熟知一部规范性文件的具体制定程序不现实,但“法定批准程序”和“公开发布程序”很容易判断,“批准程序”意味着行政机关内部的认可,“发布程序”意味着对外公开。因为“法定批准程序”和“公开发布程序”是根据正当程序的原理推导出的,没有这两个制定程序的规范性文件绝对不合法。

执法机关适用规范性文件时应当注意文件制定主体、职权、内容、程序四个方面。主体合法,关键在于该规范性文件所针对的事项是否属于该制定主体的主管范围。超越法定职权,关键在于注意规范性文件是否行使了应当由其他主管部门、上级部门或者立法部门等行使的法定权限,是否超越了其法定的职权范围。内容合法,主要看其具体规定是否符合上位法、制定目的是否正当、是否

---

〔1〕 徐某英诉五莲县社会医疗保险事业处案,山东省日照市中级人民法院(2016)鲁 11 行终 9 号行政判决书。

符合法律的基本原则、是否有事实依据等。程序合法，主要指制定时是否履行了法定程序或者遵循了正当程序的要求。[1] 从而避免适用违法的规范性文件，防范败诉风险。

四、执法机关只引用法律名称，而未引用具体条款

执法机关在作出行政行为时未在文书上引用具体法律条款是日常行政中频繁发生却又容易被忽视的问题。“未引用法律条款”可能是行政行为实质上欠缺法律依据，或者仅仅是形式上未明示法律依据，这里要说明的是后者，执法机关适用了相关法律依据，却未在书面决定中予以准确援引，即只引用了法律名称，而未具体至条、款、项。执法机关“只引用法律名称，而未引用相应的条款”是实践中最容易出现的执法问题，也是诉讼中执法机关败诉的关键原因。

（一）“未引用具体条款”与典型的“适用法律错误”区分

在行政过程中，“当行政相对人收到行政行为并表示不服时，若行政行为有明确、具体的法条，他就可以从中找到为救济而要攻击的‘靶心’；若他认同了行政机关适用法条，则有助于他接受该行政行为的内容”[2]。“未引用具体的法律条款”不同于典型的“适用法律错误”，“适用法律错误”是指“行政行为适用了不应该适用的法律规范，或者没有适用应当适用的法律规范”，对此问题，胡建淼教授认为：“适用法律错误包括对于必须有直接法律依据的行政行为，在有法律依据的前提下作出该行政行为，但没有列明法律依据。”[3] 最高人民法院表示：“具体行政行为仅引用了法律、法规的名称，未引用具体条款，无法判断其究竟是依据哪些有关定性和处理的条款作出的，故属于没有适用应该适用的法律、法规规范性质的错误。人民法院经审查认定具体行政行为在实体上没有问题，只能说是一种推测，并不能得出该具体行政行为在实体问题上没有错误的必然结论。”[4] 无论是“等同说”还是“形式推定说”，出于警示行政执法机关防

---

〔1〕 北京知识产权法院(2015)京知行初字第177号行政裁定书。

〔2〕 章剑生：《现代行政法总论》，法律出版社2014年版，第292页。

〔3〕 胡建淼：《行政法学》，法律出版社2010年版，第172页。

〔4〕 《对未引用法律条款的具体行政行为应如何判决?》，载《人民司法》1995年第7期。

范败诉风险的目的,都不妨碍笔者在"适用法律法规错误"这一部分讨论这一问题。

(二)最高人民法院对"未引用具体条款"的态度

1. 最高人民法院认为"未引用具体条款"属于违反法定程序

在《最高人民法院公报》2000 年第 4 期刊登的兰州常德物资开发部不服兰州市人民政府收回土地使用权批复案〔1〕中,原告甘肃省兰州常德物资开发部(以下简称常德开发部)因不服甘肃省兰州市人民政府关于收回其土地使用权和将该土地使用权又出让给他人的两个批复,向甘肃省高级人民法院提起行政诉讼。法院认定,兰州市人民政府不具有法律规定的应予收回土地使用权的情形。在兰州市人民政府的兰政地字(1997)第 42 号批复中,对收回常德开发部土地使用权所适用的法律依据,只笼统提到"根据《中华人民共和国土地管理法》和《甘肃省实施土地管理办法》的有关规定",甘肃省高级人民法院认为,"行政机关所作批复只笼统提到有关规定,未引出适用的具体条文,违反了法定程序"。

2. 最高人民法院认为"未引用具体条款"属于形式上的瑕疵

在 2002 年开封市豫东房地产实业公司与河南省开封市人民政府等撤销国有土地使用权证上诉案〔2〕中,最高人民法院认为,上诉人开封市豫东房地立实业公司称其已交回 0222 号证,以不存在重复发证为由要求撤销 9 号《决定》的理由不能成立;但其提出开封市人民政府单方送检《联合建房协议》复印件,鉴定结论不足以证明该协议系伪造的理由能够成立,该理由并不足以支持其诉讼请求。一审判决认定 9 号《决定》证据充分、事实清楚,并无明显不当。9 号《决定》未引用法律条款,形式上存在瑕疵,一审判决以 9 号《决定》适用法律正确,予以维持不当。

在公报案例甘某不服暨南大学开除学籍决定案中,一审广东省广州市中级人民法院认为"在《普通高等学校学生管理规定》第五十四条已对开除学籍情形作出规定的情况下,暨南大学在开除学籍决定中没有引用该规定不妥,但该瑕

---

〔1〕 参见兰州常德物资开发部不服兰州市人民政府收回土地使用权批复案,载《最高人民法院公报》2000 年第 4 期。

〔2〕 开封市豫东房地产实业公司诉河南省开封市人民政府等案,最高人民法院(2002)行终字第 5 号行政裁定书。

疵不足以影响开除学籍决定的合法性。”[1]

3. 最高人民院认为“未引用具体条款”属于适用法律错误

在最高人民法院指导案例41号宣某成等诉浙江省衢州市国土资源局收回国有土地使用权案[2]中，衢州市国土资源局作出衢市国土(2002)37号《收回国有土地使用权通知》，并告知宣某成等18人其正在使用的国有土地使用权将被收回及诉权等内容。该通知说明了行政决定所依据的法律名称，但没有对所依据的具体法律条款予以说明。法院在裁判要旨中指出：行政机关作出具体行政行为时未引用具体法律条款，且在诉讼中不能证明该具体行政行为符合法律的具体规定，应当视为该具体行政行为没有法律依据，适用法律错误。在2002年第5期《最高人民法院公报》上刊登的罗某富诉泸州市公安局交通警察支队三大队道路交通事故责任认定案[3]中，法院认为，该案所涉重大交通事故发生在松滩桥上，事故发生时桥面堆放着炭渣。该桥面是否属于整修范围，是否准许堆放炭渣，堆放炭渣而不设立安全标志和防围设施是否合法，这种行为与此次重大交通事故的发生是否存在直接因果关系，被上诉人泸州市公安局交通警察支队三大队没有认定排除。因此该事故责任认定属事实不清。泸州市公安局交通警察支队三大队作出此次道路交通事故责任认定，适用的法律依据是《道路交通事故处理办法》(已失效)第19条。该条规定有3款，分别规定了在一方、两方、三方或多方当事人发生交通事故的情况下责任如何认定。泸州市公安局交通警察支队三大队只笼统适用《道路交通事故处理办法》第19条，没有指出具体适用哪一条款，属适用法律错误。

2014年最高人民法院公布的年度政府信息公开十大案例中有一件如果爱婚姻服务有限公司诉中华人民共和国民政部案。在该案中，法院认为：“被诉告知书有可援引的法律依据而未援引，应属适用法律错误。”最高人民法院在解析部分进一步指出：“行政机关不予公开政府信息，应当援引具体的法律条款并说明理由。本案判决认定被告有可援引的法律依据而未援引，属于适用法律错误，能够敦促行政机关规范政府信息公开的法律适用，增强政府信息公开的说理性。”

---

[1] 甘某不服暨南大学开除学籍决定案，载《最高人民法院公报》2012年第7期。
[2] 宣某成等诉浙江省衢州市国土资源局收回国有土地使用权案，最高人民法院指导案例41号。
[3] 罗某富不服道路交通事故责任认定案，载《最高人民法院公报》2002年第5期。

(三)地方人民法院对"未引用具体条款"的判决

1. 法院认为"未引用具体条款"不违法

在李某苗与厦门市思明区城市管理行政执法局行政处罚案[1]中,法院认为被告作出的告知书及责令拆除违法建设决定书中,引用的是具体行政行为的实体依据,没有引用职权依据。行政文书中是否必须引用职权依据,法律并无明确规定;况且,职权依据引用与否,并不影响行政机关的职权效力。据此,原告以被告作出的决定书未引用职权依据为由主张适用法律错误,没有依据。

在王某阳、社旗县公安局为行政复议决定案[2]中,二审法院认为一审法院以社旗县公安局在复议决定书中依据法律条款未引用到"目"为由,将复议决定撤销属判决不当,依法应予撤销。

在原告王某林诉被告任县人民政府及第三人刘某祥土地行政处理案[3]中,法院认为,在法律适用方面,《邢台市行政执法投诉举报处理规定》于2012年8月15日公布并施行,被告任县人民政府为第三人办理的农村宅基地使用证日期为1987年4月10日,在处理程序中不适用《邢台市行政执法投诉举报处理规定》之规定;决定书中未引用《土地管理法》(1986年)、《河北省村镇建房管理实施办法》(1982年)等法律法规,不意味该决定书中未适用上述法律法规,对原告所称,法院不予认可。在余某杰诉台州市工商行政管理局工商管理案[4]中,法院认为,工商行政管理部门具有解决消费者权益争议、查处经营者违法行为的相关职责。原告提出该通知书引用《工商行政机关受理消费者申诉暂行办法》第17条时未引用具体的款项,违反国家公文制作规定。但该通知书已在其说理部分对投诉事实的性质及对应的处理措施进行了表述,其内容与《工商行政机关受理消费者申诉暂行办法》第17条第3项一致,故原告该项主张,法院不予采纳。在浙江求是工程咨询监理有限公司不服义乌市住房和城乡

---

[1] 李某苗诉厦门市思明区城市管理行政执法局案,厦门市思明区人民法院(2012)思行初字第107号行政判决书。

[2] 王某阳诉社旗县公安局案,南阳市中级人民法院(2014)南行终字第171号行政判决书。

[3] 王某林诉被告任县人民政府及第三人刘某祥案,沙河市人民法院(2014)沙行初字第7号行政判决书。

[4] 余某杰诉台州市工商行政管理局案,台州市中级人民法院(2013)浙台行终字第130号行政判决书。

建设局行政行为及义乌市人民政府行政复议案[1]中,法院认为,虽然被告义乌市住房和城乡建设局在作出涉案通报时没有写明原告的涉案行为适用《浙江省建设市场不良行为记录和公示办法》的具体条款,但其在庭审中已经证明了原告浙江求是工程咨询监理有限公司的涉案行为应当适用的具体法律条款,故原告的这一诉称,法院也不予采信。

2. 法院认为"未引用具体条款"属于违反法定程序

在海口市住房和城乡建设局、海南锋达贸易有限公司(以下简称锋达公司)与海南雅乐居物业管理有限公司(以下简称雅乐居公司)行政命令案[2]中,法院认为,《物业管理条例》(2007 修订)第 32 条第 2 款规定"国家对从事物业管理活动的企业实行资质管理制度。具体办法由国务院建设行政主管部门制定"。因此,海口市住房和城乡建设局针对周立公司未通过招投标的方式选聘物业服务企业,以及雅乐居公司未进行资质核定的情形,可以依法处理。但是,我国目前的法律、法规,并未赋予房地产行政主管部门"责令退出小区物业管理"的权力。因此,海口市住房和城乡建设局作出涉案通知,责令雅乐居公司退出涉案小区管理,于法无据,应属于超越职权的情形。锋达公司所诉责令退出也是改正的方式之意见,没有法律依据,法院不予采纳。由于没有"责令退出小区物业管理"的规范性文件,也就没有专门针对该类行为的法定程序。当时施行的法律规定里,也没有相关行政行为的程序规定。《行政许可法》第 30 条规定,行政机关应当将法律、法规、规章规定的有关行政许可的事项、依据、条件、数量、程序、期限以及需要提交的全部材料的目录和申请书示范文本等在办公场所公示。我国《行政处罚法》第 62 条规定,行政机关在作出行政处罚决定之前,应当告知当事人作出行政处罚决定的事实、理由及依据,并告知当事人依法享有的权利。《行政强制法》第 18 条规定,行政机关实施行政强制措施应当遵守下列规定:……(5)当场告知当事人采取行政强制措施的理由、依据以及当事人依法享有的权利、救济途径……第 24 条第 2 款规定,查封、扣押决定书应当载明下列事项:……(2)查封、扣押的理由、依据和期限……第 31 条规定,依照

---

〔1〕 浙江求是工程咨询监理有限公司诉义乌市住房和城乡建设局及义乌市人民政府行政案,浙江省义乌市人民法院(2016)浙 0782 行初 227 号行政判决书。

〔2〕 海口市住房和城乡建设局、海南锋达贸易有限公司诉海南雅乐居物业管理有限公司行政命令案,海口市中级人民法院(2014)海中法行终字第 13 号行政判决书。

法律规定冻结存款、汇款的,作出决定的行政机关应当在3日内向当事人交付冻结决定书。冻结决定书应当载明下列事项……(2)冻结的理由、依据和期限……第37条第2款规定,强制执行决定应当以书面形式作出,并载明下列事项:……(2)强制执行的理由和依据……通过上述法律条文,我们发现行政执法须“告知”“载明”法律依据,“告知”“载明”是法律对执法程序的要求,所以部分法院将“未引用具体条款”认定为违反法定程序。

3.法院认为“未引用具体条款”属于适用法律错误

在汤某萍诉贺州市某水利电力局水利行政处罚案[1]中,法院认为:《水法》第65条共有3款,每一款是根据不同的违法行为规定的不同的行政处罚。被上诉人贺州市某水利电力局对上诉人汤某萍修建拦河坝的行为作出贺八水电罚字(2012)67号行政处罚决定适用《水法》第65条进行处罚,没有明确具体适用《水法》第65条哪一款进行处罚,属于适用法律错误,依法予以撤销。在萧县房屋征收安置管理办公室、萧县龙海置业有限公司与欧某珍房屋拆迁行政裁决案[2]中,萧县房屋征收安置管理办公室作出裁决的法律依据仅引用了《城市房屋拆迁管理条例》和《城市房屋拆迁行政裁决工作规程》两部法规和规章的名称,没有适用具体条款。法院认为,萧县房屋征收安置管理办公室作出行政裁决适用法律法规时仅引用了法规和规章名称,而没有引用具体的条款,属适用法律法规错误。

认为“未引用具体条款”属于“适用法律错误”是审判实践中的普遍观点,但是法院的裁判路径还是有所区分的,有的法院会对“未引用具体条款”进行实质性审查。在审判过程中,法官会要求执法机关说明决定书上“未引用”但事实上适用的相关法律依据,结合案件事实,实质审查执法行为适用法律的正确与否。如果执法机关事实上适用了正确的法律条款而只是没有标明,法院倾向于认定为“瑕疵”,即未影响行政行为合法性的轻微违法。有的法院会对“未引用具体条款”进行形式性审查。法官一旦看到没有标明具体法律条款,就会对形式问题直接以实体标准作出裁判,以此否定执法行为的法律效力。

---

[1] 汤某萍诉贺州市某水利电力局案,广西壮族自治区贺州市中级人民法院(2013)贺行终字第9号行政判决书。

[2] 萧县房屋征收安置管理办公室、萧县龙海置业有限公司诉欧某珍房屋拆迁行政裁决案,宿州市中级人民法院(2017)皖13行终130号行政判决书。

五、执法机关未引用任何法律规范

执法机关“未引用任何法律规范”是指执法机关在执法时，只对行政违法事实予以认定，而在引用有关法律依据时，模糊地说明：依据有关规定，决定对×××行为进行处罚等。“未引用任何法律规范”与上文论述的“只引用法律名称，而未引用具体的条款”不同，“未引用任何法律规范”是指执法机关在出示依据时连法律名称都没有载明。对于执法机关“未引用任何法律规范”的行为，法院的态度如下所示。

（一）法院认为“未引用任何法律规范”属于违反法定程序，适用法律、法规错误

在龙海市海澄镇房地产开发有限公司诉龙海市建设委员会变更行政许可行为案中，一审法院认定，“被告龙海市建设委员会向龙海市海澄镇房地产开发有限公司发出的整改通知中未引用任何相关的法律依据，明显缺乏法律依据，属适用法律、法规错误”。

在赵某红诉郑州市公安局交通警察支队第三大队公安交通行政强制案〔1〕（以下简称赵某红案）中，法院认为，《行政强制法》第18条规定，行政机关实施行政强制措施应当遵守下列规定，……（5）当场告知当事人采取行政强制措施的理由、依据以及当事人依法享有的权利、救济途径……该案被告在对原告作出凭证编号为410103—3002152962的公安交通管理行政强制措施时，未告知原告任何法律、法规依据，违反了上述规定，被告作出的该行政强制措施，属程序违法，适用法律、法规错误。

（二）法院认为“未引用任何法律规范”属于缺乏法律依据

在深圳市工商行政管理局等与泰国贤成两合公司、深圳贤成大厦有限公司行政纠纷上诉案〔2〕中，法院认为，《公司法》、《中外合作经营企业法》（已失

〔1〕赵某红诉郑州市公安局交通警察支队第三大队案，郑州市二七区人民法院（2014）二七行初字第86号行政判决书。

〔2〕深圳市工商行政管理局等诉泰国贤成两合公司等行政纠纷案，最高人民法院（1997）行终字第18号行政裁定书。

效)、《公司登记管理条例》(已失效)、《企业法人登记管理条例》(已失效)等有关法律、法规,均未明确授予工商行政管理机关未经清算和申请即可注销企业登记的权力。上诉人深圳市工商行政管理局虽在注销登记通知书中称深圳贤成大厦有限公司已在该局办理了注销登记手续,但在诉讼中未能提供该公司法定代表人签署的申请文件和该公司债权债务清算报告,在注销登记通知书中亦未引用有关法律依据。因此,上诉人深圳市工商行政管理局注销深圳贤成大厦有限公司企业登记缺乏法律依据和事实根据。

(三)法院认为"未引用任何法律规范"不等同缺乏法律依据

在陈某宝诉平阳县公安局治安行政处罚案[1]中,原告认为,平阳县公安局在被诉不予处罚决定书中没有载明任何法律条文,应认定为行政行为缺乏法律依据。法院认为,行政决定文书遗漏法律条文可能会使陈某宝不能理解行政行为作出的法律适用过程、执法人员的内心心证、逻辑判断,但并未导致陈某宝实体权利义务的增减。故法律条文的遗漏不等同于行政行为缺乏法律依据,不能因此认定被诉行政决定缺乏法律适用。平阳县公安局送达陈某宝的不予行政处罚决定书遗漏了该引用的法律条文确有不当,但其已在行政程序中进行补正,所适用法律条文正确得当,说明该局在作出决定时已经结合法律规定对查明的事实进行了认定和判断。在此情况下,行政决定文书遗漏法律条文并不会实际损害陈某宝的实体权益。

司法审判实践中法官对于未引用任何相关的法律依据的具体行政行为明确认为是属于"适用法律、法规错误"。从上述案例可以看出,关于是否必须引用相关法律规范,法官的态度主要考虑以下两点,即"是否不利于行政相对人"和"是否明显缺乏"。行政行为在有法可依的情形下不援引法律规范或对相对人作出不利的行政行为不明确援引法律规范,属于适用法律、法规错误的情形。

六、执法机关适用了无效的法律规范

有的法律法规明确规定了有效期限(这是广义的法律废止,包括法律的当然废止,即法律规定有施行期限或者其他施行条件的,当其规定期限届满或施行条件消失时,法律就当然废止,不必经由全部立法程序,只须由立法机关审查

---

[1] 陈某宝诉平阳县公安局案,浙江省温州市中级人民法院(2014)浙温行终字第164号行政判决书。

公布即可),有的因颁布新法原法自行失效或明确写明原法废止(这是狭义的法律废止,是指有权机关或人员,依法定程序将现行有效的法律予以明确废弃,使之失去法律效力的活动)。但是,行政机关存在执法惯性和滞后性,跟不上法律规范更新的步伐,不注意新法的学习,不知晓旧法已废止,在作出具体行政行为时仍适用已失效的法律法规。

执法机关适用了无效的法律规范主要表现为以下几点:一是援引了本身无效的法律、法规。如在海南华联石油贸易有限公司不服海南省燃油批发管理所、琼山市交通规费征稽所交通规费征管处罚案〔1〕中,海南省交通规费征稽局适用了未经海南省人民政府授权的《关于汽油购销和运输管理的公告》。该公告无权作为地方性条例解释内容,法官认定以无法律效力的该公告规定内容作为处罚的法律依据,属适用法律错误。二是援引了已经废止的法律、法规。如在王某坤、许某岭与内黄县国土资源局行政登记案〔2〕(以下简称王某坤案)中,法院认为,《土地登记办法》(已失效)从2008年2月1日起已开始施行,内黄县人民政府2009年在作出该案被诉具体行政行为时应适用该《土地登记规则》,不应适用已经废止的《土地登记办法》。内黄县人民政府在作出该案被诉具体行政行为时仍适用《土地登记规则》,显属适用法律、法规错误。三是援引了无外部效力的法律、法规。如汪某裕不服安溪县土地管理局土地行政处罚案〔3〕,二审法院认定,"未发布拆迁公告,出让批复对外并不发生法律效力"。"批复"只是行政机关内部的一种告知行为,并不具有对外的法律效力,据此作为法律依据属于适用法律错误。

(一)法院认为"适用了无效的法律规范"属于适用法律错误

在黄山欣鹏包装制品有限公司不服歙县林业局行政许可案〔4〕(以下简称欣鹏公司包装案)中,法院认为,歙县林业局作为县级林业主管部门,具有是否

---

〔1〕参见国家法官学院、中国人民大学法学院编:《中国审判案例要览》(2001年商事审判暨行政审判案例卷),中国人民大学出版社2002年版,第481~488页。

〔2〕王某坤诉许某岭土地行政登记纠纷案,河南省安阳市中级人民法院(2010)安行终字第73号行政判决书。

〔3〕参见国家法官学院、中国人民大学法学院编:《中国审判案例要览》(2004年行政审判案例卷),人民法院出版社、中国人民大学出版社2005年版,第144~148页。

〔4〕黄山欣鹏包装制品有限公司诉歙县林业局案,安徽省黄山市中级人民法院(2016)皖10行终2号行政判决书。

许可从外省市调入森林植物应检物品的法定职权。该案中,歙县林业局作出不予许可答复所适用的规范性文件是黄山市人民政府发布的《黄山市人民政府关于加强松材线虫病预防工作的通告》,但经黄山市人民政府法制办公室函复确认并依据黄山市人民政府办公厅于2010年7月9日公布的黄政办秘(2010)71号《黄山市人民政府办公厅关于公布2003年以前市政府规范性文件清理结果的通知》的内容,该通告已于2010年7月9日被废止,故歙县林业局作出不予许可答复行政行为所适用的规范性文件因废止无效,属于适用法律、法规错误,依法应予撤销。

在付某财与梅河口市红梅镇人民政府行政撤销、行政确认一审〔1〕案(以下简称付某财案)中,法院认为,对于被告提供的适用的法律依据《城市房屋权属登记管理办法》,虽然原告无异议,但因该办法在《房屋登记办法》(已失效)于2008年7月1日开始施行后即废止,被告作出的注销原告房屋所有权证的行为属于适用法律、法规错误。

在青海青屹环境工程有限公司与都兰县原环境保护局行政处罚案〔2〕中,法院认为,都兰县原环境保护局作出都环连罚(2018)01号按日连续处罚决定书时将2017年6月27日全国人民代表大会常务委员会《关于修改〈中华人民共和国水污染防治法〉的决议》中已经被删除的第48条作为依据向原告送达,适用法律错误。

上文笔者列举了王某坤案、欣鹏包装公司案、付某财案、青海青屹环境工程有限公司与都兰县环境保护局行政处罚四个案例,通过法官的判决,我们很清楚地发现"适用了过旧、废止的法律规范"属于适用法律错误。此处提醒执法机关认真核实所适用的法律规范是否现行有效,避免适用过旧、废止的法律。

(二)法院认为适用修正前法条,是可补正的执法瑕疵

在王某、大连市公安局高新园区分局河口边防派出所公安行政管理案〔3〕

---

〔1〕付某财诉梅河口市红梅镇人民政府案,吉林省通化市梅河口市人民法院(2009)梅行初字第11号行政判决书。

〔2〕青海青屹环境工程有限公司诉都兰县环境保护局案,青海省德令哈市人民法院(2018)青2802行初30号行政判决书,2019年青海省高级人民法院发布的2019年行政机关败诉典型案例。

〔3〕王某诉大连市公安局高新园区分局河口边防派出所案,辽宁省大连市中级人民法院(2020)辽02行终395号行政判决书。

中,法院认为大连市公安局高新园区分局河口边防派出所2019年6月24日作出大公高(治)行终止决字(2019)14号终止案件调查决定引用《公安机关办理行政案件程序规定》(2012修订)第233条第1款规定决定终止调查。其于2020年8月7日作出补正决定,原终止案件调查决定书正文中第四,五行的根据《公安机关办理行政案件程序规定》(2012修订)第233条第1款之规定,现更正为根据《公安机关办理行政案件程序规定》(2018修正)第259条第1款之规定。经比对自2013年1月1日起施行的《公安机关办理行政案件程序规定》第233条第1款规定内容与自2019年1月1日起施行的《公安机关办理行政案件程序规定》第259条第1款规定一致。自2019年1月1日起施行的《公安机关办理行政案件程序规定》第233条规定:"被处罚人对公安机关没收保证金的决定不服的,可以依法申请行政复议或者提起行政诉讼。"该条规定与该案毫不相关。综上分析,可以认定大连市公安局高新园区分局河口边防派出所大公高(治)行终止决字(2019)14号终止案件调查决定只是存在笔误瑕疵,且已经纠正,并非适用法律不当。

七、执法机关该适用此法,却适用了彼法

不熟悉法律的内容,不理解法律的调整对象、调整范围和立法目的,或者为了本部门的利益故意查找于己有利的法律,将会导致"该适用此法,却适用了彼法"的错误。针对此类情形,执法机关须加强专业知识的学习,熟知本部门经常适用的法律规范,避免法律适用错误。

在最高人民法院2014年9月12日发布的政府信息公开十大案例之彭某林诉湖南省长沙县国土资源局案中,长沙县人民法院经审理认为,根据最高人民法院《关于审理政府信息公开行政案件若干问题的规定》第7条的规定,原告申请的政府信息系保存在被告的档案室,并未移交给专门的档案馆,被告长沙县国土资源局依法应适用《政府信息公开条例》的规定对原告申请公开的信息进行答复,而被告在答复中却适用《档案法实施办法》的相关规定进行答复,属于适用法律、法规错误,依法应予撤销。在上诉人孔某玲、邱某坤、邱某宏、徐某芳因谭某源诉佛山市顺德区劳动和社会保障局工伤认定案[1]中,法院认为,根据

〔1〕 孔某玲、邱某坤、邱某宏、徐某芳因谭某源诉佛山市顺德区劳动和社会保障局工伤认定案,广东省佛山市中级人民法院(2004)佛中法行终字第1号行政判决书。

《企业职工工伤保险试行办法》(已失效)第7条、第11条规定,原审被告佛山市顺德区劳动和社会保障局作为劳动行政部门,依法有权行使对工伤事故进行处理的职权。该办法第2条规定,“中华人民共和国的企业及其职工必须遵照本办法的规定执行”,根据该条规定,《企业职工工伤保险试行办法》的调整范围是中国境内的企业及其职工的工伤保险,该案中的被上诉人谭某源是顺德市伦教区创业玻璃工艺制品厂业主,而该厂是个体工商户,邱盈某是或不是该厂员工,其事故都不属于《企业职工工伤保险试行办法》的调整范围,即不适用《企业职工工伤保险试行办法》。原审被告受理邱健某(邱盈某堂弟)的工伤认定申请并以邱盈某的事故符合《企业职工工伤保险试行办法》第8条第9项规定,认定为工伤,适用法律、法规错误,程序违法。

八、执法机关该适用此条款,却适用了彼条款

法律条文相对于章、节而言属于较小的内容,但是条文之下还可以分为款、项、目。这些细小的元素不仅支撑起整个法律的条文和框架,更是具有其独立的价值。例如,根据《治安管理处罚法》第35条规定,“有下列行为之一的,处五日以上十日以下拘留,可以并处五百元以下罚款;情节较轻的,处五日以下拘留或者五百元以下罚款:(一)盗窃、损毁或者擅自移动铁路设施、设备、机车车辆配件或者安全标志的;(二)在铁路线路上放置障碍物,或者故意向列车投掷物品的;(三)在铁路线路、桥梁、涵洞处挖掘坑穴、采石取沙的;(四)在铁路线路上私设道口或者平交过道的”。这一条是关于妨害公共交通铁路设施行为的规定,但是该条款中的每一项均可以独立构成一个违法行为的种类,也正是因为违法行为的种类间存在相似性与关联,使执法机关容易出现法律条款的选择错误。

(一)法院对“条款定位错误”的判决

对于执法机关错误定位法律条款的行为,法院普遍认为属于适用法律错误。在张某良与上海市青浦区人民政府信息公开案[1]中,张某良申请公开“A16高速公路(市界—A30)拆迁居民192户的名单、户名、门牌的具体信息,并加盖信息公开章及骑缝章”的政府信息,根据该案相关证据,不能证明青浦区

〔1〕 张某良诉上海市青浦区人民政府案,最高人民法院(2016)最高法行申4976号行政裁定书。

人民政府是上述土地的征地主体,亦不能证明张某良要求获取的信息是青浦区人民政府在行使其行政管理职权过程中制作或获取的信息。青浦区人民政府认为张某良要求获取的信息不属于其公开职责权限范围,认定事实清楚,并无不当。法院认为,青浦区人民政府在作出被诉答复时应当适用《上海市政府信息公开规定》(2010 修正)第 23 条第 5 项规定,即申请公开的政府信息不属于本机关职责权限范围的,应当告知申请人不属于本机关公开;对能够确定该政府信息的公开机关的,应当告知申请人公开机关的名称、联系方式,其在答辩时亦予以明确,但被诉答复中却引用了该规定第 23 条第 1 项规定,属于适用法律法规错误,应予撤销。在雷州建材有限公司与雷州市住房和城乡规划建设局不服城建规划行政许可纠纷案[1]中,被告雷州市住房和城乡规划建设局作出 001 号《不予许可决定》,该决定依据的法律是《城乡规划法》(2015 修正)第 38 条、第 40 条的规定,而《城乡规划法》第 40 条的内容为:“在城市、镇规划区内进行建筑物、构筑物、道路、管线和其他工程建设的,建设单位或者个人应当向城市、县人民政府城乡规划主管部门或者省、自治区、直辖市人民政府确定的镇人民政府申请办理建设工程规划许可证。申请办理建设工程规划许可证,应当提交使用土地的有关证明文件、建设工程设计方案等材料。需要建设单位编制修建性详细规划的建设项目,还应当提交修建性详细规划。对符合控制性详细规划和规划条件的,由城市、县人民政府城乡规划主管部门或者省、自治区、直辖市人民政府确定的镇人民政府核发建设工程规划许可证。城市、县人民政府城乡规划主管部门或者省、自治区、直辖市人民政府确定的镇人民政府应当依法将经审定的修建性详细规划、建设工程设计方案的总平面图予以公布。”第 40 条是对申请建设工程规划许可的规定,而该案中,原告申请的是建设用地规划许可,因此,雷州市住房和城乡规划建设局作出 001 号《不予许可决定》属于适用法律错误。

(二)“条款定位错误”是否可以补正?

在人民法院案例选编之李某民诉北京市昌平区阳坊镇政府强制拆除决定

---

〔1〕 雷州建材有限公司诉雷州市住房和城乡规划建设局案,广东省湛江经济技术开发区人民法院(2015)湛开法行初字第 218 号行政判决书。

案[1]中,法院认为,根据《城乡规划法》(2007年)第65条规定,在乡、村庄规划区内未依法取得乡村建设规划许可证或者未按照乡村建设规划许可证的规定进行建设的,由乡镇人民政府责令停止建设、限期改正;逾期不改正的,可以拆除。在农村集体土地上建设农业设施的,必须符合国家法律法规及有关政策的规定。该案中,北京市国土资源局昌平分局已经认定北京华来时代有限公司和四家庄种植专业合作社占用四家庄村集体土地建设温室大棚与农业生产配套用房性质不符,全部建设未办理用地审批手续;北京市规划委员会亦认定北京华来时代有限公司和四家庄种植专业合作社在四家庄村东吉利庄园项目中建设的与日光温室大棚相连的房屋未取得《建设工程规划许可证》。被告阳坊镇政府有对本辖区内的违法建设进行查处的法定职责,但阳坊镇政府于2009年6月22日依据《城乡规划法》(2007年)第63条和《行政处罚法》(2009年)第41条、第55条规定对原告作出《强制拆除决定书》系属适用法律错误,虽然被告于2009年8月28日对适用法律的错误进行了更正,但该更正系于被诉决定已经实际执行后作出,故不能抵消被诉决定的违法性,故该行为应当被确认违法。

法律适用错误不属于可以补正的范围。行政法学理论上存在行政行为补正制度,主要是针对存在轻微瑕疵的行政行为,特别是程序或方式方面的瑕疵,允许行政机关通过事后补正的方式,弥补该瑕疵,使该行为转化为合法的行政行为。该程序瑕疵的存在并不妨碍行政行为基本目的的实现,即便重新进行行政程序,行政机关依旧会作出基本相同的行政行为,允许补正可以提高行政效率、尽快稳定社会秩序。从其他国家的情形来看,可以补正的范围主要局限在行政行为程序或方式存在瑕疵的情形中,如依申请的行为,当事人事后提出申请;需记明理由的事后补记等。由于法律适用错误属于实体方面的严重瑕疵,一般不属于可以补正的范围。

九、执法机关把程序法条款当作实体法依据适用

行政实体法是以公民权利、义务和行政机关职权、职责为主要内容的法律。行政程序法是以保障权利、职权得以实现或义务、职责得以履行的有关程序为主要内容的法律。行政程序法的主要功能在于及时、恰当地为公民实现权利和

---

[1] 李某民诉北京市昌平区阳坊镇政府案,北京市第一中级人民法院(2011)一中行终字第3398号行政判决书。

行政机关行使职权提供必要的规则方式和秩序。我国没有单独的程序法，所以行政法的一个重要特点是实体法规范与程序法规范并存。

比如，《行政处罚法》（2017 修正）第 33 条规定，违法事实确凿并有法定依据，对公民处以 50 元以下、对法人或者其他组织处以 1000 元以下罚款或者警告的行政处罚的，可以当场作出行政处罚决定。当事人应当依照该法第 46 条、第 47 条、第 48 条的规定履行行政处罚决定。该条是对当场处罚的条件所作的程序性规定，不可以将其单独作为实体处理的依据，如果执法机关在进行事实认定时，在行政处罚决定书中对当事人的违法事实进行认定后，仅根据《行政处罚法》（2017 修正）第 33 条对当事人作出罚款处罚是不可行的。

第三节 《最高人民法院公报》案例中“适用法律错误”的情况

为了解人民法院在行政审判实务中对“适用错误”的诠释，本书整理了《最高人民法院公报》案件中部分以“适用错误”为判决理由的案例，其刊发时间、案件名称以及分类情况如下所示。

一、未引用依据

在路某伟不服靖远县人民政府行政决定案[1]中，法院认为，县人民政府无权用于法无据的独特关系去影响他人，去为他人设定新的权利义务，去妨碍他人的合法权益。县人民政府在靖政发〔1999〕172 号文件中实施的这些具体行政行为，不仅超越职权，更是滥用职权。

在陈某诉徐州市泉山区城市管理局行政处罚案[2]中，法院认为，被告城市管理局未向法庭提交暂扣原告陈某物品的证据和依据，依照最高人民法院《关于执行〈中华人民共和国行政诉讼法〉若干问题的解释》（已失效）第 26 规定，应认定该暂扣行为无证据和依据，属于违法行政行为，应予撤销。

在益民公司诉河南省周口市政府等行政行为违法案[3]中，法院认为，周政

---

〔1〕 参见路某伟不服靖远县人民政府行政决定案，载《最高人民法院公报》2002 年第 3 期。

〔2〕 参见陈某诉徐州市泉山区城市管理局行政处罚案，载《最高人民法院公报》2003 年第 6 期。

〔3〕 参见益民公司诉河南省周口市政府等行政行为违法案，载《最高人民法院公报》2005 年第 8 期。

文〔2003〕54 号文是依据招标作出的,招标方案和招标通知存在违法之处,周政文〔2003〕54 号文缺乏合法的依据,因此构成违法行政行为。

行政机关的具体行政行为,必须以明确的法律规定为依据。根据最高人民法院公报案例,行政机关没有说明作出该具体行政行为的法律依据,即"未引用依据",属违法行政行为,应予撤销。

二、依据存在效力问题

在吉某仁等诉盐城市人民政府行政决定案〔1〕中,法院认为,盐城市人民政府第 13 号《专题会议纪要》中有关在规划区免征规费的规定,超越了法定职权。该项决定的内容缺乏法律、法规依据,且与前述国家有关部委的多个规定相抵触,依法应予以撤销。

在陈某华诉南京市江宁区住房和城乡建设局不履行房屋登记法定职责案〔2〕中,法院认为《关于房产登记管理中加强公证的联合通知》(已失效)是由司法部和建设部联合发布的政府性规范文件,不属于法律、行政法规、地方性法规或规章的范畴,其规范的内容不得与《物权法》《继承法》《房屋登记办法》等法律法规相抵触。

在丹阳市珥陵镇鸿润超市诉丹阳原市场监督管理局不予变更经营范围登记案〔3〕中,法院认为丹阳市人民政府丹政办发〔2012〕29 号规范性文件与商务部《标准化菜市场设置与管理规范》有关场地环境之选址要求规定不一致,地方人民政府制定的规范性文件不合法的,不作为认定行政行为合法的依据。

行政机关行使行政职能时必须符合法律规定,行使法律赋予的行政权力,其不能在有关法律、法规规定之外创设新的权力来限制或剥夺行政相对人的合法权利。行政机关以会议纪要、联合通知等"红头文件"为依据干涉行政相对人的合法权利,要求其履行非依法赋予的责任义务,不会得到司法的支持。

---

〔1〕 参见吉某仁等诉盐城市人民政府行政决定案,载《最高人民法院公报》2003 年第 4 期。

〔2〕 参见陈某华诉南京市江宁区住房和城乡建设局不履行房屋登记法定职责案,载《最高人民法院公报》2014 年第 8 期。

〔3〕 参见丹阳市珥陵镇鸿润超市诉丹阳市场监督管理局不予变更经营范围登记案,载《最高人民法院公报》2018 年第 6 期。

三、适用依据错误

在丰祥公司诉上海市盐务局行政强制措施案〔1〕中，法院认为根据丰祥公司营业执照的经营范围，丰祥公司具有经营工业盐的经营范围，属可经营工业盐的公司，有权经营工业盐。故上海市盐务局根据《上海市盐业管理若干规定》（已失效）第14条的规定作出具体行政行为，属于适用法律、法规不当。

法律适用过程中法律因素和事实因素密切联系，不可分离。行政行为的作出，实际上就是一个在事实和法律之间目光流转的过程。现实生活中，行政机关不可能绝对精确地区分事实问题违法和法律问题违法，故行政机关有可能因认定事实错误而导致法律适用错误，无法根据既有事实查找到应当适用的法律依据。

四、引用不全、引用笼统

在罗某富不服道路交通事故责任认定案〔2〕中，法院认为交警队作出此次道路交通事故责任认定，适用的法律依据是《道路交通事故处理办法》第19条。该条规定有三款，分别规定了在一方、两方、三方或多方当事人发生交通事故的情况下责任如何认定。交警队只笼统适用《道路交通事故处理办法》第19条规定，没有指出具体适用哪一款，属适用法律错误。

在宣某成等18人诉衢州市国土资源局收回土地使用权行政争议案〔3〕中，法院认为衢州市国土资源局依照土地管理法对辖区内国有土地的使用权进行管理和调整，属于其行政职权的范围。但在决定收回各原告住宅国有土地使用权时，对所依据的法律条款应当予以具体说明而没有说明，属于适用法律错误。

行政机关作为对外发生法律效力的行政行为，其所依据的法律规范必须是明确具体的。只有这样，相对人或者利害关系人才能明确知道行政机关依法行政的法律依据，涉及侵犯其合法权益时，才能有针对性地进行权利救济。因此

〔1〕　参见丰祥公司诉上海市盐务局行政强制措施案，载《最高人民法院公报》2003年第1期。

〔2〕　罗某富不服道路交通事故责任认定案，载《最高人民法院公报》2002年第5期。

〔3〕　宣某成等18人诉衢州市国土资源局收回土地使用权行政争议案，载《最高人民法院公报》2004年第4期。

行政机关在适用到具体法律、法规或者规章条款时,如果有多个条、款、项、目的,应当引用到具体的条、款、项、目。反之,则属于适用法律错误。

五、法律解释错误

在王某淮诉江苏省盱眙县原劳动和社会保障局工伤行政确认案[1]中,法院认为,《工伤保险条例》(2003 年)第 14 条规定:"职工有下列情形之一的,应当认定为工伤:(一)在工作时间和工作场所内,因工作原因受到事故伤害的……"这里的"工作场所",是指职工从事工作的场所,如职工所在的车间,而不是指职工本人具体的工作岗位。被告盱眙县原劳动和社会保障局认为原告因"串岗"受伤不能认定为工伤。首先,原告王某淮临时更换岗位是按照管理人员即车间主任的安排进行的,并不是擅自离岗换岗,不属于"串岗",应为正常工作变动;其次,即使认定原告上班期间"串岗"行为成立,原告仅是违反了相关企业管理制度,其只导致具体工作岗位及相关工作内容有所变动,并不能改变原告仍在工作场所内工作的事实,因此,"串岗"行为应由企业内部管理规章制度调整,不能因此影响工伤认定。

法律解释是对法律和法规条文的含义所作的说明,指一定的解释主体根据法定权限和程序,按照一定的标准和原则,对法律的含义以及法律所使用的概念、术语等进行进一步说明的活动。法律解释旨在正确适用法律,不仅法官需要解释法律,执法机关也需要解释法律。执法者只有解释法律,才能将抽象的行政法律规范适用于特定的案件事实。如今,法律解释早已不再被限定于法官解释法律的范畴,在行政执法的过程中,由具体的行政执法者解释与适用行政法律规范已成为我国行政执法的常态。

第四节　行政行为适用法律错误的司法处置

《行政复议法》第 64 条规定,具体行政行为适用依据不合法的,决定撤销或部分撤销该具体行政行为违法;根据《行政诉讼法》第 70 条规定,行政行为有下列情形之一的,人民法院判决撤销或者部分撤销,并可以判决被告重新作出行

[1] 王某淮诉江苏省盱眙县劳动和社会保障局工伤行政确认案,载《最高人民法院公报》2011 年第 9 期。

政行为：……（2）适用法律、法规错误的……第 74 条第 1 款第 1 项规定，行政行为有下列情形之一的，人民法院判决确认违法，但不撤销行政行为：（1）行政行为依法应当撤销，但撤销会给国家利益、社会公共利益造成重大损害的……第 75 条规定，行政行为有实施主体不具有行政主体资格或者没有依据等重大且明显违法情形，原告申请确认行政行为无效的，人民法院判决确认无效。最高人民法院《关于适用〈中华人民共和国行政诉讼法〉的解释》第 99 条规定，有下列情形之一的，属于《行政诉讼法》第 75 条规定的"重大且明显违法"……（2）减损权利或者增加义务的行政行为没有法律规范依据……

法院在对行政行为法律解释错误、未援引法律依据、未援引具体条款、援引的法律依据不全面等适法的形式错误时，主要有以下三种处置方式。

一、法院认定为行政程序瑕疵

实践中行政行为法律依据援引的形式错误，不涉及实体结果的处置，如前文提到的执法机关载明法律时出现文笔错误等，这样的瑕疵还不足以对行政相对人的权益造成实质性侵害，较为容易被法院当成行政瑕疵来处理。这类问题只需法院指出后，执法机关及时更正即可，作撤销或部分撤销的判决都是不妥当的。

二、适用法律、法规错误的，撤销或者部分撤销

行政行为未援引法律依据、援引法律依据不完整等形式错误在实践中被法院认定为"适用法律、法规错误"的情况颇多，故撤销判决在人民法院的判决中是经常存在的。《行政诉讼法》第 70 条规定，行政行为有下列情形之一的，人民法院判决撤销或者部分撤销，并可以判决被告重新作出行政行为：……（2）适用法律、法规错误的……上述几种违法行为，如"只引用法律名称，而未引用具体的条款""适用了过旧、废止的法律规范""该适用此法，却适用了彼法""该适用此条款，却适用了彼条款""未引用任何法律规范"等，在最高人民法院指导案例 41 号[1]公布之后，"适用法律、法规错误"逐渐成为司法审判中的普遍观点，法院对此一般会作出撤销判决。

---

〔1〕 最高人民法院指导案例 41 号：宣懿成等诉浙江省衢州市国土资源局收回国有土地使用权案。

三、"没有依据""减损权利或者增加义务的行政行为没有法律规范依据"的"重大且明显违法",判决确认无效

重大且明显违法是指行政行为适用的法律依据与案件事实完全不对应。《行政诉讼法》及其司法解释里的"没有依据""没有法律规范依据"与"未引用任何法律规范"不同,根据《最高人民法院行政诉讼法司法解释理解与适用》的记载,行政行为没有法律规范依据,主要分为下列情形:(1)行政行为完全对应错误。行政行为在作出之时,已经达到恣意妄为的程度,从而侵害行政相对人的合法权益。主要包括两种情况:一是行政相对人的行为原本是合法的,但行政机关对案件事实判断错误,将合法行为当成违法行为进行了处置,适用了不应该适用的法律,即是行政机关对相对人的违法事实作出了错误判断和认定而导致行政行为存在定性上的适用错误;二是行政机关虽然没有对相对人的违法行为事实作出错误判断,但是对构成要件条款错误理解,导致适用的法律条款完全不能与案件事实相对应。(2)行政行为虽有规范性文件的依据,但该规范性文件与上位法直接、明显抵触,视为没有依据。这种"直接"与"明显"是任何一个有理性的人都能判断的。如果对于该行政行为的依据与上位法是否存在抵触并不"直接""明显"或有争议,不宜认定为行政行为"没有依据"。从中我们可以看出,法院很难认定执法机关的行为"没有法律规范依据",所以此类案例并不常见。

从法院的处置方式中我们可以窥探出法院进行的价值考量:一是认为实体价值优先于程序价值。实践中,行政行为的适法问题容易被当成行政瑕疵,这种通常是行政行为存在法律依据且行政行为的实体处理结果正确合法,只是在依据援引上存在问题。法院将法律依据形式上的援引错误当成行政程序瑕疵主要基于对行政效率的考虑,虽然在最高人民法院 41 号指导案例公布后,最高人民法院将未引用依据、未引用具体条款认定为"适用法律、法规错误",但实践中部分法院仍然本着实体结果大于程序价值的理念,不予认定行政行为违法。二是认为形式上未援引不代表实体"适用法律、法规错误",部分法院认为只要行政行为能够寻找到法律依据,形式或者程序上的瑕疵并不足以影响行政行为的合法性,那未援引、援引依据不完整等情形可以进行补正。法院宁可允许行政机关在诉讼程序中补正法律依据,也不轻易作出撤销判决,如王某与定安县

人民政府申诉案。[1] 三是将行政行为未援引依据、未援引具体条款、过程合法但文书未载明法律依据等情形认定为“适用法律、法规错误”。2014 年最高人民法院 41 号指导案例将援引问题认定为适用法律错误为地方法院提供了一种指引，地方法院进行裁判和价值衡量时尽可能向最高人民法院看齐。

第五节　正确适用法律，防范败诉风险

针对上文执法机关在适用法律时常见的问题，从防范败诉风险的角度出发，笔者认为执法机关应注意下列问题。

一、准确解释法律条款

在隋某案中，执法机关错误解释“虐待”一词；在鲁潍案中，执法机关没有从体系的视角解释法律；在孙某兴案中，执法机关对于“工作原因”“工作场所”的理解过于狭隘；在王某彦案中，执法机关错误地理解了法律的制定目的。执法机关错误理解法律是行政执法中常见的问题。

如果法律不被解释，将无法弥补法律规范与案件事实之间的鸿沟。执法机关在解释法律时应当注意运用正确的解释方法、把握好法律解释方法之间的关系，准确解读法律的文义，并将解释对象嵌入作为整体的语境中进行分析。不能以文义解释、法律体系、立法理由或比较法解释完全澄清时，需要探求法律的立法目的，即使从文义、体系等方面能解释清楚，仍需以法律规范目的加以检查、确定。

二、避免适用冲突的法律规范

法律冲突是执法机关在载明法律依据时常遇到的一个问题，立法主体及权限划分不清、利益驱动下的选择与适用、新旧体制的转型等都会导致执法机关适用了冲突的法律规范。执法机关适用冲突的法律规范属于适用法律错误，如在鲁潍案中，法院认为苏州市盐务管理局在依职权对鲁潍公司作出行政处罚时，虽然适用了《江苏省〈盐业管理条例〉实施办法》，但是未遵循《立法法》(2000 年)第 79 条关于法律效力等级的规定，未依照《行政许可法》和《行政处

[1] 王某诉定安县人民政府案，最高人民法院(2015)行提字第 21 号行政判决书。

罚法》的相关规定,属于适用法律错误,依法应予撤销。

新法与旧法冲突时,优先适用新法。若行为发生在新法实施前,注意运用“法不溯及既往”与“从旧兼从轻”规则;适用不同位阶的法律时,要注意下位法是否与上位法冲突;在适用种属不同的法律时,应该优先适用特殊法,但是如果特殊法是下位法且与上位法冲突时,不可优先适用。

三、适用合法的规范性文件

在华源医药公司案中,法院认为《新增服务商标的通知》“2013 年 1 月 1 日至 1 月 31 日”“视为同一天”的规定实质上是对公民、法人或者其他组织的权利义务进行了“设定”,原国家工商行政管理总局商标局作出该项规定已经超越了其法定权限;在袁某北案中,法院认为《于都县城市污水处理费征收工作实施方案》所确定的污水处理费征收范围扩大至“于都县中心城区规划区范围内所有使用城市供水的企业、单位和个人”,违反法律法规规章及上级行政机关规范性文件规定;在徐某英案中,法院认为《2014 年五莲县新型农村合作医疗管理工作实施办法》对行政相对人的权利作出了限缩性规定。上述三个规范性文件,有的“超越权限”,有的“与上位法冲突”,有的“没有上位法的依据,减损公民合法权益”,属于不合法的规范性文件。

根据最高人民法院《关于适用〈中华人民共和国行政诉讼法〉的解释》的规定,“规范性文件不合法”包括:(1)超越制定机关的法定职权或者超越法律、法规、规章的授权范围的;(2)与法律、法规、规章等上位法的规定相抵触的;(3)没有法律、法规、规章依据,违法增加公民、法人和其他组织义务或者减损公民、法人和其他组织合法权益的;(4)未履行法定批准程序、公开发布程序,严重违反制定程序的;(5)其他违反法律、法规以及规章规定的情形。执法机关在适用规范性文件时,一定要注意上述情形,不得适用“超越权限”“与上位法冲突”“无上位法依据,增加公民义务、减损公民权益”“严重违反制定程序”的规范性文件。

四、核实所适用的法律规范是否现行有效

现实生活中,有的行政机关存在执法惯性和滞后性,不注意新法的学习,不知晓旧法已废止,在作出具体行政行为时仍适用已失效的法律法规。在这种情况下,法院认为适用过旧、无效的法律规范属于适用法律法规错误。比如,欣鹏

包装公司案，王某坤案，付某财案等。这就警示执法机关在载明法律依据时，需要认真核实所适用的法律规范是否现行有效，避免适用过旧、废止的法律规范。

五、熟知本部门常用法律规范，准确查找法律依据

在孔某玲案中，佛山市顺德区原劳动和社会保障局受理了邱健某（邱盈某堂弟）的工伤认定申请并以邱盈某的事故符合《企业职工工伤保险试行办法》第8条第9项规定，认定为工伤。但是该办法第2条规定，“中华人民共和国的企业及其职工必须遵照本办法的规定执行”，根据该条规定，《企业职工工伤保险试行办法》的调整范围是中国境内的企业及其职工的工伤保险，该办法未规定个体工商户的雇工受伤属于工伤，所以不该适用此法。正确适用法律的前提是执法机关了解甚至熟知本部门经常适用的法律规范，建议执法机关加强业务能力，避免此类法律适用错误。

六、区分条文间的关联，正确定位法律条款

法律条款定位错误在政府信息公开领域最为常见，在张某良与上海市青浦区人民政府信息公开案中，青浦区人民政府认为张某良要求获取的信息不属于其公开职责权限范围，答复时应当适用《上海市政府信息公开规定》第23条第5项规定，即“申请公开的政府信息不属于本机关职责权限范围的，应当告知申请人不属于本机关公开；对能够确定该政府信息的公开机关的，应当告知申请人公开机关的名称、联系方式”，但被诉答复中却引用了该规定第23条第1项规定即“属于公开范围的，应当告知申请人获取该政府信息的方式和途径”。

法律条文的款与项之间往往存在相似性与关联性，使执法机关容易在法律条款选择中出现错误。最高人民法院在张某良与上海市青浦区人民政府信息公开案中认为“条款定位错误”属于适用法律、法规错误，这告诫执法机关在载明法律条款时一定要区分条款间的关系。

七、引用法律要全面，既要有名称又要有具体条款

执法机关作出行政行为时没有在文书上载明具体法律条款是行政执法中频繁发生却又容易被忽视的问题。最高人民法院表示：具体行政行为仅引用了法律、法规的名称，未引用具体条款，无法判断其究竟是依据哪些有关定性和处理的条款作出的，故属于没有适用应该适用的法律、法规规范性质的错误。

对于这一问题,法院的观点主要包括以下三种:(1)有的认为这属于适用法律、法规错误,如《最高人民法院公报》2002年第5期刊登的罗某富诉泸州市公安局交通警察支队三大队道路交通事故责任认定案,法院认为泸州市公安局交通警察支队三大队只笼统适用《道路交通事故处理办法》第19条规定,没有指出具体适用哪一条款,属适用法律错误;(2)有的认为这属于形式上存在瑕疵,如开封市豫东房地产实业公司与河南省开封市人民政府等撤销国有土地使用权证上诉案[1]中法院认为9号《决定》未引用法律条款,形式上存在瑕疵;(3)有的认为这属于违反法定程序,如在《最高人民法院公报》2000年第4期刊登的兰州常德物资开发部不服兰州市人民政府收回土地使用权批复案[2]中,甘肃省高级人民法院认为,"行政机关所作批复只笼统提到有关规定,未引出适用的具体条文,违反了法定程序"。

这里需要告诫执法机关的是,引用法律要全面,应既有名称又有具体条款。尽管法院对这一问题存在不同的态度,但无论如何,"不引用具体法律条款"都是行政行为违法的一种表现。法律依据是实质合法性的效力来源、是形式合法性的表现形式。引用具体法律条款是行政行为必要的合法性理由。对此,行政机关应当全面引用、展示法律的规则,未引用法律依据或具体法律条款的行为体现了行政机关消极作为的主观态度,如果司法审查不强调程序上的援引义务,行政机关在实践中会更加忽视这项要求。准确引用法律依据有助于行政相对人理解并接收行政行为内容,因此行政机关在有法可依时原则上都应当尽到援引义务。但法律难以事无巨细地规范社会生活,为确保行政效率,在下列情况下行政机关可以不引用具体依据:(1)行政双方行为,如行政协议,因该行为可由相对人斟酌后决定行政法律关系的建立,不必苛求行政行为必须援引依据;(2)适用简易程序或应急程序的行为,因情节简单、争议不大,执法人员口头警告不用援引法律依据;(3)行政指导、信息提供等不发生法律效果的事实行为;(4)不是法律适用内容的法律规范,如行政行为职权依据、程序性规范等。

---

[1] 开封市豫东房地产实业公司诉河南省开封市人民政府等案,最高人民法院(2002)行终字第5号行政判决书。

[2] 兰州常德物资开发部不服兰州市人民政府收回土地使用权批复案,载《最高人民法院公报》2000年第4期。

八、杜绝“未引用任何法律规范”情形

“未引用任何法律规范”是指执法机关在作出处理决定时连法律名称都没有载明。在赵某红案中,法院认为该案被告在对原告作出行政强制措施时,未告知原告任何法律、法规依据,违反了上述规定,被告作出的该行政强制措施,属程序违法,适用法律、法规错误。在泰国贤成两合公司案中,法院认为在注销登记通知书中未引用有关法律依据属于缺乏法律依据和事实根据。在陈某宝案中,法院认为行政决定文书遗漏法律条文可能会使陈某宝不能理解行政行为作出的法律适用过程、执法人员的内心心证、逻辑判断,但并未导致陈某宝实体权利义务的增减,故法律条文的遗漏不等同于行政行为缺乏法律依据,不能因此认定被诉行政决定缺乏法律适用。

无论是法院认定为“适用法律、法规错误”“缺乏法律依据”还是“不等同于行政行为缺乏法律依据”,这一问题是执法机关在法律适用时应重点注意的问题。同时也提示法院要对“未引用任何法律规范”的情形进行实质审查,分析行政行为作出的法律适用过程、文书的逻辑论证思路、有无导致相对人实体权利义务的增减、管理相对人是否清楚地了解此处仅是遗漏了条款等。

九、区分程序法条款与实体法条款

仅把程序法条款作为执法依据是实践中常见的适用法律错误的情形。比如,仅依照《行政处罚法》(2017 修正)第 33 条对当事人作出罚款处罚。我国没有单独的程序法,所以行政法的一个重要特点是实体法规范与程序法规范并存。这一现象导致执法机关在适用法律时不分实体法条款与程序法条款。执法机关载明的法律依据应主要是实体法依据,程序性规定不可以单独作为实体处理的依据。

第七章　从典型案例看行政执法中的程序应用问题

第一节　行政程序的基本理论

习近平总书记在党的二十大报告中指出，要“在法治轨道上全面建设社会主义现代化国家”[1]，深刻揭示了法治与现代化的内在逻辑。其中，“法治轨道”语义深厚、含义深邃、意义深远，明确了“依法治国、依法执政、依法行政共同推进”“法治国家、法治社会、法治政府一体建设”的方向和布局。具体到依法执政、法治政府建设，“法治轨道”刻画了“程式、程序、秩序、有序”[2]等丰富含义，指明了实现依法行政、法治政府建设的路径选择和重要保障，即行政程序的全面、完整、有效实现和应用。

一、何为行政程序

行政程序的大规模研究和规范运行肇端于传统法治和现代法治交替之际，传统法治对于行政权监督和制约的长效优势随着政治经济社会的不断发展而弊端日显，行政权行使范围的不断扩张和方式的不停增添、“以权限权”模式陷入部门利益泥淖、行政行为侵权司法救济的滞后性等，使得具有普遍适用性、主导事前和事中规范行政权行使过程的行政程序日渐成为现代法治重要的控权机制。

不同于传统法治对于政府权力范围的具体控制，行政程序作为现代法治限制行政权的方式之一，更注重政府权力行使的规范性。[3] 通说认为，“行政程

[1] 习近平：《高举中国特色社会主义伟大旗帜　为全面建设社会主义现代化国家而团结奋斗——在中国共产党第二十次全国代表大会上的报告》，人民出版社2022年版，第40页。

[2] 张文显：《论在法治轨道上全面建设社会主义现代化国家》，载《中国法律评论》2023年第1期。

[3] 参见姜明安主编：《行政程序研究》，北京大学出版社2006年版，第1页。

序作为法律程序的一种,是行政权力运行所要遵循的步骤、方式、顺序、期限的总称"[1]。其中,步骤是指行政机关作出行为所必须要经历的各个阶段,包括开始、进行和完结三大部分,其根本目的在于促进和规范行政权合法、公正、高效行使。如在行政处罚一般程序中,行政机关作出处罚决定需要履行以下步骤:立案、调查、告知、听取陈述申辩、听证、作出处罚决定、送达等。除《行政处罚法》第51条所规定的可以适用简易程序的以外,行政机关均需要严格遵照上述步骤,如果遗漏,则属程序违法。方式是指行政机关作出行政行为时所采用方法的外在表现形式,是"行政行为的外在载体"[2]。如行政许可受理回执是否可以采用口头方式、行政处罚决定书是否可以采用电子方式向当事人送达等等。顺序是指行政机关完成某一行政行为所应经历步骤的先后次序,若有自行增减的行为,则将会面临违反行政程序的施行。如在行政处罚过程中行政机关在听证程序进行完毕之后再次进行取证行为、行政决定作出之后再次进行补充调查取证行为等均属于违反行政程序所设定的顺序。期限是指行政机关在作出行政行为时所应当遵守的各个时间节点,是保障行政相对人及时获得权利的重要制度,也是提高行政机关行政效率的重要内容。如《行政许可法》第42条规定,除可以当场作出行政许可决定的外,行政机关应当自受理行政许可申请之日起20日内作出行政许可决定;20日内不能作出决定的,经本行政机关负责人批准,可以延长10日,并应当将延长期限的理由告知申请人。

美国大法官弗兰克福特有句揭示程序重要意义的箴言:"自由的历史基本上是奉行程序保障的历史。"[3]对于行政权的规范和控制而言,行政程序同样有切中肯綮之效。在行政程序运行之中,其逐渐显露出以下优势和特点:其一,传统法治对于行政职权范围的严格限制,导致行政机关过于"畏手畏脚"。行政程序则可以做到实体范围上的"放权",程序规则上"限权",以此对上述问题予以避免,在有效且及时填补社会管理空白领域的同时,以程序规范的应用做到对行政权行使动态的全过程监督,保障行政权在法治轨道上的运行。其二,严格遵守行政程序可以有效提升行政效率,由法律严格规定行政机关作出行政行为时

[1] 王万华:《行政程序法研究》,中国法制出版社2000年版,第3页。

[2] 刘国:《以电子方式作出行政行为的法学解读——概念、理论与规制》,载《华中科技大学学报(社会科学版)》2019年第4期。

[3] See United States Supreme Court Reports (87 Law. Ed. Oct. 1942 Term). 转引自季卫东:《程序比较论》,载《比较法研究》1993年第1期。

需要遵循的程序,避免行政机关工作人员"懒政"行为的发生,如果出现不作为、乱作为,那么其应当承担相应的责任,以此来倒逼行政效率的提升,规范行政权的运行。如《行政许可法》中规定的审批期限制度,要求行政机关在规定的期限内完成对行政许可事项的审批,不得无正当理由故意拖延。其三,相较于司法监督的事后救济,行政程序注重事前避免、事中纠错,如此能够实现在行政执法过程中对相对人程序性权利的保障,避免司法救济的滞后性。例如,行政处罚作出之前听取当事人的陈述申辩,以此提高事实认定的准确性,减少错误处罚决定的作出。总之,行政程序作为行政主体在实施行政行为过程中必须遵循的程式性规范,对于行政权的规范和控制以及权利保障等行政法治目标的实现至关重要。

二、行政程序价值的双重属性

法律程序应当体现出一定的价值,即法律程序应当发挥的功能,以此指导法律程序的整体运行。早间,学界对于法律程序的价值认知是一种程序工具主义价值观,以英国法学家边沁为典型代表,认为"程序法的最终有用性要取决于实体法的有用性"[1]。随着法律程序实践运用的深入展开,不少学者在认真考察分析总结后发现法律程序具有不依附于实体法的自身独立价值,认为实体不能成为衡量程序有效与否的标准,形成了程序本位主义的价值观。如萨默斯提出程序的独立价值可以体现为程序的参与性、合法性、人道性、及时性等。[2] 但无论是程序工具主义抑或程序本位主义,都有其各自的重要贡献,也不免有其自身缺陷。[3] 因此,在社会变革和制度变迁之中,若单独强调程序工具主义或程序本位主义,所起到的作用都是有限的。当前,多数学者普遍认为应该将二者的优势内核结合互补,主张程序价值具有双重属性,即兼具工具价值(或称外

---

〔1〕《边沁选集》(第2卷·英文版),布朗出版社1843年版,第6页。

〔2〕See Summers, Evaluation and Improving Process - A Plea for Process Values, Cornell Law Review,1974,60(1).

〔3〕具体而言,程序工具主义的优势在于对程序的把握相对灵活,对具体政策的建议颇为注重实际。然而,它把一切程序的最终目的都设定为外在的工具价值的满足,在实践中很容易导致对基本权利的侵犯。程序本位主义确实可以使我们了解"什么样的程序规则是最理想的",进而可以为法律制度的变革指出目标——这一目标能够充分保障程序的内在价值,最大限度地提升人类的尊严。但是,现实世界中的法律制度处于各种约束之下,往往是不完美的。而本位主义却不能对这些不完美的制度进行准确的排序和评估。参见丁建峰:《法律程序的多维价值比较——基于法律经济分析的综合框架》,载《法制与社会发展》2013年第2期。

在价值、结果价值)和内在价值(或称过程价值、目的价值、独立价值)。[1]

行政程序作为法律程序的重要内容之一,亦应当有其价值效用讨论,且同样兼具工具价值和内在价值双重属性。[2]

行政程序的工具价值主要体现在以下几方面:第一,保障实体法的正确实施。行政程序通过科学的、符合认识规律的程序设计可以保证行政机关正确地认定事实、适用法律,最终作出合理合法的行政决定。例如,在行政处罚程序中从立案到处罚决定的送达,这一整套处罚程序设计的目的正是保障最终实体结果的正确性。又如,某一行政决定中行政机关严格履行了法定程序,即使行政相对人最终未获得公正的行政决定,该决定在法律上也是合法有效的,这正是程序保障实体形式合法的作用体现。第二,防止行政权的滥用。通过设定一系列的步骤、方式、顺序以及期限规范行政权的行使,防止行政机关恣意行为。例如,《行政处罚法》第 61 条第 1 款规定,行政处罚决定书应当在宣告后当场交付当事人;当事人不在场的,行政机关应当在七日内依照《中华人民共和国民事诉讼法》的有关规定,将行政处罚决定书送达当事人。当事人不在现场的行政机关需要按照《民事诉讼法》中的规定送达,这就明确设定了行政处罚决定的送达方式,作出决定的处罚机关不能恣意选择自己认为合法的方式,需要严格按照法律规定作出相应行为。

行政程序的内在价值强调行政程序自身所具有的"内在优秀品质",这些价值体现于行政权运用的原则与制度之中:第一,公开原则中所蕴含的程序价值。公开原则在行政程序中的应用,可以在有效地规范和控制行政权的同时使相对人知悉行政决定的作出过程,提高最终行政决定的可接受性。例如,《行政许可法》第 40 条规定:"行政机关作出的准予行政许可决定,应当予以公开,公众有权查阅。"第二,公平原则中所蕴含的程序价值。公平原则要求行政机关在作出行政决定的过程中,平等对待各方当事人,不偏袒、不徇私,在此过程中提高行政机关公信力。公平原则体现在行政程序的具体制度设计和相关规范中,行政程序中的回避制度、听证程序、职能分离的规定等都是公平原则的价值渗透。例如,《行政处罚法》第 64 条第 4 项规定,听证由行政机关指定的非本案调查人员主持;当事人认为主持人与本案有直接利害关系的,有权申请回避。如果听

---

〔1〕 参见何于彬:《论行政程序价值序列的多元化》,载《行政法论丛》2017 年第 1 期。

〔2〕 参见宋雅芳:《行政程序价值论》,载《郑州大学学报(哲学社会科学版)》2006 年第 4 期。

证主持人由本案的调查人员担任,对案件先入为主的某些观念或偏见将会影响其公正判断。第三,参与原则中所蕴含的程序价值。参与原则是指让行政相对人尽可能参与到行政决定过程之中,以"亲历者"身份有效维护自身的合法权益,是保障和实现行政相对人合法权益的重要方式。例如,《行政处罚法》第45条第1款规定:"当事人有权进行陈述和申辩。行政机关必须充分听取当事人的意见,对当事人提出的事实、理由和证据,应当进行复核;当事人提出的事实、理由或者证据成立的,行政机关应当采纳。"允许当事人参与到行政处罚过程之中,使其充分行使陈述申辩权,既能保障处罚决定的公正性,又能提高处罚决定的可接受性,是行政程序内在价值的体现之一。第四,及时原则中所蕴含的程序价值。及时原则体现了行政效率的要求,行政机关只有高效地对纷繁复杂的社会事务作出及时处理才能适应现代社会的发展要求,而且一个高效率的政府还被视为"是一个最能为国民政府提供福祉的政府"[1]。行政程序作为一套程序规则,处处体现着及时原则的应用,通过时效制度、简易程序的运用等保障行政效率的实现。例如,《行政处罚法》第51条规定,"违法事实确凿并有法定依据,对公民处以二百元以下、对法人或者其他组织处以三千元以下罚款或者警告的行政处罚的,可以当场作出行政处罚决定……"。当符合法定情形时,行政机关即可简化行政处罚环节和步骤,及时作出处罚决定,提高行政效率。

当然,对于行政程序的价值探讨已经不局限于价值理论模型的论争,随着法治理念的更新以及法治进程的发展,对行政程序价值的认识和理解也在回归实践和提炼总结中不断深入。其重点在于,当价值属性之间在司法审查中出现冲突时,法官应当如何在价值属性中进行权衡、选择和判断。简言之,工具价值认为程序为实体而服务,即使行政程序存在瑕疵也不得因此而否认实体决定的合法性;独立价值则认为程序不必依附于实体决定,如果违反相关程序规定可以据此否认实体决定的合法性。在司法判断中二者何为优先,将取决于特定行政活动的性质以及程序本身的目的。例如,在王某兵诉武汉市公安局硚口区分局公安行政管理案[2]中,2017年王某兵因吸食两颗麻果后被硚口区公安分局抓获,硚口区公安分局决定对王某兵行政拘留5日。王某兵认为硚口区公安分局对其所作的询问笔录并非实际工作的警察签名,属程序违法,故向法院起诉。

---

〔1〕 应松年:《中国行政程序法立法展望》,载《中国法学》2010年第2期。

〔2〕 湖北省武汉市中级人民法院行政判决书,(2018)鄂01行终713号。

一审法院认为,王某兵吸毒的事实成立,硚口区公安分局作出行政处罚决定程序轻微违法,依法应确认违法,但不撤销行政行为,二审维持了一审判决。法院在该案中基于处罚决定追求的公正性和准确性,选择应用程序的工具价值,综合审度程序违法是否达到了足以影响实体公正的程度而作出判决。

三、行政程序立法设计中的价值考量

行之有效的行政程序首先需要符合现代法治基本理念与社会发展状况,唯有如此行政程序的内在价值与工具价值才能得以实现。有学者将行政程序的基本要求归结为以下四个方面:程序中立、程序公正、程序理性以及程序经济。[1] 这不仅是对立法过程中行政程序的设置提出了基本要求,更是对行政机关在制定程序裁量基准时提出了必须予以考量的内容。

第一,程序中立。程序中立是行政程序的基本要求之一,如果行政程序的设置出现了对任一方当事人偏袒的情形,就违背了公正、平等的价值要求。例如,《行政处罚法》第 64 条有关听证主持人的规定就体现了程序中立的要求。所有的程序参与者都是应当予以尊重的平等主体,必须给予同等对待。程序中立可以使行政相对人相信可以通过行政程序获得“公平的竞争”,使其发自内心地信守行政程序。具体来说:其一,程序中立的一个重要要求就是,首先要有一个不偏不倚的决定者,其中立和独立程度必须要像司法程序中的法官一般。其二,程序中立要求行政程序活动的主导者应当拒绝偏私,如果与案件之间存在直接利害关系的或其他可能影响,应当主动回避或被动离及。其三,程序中立要求正式的听证程序的主持人杜绝与任一当事方进行单方面的私下接触,以免影响最终决定的公正性。

第二,程序公正。程序公正要求当行政机关作出某项减损相对人权利的行政决定时,应当赋予其知晓相关信息、为自己辩护的权利和机会。在我国行政处罚程序中同样有相应体现,主要表现在:其一,《行政处罚法》第 44 条所规定的告知程序,即处于行政程序中的当事人或者利害关系人有知悉与其自身利害相关的事实和决定的权利,相应地,行政机关有告知的义务。其二,《行政处罚法》第 45 条规定的陈述、申辩程序,即行政机关作出限制或剥夺公民权利的行

---

〔1〕 参见王锡锌:《程序正义之基本要求解释:以行政程序为例》,载罗豪才主编:《行政法论丛》第 3 卷,法律出版社 2000 年版。

政行为之时,应当给予被限制或剥夺对象进行陈述、申辩的权利,以避免行政机关的恣意专断,同时提高事实认定的正确性。其三,《行政处罚法》第 64 条规定的听证程序,即对于需要历经听证程序的行政决定,行政机关必须在作出之前听取双方的意见,给予当事人表达自身诉求的机会。这主要是借鉴司法程序中的庭审制度,在中立机关的主持下,双方进行意见交换、争议申辩以及证据质证,以此得出公正的结论和判断。

第三,程序理性。程序理性不仅仅要求最终获得的实体结果是合理的,同时要求程序本身也应当是合理的。例如,《行政处罚法》第 67 条第 1 款规定:"作出罚款决定的行政机关应当与收缴罚款的机构分离。"在没有如此规定之前,并无处罚决定的作出机关、处罚决定的执行机关、罚款收受机关之分,罚缴常集于一个机关,导致"乱罚款"现象频发。究其原因,很大程度上在于之前行政程序设置的不合理,而罚缴分离制度的确立有效缓解了此问题。对于程序理性的理解有以下几个方面:其一,程序理性要求对行政机关的裁量权进行限制,可以说只要有裁量权的存在空间,便存在滥用的可能性。因此,应当通过行政程序的设定,对裁量权的使用情形和适用标准进行具体化和细致化。其二,说明理由制度也是实现行政决定合理性的重要方式,如果行政决定的作出者能够详细阐明作出决定的理由,说明该决定的作出经过了客观与理性的评估、衡量和判断,可以在很大程度上增加决定的可接受性。其三,一项行政程序的开展在时间上应当遵循合理的顺序,该顺序可从人们日常生活经验中得到验证,而合理的步骤可以保障实体结果的正当性。

第四,程序经济。程序的效率是法律程序必须论及的问题,没有效率的程序无法真正运转。行政程序中的效率,是指"一定行政行为在单位时间和空间所产生的社会效果与在此行为过程中所付出耗费之比率"[1]。行政程序比其他法律程序都更追求效率,但实现行政程序效率并非程序的简单简化,而是强调程序经济原则的应用,即行政程序在满足合法、合理等一些基本条件的前提下,减少所产生的程序直接成本,使行政程序对于行政相对人而言成为一个既经济又可接受的制度性装置。效率经济的实现主要通过以下机制:其一,为行政程序的运行设定时间要求,要求行政机关及时作出行政行为,否则应当承担

---

〔1〕 周佑勇、李煜兴:《行政程序的价值定位》,载《法学杂志》2002 年第 3 期。

相应的法律责任。[1] 其二,行政程序设计和评估的目标之一应当是有利于事实的正确认定,由此降低错误成本和事后救济成本。其三,根据行政事务的繁简程度实现程序分流,区分一般程序、简易程序以及部分特殊程序。例如,《行政处罚法》第69条规定:"在边远、水上、交通不便地区,行政机关及其执法人员依照本法第五十一条、第五十七条的规定作出罚款决定后,当事人到指定的银行或者通过电子支付系统缴纳罚款确有困难,经当事人提出,行政机关及其执法人员可以当场收缴罚款。"当场缴纳罚款的程序规定即为程序经济原则的体现,可以在便及当事人的同时有效提高行政执法效率。

第二节　违反法定程序的表现形式

一、违法法定程序的界定

顾名思义,违反法定程序是指行政主体在实施行政行为时违反了法定的步骤、方式、顺序和时限。[2] 理解的关键在于"法定程序"的界定,而其首要问题在于如何届划"法"的范围。广义上的行政程序法是指行政程序法律规范的总称,一切有关行政程序的法律规范都是行政程序的法律渊源。[3] 如此,违反法定程序中的"法"应当进行宽泛理解,即包含所有规定行政机关作出行为所应当遵循的规范的总称。但学界对此尚未达成共识,仍存在不同理解。《行政诉讼法》第63条第1款中有规定:"人民法院审理行政案件,以法律和行政法规、地方性法规为依据……"根据这一规定,法律、法规应当纳入"法"的范围,学界对此均予以认可。而对于规章、行政规范性文件和行政法基本原则是否属于"法"范畴,仍存在较大的争议。

第一,规章是否属于违反法定程序中的"法"。有学者认为,《行政诉讼法》虽然规定行政规章作为"参照",[4]但是在我国行政管理活动实践中,被广泛运用的有关行政程序的规定大量出现于行政规章之中。无论是地方行政规章还

---

〔1〕 参见应松年:《中国行政程序法立法展望》,载《中国法学》2010年第2期。

〔2〕 参见张步峰:《违反法定程序的诉讼法律后果——评〈行政诉讼法修正案(草案)〉的"违反法定程序"条款》,载《河北法学》2014年第11期。

〔3〕 参见王万华:《行政程序法研究》,中国法制出版社2000年版,第28页。

〔4〕 《行政诉讼法》第63条第3款规定:"人民法院审理行政案件,参照规章。"

是部门行政规章,其制定程序严谨,[1]内容可操作性强,具有稳定性,也符合各区域、各地方以及各行业实际。因此,规章中有关程序的规定只要不与上位法相冲突,应当属于法定程序渊源之一,应该被作为判断行政程序是否违法的重要依据。如果将“法”的范围限定过窄,不将行政规章规定的行政程序作为法定程序,将使大量违反法定程序的具体行政行为得不到纠正,损害法律权威。行政诉讼中关于违反法定程序的规定也难以在司法实践中得以实施,不符合立法精神和原则。[2] 需要指出的是,尽管公法学界有一些学者基于《立法法》规定,[3]认为规章的法律渊源地位已被明确,[4]但这一判断还有不充分之处,在司法适用中存在技术上的困难。

第二,规范性文件是否属于违反法定程序中的“法”。对此存在不同认识:第一种观点认为“不属于”,主要是基于规范性文件的临时性质以及由此延申稳定性不强、随意性较大等特征,在行政执法和司法审查中均难于把握。[5] 第二种观点认为“属于”,但主要理由有所不同。有学者从平等原则出发,认为规范性文件既然对于当事人有拘束力,行政机关同样应当遵守;[6]有的学者从保护当事人角度出发,认为凡是对当事人有利的程序规则,行政机关必须遵守,否则会因构成专横或者不符合正当法律程序而被撤销;[7]有的从信赖利益保护角度出发,认为行政机关的内部行政规则也会对相对人的权利义务产生间接的影响,产生信赖利益,也应当遵守,因此内部行政规则也可以作为法定行政程序中的“法”。[8] 以上观点皆有理据,届划法定程序中的“法”的范畴,必须从法定程序的价值意涵出发,法定程序的主要功能在于保护相对人的权利,规范和限制

---

〔1〕《规章制定程序条例》是为了规范规章制定程序,保证规章质量,由国务院根据《立法法》有关规定所制定的。

〔2〕参见朱峰:《论行政程序的司法审查》,载《行政法学研究》2001年第1期。

〔3〕《立法法》第2条第2款规定:”国务院部门规章和地方政府规章的制定、修改和废止,依照本法的有关规定执行。”

〔4〕参见廖希飞:《论行政规定在行政诉讼中的效力》,载《行政法学研究》2011年第21期;章剑生:《行政诉讼中规章的“不予适用”——基于最高人民法院第5号指导案例所作的分析》,载《浙江社会科学》2013年第2期;刘莘主编:《行政立法原理与实务》,中国法制出版社2014年版,第12页。

〔5〕参见朱峰:《论行政程序的司法审查》,载《行政法学研究》2001年第1期。

〔6〕参见王万华:《行政程序法研究》,中国法制出版社2000年版,第250页。

〔7〕参见杨伟东:《行政程序违法的法律后果及其责任》,载《政法论坛》2005年第4期。

〔8〕参见于立深:《违反行政程序司法审查中争点问题》,载《中国法学》2010年第5期。

行政权,行政规范性文件中关于行政程序的规定同样是行政机关在行政管理活动中需要遵循的程序规则,因此应当属于法定程序中"法"的范畴。

第三,正当法律程序原则是否属于违反法定程序中的"法"。对此有两种不同意见:一种观点认为,"法定程序"不仅指成文法规定的程序。还应当包括正当程序原则所要求但是未被成文法明确的程序。原因在于,不同于私法规范中基本原则与具体规则之间的补充适用关系,行政法作为公法,其基本原则与具体规则之间应当是同时适用的关系。[1] 另一种观点持相反意见,认为法律的一般原则虽然很可能会构成学者和实务部门认识和理解某一问题的理论性基础,但不能在司法实践中予以适用来裁判案件。[2] 在司法实践中,对正当法律程序原则能否作为裁判理由也存在不同认识。例如,在赵某诉平邑县人民政府案[3]中,二审法院认为,《行政许可法》(2003 年)虽然没有规定撤销行政许可的具体程序,但该法第一章总则中第 5 条、第 7 条规定了设定和实施行政许可所应遵守的原则、程序和利害关系人享有的法定程序权利。没有设定行政机关撤销行政许可所要遵循的具体程序性义务,并不意味着其就可以不要程序,在行使职权的方式、步骤、顺序、时限上享有绝对的自由裁量权,而程序合法的底线在于正当程序原则,行政机关在此情况下应当遵循这一法律原则。根据这一法律原则的要求,行政机关作出影响当事人权益的行政行为时,应当履行事先告知、说明根据和理由、听取相对人的陈述和申辩、事后为相对人提供相应的救济途径等正当法律程序。该案中,上诉人平邑县人民政府作出撤销关于赵某补办用地手续批复的决定,对被上诉人赵某造成不利影响,其作出该具体行政行为时应当遵循公开、公平、公正的原则,应当听取行政相对人的陈述和申辩,即应受正当程序的控制。在该案中,二审法院在裁判说理过程中将《行政许可法》总则的原则推演为正当程序原则,维持了一审判决。而一审法院的裁判依据落脚于《行政诉讼法》(1989 年)第 54 条第 2 项之规定,即违反法定程序。由此可见,对于正当程序是否属于"法"存在不同理解不利于统一裁判理念的形成与适用。要解决这一问题,需要对正当法律程序原则是否构成行政法的法源进行明确。我

---

[1] 参见杨登峰:《法无规定时正当程序原则之适用》,载《法律科学(西北政法大学学报)》2018 年第 1 期。

[2] 参见杨伟东:《行政程序违法的法律后果及其责任》,载《政法论坛》2005 年第 4 期。

[3] 山东省费县人民法院行政判决书,(2009)费行初字第 39 号;山东省临沂市中级人民法院行政判决书,(2010)临行终字第 74 号。

国《行政诉讼法》采用的法律术语是“法定程序”而非“正当程序”,则意味着“法定程序”首先是成文法所规定的程序,只有在例外的情况下才可能承认正当法律程序原则具有法律效力。例外的情况至少应包括以下几点:第一,成文法没有规定行政行为的程序;第二,行政行为对相对人的权益产生了实际影响;第三,行政主体在作出行政行为时没有遵循最基本的程序规则。[1]

二、违反法定程序的具体形式

步骤、顺序、方式以及期限是构成法定程序的基本要素,违反法定程序主要是指违反法律、法规、规章、规范性法律文件以及例外情况下的正当法律程序原则中对上述内容的规定,具体表现为步骤缺失、顺序错误、方式不当和超过时限等。讨论、归纳、总结和反思行政机关违反法定程序行为的表现形式,具象和细化违反法定程序行为的具体情形,分析其具体成因,可以为行政执法过程中的风险防范提供指引。

(一)步骤缺失

行政机关在作出行政行为之时必须按照法定的步骤进行,不可缺失、遗漏步骤,否则构成违反法定程序。主要有以下几种常见情形。

1. 未出具受理回执或收据

行政机关受理行政相对人提出的申请后,应当向行政相对人送达受理回执,行政相对人如果向行政机关提交证据,行政机关还应当出具收据。出具受理回执是保障行政相对人知情权的重要方式之一,使其知悉其申请是否被行政机关所受理,以及对受理之后的办理过程有大致的预期。如果行政机关逾期未回应,行政相对人可以将受理回执或收据作为起诉行政机关不作为的证据,也可避免诉讼过程中争议行政相对人是否提出过申请。

在电子信息技术迅猛发展以及数字政府建设持续推进的背景下,电子化行政广泛应用于行政管理活动中,受理回执和收据的形式也不再局限于纸质形式,电子回执方式应用的场景也日益增多。司法实践中,电子回执方式也已经

---

〔1〕 参见张步峰:《违反法定程序的诉讼法律后果——评〈行政诉讼法修正案(草案)〉的“违反法定程序”条款》,载《河北法学》2014年第11期。

被法院所认可。例如,在刘某诉马鞍山市交通运输局不履行法定职责案[1]中,刘某通过政府信息公开网向马鞍山市交通运输局申请政府信息公开,至起诉时被告仍未回复。在传统行政程序下,原告若起诉被告不作为,对其提出申请的事实可以通过被告出具的受理回执单、邮寄投递单或回执等予以证明。在电子化行政程序下,原告提出的申请是以行政主体建立的网络平台为媒介,其与行政主体之间并没有线下的沟通过程,行政程序的运行是在虚拟平台上实现的,且该平台为行政主体所控制,对平台运行程序以及申请人提交申请后的平台反馈情况和行政主体通过平台接受申请的情况,作为申请人不可能掌握。此时,对于"原告是否提出过申请"这一问题应当由被告承担举证责任,被告无法证明的,视为原告已经履行了申请环节。在该案中,马鞍山市人民政府网站改版之后,当事人提出申请的,系统会自动回复"电子回执单"。但是,原告提出申请是在改版之前,彼时并没有自动回复功能。被告因未向原告出具"电子回执单"而无法提供证据证明行政相对人未提出申请,应当认为相对人已经成功提交了申请,行政机关逾期无正当理由拒不提供信息,当属行政不作为。

2. 未表明身份

在行政执法实践中,执法人员表明身份是行政执法程序中的一项不可或缺的前置性要求,标志着行政执法活动的正式开始,是保障行政机关之后作出的一系列行政行为合法性的前提。表明身份包含"表明"和"身份"两层含义:其中"表明"是一种程度要求,意味着要达到使行政相对人明确知悉或应当明确知悉的效果;其中"身份"是一种属性要求,既表征行政职权又明确行政职权的行使人,既从职权来源上规范和监督行政权又保障行政相对人知情权的实现。我国对于表明身份的程序规则多集中于行政检查和行政处罚领域中,如《行政处罚法》第52条规定:"执法人员当场作出行政处罚决定的,应当向当事人出示执法证件……"如果执法人员未表明身份,行政相对人有权拒绝配合调查。

其实,表明身份的程序要求不仅是保障行政相对人合法权益的重要手段,对行政执法人员同样也是一种保护。行政执法人员在执法过程中时常会遇到行政相对人或其他利害关系人不理解执法行为甚至采取暴力方式进行阻碍的情况。表明身份在一定程度上能够给执法实践中的当事人带来心理上的威慑,减少或避免摩擦以及暴力抗法等的发生,为执法人员的人身安全提供一定的制

---

〔1〕 安徽省马鞍山市花山区人民法院行政判决书,(2015)花行初字第00027号。

度保障。在刘某诉定西市安定区公安局行政处罚案[1]中,刘某将车辆停放在小区门口买东西,回来时发现一民警正对其车辆拍照,民警在未出示警官证的情况下,阻止刘某将车开回家,之后双方发生争执。公安机关作出处罚决定书认为刘某阻碍执行公务,并撕扯民警致其受伤。刘某不服处罚,诉至法院。法院认为,定西市公安局交警支队城区大队民警在查处违法停车行为时,不严格遵守法律规定,没有向行政相对人出示警官证件,没有制作并送达行政强制措施凭证,首先违反了法律规定,导致采取的行政强制措施是拖移车辆还是扣留车辆的事实不清,证据不足,程序违法。公安机关在查处行政相对人妨碍执行职务行为时,首先要考虑执法人员是否在依法执行职务,如果没有依法执行职务,就不构成法律上规定的妨碍依法执行职务的行为,最终法院判决撤销了公安机关的处罚决定书。从该案中可以看出,如果行政机关在行政执法过程中未出具证件即为未表明身份,法院不认可其属于"正在进行执法活动",当然也就谈不上构成妨碍公务行为了。

需要注意的是,在一些十分紧急的情形下以及一些带有隐蔽性质的行政执法行为中,可以免除行政执法人员事先表明身份的一般义务。

3. 未说明理由

说明理由是行政程序的一项基本要求,是行政程序体现正义、追求理性的必要条件之一,能够在防止行政主体恣意行政、保障行政权良好运行的同时保护行政相对人的合法权益、提高行政相对人对行政决定的理解和接受程度,并且可为日后的行政救济机关提供审查便利。具体来说,说明理由具体指向行政机关的义务,需要满足以下几个要求,才可认定为"说明了理由":其一,说明理由发生在行政主体作出或拟作出涉及相对人权利义务的行政行为之时;其二,行政机关要以适当方式向相对人阐明理由,一般应选择正式的书面方式;其三,说明理由的内容包括"事实性根据、法律性根据以及建立在事实和法律的客观性基础之上把事实和法律融为一体的行政主体的主观分析"[2];其四,说明理由应在最低程度上达到"首尾连贯、内在统一以及各种原理之间的归结性协

---

[1] 甘肃省定西市中级人民法院行政判决书,(2014)定中行终字第34号。

[2] 李春燕:《行政行为说明理由制度的构建》,载《行政法学研究》1998年第3期。

调”[1],即事实、法律以及最终行政决定之间要有正当逻辑联系。

我国行政法律规范中的说明理由制度是以单行法律法规形式出现的,其中明确规定的有《行政处罚法》、《行政许可法》[2]以及《政府信息公开条例》[3]等,如《行政处罚法》第44条规定:“行政机关在作出行政处罚决定之前,应当告知当事人拟作出的行政处罚内容及事实、理由、依据,并告知当事人依法享有的陈述、申辩、要求听证等权利。”其中,事实不仅指案件发生之后在客观世界留下的各种痕迹,还要求以上痕迹应当由行政主体通过合法程序和方式收集的证据加以证实;依据是指用于支撑行政行为具有合法性的法律规范;理由是指用于支撑行政行为自由裁量的理由,也可以称为“行政行为的正当性理由”[4]。如果行政机关未告知行政相对人事实、理由或者依据中的任一内容,法院可以认定该行政行为程序违法。在何某辉诉南雄市公安局案[5]中,何某辉因阻碍民警执行公务,南雄市公安局对其作出行政处罚,何某辉不服诉至法院。法院认为南雄市公安局在处罚过程中仅将拟处罚的事实告知何某辉,并未告知拟作出该处罚的理由和依据,违反了《行政处罚法》(2017年修正)第31条[6]规定,但因已不存在撤销的内容,法院最终判决行政行为违法。按照说明理由制度的价值内涵和设置目的,行政机关应当将所掌握的主要事实、法律依据以及论理过程全部告知相对人,既能保障行政相对人后续抗辩权的充分行使,保证行政相对人程序性权利的完整性,还能够促使行政机关再次审视所认定的事实、所适用的法律是否准确,及时纠偏纠错。因此,如果行政主体未说明理由或者说明理由不充分,法院可以作出该行政行为存在瑕疵的司法判断。

需要注意的是,关于说明理由的次数,没有程序性规范作出具体规定,但绝非一次用即则无,如果行政机关在第一次说明理由后的过程中又认定了新的违

---

[1] [英]麦考密克、[澳大利亚]魏因贝格尔:《制度法论》,周叶谦译,中国政法大学出版社1994年版,第4页。

[2] 《行政许可法》第38条第2款规定:“行政机关依法作出不予行政许可的书面决定的,应当说明理由,并告知申请人依法享有申请行政复议或者提起行政诉讼的权利。”

[3] 《政府信息公开条例》第36条规定:“对政府信息公开申请,行政机关根据下列情况分别作出答复:……(三)行政机关依据本条例的规定决定不予公开的,告知申请人不予公开并说明理由;……。”

[4] 章剑生:《行政程序法基本理论》,法律出版社2003年版,第202页。

[5] 广东省韶关市武江区人民法院行政判决书,(2017)粤0203行初379号。

[6] 2021年《行政处罚法》修订后,该条相关内容调整在《行政处罚法》第44条中。

法事实或者增加了新的法律依据,那么应当再履行一次说明理由程序,否则便属于程序违法,法院可以据此撤销行政行为。在蔡某仪诉广东工业大学案[1]中,广东工业大学在事先告知中认定蔡某仪违反《广东工业大学考试纪律与处分办法》第20条第3款第6项规定,但学校在最后的处分决定书中增加认定蔡某仪的行为违反了《广东工业大学考试纪律与违纪处分办法》第20条第款第1项的规定,但是却没有将该依据告知蔡某仪。二审法院认为,即便该项增加认定不改变处理结果,学校亦应当提前告知,但其未提前告知,导致蔡某仪未能对此进行陈述申辩,程序存在不当之处。

4. 未听取陈述和申辩

陈述和申辩是指行政机关在作出对相对人不利的事实之前,相对人有权就可能受到的不利事实进行说明理由,反驳对方的观点,为自己的权益进行辩解。[2] "法律人之间的理性对话是'正确'地解释和适用法律的最终保证。"[3]行政机关听取当事人的陈述和申辩,可以达到"兼听则明"的效果,有利于案件事实的查明,提高行政决定的正确性和可接受性,有效保护行政相对人和利害关系人的合法权利。《行政处罚法》第45条、《行政许可法》第36条,以及《行政强制法》第18条、第36对听取陈述和申辩均有规定。未听取陈述和申辩的具体情形主要有以下几种。

(1)未理解陈述和申辩规则的适用范围

对于听取陈述和申辩的理解应当首先从"事"和"人"两个方面明确其适用范围[4]:第一,事项范围。对于应当听取陈述申辩的事项范围,在单行法律规范有明确规定的情况下,根据规定听取陈述和申辩,在没有规定的情况下,听取陈述和申辩是正当程序原则的应有之义,应当推定为,凡是可能影响到行政管理所涉当事人权益的事项,均应当赋予当事人陈述和申辩的权利。在龙门县南

---

[1] 广州铁路运输第一法院行政判决书,(2016)粤7101行初1424号;广州铁路运输中级法院行政判决书,(2017)粤71行终330号。

[2] 参见姜明安:《行政程序研究》,北京大学出版社2006年版,第166页。

[3] Mark · Van Hoeck, Law as Communicationz, Hart Publishing,转引自徐亚文、孙国东:《"沟通理性"与全球化时代的法律哲学——凡·豪埃克〈作为沟通的法律〉述要》,载《法制与社会发展》2006年第1期。

[4] 参见宋华琳、郑琛:《行政法上听取陈述和申辩程序的制度建构》,载《地方立法研究》2021年第3期。

昆山某电站诉广东省林业厅案[1]中,广东省林业厅认为该电站在申请使用林地手续时存在擅自使用林地的行为,决定撤销该电站的许可证。该电站认为广东省林业厅撤销许可之前未事先通知电站,未给予其陈述申辩的机会,程序违法。法院经审理后认为,《行政许可法》对撤销行政许可的程序虽未作出具体规定,但《行政许可法》(2013 年)第一章总则部分第 7 条规定,“公民、法人或者其他组织对行政机关实施行政许可,享有陈述权、申辩权……”,而撤销行政许可的行为亦属于实施行政许可的行为范畴。该案中,广东省林业厅在未事先告知的情况下,即作出撤销该电站行政许可的决定,侵犯了该电站依据前述法律规定所享有的陈述权、申辩权,属于违反法定程序。因此,法院以上述内容为裁判理由之一,判决撤销了广东省林业厅的行政决定。

第二,主体范围。听取陈述申辩的主体范围不仅限于行政相对人,利害关系人的见解同样需要被考虑。《行政许可法》第 36 条规定:“……行政许可事项直接关系他人重大利益的,应当告知该利害关系人。申请人、利害关系人有权进行陈述和申辩。行政机关应当听取申请人、利害关系人的意见。”在周某营诉西峡县规划局案[2]中,西峡县规划局在给张某香颁发西峡县城区居民建房建设工程规划许可证申请表时,未告知利害关系人周某营且未征求其意见,周某营不服西峡原规划局的发证行为,向法院起诉。2014 年,法院经审理后认为,西峡县规划局许可张某香在周某营住房的正南方位相邻建房,直接关系周某营的重大利益。西峡县规划局未按法律规定履行相应告知义务、未听取利害关系人的陈述申辩,其颁证行为程序违法。但是,西峡县规划局为张某香颁发的许可证有效期在案件审理时已期满,不再具有许可的法律效力,不具有可撤销内容,不适用撤销的判决形式,因此判决确认违法。现代社会是一个紧密联系的整体,每个人都并非单独存在的个体,其行为必然会牵连到其他主体的利益。因此,要求行政机关在作出行政决定之前,应当听取利害关系人的陈述和申辩,保障利害关系人顺畅表达所涉利益诉求,顺利接受相关行政决定,顺当实现所追求的行政目标。

(2)未达到陈述申辩的记录要求

第一,应当保障记录的完整性。行政机关在听取当事人陈述和申辩时,应

---

〔1〕 最高人民法院行政判决书,(2016)最高法行再 104 号。

〔2〕 河南省南阳市中级人民法院行政判决书,(2014)南行终字第 00167 号。

当对当事人陈述的事实和申辩的理由进行完整的记录。在行政行为的司法审查中,行政机关对于当事人陈述和申辩是否完整记录是判断行政行为程序合法性重要证据之一。在李某红、张某高诉淮安市清浦区城市管理行政执法局拆迁案[1]中,清浦区城市管理行政执法局认为李某红、张某高的建筑未取得建设工程规划许可证,于是作出责令限期拆除决定书,二人认为该决定书作出程序违法,向法院起诉。法院经查明,认为青浦区城市管理执法局所提供的陈述申辩笔录、调查询问笔录、现场检查笔录等证据可以认定青浦区城市管理执法局在作出责令限期拆除决定书之前,已经听取了李某红、张某高的陈述和申辩,并对涉案违法建筑进行了现场检查、勘测,作出责令限期拆除决定书的程序合法,因此驳回了李某红、张某高的诉讼请求。在该案中,如果行政机关没有记录或者没有做到实质要点的无缺记录,当事人因此指出行政机关未履行陈述和申辩程序,则行政机关将陷入无法举证的被动局面,最终因此承担败诉的不利后果。

第二,应当注意记录的准确性。行政机关所作的陈述和申辩记录必须经当事人核对无误后签字确认,以此保证当事人所陈述的事实和申辩的理由被行政机关准确记录与正确理解。一般来说,签字应当在记录完成时由被听取陈述和申辩的当事人本人完成,但事后补签也不必然影响陈述和申辩记录的证明效力。在司法实践中,即便陈述和申辩记录存在一定程序上的瑕疵,但未对当事人的权益产生实际影响,法院也不会因此轻微的程序瑕疵判决撤销所涉行政行为。在周某香诉青岛市公安局城阳分局案[2]中,周某香与袁某云因为赡养老人的问题发生冲突,青岛市公安局城阳分局对二人作出行政处罚,办案人员在执法过程中依法履行了其他相关的程序,但是询问笔录的时间记载上存在瑕疵。法院经审理认为,记录瑕疵未对当事人的权利产生实质性影响,不构成程序违法,最后并未撤销该行政处罚决定。需要进一步说明的是,尽管法院在该案中认定时间记载问题属于程序瑕疵但未撤销处罚决定,其主要考虑在于该瑕疵未对当事人权利产生实际影响。如果一项程序瑕疵达到足以影响当事人权利的程度,法院仍会作出否认行政行为合法性的司法判断。

(3)遗漏听取陈述和申辩要素环节

听取陈述和申辩以行政参与原则为理论基础,在程序设计上主要借鉴司法

---

〔1〕 江苏省高级人民法院行政判决书,(2016)苏行申68号。
〔2〕 山东省青岛市城阳区人民法院行政判决书,(2014)城行初字第60号。

程序中“任何人不能未经审问就受到处罚”的理念,作出对行政相对人或其他利害关系人不利的决定时必须听取其陈述和申辩,对于当事人提出的陈述申辩意见,行政机关亦应当认真考虑,认为可以采纳的应当予以采纳,认为没有事实依据的应当向当事人作出解释说明。具体来说,听取陈述和申辩的过程可以细分为三个环节,即行政主体事先告知、当事人提出陈述和申辩和行政主体对陈述申辩意见的审查与决定。在行政执法实践中,出现问题的常常是告知和审核环节。

其一,未事先告知陈述和申辩权。行政机关未听取陈述申辩便作出对相对人不利的行政行为时,法院有权以程序违法为由将该行政行为予以撤销。在山西省某公司诉山西省太原市政府案[1]中,太原市人民政府以通告的形式决定收回某公司的部分土地,该公司认为太原市人民政府没有向其送达收回国有土地使用权的书面决定,未告知收回国有土地使用权决定的任何事实、理由和依据,未听取该公司的陈述和申辩,太原市人民政府的行政行为违反法定程序,应予以撤销。法院经审理认为,太原市人民政府回收该公司拥有使用权的土地时,既没有听取该公司的陈述申辩,也未对涉案土地的范围进行认定,尤其至今未对该公司进行任何形式的补偿,不符合相关法律的规定,依法应当予以撤销。但是,因该征收涉及公共利益,因此应当判决确认违法。

其二,未遵循陈述和申辩意见审核环节的要求。行政机关在对当事人的陈述和申辩意见进行审核后,所作出的最后行政决定依据应当与“事先告知书载明的内容应保持一致”[2]。行政执法实践常面临复杂境况,当事人初次被告知陈述和申辩权并提出陈述和申辩意见后,行政机关经复核后,往往会发现新的事实,由此改变拟决定的事实、理由和依据,如此情况下,行政机关应当将变更的相关事项重新告知当事人,再次给予当事人针对新的事实、理由和依据进行陈述和申辩的权利。在某公司诉江苏省经济贸易委员会案[3]中,某公司向海安县发展和改革委员会书面提出了鲜茧收购资格认定申请,海安县发展和改革委员会作出不予受理决定,后经南通市经济贸易委员会行政复议、江苏省经济贸易委员会召开听证会后,江苏省经济贸易委员会发出通知,责成南通市经济

---

〔1〕 最高人民法院行政判决书,(2016)最高法行再80号。

〔2〕 宋华琳、郑琛:《行政法上听取陈述和申辩程序的制度建构》,载《地方立法研究》2021年第3期。

〔3〕 江苏省南京市中级人民法院行政判决书,(2008)宁行初字第19号;江苏省高级人民法院行政判决书,(2009)苏行终字第54号。

贸易委员会和海安县发展和改革委员会对该公司的申报条件进行实地考察和审核。在接到实地考察报告后,江苏省经济贸易委员会在考察结果对该公司明显不利的情况下,直接将之作为作出最终审查意见的一项依据,而未重新听取该公司对该实地考察结果的陈述、申辩意见,法院认为,依据实地考察后出具的审核意见和听证情况作出了被诉审核意见,即在据以作出审查意见的证据和理由发生了新的、重大的变化的情况下,被告未重新给予原告进行补充性陈述、针对性申辩的权利,而直接作出不予许可决定,程序上违反法律中有关陈述和申辩的原则性规定和精神。因此,从行政机关在设定和实施行政许可时所应遵循的公开、公平、公正原则,以及依法保障行政相对人在行政许可程序中所应享有的陈述权和申辩权原则出发,法院对江苏省经济贸易委员会作出的行政行为合法性作出了否定评价。

5. 未组织听证程序

行政听证是行政机关在作出影响行政相对人合法权益的决定之前,由行政机关告知相对人享有申请听证的权利,行政相对人陈述意见、提供证据以及行政机关听取意见、接纳证据并作出相应决定等程序所构成的一种法律制度。[1]行政程序中的听证是尊重行政相对人的人格尊严,提高行政决定可接受程度的重要方式,具有约束行政机关自由裁量权的行使,增加行政决定过程透明度等功能。

由于我国尚未制定统一的行政程序法,对于哪些事项应当进行听证,并无统一规定,目前由单行法律规范各自规定。如《行政许可法》第 46 条规定:“法律、法规、规章规定实施行政许可应当听证的事项,或者行政机关认为需要听证的其他涉及公共利益的重大行政许可事项,行政机关应当向社会公告,并举行听证。”《行政处罚法》第 63 条第 1 款规定:“行政机关拟作出下列行政处罚决定,应当告知当事人有要求听证的权利,当事人要求听证的,行政机关应当组织听证:(一)较大数额罚款;(二)没收较大数额违法所得、没收较大价值非法财物;(三)降低资质等级、吊销许可证件;(四)责令停产停业、责令关闭、限制从业;(五)其他较重的行政处罚;(六)法律、法规、规章规定的其他情形。”除了法律规定的听证适用事项外,根据自然正义原则和现代法治理念,行政机关在作出涉及行政相对人重大利益的行政行为时,均应当赋予行政相对人申请听证的

---

〔1〕 参见章剑生:《行政程序法基本理论》,法律出版社 2003 年版,第 101 页。

权利。但如此理解,听证范围仍过于笼统,结果就是具体听证事项的判断取决于行政机关的裁量意志,应当听证的未组织听证,不应当听证的占用了听证资源,稀释了听证程序的制度意义。因此,需要细化法定的听证事项的范围。如在某石化公司诉长汀县公安局案[1]中,长汀县公安局认定某公司非法运输无合法、手续齐全的成品油,决定没收其37.3吨成品油。该公司认为处罚未组织听证,违反法定程序原则,向法院起诉。法院经审理认为,根据《行政处罚法》、最高人民法院《关于没收财产是否应进行听证及没收经营药品行为等有关法律问题的答复》、公安部《关于行政处罚听证范围中"较大数额罚款"数额的通知》(已失效)有关较大数额罚款需要组织听证的规定,长汀县公安局作出被诉行政处罚涉案油计37.2吨,属于较大数额,应当组织听证。根据上述法律法规及规范性文件的规定,法院认定长汀县公安局在作出处罚决定前未告知该公司有要求举行听证的权利,违反了法定程序。

目前,绝大多数的地方行政法规、政府规章对于听证范围的规定与单行法律规范基本相同,最多是就较大数额罚款的具体数额进行了细化。[2] 如深圳市出台《深圳市行政听证办法》[3],细化了"较大数额罚款"的具体数字。在某公司诉深圳市财政委员会案[4]中,某公司因违反投标承诺函,涉嫌弄虚作假,深圳市财政委员会对该公司作出一年内禁止参与政府采购、计入企业诚信档案和罚款4000元的处罚决定。该公司认为此处罚未告知其享有申请听证的权利,程序违法,于是向法院提起诉讼。法院经审理认为,被诉处罚决定事项不属于《行政处罚法》(2009年修正)第42条及《深圳市行政听证办法》(2006年)第22条、第47条规定的应予听证范围,故该项主张不能成立,法院最终未支持该公司的诉讼请求。需要注意的是,各地细化规定"较大数额罚款"具体数字时,应当充分结合当地经济发展水平和居民收入水平,绝不可盲目照抄照搬。

6. 重大复杂事项未经集体讨论决定

所谓集体讨论决定,是指行政系统在作出行政决策时由行政系统中的领导

---

[1] 福建省龙岩市中级人民法院行政判决书,(2016)闽08行终98号。

[2] 参见石肖雪:《行政处罚听证程序适用范围的发展——以法规范与案例的互动为中心》,载《华东政法大学学报》2013年第6期。

[3] 《深圳市行政听证办法》第47条规定:"本办法中所称'较大数额罚款',是指对个人处以五千元以上、对法人或者其他组织处以十万元以上罚款。"

[4] 广东省深圳市中级人民法院行政判决书,(2015)深中法行终字第445号。

人员、主管人员以及其他构成人员共同作出决策选择的行政决策模式。[1] 决策的方法形式反映了决策能力的强弱状况和水平高低,决定着决策信息的处理效率,影响着政策产出的最终结果。[2] 集体领导体制是我国政治生活中常见的一种管理方式,是一种民主与集中相结合的方式,可以最大限度地保障决策的民主性。尽管基于效率目标,我国行政机关采用首长负责制,但并不意味着行政首长可以单独决定重大复杂事项。《行政处罚法》第57条第2款规定:"对情节复杂或者重大违法行为给予行政处罚,行政机关负责人应当集体讨论决定。"这意味着,集体讨论决定是行政机关对重大违法或者情节复杂行为进行行政处罚时的法定必经程序之一,如果行政机关未履行,则该行政处罚决定违反法定程序,法院可以予以依法撤销。在某公司诉乐东黎族自治县人民政府行政命令、行政确认案[3]中,乐东黎族自治县人民政府决定无偿收回某公司名下的150亩国有建设用地使用权,并要求该公司收到决定书后30日内办理土地证注销手续,交回国有土地使用证。该公司对处置决定不服,向法院提起诉讼,请求法院判决撤销乐东黎族自治县人民政府作出的闲置土地处置决定书。法院经审理认为,根据《行政处罚法》(2009修正)第38条[4]及相关规定,行政机关作出行政处罚必须查明事实。调查终结,行政机关负责人应当对调查结果进行审查,根据不同情况,分别作出决定;对情节复杂或者重大违法行为给予较重的行政处罚,行政机关的负责人应当集体讨论决定。该案系无偿收回国有土地使用权,属于对重大违法行为给予较重的行政处罚,故在调查终结后应当由行政机关的负责人集体讨论决定。该案中,乐东黎族自治县人民政府无依据证明收地决定经过了集体讨论,违反了行政处罚的法定程序,最终法院判决撤销了乐东黎族自治县人民政府作出的闲置土地处置决定书。

需要特别指出的是,对于行政执法实践中的"重大复杂"或"较重的行政处罚"如何判断,不同的行政机关存在不同的理解标准。一般而言,"重大复杂"意味着某一行政决定或涉及当事人较多,或涉及金额较大,或将会对公共利益以及公民的权利义务产生较为深远的影响。根据《行政处罚法》第63条的相关规

---

[1] 参见关保英:《行政决策集体讨论决定质疑》,载《求是学刊》2017年第6期。

[2] 参见卢爱国、吴家庆:《新时代完善我国重大决策体制的三个关键环节》,载《宁夏社会科学》2018年第1期。

[3] 海南省高级人民法院行政判决书,(2015)琼环行终字第4号。

[4] 2021年《行政处罚法》修订后,该条相关内容调整在《行政处罚法》第57条中规定。

定，较大数额罚款；没收较大数额违法所得、没收较大价值非法财物；降低资质等级、吊销许可证件；责令停产停业、责令关闭、限制从业等，应当理解为“较重的行政处罚”。这几类情形属于“重大复杂”或“较重的行政处罚”应当成为行政机关的共识。在上述情形下，集体讨论也应当是行政决定作出过程中的一个重要程序环节，没有这个环节，则属程序缺失。

（二）顺序错误

一套运行有序的行政程序规则必然有着符合客观规律的序次，无论是在行政许可、行政处罚抑或行政强制中，如果行政机关均能够严格按照法律规定的步骤顺序行使行政职权，所形成的有序状态对于法治国家建设无疑有着积极的推动作用。树立按照法定程序所规定的步骤顺序执法的观念，不仅有利于提高行政机关的公信力，同时也能有效提升行政效率。反之，如果行政机关在行政执法实践中违反了正当的顺序，法院可认定行政机关违反了法定程序的要求，从而作出撤销、要求行政机关予以补正或者确认该行为违法的判决。

1. 放弃陈述和申辩权

在行政相对人放弃陈述和申辩权后，行政机关能否在陈述和申辩期间内作出行政决定涉及行政相对人权利放弃的问题。不同于一般的权利放弃，行政主体与行政相对人之间并非平等的法律关系，基于行政机关的优势地位，易发生行政机关强迫行政相对人放弃权利的情形，这就要求有关机关必须查明和判断行政相对人是否出于自愿而放弃权利。行政相对人当属自愿放弃时，行政机关必须区分不同情形予以处置，即无条件准许行政相对人放弃程序权利；认同行政相对人积极放弃实体权利；制止损害公益或私益的放弃权利；合理处理反悔的放弃权利；防范因恐惧行政报复的放弃权利。[1] 一般而言，行政相对人对于程序性权利的放弃，行政机关无须过多干预。因此，当事人放弃陈述和申辩权的，意味着行政机关听取当事人陈述和申辩的义务免除。而基于诚实信用原则，一般不允许当事人再次反悔要求进行陈述和申辩，这就表示陈述和申辩期间提前届满，此时行政机关可作出行政处理决定，该观点也可以在司法实践中得到认可。

---

〔1〕 参见关保英：《行政相对人放弃权利研究》，载《江汉论坛》2017 年第 2 期。

在某汽车运输队诉临沂市交通运输局行政处罚案[1]中,临沂市交通运输局执法人员发现某汽车运输队的车辆存在超载行为,拟对其进行处罚,并告知其有权进行陈述申辩,但当事人放弃陈述申辩,于是执法机关便在当日向其作出处罚决定,后当事人不服,向法院起诉。法院经审理认为,对于行政相对人明确放弃陈述和申辩,行政机关是否可以在3日内下达正式处罚决定,《行政处罚法》对此没有明确规定。违法行为人违法超载并强行冲卡,对于该违法事实该汽车运输队认可无异议。执法机关据此书面告知该汽车运输队拟作出罚款6000元的决定,已考虑到依法及时行政以减少行政相对人损失与其行使申辩权之间的关系。行政机关已充分履行了告知义务。违法行为人在收到告知后,当场签字确认书面放弃陈述申辩权,是其在违法事实真实存在的前提下,以最大限度地减少损失承担相应法律后果的最佳选择。此时其有权对自己应享有的陈述申辩作出处置,任何人均无权干涉。违法行为人作出放弃陈述申辩权的处置决定后,其应遵守诚实信用原则而不能事后反悔,放弃权利的后果就是接受行政处罚,对此违法行为人应当是明知的。执法机关在违法行为人放弃陈述申辩权后所作出的涉案处罚决定,事实清楚、程序适当、适用法律正确。违法行为人提起该案诉讼,违反了诚实信用原则,是国家法律所禁止的行为。最终,法院判决驳回该汽车运输队的诉讼请求。

该案中,法院认可行政机关在当事人放弃陈述申辩权之后便可以予以处罚的重要前提条件是当事人对其违法行为无异议。陈述和申辩权的设置目的是给予行政相对人辩解的权利,行政机关在充分告知之后,如果违法事实确认无误,且当事人同意接受将要到来的处罚,就无须继续等待陈述和申辩期间的届满,如此反而会降低行政效率。当前理论界和实务界更多关注的是行政相对人权利的保障,这无疑是值得肯定的,但也不可忽视行政管理中的问题——效率。如果忽略了行政效率,行政机关将无暇应对和处理繁多重杂的行政管理活动。

2. 先调查后立案

相较于其他行政行为,行政处罚具有明显的"制裁性"特征,[2]对被处罚人的权利影响较大,为规范和监督行政处罚权,对于行政处罚程序的顺序有严格的规范限制。根据《行政处罚法》相关规定,行政处罚的一般程序包括立案、调

[1] 山东省临沂市中级人民法院行政判决书,(2016)鲁13行终90号。

[2] 参见黄海华:《新〈行政处罚法〉制度创新的理论解析》,载《行政法学研究》2021年第6期。

查取证、审查、告知、陈述申辩、听证、决定和送达等。立案是指行政机关对于公民法人或者其他组织的检举、控告或者本机关发现违法行为之后，认为有必要调查处理的，决定对其进行查处的活动。一般认为，立案是行政处罚程序的开始，只有先立案之后才能启动调查活动。但在特殊情况下，可以先行调查，并在之后立即补办立案手续，这是对紧急情况下需要立即查处的违法行为的特殊规定。但紧急调查适用范围并非由行政机关任意解释和决定的，必须要有法律或者行政法规的明确规定，如《环境行政处罚办法》第 24 条规定，“对需要立即查处的环境违法行为，可以先行调查取证，并在 7 个工作日内决定是否立案和补办立案手续”，主要存在于事出紧急以及证据即将灭失等情形下。

在李某柱诉济南市历城区城市管理行政执法局案[1]中，历城区城市管理行政执法局作出限期拆除决定书，责令将李某柱拥有的房屋限期拆除，李某柱认为历城区城市管理行政执法局作出限期拆除决定书的程序违法，存在先调查后立案行为，向法院提起诉讼请求撤销该违法的决定书。法院查明，2016 年 3 月 22 日，历城区城市管理行政执法局对李某柱违法建设问题立案查处，但历城区城市管理行政执法局提供的影像证据所显示的取证时间为 2016 年 3 月 11 日。法院认为，历城区城市管理行政执法局所提交作出限期拆除决定书的证据，存在“立案在后，调查在前的时间顺序颠倒、且未经过集体讨论决定”等问题，因此历城区城市管理行政执法局作出该行政行为的程序违法，应当予以撤销。该案中所涉事实情况显然不属于急需调查、证据存在消失可能的情形，历城区城市管理行政执法局应当按照法律规定先行履行立案手续，之后再采取相应的调查手段收集证据。

3. 先听证后取证

听证一般发生在案件调查终结后，在案件事实已经清楚、证据已经确定的情况下，告知当事人享有申请听证的权利，如当事人申请，则应依法组织听取。如果在听证结束后，经过听证中的陈述、申辩以及质证环节，出现原本认定的案件事实不清、原本固定的证据不足的情况，行政机关可以再次进行取证，但需要注意的是，取证结束后应当再次履行听证程序。

在钟某开诉广州市南沙区原环境保护局、广州市原环境保护局环保行政处

---

〔1〕 山东省济南市历城区人民法院行政判决书，(2016)鲁 0112 行初 90 号。

罚案[1]中,广州市原南沙区环境保护局认为钟某开未办理酒吧经营项目需要配套的环境保护设施竣工验收手续,于是责令其停止经营,并罚款20,000元。钟某开诉称广州市南沙区原环境保护局据以作出行政处罚证据之一的现场检查笔录是在听证结束后制作的,认为“在听证结束后取证违反法定程序,不能作为行政处罚的依据。听证程序是在案件调查终结之后,行政处罚作出之前,听取当事人陈述、申辩和质证的程序。调查、听证、处罚是不可逆的程序”,由此作为理由之一,请求法院撤销处罚决定书。法院经审理认为,《环境行政处罚办法》第49条规定,“环境保护主管部门应当对当事人提出的事实、理由和证据进行复核……”,但《环境行政处罚办法》并没有规定执法机关在行政处罚听证结束后不能取证,故法院没有支持钟某开的诉讼请求。

在该案中,法院的裁判理由和观点是值得商榷的。听证之后重新调查取得的证据应当再次履行听证程序才符合正当程序的基本要求。从听证程序设置的目的来看,其是为了保障行政机关和行政相对人在中立第三方的主持下发表对案件事实的意见、对证据进行质证。如果未经听证的证据可以直接作为行政决定的依据,那么就会出现行政机关把多数证据放在听证之后拿出而脱逸行政相对人质证的程序漏洞。如此操作不符合行政程序对行政相对人权利保障的目的,增加了行政决定出现错误的可能性,也不利于行政决定的顺利执行。因此,行政机关在听证程序后再次取证的,应当再次履行听证程序以保障行政决定的程序合法性。

4. 先决定后评估

《国有土地上房屋征收与补偿条例》第27条规定:“实施房屋征收应当先补偿、后搬迁。作出房屋征收决定的市、县级人民政府对被征收人给予补偿后,被征收人应当在补偿协议约定或者补偿决定确定的搬迁期限内完成搬迁。任何单位和个人不得采取暴力、威胁或者违反规定中断供水、供热、供气、供电和道路通行等非法方式迫使被征收人搬迁。禁止建设单位参与搬迁活动。”《国有土地上房屋征收与补偿条例》第19条规定:“对被征收房屋价值的补偿,不得低于房屋征收决定公告之日被征收房屋类似房地产的市场价格。被征收房屋的价值,由具有相应资质的房地产价格评估机构按照房屋征收评估办法评估确定。对评估确定的被征收房屋价值有异议的,可以向房地产价格评估机构申请复核

---

〔1〕 广东省广州市原南沙区人民法院行政判决书,(2015)穗南法行初字第43号。

评估。对复核结果有异议的,可以向房地产价格评估专家委员会申请鉴定。房屋征收评估办法由国务院住房城乡建设主管部门制定,制定过程中,应当向社会公开征求意见。”如此,通过法律规范明确了实施房屋征收行为与作出补偿决定、价值评估之间的顺序。行政机关在进行国有土地上房屋征收时,必须严格按照征收和补偿程序顺序,先进行价值评估,而后作出补偿决定,最后开展搬迁工作,出现违反法定程序顺序的情形,法院可认定程序违法,判决撤销行政行为。

在臧某芝诉武汉市青山区人民政府案[1]中,武汉市青山区人民政府决定对臧某芝的房屋进行征收,臧某芝认为在政府未给予补偿之前不可要求当事人搬迁,如强制搬迁属违法行为,于是向法院起诉。法院经审理认为,政府行为违反了法律规定的在征收补偿活动中“先补偿、后搬迁”的基本原则。依照《国有土地上房屋征收评估办法》的相关规定,房屋征收部门应当将房屋分户初步评估结果在征收范围内向被征收人公示。公示期满后,房屋征收部门应当向被征收人转交分户评估报告。被征收人对评估结果有异议的,自收到评估报告之日起 10 日内,向房地产评估机构申请复核评估。对复核结果有异议的,自收到复核结果之日起 10 日内,向房地产价格评估专家委员会申请鉴定。从该案现有证据看,青山区人民政府房屋征收管理办公室在房地产评估机构对涉案房产作出市场价值评估报告后,在臧某芝尚未收到上述报告时已经作出了的被诉征收补偿决定,属于程序颠倒,致使臧某芝对其房产评估价格申请复核评估和申请房地产价格评估专家委员会鉴定的权利丧失意义,对臧某芝的实质权益造成重大影响,属于违反法定程序。由此,法院判决青山区人民政府作出的被诉征收补偿决定程序严重违法,依法应予撤销。

对于评估机构选定的时间节点,相关的法律、法规以及规章并未明确规定,属于行政机关可以自由裁量的范畴,行政机关出于行政效率的要求,可以在作出征收决定之前先行选定,以便后续行政执法工作的开展。在王某祥诉黑龙江省哈尔滨市南岗区人民政府房屋征收案[2]中,王某祥认为在涉及其所拥有房屋被征收过程中,选定评估机构在前,发布房屋征收决定在后,征收程序违法,由此作为理由之一诉请法院撤销该房屋征收决定。法院经审理认为,行政机关

---

〔1〕 湖北省武汉市中级人民法院行政判决书,(2016)鄂01行初6号。

〔2〕 最高人民法院行政裁定书,(2017)最高法行申1349号。

在征收决定作出之前或者紧随其后选定评估机构,均不违反相关法律规范的规定。相反,行政机关未雨绸缪,提前就评估机构选定事项进行部署安排,反而有助于提高行政征收效率,切实维护被征收人的合法权益。该案中,哈尔滨市人民政府房屋征收办公室于2011年4月23日发布征收通告,2011年4月25日选定评估机构,2011年10月10日南岗区人民政府发布征收决定,不违反相关法律规定。由此,对于王某祥的主张,法院认为缺乏法律根据,不予支持。《国有土地上房屋征收与补偿条例》第20条规定:“房地产价格评估机构由被征收人协商选定;协商不成的,通过多数决定、随机选定等方式确定,具体办法由省、自治区、直辖市制定……”在该案中,法院认为政府可以在征收之前先行选定评估机构,主要原因在于法律并未明确规定应当何时选定评估机构,行政机关可以自由裁量决定,法院应当予以尊重。需要注意的是,按照《国有土地上房屋征收与补偿条例》的规定,行政机关不可单方面选定评估机构。在宋某莉诉宿迁市原建设局房屋拆迁补偿安置裁决案[1]中,宋某莉认为宿迁市原建设局以甲房地产评估咨询有限公司(以下简称甲房地产公司)的估价作为被拆房屋补偿价是错误的,拆迁人乙公司委托甲房地产公司评估时违反了公平、公正、公开的原则,宿迁市原建设局以此评估报告直接作为裁决的依据,剥夺了被拆迁人选择评估机构的权利。法院经审理认为,该案被拆迁房屋的评估系拆迁人乙公司单方面委托甲房地产公司所为,未经被拆迁人宋某莉的同意。在乙公司与宋某莉无法对房屋拆迁事宜达成一致意见时,宿迁市原建设局在行政裁决中以拆迁单位单方面委托的评估公司的评估报告为依据,而不是依照规定在符合条件的评估机构中抽签确定评估单位,对乙公司与宋某莉的房屋拆迁纠纷作出裁决不当,应认定为裁决的主要证据不足,程序违法。

5. 先决定后取证

《行政处罚法》第40条规定:“公民、法人或者其他组织违反行政管理秩序的行为,依法应当给予行政处罚的,行政机关必须查明事实;违法事实不清、证据不足的,不得给予行政处罚。”同时,根据《行政复议法》《行政诉讼法》规定,行政机关在复议阶段和诉讼阶段不得向当事人补充收集证据。以上法律规范内容可以提炼为行政机关在调查取证工作中“先取证、后决定”的取证顺序要求,是行政行为程序合法的基本构成要件之一。按照此要求,行政机关在作出

---

〔1〕 参见宋某莉诉宿迁市建设局房屋拆迁补偿安置裁决案,载《最高人民法院公报》2004年第8期。

行政行为之前，必须将具有关联性的证据收集完整，达到取证方式合法、事实印证清晰、符合取证程序的标准。因此，行政执法人员应该提高和加强证据观念，改变以往只重结果轻程序的思维方式，避免在收集证据过程中，因程序违法而使证据无效，产生行政行为被撤销的后果。

在某某（中国）有限公司诉上海市工商局卢湾分局案[1]中，上海市工商局卢湾分局认为某某（中国）有限公司发布的某产品涉嫌虚假宣传，违反《广告法》的规定，构成广告含有虚假内容的行为，责令其停止发布、在相应范围内公开更正消除影响并处广告费用一倍罚款。该公司认为上海市工商局卢湾分局认定其虚假广告的唯一证据是医学专家意见，而其余证据均未在听证会上出示，也未列入被告调查终结报告所罗列的证据范围，违反行政处罚的法定程序，属于在行政处罚后补充的证据，以此作为理由之一，诉请法院撤销该处罚决定。法院经审理认为，如果存在先处罚、后取证的情况，显然属于严重程序违法不仅所取得的证据无效，而且所依据其认定的事实也应为法院所否定。根据听证笔录的记载，并不能证明上海市工商局卢湾分局存在先处罚后调查的行为，故没有支持原告的诉讼请求。

行政行为"先取证、后处罚"是行政机关作出行政处罚时所应当遵循的一项基本原则。不同于其他证据类型，行政处罚证据具有"案卷性"[2]，即行政机关作出的行政处罚决定，只能以案卷作为根据，不能在案卷之外，以行政相对人所未知悉和未质证的证据材料作为裁决的事实依据。[3] 这也意味着，行政机关取证行为，不仅应在正式作出行政决定之前完成，而且应当在告知当事人作出行政处罚决定的事实、理由、依据之前完成。这样，行政机关取得的所有证据都可以充分公开，使行政相对人的陈述、申辩围绕中心争议点进行，更具有针对性、更有效。

---

〔1〕 上海市卢湾区人民法院行政判决书，(2008)卢行初字第22号；上海市第一中级人民法院行政判决书，(2008)行终字第325号。

〔2〕 "案卷性"是针对一般行政处罚程序而言的，不包括简易程序。但在我国，一般将"案卷排他性原则"仅适用于行政听证程序中，对此，有学者主张将这一原则进行扩大适用，即除简易程序外，无论是否举行听证，行政处罚均应制作行政案卷。

〔3〕 参见江国华、张彬：《证据的内涵与依法取证——以行政处罚证据的收集为分析视角》，载《证据科学》2016年第6期。

(三)方式不当

1.告知方式不当

行政机关在行使行政职权的过程中,应当将行政行为以法定方式及时告知行政相对人,推动行政程序向前推进和发展。由于我国尚未制定统一的行政程序法,有关告知的法律规范散见于各部门行政规范中,《行政处罚法》《行政许可法》《行政强制法》等单行法律规范中都有若干关于告知的规定。总的来说,行政过程中的告知依其"时点"及"作用",大致可分为"预告、决定告知及救济途径教示"[1]三种。一般情况下,告知应当以书面方式作出,但法律另有规定或者情况紧急的,可以采用口头或者其他方式。

从便宜举证的角度来说,行政机关基本都采取书面方式,向当事人履行文书送达手续,并在机关内部存档备案。特别是承担决定告知功能的告知行为,如果进入到司法审查程序,按照行政诉讼中的举证责任分配规则,行政机关若无法证明已经履行了告知程序,则会被视为未告知,将有可能因此承担败诉的不利后果。在某妇幼保健院诉宜昌市工商行政管理局行政处罚案中,宜昌市工商行政管理局认定某妇幼保健院在药品采购活动中存在不正当竞争行为,决定对其罚款1万元。该妇幼保健院指出,宜昌市工商行政管理局送达的检查通知书中通知的被检单位是"某妇幼保健医院",非"某妇幼保健院",宜昌市工商行政管理局持此检查通知书,是调查的对象错误,由此认为宜昌市工商行政管理局的行政处罚决定存在程序违法的问题。法院经审查,认为宜昌市工商行政管理局在对该妇幼保健院作出行政处罚前,进行了立案、调查取证、送达处罚告知书、教示陈述和申辩权等一系列程序,检查通知书上开列的被检单位名称中的一字之差实属笔误,其处罚程序符合法律的规定,最终驳回了某妇幼保健院的诉讼请求。由此可见,行政执法实践中,在采用书面形式告知时,除了保证告知的全面性、及时性,还不能忽视告知的正确性,以避免不必要的诉累。

对于承担预告以及救济途径教示功能的告知行为,则可采用口头或法律规定的其他方式作出。如在贝某丰诉海宁市公安局交警大队道路交通管理行政

---

[1] 刘国:《以电子方式作出行政行为的法学解读——概念、理论与规制》,载《华中科技大学学报(社会科学版)》2019年第4期。

处罚案〔1〕中,海宁市公安局交警大队执法交警认为贝某丰驾驶车辆通过路口时未礼让行人,适用简易程序对其进行了行政处罚。贝某丰认为其可以在确保通行安全的情况下不停车让行而直接通过人行横道,故不应该被处罚,遂向法院起诉请求撤销处罚决定。法院经审理认为,贝某丰驾驶机动车行经人行横道时遇行人正在通过而未停车让行,违反了《道路交通安全法》第47条的规定。海宁市公安局交警大队根据贝某丰的违法事实,适用简易程序向贝某丰口头告知了违法行为的基本事实、拟作出的行政处罚、依据及其享有的权利等,并在听取贝某丰的陈述和申辩后,当场制作并送达了公安交通管理简易程序处罚决定书,程序合法,处罚适当,最终驳回了原告的诉讼请求。

需要说明的是,无论书面方式、口头方式还是其他方式,应当保证被告人知悉,这也是行政公正原则最基本的要求之一。此处的知悉包括两种情况:其一,明确确认被告知人真正意义上的知晓,如当面口头告知内容等;其二,推定确认被告知人知晓,如电子告知中的已读回执设计等。

2. 听证方式不当

听证在形式上来源于庭审程序,借鉴了抗辩式的庭审过程,但“司法型”的听证程序设置无法与行政任务的复杂性相匹配,因此又发展出了正式听证与非正式听证并行的模式。其中,正式听证又称“审判型的听证型”,指“行政机关在制定法规时和作出行政决定时,举行正式的听证会,使当事人得以提出证据、质证、询问证人,行政机关基于听证记录作出决定的程序”〔2〕。非正式听证,又称“咨询型的听证型”,指“行政机关在制定法规或作出行政裁决时,只需给予当事人口头或书面陈述意见的机会,以供行政机关参考,行政机关无须基于记录作出决定的程序”〔3〕。正式听证具有“严格性、要式性和公平性”〔4〕等特点,非正式听证具有“灵活性、效率性和广泛适用性”〔5〕等特点,二者各有适用的领域和空间。

---

〔1〕 贝某丰诉海宁市公安局交通警察大队道路交通管理行政处罚案,最高人民法院指导案例90号(2017年)。

〔2〕 应松年主编:《行政程序法立法研究》,中国法制出版社2001年版,第518页。

〔3〕 应松年主编:《行政程序法立法研究》,中国法制出版社2001年版,第518页。

〔4〕 叶俊荣:《面对行政程序法——转型台湾的程序建制》,台北,元照出版社2002年版,第141~142页。

〔5〕 章剑生:《行政程序法比较研究》,杭州大学出版社1997年版,第164页。

我国实定法规范中未严格区分正式听证与非正式听证,二者的实质内核相同,即使行政相对人参与其中,保障行政相对人的陈述和申辩权,使其意见和见解被听取到。因此,在司法实践中,除了法律明确规定需要以正式的听证会形式组织的听证外,在其他情况下采取任一种听证方式即可。如在某公司诉国家知识产权局专利复审委员会案〔1〕中,某公司主张国家知识产权局专利复审委员会未通知到其参加口头审理,违反听证原则,审查程序违法。最高人民法院经审理后认为:首先,国家知识产权局专利复审委员会提交的邮局查询单能够证明其在口头审理前依法向该公司送达了口头审理通知书等材料并被依法签收,同时该公司亦认可曾收到国家知识产权局专利复审委员会按同一地址邮寄送达的其他材料,在此情况下国家知识产权局专利复审委员会认定口头审理通知书等材料已经依法送达该公司并无不当。其次,国家知识产权局专利复审委员会在口头审理结束后将相关的材料转送给该公司,并给予了该公司以书面形式陈述意见的机会,即该公司已经被告知过审查决定所采用的理由、证据和认定的事实,故国家知识产权局专利复审委员会未违反有关听证的规定,并且该公司在收到转送文件后已经就案件事实和法律适用问题提交了意见陈述,故国家知识产权局专利复审委员会未再次举行口头审理并无不当。由此作为裁判理由之一,最高人民法院最终驳回了该公司的再审申请。如该案裁判结果所示,在法律没有明确规定必须采取正式听证方式的情况下,行政机关可以自行决定采取听证方式。这属于行政机关自由裁量的范畴,但是对于此问题的自由裁量权的行使应当符合一定的前提要求,即如果行政决定事项将严重影响当事人的权利义务,行政机关应当采取正式听证的形式,提前告知当事人听证的时间、地点、准备期限,必要时还应当在媒体上公告,允许社会公众旁听。

3. 送达方式不当

送达是指行政主体通过一定的方式将行政决定书交付行政相对人,使其知晓行政决定书内容的一系列法律规范所构成的行政程序制度。〔2〕一般行政行为作出之后并非立即发生效力,此时,只是处于行政机关内部的意思决定阶段,

〔1〕 最高人民法院行政裁定书,(2016)最高法行申3472号。

〔2〕 参见姜明安主编:《行政程序研究》,北京大学出版社2006年版,第54页。

对行政相对人来说几乎没有影响,对行政机关而言也无约束。[1] 在行政决定送达行政相对人之后,行政行为才会直接对外发生法律效力,实际发生所预期的法律效果。可以说,在绝大多数行政执法实践中,将行政决定送达行政相对人是行政行为成立并产生法律效力的起点。相应地,送达也标志着行政程序的完结,是行政程序中的关键一步。参照《民事诉讼法》中关于送达的规定,行政决定的送达方式包括直接送达、转交送达、留置送达、委托送达、邮寄送达、公告送达等方式。近年来通过对行政实践的观察可以发现,电子送达以其便捷性、精准性、高效性等优势,在电子政务系统中发挥着越来越大的作用,但对于电子送达的方式归属以及电子送达应当如何规范,理论研究仍莫衷一是,法律规定也未予以明确,有待进一步探讨。需要明确的是,以上送达方式并非由行政机关任意择取,各送达方式之间存在适用上的先后顺序。一般来说,应当优先选择适用直接送达,即直接将行政决定书交付行政相对人。转交送达多是因被送达主体具有身份上的特殊性,如军人由部队团以上单位的政治机关转交。在适用直接送达但在送达过程中当事人拒绝签收时,可以选择留置送达的方式将行政决定书放置受送达人的住所。委托送达是指委托其他机关代为送达,一般涉及区域协助问题。邮寄送达是指通过邮件的方式将行政决定书寄送交付受送达人。行政机关在送达时应当注意以下几个方面:

第一,当行政相对人拒绝签字时,行政机关可以采取拍照记录留置送达的方式。在黄某培诉金华市婺城区人民政府案[2]中,黄某培认为金华市婺城区人民政府在以旧城区改造为名对其所有的房屋进行征收过程中,未依法送达案涉房屋所在征收区域的 4 份房屋征收补偿分户估价报告和 1 份土地收益金收取分户评估报告,违反了法定程序,诉请法院撤销金华市婺城区人民政府作出的房屋征收补偿决定书。法院经审理后,认为对于黄某培所争议的 5 份评估报告,金华市婺城区人民政府的送达回证载明,5 份评估报告的送达地址为"金华市婺城区五一路 96 号 2 单元 301 室",送达方式为留置送达,受送达人栏则注明"当事人拒绝签字 2015 年 4 月 21 日 9 时 00 分",见证人栏、送达人栏各有两人签名,由此可以证明金华市婺城区人民政府已依法向黄某培送达涉案房屋的

---

〔1〕 参见江必新主编:《中华人民共和国行政诉讼法理解适用与实务指南》,中国法制出版社 2015 年版,第 87 页。

〔2〕 最高人民法院行政裁定书,(2016)最高法行申 4326 号。

5份评估报告。因此,法院认定金华市婺城区人民政府的送达程序合乎法律的规定,当事人主张未收到5份评估报告的情况,与事实情况不符,法院不予采信。

在樊某来与平顶山市国土资源局行政处罚纠纷案[1]中,樊某来因擅自占用集体土地,被平顶山市国土资源局处以行政处罚,行政处罚告知书、行政处罚决定书以留置方式送达。樊某来认为平顶山市国土资源局作出的行政处罚告知书、行政处罚决定书未向其直接送达,送达程序不符合法律规定,诉请撤销行政处罚。2015年,法院经审理认为,根据《民事诉讼法》(2012修正)第86条的规定,采取留置送达的前提是"受送达人或者他的同住成年家属拒绝接收诉讼文书",而平顶山市国土资源局采取留置送达的理由是"找不到当事人"。另外,平顶山市国土资源局在送达听证告知书、行政处罚决定书时的见证人均为平顶山市城乡规划局新城区分局工作人员,与其具有法律上的利害关系,故其适用留置送达不能视为有效送达。

通过上述案例,可以总结出在行政执法实践中,适用留置送达方式时应当注意以下几个问题。首先,适用留置送达的条件是受送达人或者他的同住成年家属拒绝接收送达文书。其次,在留置送达时,行政机关应当采取拍照、录像等方式全程记录。最后,留置送达的见证人应当由与案件无利害关系的人员担任。民事诉讼中留置送达的见证人可以是基层组织或所在单位代表,行政决定留置送达的见证人范围可以进一步扩大,凡具有辨认和控制能力的自然人即可,以满足行政效率的要求。

第二,行政机关需要在邮寄单上载明邮寄文书的内容和件数,邮寄送达的送达日期以回执上注明的收件日期为准。在中铁十五局集团某公司诉广元市国土资源局昭化区分局案[2]中,中铁十五局集团某公司认为广元市国土资源局昭化区分局在对其作出行政处罚时,未履行向其送达相关文书的手续,剥夺了《行政处罚法》赋予其的重要权益,诉请法院撤销该行政处罚。法院经审理后,认为广元市国土资源局昭化区分局主张将听证告知书与行政处理决定书、行政处罚告知书一并通过邮件进行了送达,但邮政特快专递回执上"内件品名"未注明文件名称,"总件数"一栏载明为"1",中铁十五局集团某公司仅认可通过此邮件收到了行政处罚告知书。按照《行政诉讼法》关于被告对行政行为合

---

[1] 河南省漯河市中级人民法院行政判决书,(2015)漯行初字第68号。

[2] 四川省广元市昭化区人民法院行政判决书,(2015)昭化行初字第1号。

法性承担举证责任的规定，现有证据不能证明广元市国土资源昭化区分局向该公司送达了听证告知书，应视为未送达，广元市国土资源昭化区分局未告知该公司有要求举行听证的权利，属于严重程序违法。因此，法院撤销广元市国土资源昭化区分局对该公司作出的行政处罚决定。

在魏某朝诉滁州市人民政府行政复议案[1]中，魏某朝向滁州市人民政府申请复议期间，在送达地址确认书上写明了详细的送达地址及手机联系号码。滁州市人民政府于2015年6月15日作出驳回行政复议申请决定书，并于6月23日按魏某朝确认的送达地址向其邮寄送达该法律文书，魏某朝认为邮寄的送达单上并非本人签名，送达不合法，诉请法院撤销复议决定。法院经审理认为，根据《民事诉讼法》(2012年修正)第88条[2]的规定，直接送达诉讼文书有困难的，可以邮寄送达。邮寄送达的，以回执上注明的收件日期为送达日期。该案中，滁州市人民政府采取邮寄送达的方式送达行政复议文书，送达日期应为回执上注明的收件日期。在邮件回执上，注明的收件日期为2015年6月25日；虽然魏某朝在送达回证上签署的日期为2015年7月15日，但在两者不一致的情形下，应以回执上注明的日期为送达日期。魏某朝称该邮件并非其本人签收，但系其指定的代收人签收，与魏某朝本人签收具有相同的法律效力。

第三，行政机关应当注意只有当上述所有方式均无法送达时，才可适用公告送达。在某公司与澄迈县人民政府行政命令、行政确认案[3]中，某公司取得某国有土地的国有土地使用证及办理该土地建设用地规划许可证之后一直未动工开发，该土地长期处于闲置状态，澄迈县土地管理局直接采用公告送达方式，在《海南日报》上刊登收回国有土地使用权事先告知书。后澄迈县人民政府对该公司作出收地决定，决定无偿收回该公司上述国有土地使用权，但没有证据证明澄迈县人民政府已经将该收地决定书送达该公司。该公司后通过查询土地登记档案时才知道澄迈县人民政府作出收地决定的事实，遂向法院起诉，请求撤销澄迈县人民政府所作的收地决定。法院经审理后，认为澄迈县人民政府送达拟无偿收回土地使用权事先告知书是在没有采用直接送达方式之前，采

---

[1] 安徽省高级人民法院行政裁定书，(2016)皖行终207号。

[2] 2021年《民事诉讼法》修正后，该条相关内容调整在《民事诉讼法》第91条中规定。

[3] 海南省第一中级人民法院行政判决书，(2015)海南一中环行初字第9号；海南省高级人民法院行政判决书，(2015)琼环行终字第6号。

用公告送达方式进行送达,应视为没有送达,属违反法定程序。另外,澄迈县人民政府作出的收地决定也没有送达该公司,亦同样属违反法定程序。因此,法院最终判决撤销澄迈县人民政府作出的收地决定。

在某建筑公司与攀枝花市人力资源和社会保障局工伤行政确认案〔1〕中,某建筑公司认为,攀枝花市人力资源和社会保障局的举证告知书是邮寄送达不到,而非其拒收,根据法律规定,送达不到必须由基层组织出具证明,才能公告送达,攀枝花市人力资源和社会保障局在送达程序上存在违法行为。法院经审理认为,《民事诉讼法》所规定的诉讼文书的送达方式有直接送达、留置送达、传真电子送达、邮寄送达、转交送达、公告送达等形式。该建筑公司的营业执照登记地址位于四川省成都市,现并无证据显示该建筑公司在攀枝花市有办公场所,攀枝花市人力资源和社会保障局向该建筑公司直接送达文书显然有困难,故攀枝花市人力资源和社会保障局根据《民事诉讼法》(2012 修正)第 88 条〔2〕的规定"直接送达诉讼文书有困难的,可以委托其他人民法院代为送达,或者邮寄送达。邮寄送达的,以回执上注明的收件日期为送达日期",向该建筑公司邮寄送达文书。文书经邮政投递后,发现在该建筑公司的营业执照登记地址并无此公司,故无法投递。攀枝花市人力资源和社会保障局在因无法联系该建筑公司送达相关文书后,在《四川法制报》公告送达了举证告知书,根据《民事诉讼法》第 92 条〔3〕的规定"受送达人下落不明,或者用本节规定的其他方式无法送达的,公告送达。自发出公告之日起,经过六十日,即视为送达",故攀枝花市原人力资源和社会保障局的送达程序符合相关法律规定,该建筑公司的诉讼理由不成立。公告送达是通过登报、张贴公告或在网络等媒体上刊登公告等方式将文书内容告知受送达人,待法定期限届满之后,便视为送达当事人的一种送达方式。但是,公告送达的适用具有严格的限制条件,只有当其他送达方式均无法实施之时才能被采用。另有两个细节问题需要注意:其一,公告送达的公告期的合理认定,可以参照民事规范也可以根据不同的送达内容合理确定。其二,要选择传播力强的公告平台,可以在政府部门网站、行政机关公示栏、当地影响力较大的报刊或电视台为平台进行送达。

---

〔1〕 四川省攀枝花市东区人民法院行政判决书,(2017)川 0402 行初 4 号。

〔2〕 2021 年《民事诉讼法》修正后,该条相关内容调整在《民事诉讼法》第 91 条中规定。

〔3〕 2021 年《民事诉讼法》修正后,该条相关内容调整在《民事诉讼法》第 95 条中规定。

(四)超过时限

时限是指行政法律关系主体在行政程序过程中为一定行为时所应当遵守的时间界限,是规范和约束行政机关、保障行政相对人权利、提高行政效率以及增强行政执法经济效益和社会效益的重要制度装置。在现代社会,行政机关和行政相对人都不再只承担单一的任务,时限的设置可以保障各种任务之间有序衔接,督促行政机关积极履职,并为行政相对人提供合理的预期安排。在行政法律制度中,关于时限的规范散见于各单行法中,如《行政许可法》第 42 条规定:“除可以当场作出行政许可决定的外,行政机关应当自受理行政许可申请之日起二十日内作出行政许可决定。二十日内不能作出决定的,经本行政机关负责人批准,可以延长十日,并应当将延长期限的理由告知申请人。但是,法律、法规另有规定的,依照其规定。依照本法第二十六条的规定,行政许可采取统一办理或者联合办理、集中办理的,办理的时间不得超过四十五日;四十五日内不能办结的,经本级人民政府负责人批准,可以延长十五日,并应当将延长期限的理由告知申请人。”《行政处罚法》第 36 条第 1 款规定:“违法行为在二年内未被发现的,不再给予行政处罚;涉及公民生命健康安全、金融安全且有危害后果的,上述期限延长至五年。法律另有规定的除外。”《行政强制法》第 25 条第 1 款规定:“查封、扣押的期限不得超过三十日;情况复杂的,经行政机关负责人批准,可以延长,但是延长期限不得超过三十日。法律、行政法规另有规定的除外。”在行政管理活动中必须遵循法定时限,是对行政机关的一项程序要求,以下为几种对超过时限情形进行的讨论。

1. 无正当理由逾期答复

行政过程中的信息公开对于提高政府行政工作的透明度,保障行政相对人知情权,积极推动法治政府、透明政府建设具有重要意义。为保证行政相对人信息公开申请得到及时处理,督促行政机关及时答复,《政府信息公开条例》第 33 条规定:“行政机关收到政府信息公开申请,能够当场答复的,应当当场予以答复。行政机关不能当场答复的,应当自收到申请之日起 20 个工作日内予以答复;需要延长答复期限的,应当经政府信息公开工作机构负责人同意并告知申请人,延长答复的期限最长不得超过 20 个工作日……”需要特别明确的是,这里所指的期限包括政府内部公文转运的期限。如在李某雄诉广东省交通运输厅政府信息公开案[1]中,李某雄称其于某年6月1日通过广东省人民政府公众网络系统向广东省交通运输厅提出政府信息公开申请,根据《政府信息公开条例》规定,广东省交通运输厅应在当月23日前答复原告,但其未在法定期限内答复及提供所申请的政府信息,故诉请法院判决确认其未在法定期限内答复的行为违法。广东省交通运输厅认为李某雄是向广东省人民政府公众网络系统提交的申请,因其厅内网与互联网、省外网物理隔离而无法及时发现原告申请,应以其某年7月28日发现李某雄申请为收到申请日期,其在某年8月4日作出的答复并没有超过答复期限。法院经审理后认为,李某雄在某年6月1日通过广东省人民政府公众网络系统向被告提交了政府信息公开申请,申请公开广州广园客运站至佛冈的客运里程数。广东省人民政府公众网络系统生成了相应的电子申请编号,并向李某雄手机发送了申请提交成功的短信。广东省交通运输厅确认收到上述申请并认可李某雄是基于生活生产需要获取上述信息,但其却于当年8月4日才向李某雄作出关于政府信息公开的答复和政府信息公开答复书,已经超过了上述规定的答复期限。由于广东省人民政府"政府信息网上依申请公开系统"作为政府信息申请公开平台所应当具有的整合性与权威性,如未作例外说明,则应将从该平台上获得的递交成功的申请视为相关行政机关已收到申请人通过互联网提出的政府信息公开申请。至于外网与内网、上下级行政机关之间对于该申请的流转,属于行政机关内部管理事务,不能成为行政机关延期处理的理由。因此,法院最终判决确认广东省交通运输厅未按照法定期限对原告申请信息公开作出答复的行为违法。在该案中,公民、法人或者其他组织通过政府公众网络系统向行政机关提交政府信息公开申请的,如该网络系统未作例外说明,则系统确认申请提交成功的日期应当视为行政机关收到政府信息公开申请之日。而行政机关对于该申请的内部处理流程,也不能成为行政机关延期答复的理由,逾期作出答复的,应当确认为违法。

2. 超过办案期限作出决定

行政处罚中行政机关无正当理由超过办案期限作出处罚决定的,应当认为属于滥用职权。实践中,确实存在行政机关因案情复杂而无法在法定期限内办结案件的情形,此时行政机关应当提前申请延期,不能无正当理由随意超过办案期限。若超过办案期限作出决定,既不利于当事人合法权益的保护,也不利

---

[1] 李某雄诉广东省交通运输厅政府信息公开案,最高人民法院指导案例26号(2014年)。

于政府公信力的树立,更不利于行政管理目标的实现,在司法审查中也会面临承担不利法律评价的风险。

在仲某兵与连云港市赣榆区应急管理局行政处罚案[1]中,仲某兵认为赣榆区应急管理局对其作出的行政处罚存在超期办案情形,属于程序严重违法,诉请撤销该处罚决定。法院经审理认为,《安全生产违法行为行政处罚办法》第32条规定:"行政处罚案件应当自立案之日起30日内作出行政处罚决定;由于客观原因不能完成的,经安全监管监察部门负责人同意,可以延长,但不得超过90日……"该案中,虽然涉案安全事故发生于2019年11月12日,但调查报告于2020年1月9日经赣榆区区长、常务副区长分别批示"同意",赣榆区应急管理局于2020年1月13日对仲某兵涉嫌违反安全生产法的行为进行立案调查,立案时间符合上述规定。赣榆区应急管理局经过调查、调取其他单位收集的证据,经集体讨论决定拟作出行政处罚决定,于2020年2月25日对仲某兵进行了处罚前的告知。根据仲某兵的申请,赣榆区应急管理局依法组织了听证,于2020年3月18日出具听证报告。经评议听证意见后,该局于2020年3月24日作出行政处罚决定,并送达仲某兵,程序符合法律规定。但是,自2020年1月13日立案起,扣除听证期限即自2020年2月26日至3月18日,赣榆区应急管理局于2020年3月24日作出、于3月27日向仲为兵送达行政处罚决定书,办案期限超过30日,该局未提交证据证明其已经依法获得批准延长办案期限,应当认定赣榆区应急管理局超出法定的办案期限。由此,法院认定赣榆区应急管理局作出的涉案行政处罚决定超出法定办案期限,属于程序轻微违法,判决确认赣榆区应急管理局于2020年3月24日作出的处罚决定违法。

3. 超期扣押行为

行政执法实践中的扣押是行政机关为了实现行政管理目标,对行政相对人的案涉有关物品进行暂时性保管的行为。为最大限度地保护行政相对人合法权利,对于扣押时限的规定应当实现比例原则的要求,达到公权力与公民权利的平衡。对此,我国相关行政法律规范对扣押的时限作了限制。如《行政强制法》第25条规定:"查封、扣押的期限不得超过三十日;情况复杂的,经行政机关负责人批准,可以延长,但是延长期限不得超过三十日。法律、行政法规另有规

---

[1] 江苏省连云港经济技术开发区人民法院行政判决书,(2020)苏0791行初233号;江苏省连云港市中级人民法院行政判决书,(2021)苏07行终76号。

定的除外。延长查封、扣押的决定应当及时书面告知当事人,并说明理由。对物品需要进行检测、检验、检疫或者技术鉴定的,查封、扣押的期间不包括检测、检验、检疫或者技术鉴定的期间。检测、检验、检疫或者技术鉴定的期间应当明确,并书面告知当事人。检测、检验、检疫或者技术鉴定的费用由行政机关承担。"如果查封扣押期限已过,无论行政机关是否调查清楚都不得继续无理由实施查封扣押,因超过查封扣押期限导致当事人权利受损害,行政机关应当承担相应的法律责任。

在王某印诉汤阴县原质量技术监督局行政强制措施及行政赔偿案[1]中,2000年8月21日,汤阴县原质量技术监督局查封了王某印在本县存放的多种医药品550件,其中240件由汤阴县原质量技术监督局异地封存于本局院内仓库,另310件就地封存。封存后汤阴县原质量技术监督局向王某印出具了封存通知书和封存清单,封存通知书告知王某印登记封存期限30日。2000年9月26日,经汤阴县原质量技术监督局上级机关安阳市原质量技术监督局批准延长办案期限两个月,但至王某印起诉,汤阴县原质量技术监督局仍未对该案作出处理,现封存的药品已失去使用价值,损失价值共计534,016.4元。法院认为:根据《河南省查处生产销售假冒伪劣商品条例》(已失效)第16条规定,采取查封、扣押的期限不得超过30日,经批准延长的期限不得超过30日。对查封、扣押的涉嫌假冒伪劣商品,应当在查封、扣押期限内做出鉴定。经鉴定不属假冒伪劣商品的,或者逾期未做出鉴定的,应当立即解除查封、扣押。该案中,汤阴县原质量技术监督局虽具有对涉嫌假冒伪劣的药品封存的职权,但应当在法定期限内对封存的药品是否属假冒伪劣进行鉴定并作出处理决定,汤阴县原质量技术监督局在封存期间未对封存的药品进行鉴定,也未解除封存或作出行政处理决定,致使封存的药品失去原有的使用价值,该封存期限届满后的行政不作为构成违法。

需要进一步探讨的是,一般认为查封扣押期间属于不可变更期间,不会因为其他事由的出现使查封扣押期限发生变化。但实定法规范将检测检验期间从查封扣押期限中分离,且检测检验期间由行政机关自行决定,这就导致在有固定时间限制的查封扣押期限中产生了一个不确定的检验检测时限,模糊了查封扣押的确定时限,因此该规定的合理性值得探讨。

---

〔1〕 河南省高级人民法院行政判决书,(2014)豫法行提字第00011号。

4. 超过追诉时效再处罚违法

相关行政法律规范虽未规定行政机关未在法定期限内作出处罚的法律后果,但行政机关无任何正当理由,超过法定的追究时限对违法行为人作出处罚,损害了追究时效制度所维护的社会秩序的安定性。《行政处罚法》第 36 条规定:“违法行为在二年内未被发现的,不再给予行政处罚;涉及公民生命健康安全、金融安全且有危害后果的,上述期限延长至五年。法律另有规定的除外。前款规定的期限,从违法行为发生之日起计算;违法行为有连续或者继续状态的,从行为终了之日起计算。”需要注意的是,《行政处罚法》规定的追诉时限不仅仅需要时间期限这一条件,还应当具备在该期限内没有发现违法行为这一前提条件。追诉时限一般从违法行为实施之日起算,违法行为实施之后经过一段时间没有被发现的,一般不再追究行政责任。但是,如果行政违法行为处于持续状态的,应当从行为实施终了之日起开始计算。

在潘某泉诉江苏省新沂市公安局案[1]中,潘某泉因涉嫌赌博被新沂县公安局处罚,潘某泉认为其行为属于娱乐并非赌博,要求撤销处罚决定书。法院经审理后认为:潘某泉等人打麻将行为发生于 1997 年 8 月 26 日,新沂市公安局于同日对其他两名参加打麻将人员作出治安处罚,在无违反治安管理人逃跑等客观原因的情况下,再于 2007 年 1 月 31 日对潘某泉作出被诉的治安处罚决定,既不符合《治安管理处罚法》(2005 年)第 99 条关于“公安机关办理治安案件的期限,自受理之日起不得超过三十日;案情重大、复杂的,经上一级公安机关批准,可以延长三十日。为了查明案情进行鉴定的期间,不计入办理治安案件的期限”的规定,也有违《行政处罚法》的立法精神。新沂县公安局作出新公(治)决字(2007)第 N23 号公安行政处罚决定违反了法定程序,亦属滥用职权,依法应予撤销。追诉时效具有减少追诉成本,维护和稳定社会秩序和关系的功能,设置追诉时效的另一个主要目的在于,督促行政机关及时行使权力。如果因行政执法人员自身,导致未能及时查处违法行为,还可能涉及渎职的问题。

第三节 违反法定程序的法律后果

违反法定程序是行政机关作出的行政行为违法的一种形式,应当承担相应

---

[1] 江苏省新沂市人民法院行政判决书,(2007)新行初字第 11 号。

的法律责任。但是,程序性规定与实体性规定相比存在客观的差异,行政程序违法的严重程度不一,使得违反程序的法律后果变得复杂多样。

一、域外国家违反法定程序的法律后果

(一)德国

德国的行政程序分为正式程序与非正式程序,外部程序与内部程序,行政立法程序与行政裁决程序,[1]违反不同的行政程序类型有不同的法律后果。总体而言,如果某一行政行为构成程序违法,以撤销行政行为为原则,确认行政行为无效为例外。《德国联邦行政程序法》第44条第2款列举了行政行为无效的几种类型主要有:第一,书面之行政处分,未表明处分之官署者;第二,依法规之规定,行政处分应给予证书使得成立,但未具备此项形式要件者。《德国联邦行政程序法》第44条第1款规定了相对无效的情形,即"行政处分有特别重大的瑕疵,依其一切足以斟酌的情形,加以合理的判断,可认为公然者,无效"。另外,对于程序瑕疵,《德国联邦行政程序法》第42条作出了补证规定,"官署得随时更正行政处分中误写、误算或其他类似之显然错误。当事人有合法利益存在时,官署应更正其错误,官署得请求提出应被更正的文书"[2]。

(二)法国

在法国,行政程序违法是否被撤销,视个案的具体情形而有所不同。不同的行政程序有不同的目的,或为保障相对人的合法权益,或为便于行政机关执行任务。行政程序设置目的不同,违反的法律后果当然也不完全相同。行政机关违反保护行政相对人的程序一般可以予以撤销,但是违反保护行政机关的程序,法院一般不会受理。[3] 具体来说,首先,主要在于区分违反行政程序的主要形式与次要形式,认为违反次要形式的行政行为仍有效。主要形式一般指能够对行政实体决定产生重大影响的内容,如说明理由、陈述申辩、听证等均为主要

---

[1] 参见杨海坤、黄学贤:《违反行政程序法行为法律责任比较研究》,载《法学评论》1999年第5期。

[2] 王万华:《行政程序法研究》,中国法制出版社2000年版,第252页。

[3] 参见杨海坤、黄学贤:《违反行政程序法行为法律责任比较研究》,载《法学评论》1999年第5期。

形式,而如笔录上记载的时间错误,并不影响实体决定则认为属于次要形式。其次,区分不同情况,在紧急状态下行政机关为了维护公共利益可以不遵守某些程序性的规定。此外行政机关也可以通过补正,以维持行政行为的效力。[1]

(三)英国

在英国,行政法律传统认为违反行政程序是越权的一种表现形式,但在后果处理上不同于实体上的越权,程序上越权的行为仍有有效的可能。违反程序行政行为有无效和撤销两种,一般认为只有违反强制程序的行政行为无效。而在对强制性规则与任意性规则进行判断时,法院一般以"公共利益"为标准进行衡量。如果某一行政行为对公共利益有重大影响,法院往往将其解释为任意规则,从而避免行政机关因为违反程序引起行政行为无效而对公益造成损害。如果公共利益不突出,重在保护私人权利时,多数认定其为强制性规则。[2] 对于行政程序违法的严重程度,法院一般以"重要性标准"来判断,程序严重违法的行政行为,有无效和可撤销两种后果,而程序瑕疵的法律效果一般由法院决定。[3]

二、我国违反法定程序的法律后果

我国对于违反法定程序法律后果之态度是间接反映在《行政诉讼法》有关判决方式的条款中的。[4] 《行政诉讼法》第 70 条规定,"违反法定程序"的行政行为适用撤销判决,《行政诉讼法》第 74 条规定,"程序轻微违法,但对原告权利不产生实际影响"的行政行为适用确认违法判决。《行政诉讼法》第 75 条明确将"重大且明显违法"作为判断行政行为无效的统一标准。由此,可以推断出我国对于违法法定程序的行政行为所要承担的法律后果包括撤销和确认违法和无效。

[1] 参见王万华:《行政程序法研究》,中国法制出版社 2000 年版,第 252 页。
[2] 参见王万华:《行政程序法研究》,中国法制出版社 2000 年版,第 252 页。
[3] 参见杨海坤、黄学贤:《违反行政程序法行为法律责任比较研究》,载《法学评论》1999 年第 5 期。
[4] 参见梁君瑜:《行政程序瑕疵的三分法与司法审查》,载《法学家》2017 年第 3 期。

(一)撤销

我国对于违反法定程序给行政相对人造成损害的行政行为,以撤销为原则,不撤销为例外。在一般情况下撤销行政行为,而当撤销会给公共利益或者他人的合法权益造成重大损害的情况下,不予撤销。对于虽然行政程序违法,但行政相对人因此获益的行政行为,基于信赖保护原则,以不撤销为原则,撤销为例外。需要注意的是,在行政诉讼的过程中,如果程序违法的问题已经得到了纠正,法院无须判决撤销该行政行为。在王某泉等诉兴宁市人民政府房屋行政补偿案〔1〕中,王某泉等人认为兴宁市人民政府对案涉房屋进行拆迁的行为违反法定程序,诉请法院撤销该行政行为。2016 年,法院经审理认为,兴宁市人民政府出于节省行政成本、加快建设进度的考虑,以未获批复先行征地的方式推进涉案集体土地上的房屋征收和补偿工作,确实存在程序不当。但在征收过程中,广东省国土资源厅分别作出了《关于兴宁市 2013 年度第十三批次城镇建设用地的批复》《关于兴宁市 2013 年度第十一批次城镇建设用地的批复》,同意兴宁市将福兴街道墨池村等集体农用地转为建设用地并办理征收为国有土地手续,法定行政审批程序已经完成,被诉征收补偿行为原有的程序缺失已得到弥补。兴宁市人民政府未参照《国有土地上房屋征收与补偿条例》的相关规定对征收补偿方案听取公众意见、进行社会稳定风险评估,虽有不妥,但未影响王某泉等依法获得公平合理补偿等实体权益。由此,法院最终未撤销该行为。

在司法实践中,有许多案例被法院认定为"属于违反法定程序、应当予以撤销"的范畴。其中绝大多数案例都是行政机关违反了向当事人送达、催告、公告、告知,以及听取当事人陈述和申辩等程序,影响了当事人程序性权利的行使,因而有可能对当事人的实体性权利、义务产生实际影响,改变行政行为的最终结果。〔2〕 可见,送达、催告、公告、告知,以及听取当事人陈述申辩和意见等程序是行政执法实践中非常重要的程序设置,需要严格遵循法律规定。需要注意的是,在违反法定程序的行政行为被撤销后,法院有权责令行政机关重新作出行政行为,行政机关也可以主动重做。但是,行政机关不得以同一事实和理由作出与原行政行为相同的行政行为,否则将会导致行政程序形同虚设,不仅不

---

〔1〕 最高人民法院行政裁定书,(2016)最高法行申 1314 号。

〔2〕 参见王玎:《行政程序违法的司法审查标准》,载《华东政法大学学报》2016 年第 5 期。

利于行政相对人权益的保护，还有损司法权威。

(二)确认违法

对于违反法定程序的行政行为，如果采取单一标准对其一律撤销的确有失公允，应当区分程序违法的严重程度，并规定相应的后果。对此，《行政诉讼法》2014 年修订时在第 74 条第 1 款适用确认违法判决的情形中增添了“程序轻微违法”，即当行政行为处于“程序轻微违法”的程度时，可以适用确认违法的判决形式。确认违法是指当行政主体逾期未履行法定职责，责令其履行法定职责已无实际意义时而采取的一种承担法律责任的方式。[1] 因“程序轻微违法”而适用确认违法判决时，应当注意：首先，行政行为如果明显违反法定程序，则不能适用确认违法的判决形式；其次，如果对行政相对人权利义务产生严重影响的，也不应当适用确认违法的判决形式；最后，如果仅仅是形式上的错误或者疏漏，对原告权利不产生实际影响的，可以认定为程序轻微违法，适用确认违法判决。

在李某青诉浙江省教育厅、教育部教育其他行政行为及行政复议案[2]中，李某青认为林某某等 10 人涉嫌剽窃其学术成果，遂向浙江省教育厅提出查处申请。浙江省教育厅依照有关规定进行调查，并邀请专家组对相关材料进行比对分析，出具了专家意见。依据该意见，由浙江省教育厅成立的浙江省高等学校学风建设工作领导小组办公室作出《关于某学院李某青教授给厅长来信的回复》(以下简称《李某青来信回复》)，并送达李某青。李某青针对浙江省教育厅作出的《李某青来信回复》向教育部申请行政复议，教育部认为浙江省教育厅的处理行为符合有关规定，决定维持。李某青不服，对浙江省教育厅作出的《李某青来信回复》及教育部的行政复议决定一并向法院提起诉讼。浙江省杭州市中级人民法院经审理认为，针对浙江省教育厅作出《李某青来信回复》的行政行为，存在没有严格遵照进行登记的规定，没有按照正当程序的要求向原告发送受理通知，没有按照规定组成调查组，没有向原告告知调查组的组成人员，没有保障原告对调查组组成人员申请回避的权利等程序上的轻微违法，但对原告的权利不产生实际影响，故对被告浙江省教育厅作出《李某青来信回复》行政行为

[1] 参见姜明安主编：《行政程序研究》，北京大学出版社 2006 年版，第 395 页。

[2] 浙江省杭州市中级人民法院行政判决书，(2017)浙 01 行初 212 号；浙江省高级人民法院行政判决书，(2018)浙行终 539 号。

的部分事项判决确认违法。后李某和教育部不服一审判决,均提起上诉。浙江省高级人民法院经审理认为,浙江省教育厅在接受李某青举报后,在作出《李某青来信回复》行政行为时并未履行一审法院所认定的程序义务,严重违反行政正当程序原则,应属严重违法,而一审仅将该行为认定为行政程序轻微违法,属于事实认定不清、法律适用错误,遂判决撤销一审法院作出的确认违法的判决,撤销浙江省教育厅作出的被诉《李某青来信回复》,责令浙江省教育厅重新作出具体行政行为,并撤销教育部作出的行政复议决定。

在该案中,浙江省教育厅在接到李某举报后,没有履行程序义务,一、二审法院均认为浙江省教育厅存在程序违法的情形,但该案的主要分歧就在于浙江省教育厅所作的具体行政行为究竟是轻微程序违法还是严重程序违法,这也决定了法院究竟是只需判决确认行政行为违法还是要判决撤销行政行为并要求被告重作。最高人民法院《关于适用〈中华人民共和国行政诉讼法〉的解释》第96条规定,认定程序轻微违法的一个标准就是对原告依法享有的听证、陈述、申辩等重要程序性权利不产生实质损害,即不违反正当程序原则。但该案中,浙江省教育厅在介入调查处理时,没有依法保障原告的听证、申请回避以及陈述、申辩等程序性权利,其行政行为已经违反了正当程序原则,系严重违反法定程序的行为,应当依照《行政诉讼法》第70条第3项的规定进行处理。故二审法院撤销了一审法院作出的确认违法判决事项,并对浙江省教育厅作出的被诉行政行为判决撤销重作,是正确合法的。

此外,实践中会出现行政机关作出行政行为时存在违反正当程序的情形,但审理后却发现对原告的实体合法权益不产生实际影响,如若判决撤销重作,行政机关极有可能依照相关规定,以同一事实和理由作出与原行政行为基本相同的行政行为。若行政相对人不服再次向法院起诉,可能会增加诉累,造成程序的空转,浪费司法资源和行政资源,甚至进一步激化矛盾,是故不宜作出撤销重作的判决。此时法院可以依照《行政诉讼法》第74条第1款第1项的规定,以严重损害国家利益、社会公共利益为由,判决确认行政行为违法。

(三)无效

由于我国尚未有统一的行政程序法典,所以仅在《行政诉讼法》中规定了判断无效行政行为的普遍标准。《行政诉讼法》第75条规定:“行政行为有实施主体不具有行政主体资格或者没有依据等重大且明显违法情形,原告申请确认行政行为无效的,人民法院判决确认无效。”对于行政程序而言,当违反法律程序的行政行为达到“重大且明显违法”的程度时,当然也应判定无效。那么,究竟何种违法法定程序的情形属于“重大且明显违法”并无具体明确的实定法规范。根据《德国联邦行政程序法》第44条第1款所描述的“行政行为具有严重瑕疵,该瑕疵按所考虑的一切情况明智判断属明显者,行政行为无效”的规范意涵,被认定为重大且明显违法程序瑕疵的行为,应当符合“重大”标准,即在形式上、后果上都非常严重;还应到达到“明显”程度,即“其违法情形已明显到任何有理智的人能够判断的程度”〔1〕。因此,有学者主张,无效的程序行为应当限于程序违法中的极端部分,所以必须严格控制在以下范围内:行政行为不表明行政主体;法律规定必须采取书面形式的行政行为不提供书面形式;作出行政行为前不为当事人提供申辩和听证机会的。〔2〕 而当行政行为出现其理由完全没有被明示的情况时(说明理由程序存在重大且明显瑕疵),该行为同样无效。〔3〕 如在唐某兰诉遂昌县国土资源局不履行行政协议案〔4〕中,2016年,法院经审查认为,土地使用权出让涉及国有资产的处置、分配,应当符合法定形式,严格按照法定权限和程序进行。遂昌县国土资源局未履行法律、法规规定的报批等程序就事先在征迁补偿安置协议中对其作出“迁建安置地90平方米属国有出让性质”的承诺,该约定明显超越被告职权、违反法定程序,属于重大且明显违法,应确认无效。

第四节　行政机关在执法程序中应注意的问题

本章通过理论分析与案例呈现相结合的形式对行政机关在执法过程中涉及的程序问题进行了阐述。以案为鉴,行政机关在行政执法实践中应当注意的程序问题主要集中在步骤、顺序、方式、期限等方面,总结归纳如下所示。

---

〔1〕 翁岳生编:《行政法》(上册),台北,元照出版有限公司2006年版,第678页。

〔2〕 参见胡建淼:《“无效行政行为”制度的追溯与认定标准的完善》,载《中国法学》2022年第4期。

〔3〕 参见[日]室井力等编著:《日本行政程序法逐条注释》,朱芒译,上海三联书店2014年版,第102页。

〔4〕 浙江省松阳县人民法院行政判决书,(2016)浙1124行初14号。

一、步骤方面

第一,行政机关在受理当事人的申请时未出具回执,特别是在当事人通过电子化方式申请时,双方未直接当面交流,且行政机关掌握着电子政务交换平台,因此法院会将当事人是否提出过申请的举证责任交由行政机关承担,如果行政机关未能提供证据,将会承担不利的后果。

第二,行政机关在执法过程中应当表明身份,如果当事人要求出示证明证件,则行政执法人员应当出示以表明执法身份。在紧急情况下,也应当认可制服表明身份的作用。

第三,行政机关在作出对行政相对人不利决定之前,应当将行政决定的事实、理由和依据告知行政相对人,保障行政相对人的知情权。如果行政机关未履行说明事实、理由和依据义务或者说明事实、理由和依据不充分的,法院可以此为由判决撤销该行政行为。

第四,行政机关未听取陈述和申辩便作出对行政相对人不利的行政行为时,法院可以程序违反法定程序为由撤销该行政行为,在达到重大且明显违法情形时可确认无效。对于应当听取陈述和申辩的事项范围,尽管实定法规范没有明确列举,但根据正当程序原则、参与原则可以推论,凡是影响到当事人权利的事项,均应当赋予当事人陈述和申辩的权利。需要听取陈述和申辩的人员范围不仅限于行政相对人,相关利害关系人的意见和见解同样需要被行政机关听取和回应。

第五,对于应当进行听证的事项范围,尚无统一的行政程序法律规定,而是散见于单行行政法律规范中,应当进行听证的事项集中于行政许可、行政处罚等重点领域。对于听证的方式,行政机关有权决定采取正式或非正式听证,这应当属于行政机关的自由裁量范畴。行政机关组织听证应当提前告知当事人听证的时间、地点,给予当事人准备的时间,必要时还应当进行公告,允许其他人员旁听。听证笔录是整个听证过程中双方辩论、质证的书面记录。听证结束之后,当事人应当在确认听证笔录无误后签字。根据“案卷排他原则”,听证记录是行政机关作出行政决定的依据。

第六,重大复杂事项经集体讨论决定是行政程序中的重要环节。在重大复杂事项的决定过程中,若忽略或故意跳过此环节,属于程序缺失。但此种情况下是否应当一律撤销行政行为尚未形成一致观点,实践中部分判决认为关涉重大复杂事项的行政决定未经集体讨论即作出仅属于程序上的瑕疵,确认违法即可,无须作出撤销判决。

二、顺序方面

第一,行政相对人放弃陈述申辩权的,意味着行政机关听取陈述和申辩义务的免除,基于诚实信用原则,一般不允许行政相对人反悔再次要求进行陈述和申辩。此即表示陈述和申辩期间提前届满,行政机关可以立即作出行政决定。

第二,立案是行政处罚程序的开始,只有立案之后才能进行调查活动。但是,在特殊情况下可以先行进行调查,并在调查之后立即补办立案手续,这是对急需立即查处的违法行为的特殊规定。

第三,如果在听证结束之后,出现案件事实不清、证据不足的情况行政机关可以再次进行取证,但应当再次履行听证程序。

第四,在行政征收过程中,行政机关应当先进行价值评估再作出补偿决定最后才可进行搬迁工作,违反此顺序的,法院可以撤销违法的行政行为。但是,在作出征收决定之前先行选定评估机构,并不违反行政程序。

第五,"先取证、后处罚"是行政机关作出行政处罚所应当遵循的一项原则。由此,要求行政机关不可先作出处罚决定之后再补充相应证据。

三、方式方面

第一,告知采取要式或者非要式的方式均可,法律并没有要求必须采用统一的书面形式。但从便利举证的角度出发,行政机关应当作出告知决定书,履行向当事人送达的手续,并在机关内部存档备案。

第二,听证可以分为正式听证和非正式听证两种,我国对此并未严格区分,认为只要采取一种听证方式即可。如果行政决定的事项严重影响当事人的权利义务或者社会影响广泛,则行政机关应当采取正式听证的方式。

第三,送达方式一般可以分为直接送达、转交送达、留置送达、委托送达、邮寄送达、公告送达等方式。以上送达方式之间存在选择适用的先后顺序,需要行政机关在执法实践中注意送达方式选择的次序。

四、期限方面

第一,依据《政府信息公开条例》规定,行政机关收到政府信息公开申请,能够当场答复的,应当当场予以答复。行政机关不能当场答复的,应当自收到申请之日起20个工作日内予以答复;如需延长答复期限的,应当经政府信息公开工作机构负责人同意,并告知申请人,延长答复的期限最长不得超过20个工作日。

第二,行政处罚中行政机关无正当理由超过办案期限作出处罚决定的,应当认为属于滥用职权。现实中,确实存在案件情况复杂,行政机关已经积极履行职责,但仍不能按时完成的情形。此时,行政机关应当申请延期审理,绝不能无正当理由超期办案。

第三,期限是查封扣押的重要内容,如果查封扣押期限已过,无论行政机关是否调查清楚都不得继续实施查封扣押。一般认为查封扣押期间属于不可变更的期间,不会因为其他事由的出现而发生变化。

第四,追诉时限一般从违法行为实施之日起算,违法行为实施之后经过一段时间没有被发现的,一般不再追究行政责任。但是,如果行政违法行为处于持续状态的,追诉时限应当从行为实施终了之日起开始计算。

后　　记

就在本书即将付梓之际，心中不免有些感慨。坦率地说，这些年因为实务缠身，心中固然有千头万绪的行政法问题在不断涌现，但却一直没能坐下来梳理。记得自己曾在学友们的激励下注册了一个"谈案说法"的公众号，闲暇之余把公众关切的行政法热点、难点问题进行简单的梳理、分析，也引起了不少的关注，但总感觉这不系统，也不专业。

我从 2002 年开始从事行政法学的教学研究工作，之所以在课堂上深受同学们的喜爱，我认为主要得益于自己把实践中的行政法问题带到课堂上，让同学们身临其境，实现理论、制度到实践的穿越。作为一名研究人员，同时也作为一名实务人员，我想在更大的平台上把自己对行政法的认知、体会与更多的人分享，也就产生了编写本书的念头。

当然，一个人做多了实务，要想静下来做点研究，是十分不易的。但想到自己首先是一名教师，自己的立身之本是教学与科研，就找到了不得不安心学术的理由。也许，从这本书开始，我又回到了学术之路。我要把多年来在实务活动中发现的行政法问题慢慢梳理，形成一系列的研究成果，这样也许能弥补心中的遗憾。

本书能够顺利出版，尤其是再版，必须要感谢法律出版社的许睿女士。正是她的激励和认同，我才有勇气完成本书的编写和修订。也正是在她的激励下，我已经开始并踏踏实实地迈入行政法实务系列研究的学术之路。